북조선 체제성립과 연안파 역할

이 책은 2008년도 정부(교육과학가술부)의 재원으로 한국학술진흥재단의 지원을 받아 수행된 연구임(KRF-2008-1-B00005)

북조선 체제성립과 연안파 역할

초판 1쇄 발행 2012년 9월 20일

지은이   정병일
펴낸이   윤관백
펴낸곳   선인

등록   제5-77호(1998.11.4)
주소   서울시 마포구 마포동 324-1 곶마루빌딩 1층
전화   02)718-6252 / 6257
팩스   02)718-6253
E-mail   sunin72@chol.com

정가   27,000원
ISBN   978-89-5933-570-1   93900

· 잘못된 책은 바꾸어 드립니다.

북조선 체제성립과 연안파 역할

정 병 일

책을 내면서……

　사회주의체제의 성립으로 시작하여, 몰락으로 끝난 지난 20세기 역사에서 동구권은 물론이고 북한과 중국 역시 마르크스 - 레닌주의에 기초한 소련식 모델에 따라 성립되었다. 따라서 이들 국가의 개별적 정치, 제도, 이념의 특징과 독자성을 분별하는 작업은 쉽지 않다. 더욱이 북한국가건설과정에서 항일연군 중심의 만주파와 조선독립동맹 및 조선의용군을 총칭하는 연안파의 무장투쟁을 정치·군사적 영향력으로 비교하는 작업은 더더욱 어려울 수 있다. 왜냐하면 이들은 같은 민족이면서 이데올로기, 투쟁강령 및 방식, 무장투쟁화 과정에 이르기까지 중국 내에서 동일한 학습경험을 공유하고 있기 때문이다. 이러한 이유 때문에 기존의 북한연구들이 북한체제성립에 미친 연안파의 영향력을 분석하기 어려웠다고 볼 수 있다. 소련의 점령이 북한에 중요한 정치적 환경조건을 제공한 것은 부인할 수 없는 사실이다. 그러나 소련의 외형적인 전면적 개입이 북한의 초기 국가형성 과정에 세세하게 관여했다고 단정할 수는 없다. 다시 말해 신생 북한국가형성 과정에 있어 각 부문 마다의 특수성을 고려하지 않고 소련의 대북한정책을 연역적으로 추론하는 방법은 회피하여야 한다는 점이다. 이에 따라 화려했던 항일무장투쟁과 북한국가건설과정에 상당 부분 기여했음에도 불구하고 결국 실패한 권력집단으로 전락한 연안파 재조명은 북한연구의 새로운 영역확장에 기여할 수 있다는 판단을 하게 되었다. 필자는 이러한 연구의 필요성으로 인하여 연안파의 정치·군사적 궤적을 통해 북한의 초기 국가건설에 미친 영향력을 역사적으로 재조명하고자 했다.

이 책은 서강대학교에 제출한 박사학위 논문인 "북한의 초기국가건설과 연안파 역할"을 수정·보완한 것으로 연구는 크게 다음 몇 가지로 진행되었다.

첫째, 기존의 연안파에 대한 분절적인 연구를 지양하고, 그 태동에서부터 1956년 북한종파사건으로 몰락하기까지 전 과정에 걸쳐 정치·군사적 활동을 재구성하였다.

둘째, 해방 시기 동북지역에서 조선의용군과 항일연군 간 결합이 갖는 성격을 중국공산당과의 관계를 통해 비교 분석하였다. 이 두 무장집단은 중국이라는 지역에서 활동했다는 점, 그리고 사회주의 무장투쟁방식을 조선독립의 수단으로 삼았다는 점에서 동일한 이데올로기 경험을 하였다고 볼 수 있다. 이는 두 집단이 공히 중국공산당 노선의 영향을 받았음을 의미한다. 이후 북한은 김일성을 중심으로 한 항일연군 출신이 헤게모니를 장악했고, 중국은 마오쩌둥 노선이 최후의 승리를 쟁취하였다. 그런데 이 부분에서 제시한 새로운 문제의식은 북·중 관계의 형성이 과연 동북항일연군과 중국공산당 간의 원초적 친밀성에 바탕을 둔 것인가 하는 점이었다. 이 같은 의문은 북한과 중국의 관계에 다른 시각을 통해 접근할 필요성을 제기했다.

셋째, 연안파가 북한국가건설에 미친 영향을 재조명하였다. 북한의 초기연합정권에 참여하면서 비록 이들이 지향했던 민주통일국가성립을 목표로 한 정책노선이 1950년대 말 종파사건으로 몰락하면서 수정될 수밖에 없었지만, 연안파는 군중노선, 토지개혁, 그리고 계급투쟁에서 민족투쟁으로의 국가이데올로기의 변화정립 등 북한의 국가정책과 이념에 이론적 틀을 제공하였고, 질적인 영향을 미친 것으로 확인되었다.

이상의 연구결과를 토대로 아래와 같이 연안파에 대한 총체적 재평가를 할 수 있었다.

연안파는 조선독립을 목표로 결성된 좌파민족주의와 사회주의자들의 연합체였다. 이들의 특징은 대부분 식민지 시기 지식인들로 구성되어 있었다는 것인데, 이러한 특징은 소련사회주의의 성공적 정착에 따라 진보적인 사회주의적 성향으로 변화되었다. 연안파는 그러한 환경 속에서 태동한 집단이다. 연안파의 화북전이는 중국국민당과의 이율배반적인 관계를 청산하고 중국공산당과 투쟁의 동질성을 확보하게 만든 역사적 의미를 가진다. 이를 통해 연안파는 무장력을 확보할 수 있었고, 타국에서 국제적 협력을 할 수 있는 명분을 구축하는 정치적·군사적 의미를 갖게 되었다. 그리고 만주선점은 조선독립이라는 목표를 내세운 연안파 투쟁역사에서 전환기적 성격을 가지며 이로 인해 북한국가건설과정에서 정책브레인 역할과 핵심무장력으로서 그 진가를 발휘하게 되었다. 그러나 계파 간 결집력이 약했던 탓에 중국에서의 항일투쟁이라는 유사한 투쟁역사의 경험을 가진 만주파에게 북한 국가건설과정에서 당·정·군에 변용된 영향력을 접목시켰던 중국식 정책을 빼앗기며 북한의 역사에서 파멸되어 버렸다.

대부분의 역사가 승자의 지배에서 비롯되듯이, 오늘날 중국은 중국 인민해방전쟁에서 승리한 중국공산당이 연안을 혁명의 근거지로 신화화했고, 북한은 중국 동북부에서 투쟁했던 항일연군을 중심으로 역사를 성역화고 있다. 그러나 이 책을 통해 밝히고 있듯이 식민지 시기 사회주의 무장투쟁의 한 축으로서 연안파는 항일무장투쟁 시기로부터 초기북한건설에 이르기까지, 어떤 의미에서는 오늘날 북한사회와 북·중 관계에 이르기까지 중요한 정치·역사적 궤적을 남기고 있다 할 것이다.

지나온 시간들의 여정을 다 기억할 수는 없지만 그 날들이 오늘의 결과를 만들었음에 감사한다. 다소 늦은 나이에 사회적으로 좋은 여건들을 마다하고 학문과 인연을 다시 맺었고, 중국의 모 대학교 계절학기 강사로 간 곳에서 우연히 만난 조선의용군 출신 어르신의 이야기가 나의 연구에 영향을 미쳤다. 그 후로 시간을 쪼개어 중국의 관련지역을 오가며 자료를 모으고, 사람을 만나면서 북한국가건설에 미친 연안파의 영향력을 추적하며 연구를 하였다.

  일반적으로 기존의 북한연구는, 소련의 영향을 중심으로 한 국가성립과 이를 중심으로 한 다양한 체제 분석을 진행해 왔다고 해도 과언이 아니다. 그것이 물론 틀린 관점은 아니다. 하지만 이에 문제제기를 하며 관점의 전환을 시도해보고 싶었던 것은, 어떻게 보면 그것은 승자를 중심으로 한 역사일 뿐이 아닌가 싶었기 때문이었다. 퍼즐이 조각들을 모아 완성되듯이 역사 또한 그 과정에서 승자와 함께 소리 없이 그 역할을 한 사람들과 집단의 결정체라고 한다면 이들에 대한 관심을 동시에 가져 줄 때 올바르게 평가를 내릴 수 있다고 본다. 이는 역사의 편견을 버리고 균형을 잡는 작업이기도 하다. 필자는 북한연구에 대한 고착화되어 있는 편견을 이와 같은 맥락에서 그 틀을 흔들어보고 싶었는지도 모른다.

  우매한 나를 여기까지 오게 한 것은 참 많은 사람들의 기도와 격려임을 결코 잊지 않으련다. 이 고마움은 내 평생에 학문의 겸손함으로 지켜나갈 것임을 고개 숙여 드리는 약속이기도 하다. 기도로 응원해주신 부모님, 자신들의 시간을 아빠에게 다 주고도 멋지게 성장한 하린, 영규가 대견스럽고 고맙다. 최종논문심사를 통과한 뒤 갑자기 찾아온 일신상의 문제로 마무리를 하지 못한 채 몇 년을 힘들어했을 때, 이를 마다않고 기다리며 오랜 시간 한결같은 따뜻함으로 지도해주신 서강대학교 정치외교학과 김영수 선생님, 논문의 세세한 부분까지 밑줄 쳐가며 지도와 심사를 해주신 강정인 선생님, 논문의 큰 흐름과 맥을 잡아주면서 격려를 아끼지 않으셨던 손호철 선생님, 자상하면서도 학문적 날카로움으로 이끌어주신 류석진 선생님, 안식년임에도 불구하고 중국에서 메일로 꼼꼼히 챙겨주신 전성흥 선생님께 감사드린다. 그 외 많은 사람들이 오늘의 나를 만들어 주신 고마운 분들이다. 그리고 흔쾌히 출판을 승낙해주고 부족한 원고가 한 권의 책으로 나올 수 있도록 수고를 아끼지 않은 도서출판 선인의 윤관백 사장님과 임직원 여러분께 진심 어린 감사를 전한다.

한국 근대사에 있어 투쟁의 흔적도, 선혈의 발자취도 또 다시 밟혀진 채 역사의 미아가 된 수 많은 조연들의 소리 없는 아우성에 매순간 귀 기울이며 그들의 이야기를 기록하며 살아갈 책임을 다진다. 내용 중에는 여러 가지로 미완의 문제점들과 논리상의 결함이 많으리라 생각된다. 이에 관해서는 필자가 더욱 많은 공부와 연구에 매진하여 수정 보완해 나갈 것을 약속드린다. 많은 분들의 지속적인 관심과 가르침을 부탁드리며, 더불어 향후 북한의 초기국가건설에 미친 소련의 영향력을 과대평가하는 기존의 연구시각을 변화시킬 필요성을 제기한다. 또한 필자는 부족한 연구를 통해 여전히 반공·반북이데올로기로 특징지어지는 '분단이데올로기 구조'를 내장한 채 진행되고 있는 연구학문의 풍토에서 주변부에 위치해온 좌·우 민족해방운동을 정당하게 복원하는 인식의 전환을 미약하나마 유도하고자 했다. 이러한 점에서 식민지 시기 사회주의 항일운동의 두 축 중에서 잃어버린 역사의 미아가 되어 버린 연안파에 대한 정치사적 연구는 한국 근현대정치사 연구의 편향성을 시정할 수 있는 의미 있는 시도가 될 수 있길 기대한다.

끝으로, 책이 출간되기 직전에 식민지 시기 및 한국전쟁 참전 등 한 시대의 역사를 삶으로 간직하셨던 아버지께서 대전국립현충원에 안장되셨다. 그분의 명복과 뜻을 기리며 이 책을 바친다.

그리고 짧지 않은 세월 속에서 나보다 더 나를 많이 이해하고, 나를 존재의 의미로 일깨우며 기쁨의 원천이 되어준 사람, 아내 이문영에게 깊은 감사를 표한다.

2012년 8월
정 병 일

목 차

책을 내면서 / 5

제Ⅰ부 서 장 ··············· 17
제1절 연구 목적 ··············· 19
제2절 연구 범위와 방법 ··············· 24
   1. 연구의 범위 ··············· 24
   2. 연구의 방법 ··············· 29
제3절 기존 연구에 대한 비판적 검토 및 연구 중점 ··············· 34
   1. 기존 연구의 비판적 검토 ··············· 34
   2. 연구 중점 ··············· 47

제Ⅱ부 연안파의 성립과 활동 ··············· 49
제1절 조선독립동맹의 성립과 정치적 성격 ··············· 51
   1. 1920~1930년대 민족통일전선 형성 ··············· 51
   2. 화북조선청년연합회 ··············· 64
   3. 조선독립동맹활동과 정치노선 ··············· 67
제2절 조선의용군 결성과 활동 ··············· 73
   1. 조선의용대 결성과 시대적 배경 ··············· 73
   2. 화북노선 제기와 분열의 원인 ··············· 81
   3. 화북지역으로 전략적 이동과정 ··············· 90
   4. 조선의용군으로의 재편성 ··············· 98

제3절 군·정 연합체로서의 연안파 ················· 102
  1. 군·정 연합 통일체로서의 항일투쟁 ············· 102
  2. 정풍운동과 학습, 그리고 분파투쟁 ············· 106
  3. 중국공산당의 만주선점전략 및 연안파의 동북진출 ···· 111

제Ⅲ부 해방시기 동북에서 연안파의 활동 ············· 115

제1절 해방시기 동북 ······························ 117
  1. 항일무장세력의 집결 ························ 117
  2. 조선독립동맹의 입북과 정치적 행보 ············· 121
  3. 조선의용군 및 항일연군 배합활동 ··············· 126

제2절 조선의용군의 확군과 중국 인민해방전쟁 ········· 136
  1. 1·3·5지대별 조선의용군의 전이확대 및 동북민주연군
    으로의 재편 ······························· 136
  2. 중국인민해방전쟁에 참군한 조선의용군 통계 ······ 144
  3. 중국이 조선의용군 귀환에 동의한 이유 ·········· 147

제3절 조선인민군의 강화 및 편제 ···················· 151
  1. 동북해방전쟁 중 중국공산당과 북한의 관계 ······· 151
  2. 조선의용군의 입북과정과 조선인민군으로 재편성 ··· 156
  3. 조선인민군에 편입된 조선의용군부대 규모 ······· 163
  4. 조선의용군 입북이 가지는 정치·군사적 성격과 의미 ·· 165

제Ⅳ부 **북한 국가건설에 미친 연안파의 영향** ······················ 169

　제1절 조선신민당 창당 및 정치활동 ···························· 171
　　　1. 정치이념: 민족해방과 사회해방 ····························· 171
　　　2. 정치참여와 민족주의 투쟁노선의 전개 ····················· 173
　　　3. 주요정책: 민족주의를 내장한 사회주의국가체제 형성 ·· 175
　제2절 정책·제도 개혁분야 ······································· 179
　　　1. 연합성 신민주주의론: 자산계급성 신민주주의 ············ 179
　　　2. 북조선 민주주의 민족통일전선을 통한 좌익세력 결집 ·· 190
　　　3. 군중노선을 중심으로 한 토지개혁 및 사회개혁 ·········· 195
　제3절 연안파의 당·정·군 활동 ································· 209
　　　1. 개 요 ·· 209
　　　2. 당·국가체제의 이데올로기 수립과 개혁의 이론적 주도 ·· 212
　　　3. 연합정권의 참여와 주요보직 장악 ··························· 225
　　　4. 북한 군사화의 토대형성과 정치적 숙청 ···················· 233
　　　5. 지방정권기관: 지방인민위원회 ······························· 241
　제4절 북·중 관계에 미친 연안파의 정치·군사적 위상 ······· 250
　　　1. 북·중 관계의 정치·군사적 매개 역할 ····················· 250
　　　2. 조선의용군과 항일연군의 중국공산당과의 관계 비교 ··· 256
　　　3. 소 결 ·· 261

제Ⅴ부 연안파의 정치사적 재조명 ····· 263

제1절 파벌간의 정치투쟁 ····· 265
    1. 연안파의 군중노선과 만주파의 대중주의 연합 ····· 265
    2. 연안파와 만주파 간의 협력과 갈등 ····· 267

제2절 연안파의 조직성향 분석과 종파사건 ····· 275
    1. 연안파의 조직성향 분석 ····· 275
    2. 종파사건 ····· 282

제3절 연안파에 대한 재평가 ····· 291
    1. 정치·군사적 평가 ····· 291
    2. 실패한 혁명집단으로서의 역사적 평가 ····· 297

제Ⅵ부 종 장 ····· 303

참고문헌 / 312
부 록_ 연안파(조선독립동맹과 조선의용군 인명 편) / 325
찾아보기 / 340

표 목차

표 2-1 화북조선청년연합회 구성 ·· 65
표 2-2 조선의용대 화북지대 편제 ·· 99
표 2-3 화북조선독립동맹 맹원수와 입맹 전의 소속 단체 ······················· 101
표 2-4 연안과 각 항일근거지의 조선군정학교 현황 ···························· 104
표 3-1 조선독립동맹 및 조선의용군 1·2차 입북자 명단 ····················· 120
표 3-2 남만, 길림, 연변, 북만지역 무장자위대 조직 현황 ···················· 146
표 4-1 조선신민당 중앙 집행위원 명단(1946년 6월 26일 현재) ············· 182
표 4-2 2차 세계대전 후 동구 사회주의권 국가 토지개혁 유형 ·············· 201
표 4-3 "조선신민당의 토지정책"과 "북조선 토지개혁에 관한 법령" 비교 ······· 204
표 4-4 조선공산당 북조선분국 집행위원 시·도별 현황 ······················ 211
표 4-5 제1차 당 대회 파벌 분포 ·· 215
표 4-6 제2차 당 대회 파벌 분포 ·· 218
표 4-7 제3차 당 대회 파벌 분포 ·· 221
표 4-8 북조선 임시인민위원회 계파별 분포 ···································· 226
표 4-9 북조선인민위원회 1차 내각 계파별 분포 ······························· 228
표 4-10 1차, 2차 내각 명단 ·· 231
표 4-11 조선의용군 출신 북한인민군 간부현황 ································ 238
표 4-12 북한 지방행정기구의 변천 ·· 245
표 4-13 평북, 강원도 황해도, 함북, 함남 조선신민당(연안파) 출신 간부 현황 ···· 246
표 4-14 선거참가자 및 찬성자 ··· 247
표 부록-1 연안파(조선독립동맹과 조선의용군 인명 편) ······················· 325

그림 목차

그림 2-1 국민당 군사위원회 내 조선의용대 편성 ·················· 77
그림 2-2 조선의용대 국민당 군 전구 배치 및 화북전이 경로 ·········· 95
그림 2-3 조선독립동맹 및 조선의용군의 만주 집결경로 ············· 114
그림 3-1 조선의용군 입북 경로 ································ 164
그림 5-1 연안파 중심의 8월 종파계보 ·························· 289
그림 5-2 연합정권 파벌구성 및 북·중 정치 소통도 ················ 299

북조선 체제성립과 연안파 역할

제Ⅰ부 서 장

제1절 연구 목적

본 연구의 목적은 연안파의 정치·군사적 궤적을 통해 북한의 초기 국가건설에 미친 영향력을 정치사적으로 재조명하는데 있다. 이를 위해 구체적으로는 연안파가 형성된 시기부터 해방공간까지 항일투쟁, 항일연군과의 관계형성과정, 북한정권 수립시기 정치·군사적 역할 및 활동, 그리고 북·중 관계에 미친 영향 등을 중심으로 분석하고자 한다.

식민지 시기 한반도와 중국 내에서 조선인 좌파민족해방투쟁과 국가건설운동은 1930년대 말부터 해방시기까지 소련이 주도한 코민테른의 영향력이 쇠퇴하면서 중국공산당의 영향 하에서 수행되었다. 그 중 연안파는 조선독립동맹과 조선의용군을 총칭하는 명칭으로 화북전이 이후 이들이 재조직되어 연안에 본부를 둔 중국팔로군과 함께 활동했기 때문에 붙여진 이름이다. 북한연구에서 연안파라는 호칭이 일반화되었기 때문에 이 책에서도 이를 수용하여 사용토록 한다. 연안파는 해방 전·후사에 걸쳐 북한 국가건설과 북·중간의 관계형성에 상당한 영향력을 행사했다. 특히 조선의용군은 한국광복군, 동북항일연군과 함께 민족해방투쟁사의 한 축을 이루는 항일무장 세력이었다. 그러나 북한에서는 김일성 만주파와의 권력투쟁에서 패배함으로써, 그리고 중국에서는 중국혁명사에 부담스런 존재가 되어 양국의 정치사에서 배제되고 말았다.

조선독립동맹은 1937년 11월 중국 한구(漢口)에서 결성된 민족전선연맹을 뿌리로 하고, 조선의용군은 1938년 10월에 무한(武漢)에서 출범한 조선의용대를 모태로 한다. 민족전선연맹 간부와 조선의용대는 이후 화북을 본거지로 한 중국공산당 팔로군 지역으로 이동하여 1942년 7월에 각각 조선독립동맹과 조선의용군으로 개명하였다. 그리고 해방공간에서는 팔로군에 예속되면서 독자적 명칭을 사용하지 못한 채 1946년 중국동북민주연군으로 국공내전에 참가하게 된다. 해방 초기에 연안파는 한반도의 완전한 독립국가형성을 목표로 하였고, 입북 이후에는 북한국가건설 및 북한인민군 창설과정에 관여하면서 핵심보직을 장악하고 그 영향력을 행사하였다. 그러나 오늘날 남과 북, 그리고 중국에서조차 이들 연안파에 대한 정치·역사적 평가는 소홀할 뿐만 아니라 냉정하기까지 하다.

한때 항일무장투쟁사에서 최대 계파와 최대의 무장력을 갖추었던 연안파가 북한정치사에서 실패한 권력집단으로 전락한 이유는 과연 무엇인가? 이러한 문제의식을 시작으로 필자는 통념적으로 인정되어온 북한 국가탄생과정에 미친 소련의 영향력이 상대적으로 과장된 것은 아닌지 의문을 갖게 되었다. 소련의 점령이 북한에 중요한 정치적 환경 조건을 제공한 것은 부인할 수 없는 사실이다. 그러나 소련의 개입이 북한의 초기 국가건설과정에 세세하게 관여했다고 단정할 수 없다. 다시 말해 초기북한국가형성에 있어 각 부문마다의 특수성을 고려하지 않고 소련의 대북한정책을 전제로 하여 연역적으로 추론하는 방법은 회피하여야 한다는 점이다. 이러한 측면에서, 화려했던 항일무장투쟁경력 및 북한국가건설과정에서 당·정·군에 걸쳐 정책브레인으로서 중요한 영향력을 행사했음에도 불구하고 결국 실패한 권력집단으로 전락한 연안파에 대한 재조명은 북한연구의 새로운 영역확장에 기여할 수 있다는 판단을 하게 되었다. 이러한 필요성 때문에 이 책은 연안파의 정치·군사적 활동과 역할을 주제로 선정하게 되었다.

실패한 권력집단은 실제 역사에서 그 영향력이 지대했을지라도 역사해석과정에서 사장되거나 왜곡되어 배제되는 것이 정치사의 일반적 패턴이다. 그리고 실패한 권력집단에 대한 자료는 그 영향력이 크면 클수록 오히려 삭제되거나 통제되곤 한다. 종국에는 실패한 권력집단의 존재가치가 평가 절하되고 부정되기까지 한다. 마찬가지로 북한의 국가성격을 규정하기나 북한정치사를 연구하는데 있어서도 승리한 지배집단인 김일성의 만주파 권력을 중심으로 한 결과론적 해석이 중심이 되고 있다.[1]

해방 전후시기 북한의 국가건설과정에 참여했던 계파로는 만주파, 남로당파, 소련파, 국내파, 그리고 연안파가 있다. 이들 파벌 중에서 국가권력 형성의 근간이 되는 무장력을 갖춘 세력은 만주파와 연안파뿐이었으며, 특히 연안파는 만주파와 달리 대부분 식민지 엘리트 지식인으로 구성되어 있었다. 이러한 사실은 연안파가 이후 북한의 지배 권력으로부터 도태되었을지라도 국가건설과정에서 행사한 영향력의 흔적이 남아있을 것이라는 추론을 가능하게 한다. 또한 이러한 흔적은 국가건설 이후부터 현재 시점에까지도 어느 정도의 영향을 미치고 있을 것이라는 추론 역시 가능하게 한다. 만약 이러한 논리가 사실적으로 규명된다면 연안파가 북한의 초기국가건설과정에 상당한 영향을 미쳤다는 주장은 충분한 설득력을 갖는다. 이와 같은 사실은 해방 직후 북한 국가건설기의 당·정·군에 투입된 연안파의 비중을 통해 구체적으로 확인이 가능하다.[2]

식민지에서 갓 해방된 직후 국민국가 형성기에서 중추적 역할은 선진국가의 제도를 모방하면서도 그것을 자체적으로 수용·해석할 수 있는 소수 엘리트들의 역량에 달려 있다고 할 때, 북한 역시 인적인프라에서 만주파보다 여러 가지 면에서 상대적으로 출중한 엘리트 지식인들이 포진되어 있던 연안파들이 보다 많은 정치사적 행보를 남겼다고 볼 수 있다. 우선

---

[1] 초기 국가건설에 있어 소수엘리트 지배집단에 의해 주도적으로 체계화하며 확산시킨 법이나 제도는 주변의 여러 요소들을 빠른 속도로 취하여 서로 다른 법과 제도적 전통에 습관화된 국민들의 요구에 응하도록 간소화하여 적응시킨다. 그리고 향후 당시에 형성시킨 법적, 제도적 사고 틀을 기준으로 공통이라고 생각되는 원칙을 중심으로 보완·발전시켜 나간다(Watkins, 1988: 19).
[2] 실례로 북조선로동당 창립 시 중앙위원 43명 중 연안파가 19명(44.1%)을 차지했으며 주요 보직 중 간부부와 선전선동부장은 한국전쟁 시까지 연안파가 독점하였다(김광운, 2003; 김중생, 2001; 서동만, 2005; 정성임, 세종연구소북한연구센터 역, 2007).

수적으로 연안파는 만주파를 압도한다. 항일연군 출신의 만주파는 김일성과 함께 입북한 60여 명과 이후 입북한 58명으로 총 120여 명(김광운, 2003: 116~38)에 불과했다. 반면 1, 2차에 걸쳐 이루어진 연안파의 입북은 주요간부의 수는 80여 명이었고, 확군 후 조선의용군 지휘관급 간부와 병사가 입북한 수만도 60,000여 명(김중생, 2001: 120~58)에 이르렀다. 이러한 사실은 연안파가 만주파에 비해 지식인과 무장역량에 있어 우위에 있었다는 사실을 보여준다. 보다 구체적인 예로 1946년부터 북조선공산당과 조선신민당으로 나뉘어 입당한 뒤 초기북한국가건설 과정에서 토지개혁의 해석권을 주도한 허정숙, 중국식 군중노선을 변용하여 수용하도록 이론적 바탕을 제시한 김창만, 그리고 오늘날 북한 이데올로기의 이정표가 된 '계급투쟁'을 '민족투쟁' 개념으로 효과적으로 흡수시킨 최창익, 북·중관계의 매개역할을 했던 대표적인 인물인 박일우 등의 활약은 당·정·군에 걸쳐 연안파가 차지하는 비중과 그 영향력을 분석해낼 수 있는 가능성을 충분히 제공한다.

  필자는 본 연구를 통해서 연안파가 북한의 초기국가건설에 미친 영향으로 첫째, 민족해방운동사에 영향을 미친 정치·이념적 차원에서의 평가, 둘째, 북한 국가건설과정에서 당·정·군에 걸친 토대형성에 기여했다는 점에서의 평가, 셋째, 조선의용군 중심의 확군 운동과 중국 인민해방전쟁 참여를 통한 전투력 배양은 한국전쟁을 가시화시키는 동력이 되었다는 점, 넷째, 연안파가 북·중 간 혈맹형성의 동인(動因)이었다는 점을 재조명하고자 한다. 이와 함께 실패한 집단으로서의 연안파의 분석은 조선독립과 해방이라는 상위이념을 달성하기 위해 각 계파 간의 정치적 이해관계를 일시적으로 봉합하여 형성된 통일전선 속에서 확인해보고자 한다. 그것은 결과론적으로 연안파가 내부적으로 계파 간 결집력이 약한 상태에서 북한의 연합정권에 참여하게 되었고, 단독으로 집권하지 못함으로써 중국과의 관계 또한 불확실하게 유지되는 위치에 있었다고 할 수 있다.

필자는 이상의 몇 가지 주제를 바탕으로 기존의 통념적인 북한연구 경향에 문제제기를 하고자 한다. 이를 위해 개별 및 집단 간 혈맹적 관계를 확장시켜 가면서 중국의 정치·군사적 영향력을 배경으로 초기북한국가건설 과정에서 주도적 역할을 수행한 연안파의 정치적 위상과 활동, 그리고 몰락의 원인과 과정을 추적하고자 한다. 더불어 북·중 관계 형성에서 연안파의 영향력이 어느 정도 작용했는지를 좀 더 구체적으로 규명하고자 한다.

제2절 연구범위와 방법

1. 연구의 범위

이 연구의 출발은 1937년 7월 노구교 사건을 전후로 하여 설정하였다. 그 이유는 일제가 이 사건을 기점으로 중국에 전면 전쟁을 선포했으며, 이를 계기로 중국 내 조선인 좌파혁명가들을 중심으로 한 조선민족전선연맹과 조선의용대가 창설되었기 때문이다.[3] 특히 같은 해 9월 22일 제2차 국·공 합작을 결성하면서 중국공산당은 "항일하려는 모든 당파, 단체들과 연합하여 통일적인 정치단체와 항일무장대오를 건립하라"는 제안을 하게 된다. 이에 고무된 조선인 각 항일단체 및 항일투쟁가들 사이에서도 '반일통일전선결성'과 "통일된 조선 무장대오를 세워 중국의 항일전쟁에 참가하여 조선독립을 쟁취하자"라는 등의 주장이 제기되었다. 이 시기는 좌파민족해방운동이 중국공산당의 지도에 매력을 느끼고 있던 때였다.

이런 가운데 1937년 11월 12일 김원봉의 조선민족혁명당[4]과 김학무의 조선청년전위동맹, 김규광의 조선민족해방동맹, 류자명[5]의 조선혁명자연

---

[3] 1931년 만주사변 이후 중국에서의 항일민족해방운동의 주요과제는 항일을 위한 민족통일전선의 수립, 중국과의 연합전선결성, 중국 내에서의 항일전 참가 등이었다(鐸木昌之, 1984: 67).
[4] 1932년 한국대일전선통일동맹이 결성되었으며 이를 기반으로 1935년 조선민족혁명당이 결성되었다. 핵심인물로는 당무부장 김원봉, 조직부장 김두봉, 군사부장 이청천, 특무부장 이범석, 국민부장 김규식 등이었다. 1936년에는 국내 제3차 공산당 사건으로 복역한 후 출옥한 최창익, 허정숙, 한무 등이 중국으로 망명하여 여기에 가담하였다(森川展昭, 1984: 19; 한홍구, 1988: 7).
[5] 본서에서는 원전에서 사용하고 있는 명칭을 그대로 수용하여 기록함을 원칙으로 한다.

맹 등 4개 단체가 한구에서 회합을 갖고 '조선민족전선연맹'을 성립시켰다. 조선항일운동의 주도권이 민족주의 운동에서 사회주의 운동으로 전환된 시기에 이르러 투쟁노선은 조선독립혁명을 지향점으로 하면서 좌·우익을 망라한 전선통일동맹결성으로 이어졌던 것이다. 그리고 전선연맹의 주도적인 행보는 여타 민족운동단체에게도 항일투쟁의 방향타를 제시하는데 기여했다. 동시에 조선혁명을 위한 무장대오건립을 우선적으로 실천하여 1938년 10월 10일을 기해 조선의용군의 전신인 조선의용대를 창설하기에 이른다.

연안파로 통칭되는 조선독립동맹과 조선의용군의 변천과정은 다음의 4단계로 구분될 수 있다. 첫 번째는 전선연맹 간부들과 조선의용대원들이 사회주의 투쟁방식에 매료되어 1941년 화북으로 이동해간 시기이다. 즉, 좌파민족주의자와 사회주의자들로 구성된 연맹원 및 대원들이 국민당의 부패와 국민당 군 전구에 배속되어 분산된 활동을 하는 것이 무장투쟁에 불리하다는 판단을 내리고 중국공산당 지역인 화북으로의 이동을 모색했던 시기를 말한다. 두 번째는 화북으로 이동한 연맹원과 대원들이 그곳에서 이미 활동하고 있던 무정, 박일우, 서휘 등과 동북항일연군 출신 소련유학파[6])인 방호산, 전우, 주덕해 등 다른 계파와의 연대를 통해 조선독립동맹과 조선의용군으로 재편성되고, 중국공산당 전구에서 무장선전 및 전투에 참여한 후 동북으로 진출한 시기이다. 세 번째는 중국공산당중앙동북국의 결정에 의해 중국팔로군 예하에서 동북항일연군 출신과 함께 동북민주연군으로 재편된 시기이다. 이 시기 민주연군에 배속된 조선인들은 확군 과정을 거친 후 국공내전에 참여했고, 일부는 북한의 당·정·군 간부 요원으로 투입되었다. 네 번째는 중화인민공화국 건국 후 확군된 조선

---

6) 이들은 1930년대 동북항일연군으로 활동했으나, 소련으로 퇴각했던 시기 코민테른 중국대표단의 지시로 소련 유학생으로 차출된 인물들이다. 유학을 마친 이들은 1940년대 사회주의 활동무대였던 연안으로 들어가 연안파의 한 일원이 되었다.

의용군 출신들이 북·중 간의 정치적 이해관계에 따라 무장 입북을 하여 북한인민군으로 새롭게 편성된 후 한국전쟁에 참여하고, 대부분 숙청을 당하게 되는 1956년 1차 종파사건 전후까지에 해당하는 시기이다.

여기에서 주목할 사실은 입북한 연안파가 당과 정, 그리고 국가의 무장력인 조선인민군대의 형성과정에서 중추 엘리트 세력으로 깊이 개입했다는 점이다. 즉, 연안파는 김일성이 주도하는 만주파의 협력세력으로서 정치적 영향력과 무장력의 확산을 통해 국내외적으로 민족통일전선에 입각한 연합성 신민주주의 철학을 실현하여 통일국가실현을 모색하는 과정에 깊숙이 개입했다. 그러나 초기북한국가건설 과정에서 연안파의 활발한 활동은 한국전쟁과 1956년 종파사건을 거치면서 정치투쟁에서 패배하고 정치사에서 배제되기 전 화려한 마지막 무대였을 뿐이다. 특히 조선의용군의 조선인민군으로의 편입은 김일성이 한국전쟁을 결정하는데 상당한 자신감을 갖게 하는 계기가 되었고, 전쟁발발의 주요원인을 제공하였다고 할 수 있다. 그러나 전쟁의 결과는 이들의 정치적 책임으로 이어졌고, 결국 종파사건으로 내몰렸으며, 종국에는 북·중 양국으로부터 공히 도태당하는 결과를 낳았다. 이렇듯 연안파의 활동은 한국 근·현대정치사에 상당한 궤적을 남기고 있다.

이상 살펴본 바와 같이 시간적 연구범위는 1937년 노구교사건을 전후한 시점으로부터 1956년 북한의 1차 종파사건까지 연안파의 태동과 몰락의 전 과정을 대상으로 한다.

본 연구는 서장과 종장을 포함하여 총 여섯 부분으로 구성되어 있다.

제Ⅱ부는 조선독립동맹과 조선의용군의 창설과 시기별 활동을 만주선 점시기까지 살펴보았다. 기존 연구들은 이 시기 북상전이를 둘러싼 연안파 내부의 갈등과 분열의 원인을 노선과 이념의 문제로 규정하고 있다. 그러나 본 책에서는 노선과 이념의 차이보다는 시기와 방법론의 차이에 있었다는 점을 강조할 것이다. 또한 화북 팔로군 지역으로의 이동과정에 대해서는 기존 연구(양소전·이온죽, 1995)[7]에서 간과하고 있는 김원봉과 총대본부 간부들의 주체적인 전략적 방책으로 진행되었음으로 재해석하고자 한다. 이와 함께 다루려는 또 하나의 쟁점은 정풍운동과 종파사건의 상관성에 대한 분석이다. 이 부분에 관한 기존 연구는 아직 미진한 면이 없지 않다. 따라서 중국공산당 팔로군의 지원 하에 결속된 연안파가 어떤 계파간의 연합으로 형성되었으며, 정풍운동을 통해 이들의 연대 관계가 어느 정도의 결속력을 갖고 있었는지를 무정과 반(反)무정파 간의 분파투쟁을 통해 분석하고자 한다. 이 사실의 해명은 이 당시 정풍운동과정에서 발생한 앙금이 이후 북한에서 종파사건 발생 시 확인되는 연안파의 취약한 연대성과 어떠한 상관성을 갖는지를 밝히는 데 있어 단초가 된다. 아울러 중국공산당의 만주선점전략과 동북진출 과정에서 이들 간의 정치·군사적 이해관계 또한 거의 다루어지지 않았으므로 본 책을 통해 구체적으로 조명하고자 한다.

제Ⅲ부는 기존 연구에서 연구되지 않은 해방시기 동북에서 조선의용군과 항일연군 간의 결합이 갖는 성격을 중국공산당 동북국과의 관계 속에서 분석한다. 우선 양 세력이 확군과 간부양성 훈련을 통해 중국 인민해방전쟁에 참여하고, 북한 국가건설을 위한 간부요원으로 투입되는 과정을 보다 사실적으로 규명할 것이다. 또한 국공내전 이후 공산당의 승리로 중화인민공화국이 설립되는 시점에서 이루어진 조선인민군으로의 편입에 따른 조선의용군의 대량 입북과정이 북·중 간 이해관계에 기초하여 어떤 의도로 추진되었는지를 추적하고자 한다. 동시에 조선의용군 입북이 갖는 정치·군사적 의미를 분석할 것이다.

제Ⅳ부에서는 먼저 연안파가 북한 국가건설과정에 미친 영향을 재조명한다. 기존 연구는 만주파를 중심으로 한 각 계파의 한 부분으로서 연안파

---

[7] 기존 연구에 관한 종합적인 자료모음은 『분단반세기 북한연구사』(북한연구학회 편, 1999). 참조.

를 주변부 세력으로 다룰 뿐이다. 이에 대해 본 책에서는 조선독립동맹이 조선신민당을 창당하면서 정치세력화를 모색하는 과정에서의 치적을 주요인물을 중심으로 분석하고자 했다. 즉, 당·정·군에 배치된 연안파의 엘리트 간부들이 민족통일전선, 토지 및 사회개혁, 연합성 신민주주의론 등과 같이 그들이 추구했던 정치이념을 어떻게 표출했는지를 추적할 것이다. 특히 토지개혁과 관련하여 소련주도의 토지개혁을 전제하는 기존입장에 대한 비판을 통해 북한의 토지개혁은 국가권력의 강화 초기에 연안파의 정책입안과 토착공산주의자들과 농민이 연계하여 주도했음을 동구권 사회주의 토지개혁에 소련의 개입정도를 비교하여 밝힌다.

또한 그러한 내용의 증거로 연안파 간부들이 주요보직을 맡으면서 국가정책에 적용하여 실험하고자 했던 정책적 의지의 표현을 당시의 문헌을 통해 확인하고자 한다. 그리고 무장부대로 입북한 조선의용군의 규모와 간부들의 활동 등을 통해 북한의 무장력이 어느 정도 강해졌으며, 이러한 무장력 강화가 한국전쟁에 미친 영향을 보다 구체적으로 분석한다. 아울러 북·중관계가 김일성과 마오쩌둥(毛澤東)으로 대표되는 지배세력 간에 형성된 것으로 보는 기존 연구의 틀에서 벗어나 북·중관계의 정치·군사적 매개역할은 연안파에 의해 그 토대가 구축되어 발전할 수 있었음을 연안파의 정치·군사적 위상을 통해 재조명하고자 한다.

제Ⅴ부에서는 엘리트 지식인과 무장 세력을 기반으로 북한 국가건설과정에서 주도적 역할을 담당했음에도 불구하고, 결국 최대의 정치적 희생자로 전락한 연안파에 대한 정치·역사적 재평가를 수행하고자 한다. 기존 연구는 종파사건에 의해 연안파가 몰락했다는 개괄적인 주장을 하고 있다. 하지만 본 책은 이와 관련하여 연안파가 실패한 권력으로 전락하게 된 과정을, 종파사건 중심의 조직성향 파악을 통하여 연안파 내부의 약한 연대성을 부각시켜 분석하고자 한다.

2. 연구의 방법

1917년 소련 사회주의 혁명의 성공과 확장은 동북 및 한반도 사회주의 해방 투쟁사에 절대적인 영향을 미쳤다. 사회주의 혁명의 확산을 계기로 반일 민족해방투쟁의 주된 노선이 사회주의 무장투쟁 방식으로 귀결되었다. 그리고 이러한 무장투쟁의 경험은 해방 이후 북한 사회주의 국가건설에서 국가의 성격을 규정하는 역사적 단초가 되었다. 개별 사회주의 국가는 고유한 혁명과정상의 경험을 가질 수밖에 없다. 따라서 일본 제국주의의 침탈을 경험한 국가의 특수성(구갑우, 2003: 302)을 갖고 있는 북한이 민족주의를 내장한 사회주의 무장투쟁의 역사를 초기북한국가형성 과정에서 어떻게 반영했는가는 중요한 연구 주제가 된다(Kwon, 1990).

그러나 안타깝게도 이론적 일반화를 위한 기반이 되는 '사실의 집적'(集積)이 빈약한 상태로 남아 있는 것이 오늘날 북한연구의 현실이다. 이와 같은 현상은 냉전과 분단의 상황이 실증적 연구 자체의 제약요인으로 작용하여 부족한 사실의 빈약성을 이론의 힘을 통해 공백을 메우려는 경향으로 나타난다. 따라서 이러한 북한연구의 척박한 현실을 타개하기 위한 전제는 무엇보다도 사실적 경험의 사적(史的) 발굴 및 복원에 있다. 특히 북한정치사의 중요한 특징 중 하나가 국가건설단계에서부터 '정치'와 '역사'의 강한 결합으로 나타난 것이라 할 때, 식민지 시대 민족해방투쟁의 정통성 문제는 투쟁의 지역적 분산성과 얽혀 복잡한 세력관계의 망을 형성했다는 점에서 역사적 사실에 대한 발굴과 복원의 중요성은 두말할 나위가 없다.

한국정치사에서 연안파의 활동은 중요한 사실이었음에도 불구하고 식민지 시대 좌파 민족주의 운동 내지 사회주의 운동의 차원으로서가 아닌 현실의 분단구조 하에서 제한된 인식의 차원에서 해석되고 있다. 그 결과 실패한 세력에 대한 평가는 남한의 경우 면밀한 검토 없이 정치적 투쟁에서 몰락한 주변부세력으로 한정하여 취급하고 있다. 북한은 연안파에 대해 종파분자라는 낙인과 함께 역사적 사실 자체를 은폐시켰다. 중국 역시 연안파 항일무장투쟁의 역사에 대해 자국의 정치·군사적 예속관계 이상의 긍정적 평가를 내리지 않고 있다. 특히 문화혁명 이후 조선족 역사에 대한 자료를 태우거나 은닉함으로써 조선인이 중국혁명사에 개입한 사실 자체를 금기시하고 있다.[8] 최근 들어 조선족 사학자들을 중심으로 식민지 시기 동북항일연군과 조선의용군 등 조선인 무장투쟁에 대한 저술을 간헐적으로 발표하고 있기는 하지만, 이 역시 중국 내 소수민족 정착(定着)사의 한 단편으로서 제한적으로 용인될 뿐이다. 즉, 국공내전과 중화인민공화국 건국 후 연변자치주에서의 활동에 국한시켜 재정리하고 있을 뿐이다. 다만 북·중관계의 정치·군사적 연계를 확장시켜 다룬 연구가 있는데, 이는 '항미원조 보가위국'(抗美援朝 保家衛國)을 명분으로 중국이 한국전쟁을 지원했다는 내용으로 다분히 중국 측의 정치적 이해관계를 반영하고 있을 뿐이다(홍학지, 1998; 주지안룽, 2005).

이러한 상황에서 연안파의 궤적을 발굴하여 북·중 관계의 형성에 대해 고찰하고, 이들이 북한의 초기국가형성과정에 미친 영향을 규명하여 이를 통해 북한연구의 새로운 영역 확장을 모색하고자 하는 연구는 쉽지가 않다. 즉, 남한, 북한, 중국 등에 산재해 있는 자료의 척박함과 수집의 제한성, 그리고 수집된 자료의 신빙성 등이 연구의 제약 요인으로 작용한다. 이러한 여건으로 인해 그 동안 연안파에 대한 연구가 미진할 수밖에 없었다. 그럼에도 기존의 북한연구에서 다루어진 바 있는 북한 국가건설 과정

---

[8] 중국에서 1949년 이전의 자료는 역사자료로 분리되어 1949년 이후의 당대 자료와 구분되어 취급하고 있다. 그리고 상대적으로 습득이 용이한 역사자료도 중국정부의 당안관 정책에 의해 제한을 받고 있는 실정이다. 특히 조선민주주의인민공화국의 기원이 중국의 조선족 내지 만주 조선인문제와 연결되어 있기 때문에 북한정부의 제한적 자료공개와 중국정부의 북한에 대한 '배려'라는 차원에서 북한정권 창건시기와 조·중 공산당의 연합에 관한 문건공개는 제한되어 있다.

에서 당·정·군 분야별 요직에 투입된 연안파 간부들의 현황과 초기출판물9) 속에서 제기된 제도, 정책, 이념들을 다음과 같은 연구방법을 통해 분석한다면 연안파에 대한 연구를 보다 수월하게 진행할 수 있을 것이다.

첫째, 역사적 연구방법이다(김광웅, 2004). 이 방법은 역사상에 나타난 정치현상을 비교분석하는 가운데 현상의 실제적인 변화를 고찰하고 분류하는데 유용성을 갖는다. 즉, 과거에 발생했던 역사적 사실들을 수집하고 이들을 체계적으로 정리하면서 어떠한 상태의 변화가 있은 후에 그러한 상황 변화에 대한 인과관계를 발견하는데 초점을 둔다. 현재 조선독립동맹과 조선의용군의 역사는 해당 국가별 이해관계 속에서 잊혀진 역사로 남아 있고, 그 자료 역시 매장되거나 은닉된 상태이다. 따라서 연안파의 역사가 안고 있는 보편성과 특수성을 객관적으로 분석해야 한다. 다시 말해 보편성에 대한 일반적 이해와 이들 세력이 식민지시기에 가졌던 활동의 지향과 분기점, 해방정국에서의 위상과 역할, 북한 국가건설기에 형성되고 표출된 영향력을 살펴봐야 하는 것이다. 또한 북한과 중국의 동맹관계 형성에서 이들이 어떠한 기여를 했는지를 파악하는 작업도 중요하다(심지연, 2003: 239).

이러한 역사적 연구는 특히 제기되고 있는 문제들의 역사적 기원과 원인을 밝히는데 통찰력을 제시해 준다는 점에서 그 가치가 높다. 따라서 기존에 분절적으로 연구되어온 역사적 자료들을 교차 확인하여 사실적 근거를 확보해 객관적으로 분석하려는 노력이 필요하다. 이는 궁극적으로 현재에 대한 보다 명확한 이해와 더불어 미래에 대한 예측을 위해 과거의 사

---

9) 『조선민족해방투쟁사』(최창익: 1949), 「무정장군회견기」(『조선인민보』, 1946.1.14), 「조선신민당 선언」(『해방일보』, 1946.3.12~13), 「민주적 민족통일전선의 역사성에 대하야」(최창익, 『독립신보』, 1946.6.19~23), 「조선민족의 진로」(백남운, 『독립신보』, 1946.4.15), 「봉건적 인습에 관하야」(최창익, 『인민평론』 Vol. 2, 1946: 121~3), 「토지개혁의 역사적 의의」(최창익, 『현대일보』, 1946.4.26·27·29), 「조선정치형세에 대한 보고」(김일성, 선전선동부 편, 『자주독립국가건설을 위하여』, 1947) 외.

실들을 정리하고 평가하며 이해하는데 기본적 목적을 두고 있다 하겠다.

둘째, 문헌분석을 통한 엘리트 접근법이다(양성철, 1991: 34~6). 엘리트에 대한 파악은 당시 사회를 이해하는데 있어 중요하다. 엘리트란 창조적인 능력을 가진 소수로서 '책임'과 '사명', 그리고 '능력'의 세 가지 요소를 갖추고 있는 지도적 인사를 의미한다. 따라서 엘리트에 대한 심층 분석을 통해 정책의 결과나 결정의 방향, 성격, 내용을 유추할 수 있다. 또한 엘리트의 구성 배경과 성향은 파벌을 분석하고 이해하는데 중요한 준거의 틀이 된다. 이를 위해 본 연구에서 활용된 자료로는 연변대학교에 소장된 기록문서, 연안파들이 활동하면서 발간한 선전자료, 일본 정보기관들이 작성한 첩보자료, 연안파 출신들의 회고 및 증언 등이 있다. 먼저 조선의용대통신, 해방일보, 진찰기일보, 연변민보, 인민일보 등 기관지는 당시 의용군의 활동상을 상세하게 보여준다. 특히 이상의 자료들은 선전지이면서도 지대별 대원들 상호간의 소식을 담고 있어 대원들의 동향 등을 상세히 전하고 있는데, 당시의 상황을 정확히 이해할 수 있는 기초 자료들이다(염인호, 1992: 7). 사상휘보, 사상시찰정세보고, 외사일보 등의 일본자료는 김정명이 편집하여 발간한 자료집에서 첩보자료[10]라는 한계에도 불구하고 일정부분 도움을 얻었다. 기타 회고록이나 증언 등은 기억에 의한 착오의 가능성이나 증언자 개인의 주관이 과도하게 반영될 가능성이 있으므로 조심스럽게 접근하여 활용하였다.

셋째, 내용분석법(contents analysis)의 활용이다. 내용분석법은 기록된 문서의 메시지에 함축된 내용을 분석하는 방법으로, 특정 단어가 몇 회 반복되어 나오는지, 메시지 내용에 포함되어 있는 말의 강도는 어떠한지, 그리고 메시지 내용 중 수량적으로 표현될 수 없는 요소를 분석하는 질적 분

---

[10] 첩보자료는 특정한 목적성을 띠고 의도적으로 수집된 자료를 의미하는 것으로 현상을 파악하는데 도움은 되지만 아직 검증절차를 거치지 않은 불확실한 사실이라는 특성이 있다.

석 및 메시지에 포함된 찬반이나 호오(好惡) 등을 분석할 수 있다. 예를 들면, 내용분석법을 통해 조선의용대의 강령 및 투쟁방법의 지속성 여부, 그리고 화북으로의 이동 등의 다양한 문제에 직면했을 때 김원봉을 중심으로 한 총대본부와 각 지대별 입장의 차이를 분석할 수 있다. 또한 만주 선점전략에서 나타난 중국 팔로군과 조선독립동맹 및 조선의용군의 전략적 이동 이면에 내포된 함의 등을 파악할 수도 있다. 이와 함께 인물과 조직, 사건 등의 관계를 도표화하여 분석하는 방법으로 매트릭스(Matrix) 분석법이 보완적으로 활용된다. 이는 주로 주요 엘리트의 동태를 확인하는데 사용된다. 이 분석법은 흩어진 일정량의 자료를 도표화하거나 정리하는데 있어 매우 효과적인 분석방법이다. 예를 들어, 북한 국가건설기 시기별 당·정·군에 포진된 각 계파별 주요보직 및 조직과 8월 종파사건의 계보를 도표화시켜 분석할 때 유용하다. 이러한 분석법을 통해 연안파가 해당 시기 가졌던 위상을 재조명할 수 있을 것이다(육군본부, 2006).

    자료 활용에 있어서는 기본적으로 중국의 기록문서, 조선의용군과 중국 공산당이 발간한 선전자료, 당시 일제관헌의 자료, 조선의용군의 증언자료, 그리고 조선의용군 간부들이 작성한 문서와 조선의용군 출신 생존자의 인터뷰를 1차 자료로 이용하고, 남북한의 공식간행물, 중국에서 간행된 출판물과 국내외의 각종 논문과 단행본 및 인터넷 자료들을 2차 자료로 참고하였다.

제3절 기존 연구에 대한 비판적 검토 및 연구 중점

1. 기존 연구의 비판적 검토

1980년대 이후 김일성과 북한에 대한 연구는 보다 활발하게 전개되었다. 그러나 민족운동사[11] 3대 축의 하나인 연안파로 총칭되는 조선독립동맹과 조선의용군을 연계한 북한 연구와 북·중관계의 정치적 해석 그리고 이들 연안파의 총체적인 정치사적 궤적에 대한 연구는 여전히 미진한 공백으로 남아 있다. 더욱이 연안파의 우수한 인적 인프라가 북한 국가건설의 토대에 어떠한 영향을 미쳤는가에 대한 분석적인 연구는 본격적으로 시도된 바가 없다. 그 핵심적 이유 중 하나는 분단체제 하에서 남한과 북한이 공히 도태된 세력에 대해 정치사에서 배제시키고 있기 때문이다. 따라서 의열단을 중심으로 형성된 민족혁명당의 성립과정과 활동, 조선의용대의 성립과 초기 활동, 화북 지역에서의 항일전사, 해방정국의 동북지역에서 확군 운동과 중국내전 참군, 그리고 북한에서 조선신민당 활동 및 조선의용군의 인민군 군대로의 편입 등에 대한 분절적 연구만이 제한적으로 이루어져 왔을 뿐이다.

연안파는 1940~1950년대에 걸쳐 한반도 해방공간에서 다양한 사회주의

---

[11] 이 시기의 '민족운동'의 개념은 "이족의 통치를 벗어나 민족고유의 자주권을 회복하여 국제적·자주적 국가를 건설하려는 피압박민족의 정치적 투쟁"으로 해석한다("민족운동과 사회혁명", 「독립신문」 1925.11.1, 4면).

및 좌파 민족주의세력과 협력 또는 갈등관계를 유지하면서 한반도의 완전한 통일민주국가 성립을 목표로 활동한 주요 정치세력 중 하나이다. 따라서 연안파는 어떠한 형식으로든 북한의 국가건설과정에서 일정한 영향력을 행사했음이 분명하다. 그럼에도 사회주의 민족운동사에 대한 기존 연구들은 이를 외면하고 있다. 그것은 무엇보다도 한국정치사에서 좌·우 민족해방운동에 대한 연구가 지배 이데올로기 구조를 중심으로 진행되었기 때문이 아닌가 한다. 연안파에 대한 기존 연구는 다음과 같이 몇 가지 경향으로 분류할 수 있다.

첫째, 독립동맹 및 조선의용군의 창립과 활동에 관한 성격연구이다.
이에 대해서는 조선독립동맹과 조선의용군의 모태라 할 수 있는 민족혁명당 및 전선연맹의 성립과정과 이후 활동 등을 체계적으로 밝혀 조선의용대의 창건배경을 설명한 강만길(2003)의 저서가 있다. 또한 국내에서 의용군에 대한 최초의 연구는 1962년에 발표된 이정식(1962)의 논문이 있다. 이정식은 조선의용대가 중국국민당 지구에서 창설되어 중국공산당으로 이동해 간 이유와 과정에 주목하여 분석하였다. 그는 이 시기 전선연맹과 조선의용대는 김원봉의 온건파와 최창익의 강경파로 분열되어, 강경파는 자발적으로, 온건파는 중공 팔로군의 개입으로 인해 준 자발적으로 화북 전이가 이루어졌음을 주장하고 있다. 반면 김창순과 김준엽은 조선독립동맹과 조선의용군이 지식인들로 구성된 독자적이고 자주적인 국제적 성격의 부대임을 강조하면서 동북항일연군은 농촌, 저학력 출신들인데 반해 이들은 교육수준이 높아 정당성격의 당과 강령을 가졌다는 점을 들어 이들의 성격규정에 일정한 시사점을 남기고 있다(김준엽·김창순, 1976: 112~3).

1980년대 후반 한홍구(1988)는 독립동맹 핵심세력들의 통일전선 전술에 주목하여 이들의 활동범위와 성격이 중국공산당의 소조 역할에 머물렀다고 주장함으로써 김창순, 김준엽의 관점과 대비되는 연구결과를 내놓았다. 그러면서도 한홍구는 보다 구체적인 문제의식에 접근하고 있다. 즉, 항일 무장투쟁세력의 실체를 규명하기 위해서는 그 집단의 정치·조직·투쟁 노선을 밝히고 그에 입각한 평가를 내려야 한다는 것이다. 특히 정치노선에 대해서는 한국광복군과 임시정부, 그리고 동북항일연군과 조국광복회의 정치노선과 비교·검토하면서 해방 후 북한에서 시행된 민주개혁을 분석하는 작업과 병행해야 한다면서 연안파의 성격규정에 신중을 기하고 있다. 따라서 그는 해방공간에서 연안파의 활동을 검토하지 못한 연구범위의 제한성을 인정하고, 민족해방투쟁세력으로서 김일성 중심의 무장세력 등과 더불어 포괄적인 범위에서 비교·검토하지 못했음을 밝히고 있다. 한홍구가 스스로 인정한 연구의 공백은 본서에서 상당 부분 다루게 되는 연구주제이다.

한편 이재화(1988)는 독립동맹과 조선의용군을 국내 민중을 직접적 기반으로 하지 않은 중국 관내의 지역운동체로 보고 그로 인해 우리나라 해방운동 전체의 합법칙적 발전을 추동하는 데는 지극히 제한적인 역할을 할 수밖에 없었다고 폄하한다. 그러나 이는 연안파의 전기 역사를 중심으로 분석하는 한계가 있다. 즉, 이들이 동북진출 후 행한 확군 운동과 해방공간에서 국공내전을 치른 후 북한으로 대거 입북하여 그 무장력을 바탕으로 북한 사회주의 국가건설에 중추적 역할을 수행했음을 간과한 것이다. 이후 김영범(1988)에 의해 조선의용대의 화북진출이 내부성찰과 반성의 일환으로 진행되었음을 진단한 연구가 있었고, 한상도(2000)는 대만의 용대와 조선의용대의 긴밀한 관계를 분석함으로써 조선의용군의 국제적 용병으로서의 위치를 부각시켰다. 염인호는 논문과 저술을 통해 이 분야에서 활발한 활동을 하고 있다. 그는 조선의용대의 창설과정, 화북에서 활동, 조선의용군 간부들의 투쟁노선, 그리고 중국국민당 및 공산당과의 관계에 집중하면서 조선의용군의 위상을 조명하고 있다(염인호, 2001).

정치학계 논문으로는 조선의용군이 북한인민군으로 재편성되는 과정을 연구한 장준익(1990), 김용현(1993) 등의 석사논문에서 초창기 역사를 언급하고 있다. 또 조선독립동맹을 중심으로 정치세력화한 조선신민당에 대한 심지연(1988)의 연구가 있다. 심지연의 연구는 정당사적 관점에서 연안파의 위상을 설명했다는 점에서 의의가 있다. 이종석(2001) 역시 조선로동당 연구에서 연안파에 대해 소개한 바 있고, 또 다른 저술을 통해 북·중 관계를 분석하는 가운데 연안파에 대해 부분적으로 소개한 바 있다. 이와 같이 정치학계의 연구는 사학계에 비해 연안파에 대한 연구가 상당히 빈약한 편이다.

북한의 경우 조선독립동맹과 조선의용군의 실상은 해방 직후 최창익 등에 의해 소개된 바 있다. 이후 최창익은 통사의 일부로 이를 정리하여 팔로군 지역에서 화북조선청년연합회 설립을 중요하게 다루었으나, 이들의 활동을 "김일성 장군의 항일무장투쟁" 속에 포함시켜 서술하였다(최창익, 1949, 402~7). 이외에는 1945~6년 사이 김두봉, 최창익 등 조선독립동맹 간부들의 글이 해방일보와 조선인민보 등에 게재된 것과 1946년 북조선임시인민위원회 창립1주년 기념보고대회에서 김일성은 조선의용군이 수행한 항일무장투쟁의 역사적 사실을 공식적으로 인정한 바 있다. 그러나 1956년 8월 종파사건으로 연안파가 숙청되면서 사실로서의 이들의 역사는 사장되어 관련 자료를 찾는 것조차 매우 어려운 상황에 처하게 되었다.

중국의 경우 동북조선족지역을 중심으로 해방 후 조선족 역사와 관련시켜 조선의용군의 활동을 중국인민해방전쟁부터 조선족 정착사회 성립시기까지 연구범위가 한정되어 발표된 자료들이 다수 존재한다. 이와 같이 연구범위가 협소한 이유는 북·중 간 정치적 관계에 입각하여 북한을 자극할 수 있는 문서를 공식화하는 것이 금기시 된다는 것이 관련자들의 증언을 통해 확인되었다.[12]

연안파에 대한 일본의 연구는 1980년대에 많이 이루어졌다. 그 중에서 스즈키 마사유키의 논문(鐸木昌之, 1986)은 주목할 만한데, 그 이유는 전선연맹과 조선의용대의 화북전이가 중공에 의한 책략보다는 이들의 자발성에 더욱 큰 비중을 두고 설명함으로써 이정식의 주장을 반대하고 있기 때문이다. 특히 그는 연안파가 1940년대 좌파민족해방운동의 주체 중 하나로서 해방 후 북한에서 조선신민당을 주도적으로 창당하여 독자적인 세력을 형성하고 북조선로동당과 조선인민군의 모태가 됨으로써 한국민족해방투쟁사에 미친 영향력이 지대했음을 주장한다. 이와 함께 마사유키는 조선독립동맹의 강령과 선언을 분석하여 이들의 정치노선이 조선독립 후 통일민주국가를 건설하기 위해 중국공산당과 공동항일전선 구축, 항일민족 간의 통일전선 결성, 대중을 기반으로 한 무장역량강화를 추진하려했다고 분석했다. 마사유키의 이러한 관점은 이들의 역사가 공산주의 운동사 차원을 넘어 민족해방 운동사이자 독립 운동사였다는 점을 말하는 것으로 국내학계도 상당한 공감대를 형성한 바 있다. 이상의 연구들은 긍정적인 연구 성과도 많았으나, 다음과 같은 몇 가지 한계를 안고 있다.

첫 번째는 조선의용대의 북상 원인과 북상 과정에서 노선과 이념의 갈등과 대립에 의해 과격파와 온건파로 분열되고, 전자가 자발적으로 북상하였고, 후자는 중공 팔로군의 지원에 의해 이동한 것으로 정설화 시키고 있다는 점이다. 그러나 북상의 원칙은 조선의용대 총대본부의 결정사항이었으며, 단지 시기와 방법론에 관한 이견이 분열의 원인이었다. 노선과 이념의 갈등이 원인이었다면 온건파의 북상전이는 이루어지지 않았을지도 모른다. 그러나 종국에는 과격파와 온건파 모두 시차를 두고 화북전이를 완수하였다. 그런데 기존 연구는 국공합작 시기 김원봉과 총대본부의 전략적 가교역할이 없이는 북상이 불가능했다는 점을 간과하고 있다. 따라서 이에 대한 구체적인 규명이 필요하다.

---

12) 각주 8 참조, 중국연변대학교 민족학자이자 도서관장인 박OO 교수와의 대담(2007.7.26).

두 번째는 독립동맹과 조선의용군의 관계에 대한 혼선 및 이들과 중국 공산당과의 관계가 분석적으로 언급되고 있지 않다는 점이다. 우선 조선의용군이 조선독립동맹 산하 무장단체인가, 아니면 수평적인 대등관계인가하는 점이 쟁점이 된다. 이에 대해 필자는 초기전선연맹과 조선의용대가 설립 목적과 강령 속에서 군정연합체로서의 성격을 가지고 있었다는 점, 그리고 화북으로의 이동 이후 새로 개편된 독립동맹 성원의 구성에서도 조선의용군과의 관계를 이신일체의 수평적 관계로 유지시켰음을 명확히 정리하고자 한다. 또한 이들 연안파와 중국공산당과의 관계는 염인호의 지적대로 맹원의 대부분이 중국 공산 당원이었다. 이러한 사실의 대표적인 예로 한국전쟁 당시까지 북·중 전시연합사령부 구성에서 연안파 박일우가 북한 측 부정치위원으로 발탁되면서 동시에 중국공산당원 자격으로 중국 측 부서기로 임명된 데서 확인된다. 그러나 필자는 이들이 중국공산당의 외각 단체적 성격을 지니고 있었다는 주장에는 반론을 제기한다. 그 이유는 의용군은 공식적으로 국제적 연대 하에 조선독립이라는 독자적인 투쟁목표를 가지고 있었기 때문이다. 이러한 사실은 비록 중공 팔로군에 편승하여 무장 선전활동을 하였으나, 해방 시기 동북선점과정에서 한반도를 향한 독자적인 행보를 보인데서 확인될 수 있다.

세 번째는 정풍운동[13]에서 연안파의 계파별 갈등에 대한 연구가 여전히 희소(稀少)하다. 이에 대한 연구는 연안파가 북한으로 입북한 후 우월한 무장력과 우수한 인적자원을 보유하고 있었음에도 불구하고 내부적으로 약한 연대를 형성함으로써 상대적으로 강한 응집력을 보인 김일성의 만주파를 상대하기에는 역부족이었다는 사실을 규명하는데 중요한 단초를 제공한다. 정풍운동은 계파 내부의 이념논쟁을 정리하여 내부적 단결을 도

---

[13] 정풍운동(정돈문풍, 整頓文風) : 연안에서는 두 전선, 즉, 혁명을 위한 무장력과 더불어 새로운 사상과 인간형을 위한 당의 철학적 문제와 문예작품이 강조되기도 했다. 이를 위해 마오쩌둥이 1942년 연안문예좌담을 진행하였는데 이 연안문예좌담은 소위 정돈문풍으로 확산되었다.

모할 목적으로 행해진 것이었지만, 오히려 계파 간 깊은 골을 형성하여 북한정치사에서 연안파의 몰락을 촉진했다는 점에서 중요한 연구대상이 된다.

둘째, 동북지역으로 진출 이후 확군에 대한 조선의용군 활동사 연구이다.[14]

이와 관련된 대부분의 연구는 독립동맹 간부들이 개인자격으로 북한으로 입북하고 무장입북을 좌절당한 조선의용군이 항일연군과 배합하여 동북민주연군으로 활동한 시기를 다루고 있다. 최재(1987)는 조선의용군의 확군과 인민해방전쟁참전, 그리고 중국 해방에 대한 역사기록을 기술하고 있다. 또한 황룡국(1994)은 관내 중국공산당 예하의 조선인 무장투쟁을 조선의용군 중심으로 기술하고, 1947년 인민해방전쟁 후 무장해제를 하고 동북지역에서 조선족사회로 정착하는 과정만을 기술함으로써 그 연대기를 동북지역으로 축소시키고 있다. 개척·결전·봉화·승리 편에서는 동북조선족의 삶과 투쟁을 지역중심으로 기록하고 있다. 이처럼 연안파의 사회주의 항일무장투쟁 활동의 주 무대가 중국의 연안지역으로부터 시작되었음에도 불구하고, 이 시기에 대한 중국 측 연구는 상당히 희소하다. 특히 만주에서 조선족 학자들이 쓴 책이나 남한을 통해 발행한 책이 모두 해방 후 동북에서 조선의용군의 확군 과정과 그 후 국공내전 참전 후 조선족이라는 소수민족으로 정착해가는 과정을 기록하는데 그치고 있다. 더욱이 동북지역에서 북·중 국가성립 이전 중국공산당과의 관계나 초기북한국가건설 과정과 관련하여 조선의용군을 조선인민군에 편입시킨 사실은 중국의 잉여인력 해소라는 필요와 북한의 조선인민군 확충이라는 필요로 인해

---

14) 『156사실전록』(156사실전록편집위원회 편, 2002), 『개척Ⅰ』(중국조선민족발자취총서 편집위원회, 1999), 『봉화Ⅲ』(북경: 민족출판사, 1989), 『결전Ⅳ』(북경: 민족출판사, 1991);, 『승리Ⅴ』(북경: 민족출판사, 1992), 『창업Ⅵ』(북경: 민족출판사, 1994), 『朝鮮義勇軍抗日戰史』(楊昭全·李輔溫, 1995), 『조선의용군의 밀입북과 6.25전쟁』(김중생, 2001) 참조.

이루어졌다는 점을 소개하는데 그치고 있다.

이 문제와 관련하여 국내외 기존 연구들이 안고 있는 한계는 이 시기 조선의용군과 동북항일연군의 중국공산당과의 관계를 비교분석한 연구가 거의 없다는 점이다. 이 쟁점은 북·중 혈맹관계 형성이 당시 지배세력이었던 김일성과 마오쩌둥 중심으로 지속적으로 발전해왔다는 기존 연구의 경향을 비판하는 데 있어 매우 중요하다. 이는 연안에서 동고동락한 중국공산당과 연안파의 밀월이 동북진출 이후에도 지속되었음을 확증함으로써 해결이 가능하다. 따라서 이에 관한 분석은 북·중관계의 정치·군사적 매개역할이 연안파에 의해 토대가 구축되었음 주장할 수 있게 한다. 이에 대해서는 아직까지 자료의 미공개로 인한 제약을 안고 있음에도 불구하고 분산된 자료를 추적함으로써 일정 부분 논증의 실마리를 찾을 수 있다. 따라서 이 시기 동북지역에서 중국과 조선의용군, 그리고 항일연군과의 관계를 정치·군사적으로 재조명하는 일은 북한의 초기국가성립 과정과 북·중 관계를 해명하는데 중요한 근거를 제공할 수 있다고 본다.

셋째, 조선의용군 확장 및 인민해방전쟁 이후 입북하여 조선인민군으로 편입되는 과정에 대한 연구이다.

현재 개혁·개방 이후 중국에서 조선의용군에 대한 역사 서적이 비교적 많이 출판되었음에도 불구하고 그 내용이 일률적으로 국공내전 시기까지로 국한되어 있고, 조선의용군의 입북과 당·정·군 개편으로 이어지는 후기 활동에 대한 학술적 연구는 희소하다. 남한 정치학계에서는 그나마 장준익(1990)과 김용현(1993)이 조선의용군의 조선인민군으로 편입되는 과정을 연구하였다. 먼저 장준익의 연구는 당시 연구가 거의 이루어지지 않은 분야였던 조선의용군의 조선인민군으로의 편입과정에 관심을 가지고 연구했다는데 그 의의가 있다. 또한 김용현은 북한 인민군대 형성과정을 다루면서 항일연군과 조선의용군을 동시에 연구하였다. 그는 북한 인민군대가 만주파만의 전유물이거나 소련의 괴뢰군대가 아니라 다양한 주체세력들과 소·중의 복합적 작용으로 설립되었음을 객관적으로 규명하고 있다. 그러나 이들 두 논문 모두 만주와 관내에서의 무장활동과 관련된 내용에서 인물중심의 기술적 서술에 국한되어 있고, 해방 후 두 세력 간 동북지역에서의 관계가 생략된 채 북한에서의 조선인민군 편성에만 집중하고 있다. 이와 관련하여 김용현도 인정했듯이 인민군대의 형성과정이라는 사실분석에만 집중한 나머지 당과 국가, 그리고 군이라는 구조와 주체의 문제를 살피지 못한 한계를 갖는다. 이는 초기북한국가성립 과정의 이념적 성격에 대한 분석이 누락되었음을 말하는 것이다.

2000년 초 한국으로 귀화한 조선의용군 출신 김중생(2001)은 그의 실전 회고를 바탕으로 조선의용군의 밀입북 과정과 한국전쟁의 경험을 동료 의용군 출신 생존자들의 증언과 자신의 경험을 통해 밝힌 바 있다. 그의 글은 기존 연구와 차별적인 상당히 풍부한 자료와 사실들을 수록함으로써 본 연구에 많은 참고가 되었다. 그러나 안타깝게도 조선의용군 초기 활동에 대한 소개가 미흡하고, 만주선점전략과 북한으로의 밀입북이 무장력을 중심으로 한 의용군사로 편중되어 서술된 점은 아쉬움이 남는다. 그리고 김중생의 군사 중심적 서술은 중국공산당 동북국에 편제된 조선의용군과 항일연군의 배합과 그것이 가지는 갈등과 밀월의 정치적 의의를 구체화시키지 못하는 한계가 있다. 특히 북한 내에서 연안파들의 정치적 몰락에 대한 구체적인 접근이 제시되지 못하고 문제제기 수준에 그친 점은 아쉬움이 크다.

따라서 본 연구에서는 확군 과정과 중국인민 해방전쟁 참군, 그리고 다시 입북하여 조선인민군으로 재 편입되는 과정을 상술할 것이다. 그와 함께 조선독립동맹이 먼저 입북한 후 당·정·군에 참여하여 연안파의 입지를 구축해나가는 과정을 함께 다룬다. 이를 통해 기존 연구에서 조선독립동맹을 사장시킨 채 조선의용군의 군사적 부문만을 다룬 한계를 극복하여 만주에서 일시적으로 분리되어 활동했던 조선독립동맹과 조선의용군이 입북 후 이신일체의 관계회복을 통하여 북한국가건설에 참여했음을 총체적으로 조명하고자 한다.

넷째, 북한 국가건설에서 연안파의 역할과 북·중간의 정치·군사적 혈맹관계에 관련된 연구들이다.

먼저 이종석(2001)은 항일시기부터 탈 냉전기에 이르는 북·중 관계를 국공내전, 한국전쟁, 탈냉전 시기 등으로 구분하여 전 역사 범위에서 다루고 있다. 여기에서 그는 양국관계의 혈맹적 동인의 기원을 조선의용군과 항일연군의 무장 투쟁시기에서 찾고 있다. 특히 입북 후 조선의용군의 군내 위상 등을 자세히 다루고 있다. 또한 서동만(2005)은 방대한 자료를 바탕으로 북조선 사회주의체제 성립사를 저술하면서 1945년에서 1961년까지를 북한 고유의 체제론에 입각한 북조선 사회주의제도 형성과정으로 보고 이를 단계론적으로 분석하였다. 여기에서 그는 조선의용군 출신 및 연안파의 역할과 위상을 부분적으로 그려내고 있다. 그리고 심지연(1988)은 조선신민당 연구를 통해 조선의용군 창설에서부터 조선신민당이 해체되는 역사를 풍부한 자료를 바탕으로 소개하였다.

그러나 앞의 두 연구는 조선독립동맹 및 조선의용군이 정치이데올로기 생산자로서 자신들의 투쟁노선과 강령을 어떠한 방식으로 초기북한국가건설에 투영했는지를 구체적으로 밝히지 못하였다. 또한 이 세력들을 매개로 한 북·중 동맹형성과 상호 정치적 이해관계의 구체적 동학을 보여주지 못하고 있다. 그리고 심지연 역시 정당사적 시각에 국한하여 조선신민당의 성립과 쇠퇴과정을 분석한 한계를 지니고 있다(심지연, 1988).

이 문제의 극복을 위해 본 연구에서는 중국의 연합성 신민주주의론의 전도사를 자임한 연안파들이 군중노선을 내세워 정치활동 및 정책·제도 개혁을 주도해나가면서 어떻게 초기북한국가건설 과정에 참여했는지를 집중적으로 조명하고자 한다. 특히 토지개혁과 같은 사례는 단순히 토지를 농민에게 재분배하는 차원을 넘어 사회전반의 구질서를 전환시키고자 하는 혁명적 조치였다. 그럼에도 불구하고 이에 대한 북한의 대표적인 연구는 토지개혁 전 과정의 중심에 김일성만을 부각하고 있다(손전후 1983). 반면 남한의 연구는 대부분 소련 측의 역할을 부각시키고 있다.[15] 박명림은 농민의 요구를 소련이 수용하는 방식을 택했다고 주장하고, 김성보는 토지개혁 법령원칙을 소련과 조선공산당 북조선분국이 협의하여 만들었다는 견해를 보인다. 특히 박명림의 연구는 최고결정권자가 소련이었다는 인식을 대전제로 하여 논의를 전개하고 있다. 이렇듯 기존 연구들은 일반적으로 해방직후 북한사회를 이해하는데 소련을 중심에 놓는 경향이 강하다. 급작스런 해방을 맞은 북한사회의 기존질서가 붕괴된 상태에서 소련군의 일정한 리더십이 존재했던 점은 부인할 수없는 사실이다. 그러나 각 부문별, 시기별로 소련의 개입영역을 구체적으로 확인할 필요가 있다. 다시 말해 해방공간은 각 영역의 자율성이 어느 정도 존재했던 공간이었다는 점을 이해할 필요가 있다(이주철, 1996: 196). 이러한 연구시각을 통해 중국에서 동일한 이데올로기를 경험한 만주파와 연대하여 북한국가건설에 참여한 엘리트지식인이었던 연안파가 북한정치의 핵심세력으로써 당·정·군 분야에 걸친 활동과 역할을 실질적으로 주도했음을 확인할 수 있다.

지금까지 연안파로 총칭되는 조선독립동맹과 조선의용군과 관련된 기존 연구들을 살펴보았다. 이상의 기존 연구들을 통해 크게 다음의 몇 가지 유형으로 연구방향을 설정할 수가 있다.

첫째, 연안파에 대한 기존 연구는 북한의 초기정치사에 극히 부분적으로 서술되어 있으며, 또한 조선의용군의 입지를 북한인민군대로 편입시켜 이

---

[15] 「해방직후 북한사 연구의 몇 가지 문제에 대하여 : 러시아 대외정책문서보관소 소장 북한관계자료의 검토」(전현수, 『역사와 현실』 Vol. 10, 1993), 「한국전쟁 발발과 기원」(박명림, 고려대학교 대학원 박사학위논문, 1994), 「북한의 토지개혁(1946)과 농촌계층 구성변화 : 결정과정과 지역 사례」(김성보, 『동방학지』 Vol. 87, 1995), 「북한의 국가건설과 인민위원회 역할, 1945~1947」(유길재, 고려대학교 대학원 박사학위논문, 1995) 참조.

해하는 극소수의 연구가 이루어져 있다. 이러한 분절성은 연안파가 당·정·군에 걸쳐 북한의 국가성립에 큰 영향을 미쳤음에도 불구하고 실패한 권력에 대해 역사적 가치를 폄하한 결과이다. 사실 김일성정권이 한국전쟁을 결심하게 된 자신감은 소련과 중국의 지원 약속이 보장되었기 때문이다. 그러나 역으로 생각하면 과연 김일성정권은 어떠한 믿음을 바탕으로 소련과 중국을 설득시킬 수 있었던 것일까? 그것은 조선인민군에 편입된 조선의용군이라는 탄탄한 실전경험을 갖춘 무장력에 대한 신뢰감에서 비롯된 것은 아니었을까? 이는 한국전쟁을 통해 사실로 나타났다. 그렇다면 북한국가 형성기 연안파의 위상과 입지에 대한 평가의 근거는 보다 분명해질 것이다. 이러한 측면에서 북한국가건설 기 연안파의 다양한 활동에 대한 재조명은 북한연구의 연구영역을 새로운 관점에서 확장시킬 수 있는 가치를 지닌다 하겠다.

둘째, 북·중 관계에 대한 해석은 많이 거론되면서도 정작 이에 대한 체계적인 연구는 부족하다. 특히 연안파를 중심으로 양국관계를 분석한 연구는 없다고 해도 과언이 아니다. 다만 극소수의 연구가 양국 간의 지배세력을 중심으로 형성된 각각의 국가정통성을 인정하는 시각에서 조명되고 있을 뿐이다. 1945년 7월에 저우바오중(周保中)을 중심으로 재조직된 중공 동북위원회는 동북 및 한반도 각 지역에 11개 당지구공작위원회를 건립하고 북한에 김일성을 책임자로 한 조선공작단을 구성하였다. 이들은 해방과 함께 중국공산당 중앙의 만주선점전략 방침을 접하고 팔로군에게 동북이양을 준비시켰다. 조선의용군과 동북항일연군과의 공식적인 조우는 이 시기에 이루어졌다. 이때 두 세력은 확군과정에서 상호 협력하여 간부양성사업을 통해 중국인민해방전에 투입되면서 다른 한편으로는 북한국가 형성시기 활동하게 될 인적 인프라를 배출하였다. 그런데 동북항일연군이 소련군과 해방공간에서 동북지역을 인수한 뒤 중국공산당과 연안파에게 인계하는 과정에서 연안파 중심의 인사배치는 동북항일연군과 연안파 사이에 갈등의 관계를 형성되기도 하였다. 이러한 사실 입증은 오늘날 북·중 혈맹관계가 당시 어느 세력의 영향력 하에서 형성되었는지를 판단할 수 있는 계기를 제공해줄 것이다.

 셋째, 기존 연구에서는 조선독립동맹과 조선의용군의 초기 민족독립운동사에 대한 서술적 소개서가 많았다. 다시 말해 분석적 연구가 아닌 단순 기술형식의 연구가 많았다. 이는 역사적으로 중요한 행위자였음에도 불구하고 실패한 권력이라는 이유 때문이 아닌가 생각한다. 따라서 연안파에 대한 사실복원을 시도하는 것만으로도 연구 가치를 가졌다고 볼 수도 있었다. 그러나 이제는 연안파의 행적에 대한 사실복원이 보다 심층적으로 이루어져야 할 과제를 안고 있다. 또한 조선족 민족학자를 중심으로 한 연구들은 일반적으로 조선의용군의 행적이 최종적으로 중국 내 조선족 사회로 귀속되었다는 관점에서 정리하고 있다. 만약 이러한 관점 하에서의 연구에 따르게 되면 조선의용군의 활동은 중국공산당의 영도 하에서 이루어진 것으로 제한될 수밖에 없다. 이는 중국의 소수민족정책에 따른 정치적 해석표현의 제한 때문으로 보인다.

 연안파 연구는 먼저 정치사적 궤적의 전 과정을 복원해야한다. 그 이유는 비록 정권창출과정에서 실패한 권력집단일지라도 단순히 지배이데올로기의 희생자로 전락할 수만은 없는 민족운동사의 한 축을 형성하고 있기 때문이다. 그리고 연안파에 대한 연구는 소련의 점령상태라는 정치적 환경조건이었음을 강조하여 소련 측의 일점일획이 모두 결정적인 원인이나 배경이 되었다고 부당전제하는 연구경향을 탈퇴하게 해준다는 점에서도 연구의 의의가 있다. 거시적으로 소련군의 점령이라는 조건이었지만 미시적으로는 각 부문에서 다양한 계파가 연합된 북한정치세력의 역량과 그들의 자율적인 국가건설의 역할에 주목할 필요가 있다. 특히 연안파의 정치이데올로기 생산자로서의 역할과 활동은 이 공간영역에서 상당한 비중을 차지하고 있었음을 간과해서는 안 된다.

2. 연구 중점

이상 기존 연구에 대한 비판적 검토 결과를 바탕으로 본서의 연구중점을 다음과 같이 설정하였다.

첫째, 연안파의 궤적을 성립부터 몰락까지 전 과정을 조망할 것이다. 연안파에 대한 기존 연구는 특정 시기에만 중점을 두고 분절적으로 연구를 수행한 결과 총체적인 관점에서 이들의 활동을 평가할 수 없었다. 따라서 본 연구에서는 연안파의 궤적을 중국 국민당정부의 지원으로 창건된 시기부터 북한국가건설 시기의 왕성한 활동, 그리고 종파사건으로 숙청될 때까지의 전 과정을 정치사적 관점에서 분석적으로 서술할 것이다.

둘째, 1946년 중국공산당은 조선의용군과 항일연군 출신이 소속된 88여단이라는 명칭을 폐기하고 동북민주연군으로 개명시켰다. 이는 조선인 무장투장세력을 중국공산당 하부조직으로 편입·강화시키는 한편 민족주의 성향이 강했던 간부들을 북한으로 귀국시키는 원인을 제공했다. 이 같은 사실은 중국공산당이 조선인 출신 부대를 민족투쟁의 군대에서 계급투쟁의 군대로 개편시키려는 의도가 반영된 결과이다. 그러나 북한은 국가건설기에 연안파 최창익의 영향으로 국가이데올로기를 계급 투쟁적 성향에서 민족 투쟁적 성향으로 전환시킴으로써 오늘날 북한의 이념적 이정표에까지 영향을 미치게 된다. 비록 연안파가 중국공산당의 영향 하에 연대투쟁을 수행했지만, 민족을 핵심가치로 하여 사회주의 투쟁을 전개해 나갔다고 볼 수 있다. 따라서 본 연구에서는 이에 대한 사실적 근거를 보다 집중적으로 추적하고자 했다.

셋째, 연안파가 북한의 초기국가건설 과정에 참여하면서 정치이데올로기 생산자로서 어느 정도의 역할을 수행했는가에 대한 고찰이다. 이를 위해 당시 북한의 공식적 정책형성과정과 다양한 제도영역에 걸쳐 활동한 연안파 간부들의 활동을 토대로 분석하였다.

넷째, 연안파가 북·중 동맹관계 형성의 매개자이면서도, 역설적으로 최대의 피해자로 전락하는 과정에서 어떠한 위상과 좌절을 경험했는가에 대한 재조명 작업이다. 이 연구는 북·중 관계의 특수성을 해석할 수 있는 단초가 된다는 점에서 매우 중요하다. 연안파는 창건 시기부터 중국국민당과 중국공산당 양측으로부터 선망과 관심의 대상이 되었고, 매우 우호적인 관계를 형성하였다. 더욱이 화북전이 후 중국공산당과의 관계는 때때로 긴장관계를 형성하기도 했지만, 전반적으로는 우호와 협조관계를 유지하였다. 남북한정치사에서 한국전쟁과 이에 대한 중국공산당의 개입은 매우 중요한 사건으로서 아직 해명해야할 과제가 많이 남아 있는 영역이다. 본 연구는 또한 연안파가 북·중 관계의 중심 고리의 위치에 있었던 당시 한국전쟁과 관련하여 어떠한 역할을 했는지에 관심을 갖는다. 당시 중국공산당과 북한은 국가수립 이후에도 외교통로의 창구를 연안파를 통해 이루어지는 것이 대부분이었다. 이러한 사실은 결과적으로 정치적 기득권을 확보하려했던 북한 내부의 계파별 권력투쟁이 민감하게 작동되는 동기부여를 하게 된다. 그중 한국전쟁은 연안파의 일시적인 급부상과 그 책임에 따른 몰락의 현장이 되었다고 하겠다. 이와 관련하여 기존 연구는 거시적인 틀에서 문제에 접근하였으나, 이 책에서는 이 시기 북·중 관계 속에서 연안파의 역할에 초점을 맞추어 분석하고자 한다. 이 문제에 접근하는 본질적인 이유는 전쟁에 주도적인 역할을 했던 연안파에 대한 전쟁 결과의 책임과 당시 연안파의 활동이 종파사건에서 어떠한 숙청의 명분을 제공하였는지를 파악할 수 있는 단초를 제공하기 때문이다. 따라서 본 연구를 통하여 한국전쟁에서 중국공산당의 대한반도 정책이 연안파를 통해 어떠한 영향을 미쳤으며, 역으로 북·중 관계에서 연안파의 역할이 구체적으로 어느 정도까지 행사되었는지에 대한 문제에 초점을 맞추어 연안파의 위상과 몰락을 재조명하고자 한다.

북조선 체제성립과 연안파 역할

제Ⅱ부 연안파의 성립과 활동

제1절 조선독립동맹의 성립과 정치적 성격

1. 1920~1930년대 민족통일전선 형성

1) 개요

　1930년 초 대공황으로 인한 자본주의 열강의 심각한 경제적 위기는 일본의 대륙침략을 통한 패권 욕망으로 구체화되었다. 이러한 국제정세의 위기감은 지역 내 약소국가들로 하여금 반제민족통일전선운동을 전개하도록 했으며, 중국 관내 조선인들도 이에 부응하여 통일전선구축을 강화하였다. 1937년 7월 7일 노구교사건은 일본이 중국을 향한 전면전쟁을 선포하게 된 계기였다.[16] 이 사건은 또한 동북지역에서 활동하던 항일연군에 대한 토벌작전 강화로 이어져 조선인 무장투쟁세력은 최대의 위기국면에 빠지게 되었다. 살아남은 항일무장 세력들 일부만이 소련으로 입국하였고, 나머지 대부분은 그 지역에서 순민(順民)으로 살게 됨으로써 동북지역에서 항일연군을 포함하여 일본에 저항하는 항일투쟁은 사실상 사라졌다. 이 와중에 적지 않은 항일세력들이 중국 관내로 활로를 찾아 이동했다. 관내로 모여든 항일세력들의 사상과 정치이념은 명맥을 유지하고 있

---

[16] 1931년 만주사변 이후 중국에서의 항일민족해방운동의 주요과제는 항일을 위한 민족통일전선의 수립, 중국과의 연합전선결성, 중국내에서의 항일전 참가 등이었다(鐸木昌之, 1984: 67).

던 상해임시정부의 영향으로 민족주의를 신봉하는 공통점을 가지고 있었으나, 투쟁방식에서의 차이로 말미암아 독자노선을 주장하는 여러 독립단체들로 조직되어 활동하였다[17]. 이와 같은 현상은 당시 국내 독립운동의 침체, 코민테른 7차 대회의 결정에 따른 신정책과 중국의 제2차 국·공 합작을 통해 제기된 반제민족통일전선론, 중일전쟁의 발발이라는 직·간접적인 조건이 가져온 국내외 형세의 필연적 변화의 결과라 할 수 있다.

중국 내 전 민족 항일전쟁은 1937년 7월 9일 무한에 있던 중국공산당이 '항일하려는 모든 당파, 단체들과 연합하여 통일적인 정치단체와 항일무장대오를 건립하라'는 제안에 고무되어 조선인 항일 투쟁가들도 이에 동조하면서 발단이 되었다.[18] 이 시기는 코민테른을 대표한 왕밍(王明) 노선과 중국공산당의 마오쩌둥(毛澤東) 노선 사이에 갈등관계가 형성되어 있는 가운데 조선인 사회주의계열 민족해방운동이 중국공산당의 지도성향에 매력을 갖고 있던 때였다. 이런 가운데 1937년 11월 12일 김원봉의 조선민족혁명당과 김학무의 조선청년전위동맹, 김규광의 조선민족해방동맹, 류자명의 조선혁명자연맹 등 4개 단체가 한구에서 회합을 갖고 먼저 '조선민족전선연맹'을 창립하였다.

2) 국내-동북-관내 민족통일전선형성

1920년대 중·후반기 국내 반일운동은 민족통일전선의 매개체로서 신간회[19]를 중심으로 전 민족적 공동투쟁을 전개해나갔다. 당시 조선공산당은

---

[17] 이미 중국 관내에는 양림, 리철부, 김산, 무정 등이 중국공산당에 가입하여 중국공농혁명 활동을 하고 있었다(최강, 2006: 9).
[18] 이후 중국공산당의 항일투쟁목표의 집약적 표현인 항일구국10대강령을 전국에 선포하였다(모택동, 1992: 452~6).
[19] 신간회는 1927년 1월 19일 홍명희·권동진·신석우 등 27명이 창립을 발기한 후, 2월 11일 서울청년회계열과 물산장려운동 세력이 제휴한 민흥회(民興會)가 연대할 것을 합의하고, 1927년 2월 15일 창립된 비타협 민족주의자들과 사회주의자들이 결성한 반일통일전선조직이다.

1928년 2월에 개최된 조선공산당 제3차 대회에서 가결된 "국제공산당에 보고하기 위한 국내정세"와 3월에 열린 중앙위원회에서 당 중앙위원인 안광천이 기안한 "민족해방운동에 관한 논강"이라는 글에서 민족해방투쟁의 발전과 강화에 초점을 맞추어 민족적 역량을 강화하기 위한 대중적 결합 방식을 모색하고 민족통일전선을 중시했다.[20]

또한 만주지역 항일단체들은 동만주와 남만주를 근거지로 정의부·신민부·참의부가 중심이 되어 1928년 9월 '민족유일당조직동맹'을 결성하고 통일된 자치정부와 유일당을 구성하였다.[21] 이 조직은 일부 사회주의적 색채를 지닌 강령을 채택하고 노농운동과 청년운동, 부녀운동 등 대중적 기반을 다질 수 있는 부문운동을 강화하기로 하는 등 이 시기 사회주의 세력이 지니고 있었던 대중 획득방식과 유사한 방침을 취했다. 그리고 앞으로 이 조직이 실현할 합법적 자치기관으로 구(區)·현(縣)·성(省)·중앙(中央)의 4단계 행정구역을 정하고 '민주주의 중앙집권제'로 운영하기로 결정하였다. 그런데 주목할 것은 이러한 조직방식은 중국 동북에서 전개된 민족유일당운동이 관내지역과 면밀히 연관되어 있었다는 사실을 보여준다. 왜냐하면 비슷한 시기인 1929년 3월 1일 상해지역에서 전개된 유일독립당 촉성운동에서도 '절대독립의 민족혁명'과 '전민일치의 대독립당(大獨立黨)', '민주주의의 중앙집권' 등 3대 과제를 통일의 원칙으로 제시하고 있었기 때문이다.[22] 따라서 민족유일당조직동맹이 상정한 유일당의 형식은

---

[20] 그러나 1920년대 말 세계공황과 그에 따른 일제의 본격화된 파쇼통치지배로 인해 코민테른은 극좌노선으로 선회하게 되었다(서중석, 1991: 101~6).
[21] 이러한 삼부통합의 필요성은 친일적 경향을 노골화한 장작림이 일제와 결탁하여 한인에 대한 탄압을 가속화함에 따라 절박한 문제로 대두되었기 때문이었다(최봉룡, 2002: 43).
[22] '민주주의 중앙집권제'란 농민이나 노동자 등을 바탕으로 한 민주주의적 운영방식을 취하되, 프롤레타리아의 정예분자를 중심으로 한 소수의 당 지도부가 집중적으로 당이나 국가권력을 운용한다는 공산당의 지도 원리로서 레닌이 제창한 정당의 운영방식이다.

1920년대 후반 일본관헌의 압박이 가중되는 상황에서 '자치실현'을 모색했다는 점에서 이 조직이 중국당국과 협조관계를 통해 당면 문제를 해결하려 했음을 의미한다. 그러나 이후 1930년대에 이르러 만주지역을 중심으로 한 일제의 전면적 탄압은 중국 관내 사회주의단체들 간 원활한 연계를 어렵게 만듦으로써 통일전선으로서의 동맹의 성격은 한계를 가질 수밖에 없었다(강만길, 2003: 50).

한편 조선의용군의 모체가 된 의열단은 1919년 11월 김원봉, 윤세주 등 13명이 만주 길림성에서 조직한 단체이다. 이들이 결성 당시 내세운 공약 10조[23]는 자기희생을 통해 민족해방에 기여할 것을 강하게 밝히고 있다. 이 단체는 50여 명이 핵심 구성원이 되어 통일체를 이룬 비밀결사체였으며, 투쟁방법은 단순한 테러리즘 이상의 고결한 성격을 담고 있었다.[24] 그런데 이러한 개인적 테러방식에서 조직투쟁노선으로 전환된 계기는 몇 차례의 과정을 거치면서 김원봉과 단원들이 1926년 봄, 중국황포군관학교를 입학하면서 부터였다. 이와 함께 주목할 독립운동단체는 유월한국혁명동지회(留粵韓國革命同志會)이다. 이 조직은 1926년 상반기 김원봉, 손두환, 오성륜, 김산, 김성숙 등이 조직하였으며, 황포군관학교에 재학 중인 대다수 의열단원 출신들이 주요 회원이었다. 황포군관학교는 당시 국공합작이 실현되어 국·공 양당이 함께 설립한 학교인데, 저우언라이(周恩來) 등 많은 공산당원들이 그들의 사상을 선전하였다. 그러나 의열단의 변화 조짐

---

[23] ①천하의 정의의 事를 맹렬히 시행하기로 함. ②조선의 독립과 세계의 평등을 위하여 신명을 희생하기로 함. ③충의의 기백과 희생의 정신이 확고한 자라야 당원이 됨. ④단의(團義)에 우선하고 단원(團員)의 義에 급히 함. ⑤의백(義伯) 1인을 선출하여 단체를 대표한다. ⑥하시, 하지에서나 매일 1차씩 사정을 보고함. ⑦하시 하지에서나 초회(招會)에 필응함. ⑧피사(被死)치 아니하여 단의(團義)에 진(盡)함. ⑨1이 9를 위하여 9가 1을 위하여 헌신한다. ⑩단의(團義)에 반배(叛背)한 자를 처살한다(박태원, 2000).

[24] 평화를 사랑하고 조용한 신앙심이 깊은 사람들이 일반적인 수동성과 고통을 참고 사는 것에 대해 화가 나서 좌절감과 허무감에 대한 강한 반발이 애국적 희생으로 승화되어 표출되었다(김산·님 웨일즈, 1984: 102~3).

은 쑨원(孫文)의 중국혁명방식이 사회주의 소련의 모델에 접근하면서 급속하게 전환되어가던 1924년에 사실상 감지되었다. 즉, 민족주의자, 무정부주의자, 공산주의자 등 정치적 이데올로기 전환에 따른 분열이 그것이다. 이들 세 이데올로기적 요소는 의열단 내에서 무정부주의 이데올로기 우위 하에서 공존하였지만, 이 시기 대중운동방향이 사회주의식 투쟁방식으로 전환되면서 개인적 테러리즘에 대한 회의로 인해 분열되기 시작하였다.25) 따라서 이후 김원봉을 중심으로 한 단원들이 황포군관학교에 입학하고, 그곳에서 중국공산당원으로부터 받은 교육의 영향이 그들의 투쟁방식전환에 확신을 준 계기가 되었다고 볼 수 있다.

1927년 의열단은 민족통일전선에 참여하면서 20개조에 이르는 정강정책을 발표하였다(독립운동사편찬위원회 편: 1982, 1414~6). 이것은 사회주의적 성향의 지향성이 드러난 최초의 표현이었다. 주목할 점은 의열단이 사회주의적 정당의 성격을 표명한 시점이 1928년 12월 코민테른 정치서기국에서 조선공산당의 지부승인을 취소하고 '1국1당 원칙'을 준수하도록 하고 이를 위반한 사람을 강력히 처벌하기로 특별결정을 내리기 훨씬 이전이었다는 사실이다. 비록 이 시기가 김원봉이 북경에서 안광천과 함께 레닌주의 정치학교를 설립26)하고, 훈련된 청년들을 중국과 조선에 파견하면서 테러리스트 조직의 지도자로서 가장 좌경화되었던 시점이기는 했으나 코민테른과 연계된 흔적은 없다.

이와 같은 정황은 1930년대에 이르러 중국공산당에 소속되어 전개된 조선인 사회주의 항일무장투쟁이 한반도 독립을 위한 민족투쟁의 한 수단이

---

25) 이 시기까지 일제에 살해당한 의열단은 300여 명에 달하여 단원의 사기 또한 저하되어 있던 터였다(김산·님 웨일즈, 1984: 104~5).
26) 레닌정치학교는 1930년 4월~1931년 2월까지 두 차례에 걸쳐 21명이 졸업하였으며 이들은 국내로 파견되어 도시노동자, 농민, 진보적 학생층을 상대로 조선공산당 재건을 위한 비밀결사조직과 대중교양운동을 시도하였으나 대부분 1934년 체포되었다(한상도, 1994: 227~9).

었다는 주장에 중요한 논거를 제공한다. 따라서 식민지 전 시기 동안 좌·우익 민족투쟁은 우리민족 해방운동전선 내부의 필요에 의해 이루어진 것으로 보아야 한다.

요컨대 1925년부터 1930년까지는 중국지역에서 전개된 조선인 민족운동의 주도권이 민족주의 운동에서 사회주의 운동으로 바뀐 시기임에 틀림없었다. 이러한 측면에서 의열단의 사회주의 성향으로의 노선변화는 조선독립혁명을 지상목표로 하여 좌·우익을 망라하며 전선통일동맹과 민족혁명당 결성으로 이어지는 주도적인 행보에서 볼 수 있듯이 여타 민족운동단체에게 항일투쟁의 방향성을 제시하는데 기여했다고 할 수 있다. 그렇다면 의열단이 이 지역에서 민족통일전선운동에서 선도적인 역할을 할 수 있었던 이유는 무엇이었을까? 그것은 오랜 투쟁활동을 통해 형성된 조직력을 바탕으로 한 최초의 정당적 성격의 정강을 발표한데서 기인한다. 조선의열단은 1928년 10월 4일 "제3차 전국대표대회 선언"을 통해 발표한 총 20개조에 이르는 정강정책을 발표하였다. 이는 당시 함께 어우러져 있던 주변 좌·우익 단체들에게는 초미의 관심대상이 되기에 충분했다. 대표적인 정강정책으로 먼저 '정치적'으로는 국민의 기초적 자유가 보장되면서 남녀평등에 의한 지방자치가 갖추어진 의회주의 민주국가건설을 지향하였고, '사회경제적'으로는 소수인이 다수를 착취하는 경제제도의 소멸을 원칙으로 대지주의 토지몰수와 농민에게의 분급, 대규모 생산기관 및 독점적 기업의 국가경영, 소득세 누진율 적용, 노동운동의 자유 보장, 의무교육, 사회보장제도 실시 등 사회주의적 성격이 큰 정책을 제시하였기 때문이다(강만길, 2003: 40).

이상의 정강정책은 조선독립동맹과 조선신민당으로 계승되면서 북한국가정책수립 시에도 연안파 이론가들에 의해 대부분 강조되었다는 점을 주지할 필요가 있다. 요컨대 의열단의 정강정책은 당시 식민지 민중의 최우선적 욕구사항을 반영한 기본강령인 셈이었다. 이는 이념적 차별성을 반영한 것이 아니라 삶의 보편적 희구를 반영한 것이었으므로, 이러한 사회주의적 정강정책은 순수우익정당인 한국국민당, 한국독립당 등에서도 1930년대 이후로 대부분 동일하게 채택되었다. 이 같은 시대적 환경과 지향점은 좌·우익을 망라한 민족적 공동전선을 추구하는데 있어 통일적 독립당결성을 가능하게 하였다고 볼 수 있다.[27]

3) 조선민족혁명당과 조선청년전위동맹

1932년 11월 10일 발족한 '한국대일전선통일동맹' 결성은 1920년대 후반 민족유일당 운동이 중단된 이후 분산되었던 좌·우익 세력들이 새로운 통일체구성을 모색한데서 비롯되었다. 한국대일전선통일동맹은 김규식의 한국광복동지회(북평), 이유필, 송병조, 김두봉의 한국독립당(상해), 최동오의 조선혁명당(만주)[28], 윤기섭, 신익희의 한국혁명당(남경), 그리고 김원봉의 의열단 등 5개 단체를 중심으로 성립되었다. 동맹은 대표적 우파인 한국독립당과 좌파인 의열단이 통일적인 독립당 건설의 필요성에 동감하는 과정에서 성립되었다. 즉, 일본의 중국 침략과 중국 내 항일투쟁의 고조에 고무되어 민족통일전선을 발족시킨 연합전선적인 성격을 지녔다고 할 수 있다(강만길, 2003: 30~49).[29]

한국대일전선통일동맹은 조선독립이라는 공동목표를 달성하기 위해 각 노선의 차이나 주도권의 문제보다는 전선통일에 집중하는 것을 당면과제로 내세웠다. 나아가 통일전선의 영역을 국내외 전체 민족운동전선으로

---

[27] 그러나 당시 국제공산주의운동 일반은 코민테른 제6차 대회 이후 사민주의를 부르주아지 연합세력으로 보면서 조·중 및 좌·우익 연합적 민족통일전선 결성을 좋지 않은 시각으로 보았다.
[28] 최동오는 김일성이 다녔던 화성의숙 숙장으로 정의부 소속 천도교도였다. 그가 대표한 조선혁명당은 국민부의 후속단체로 만주사변 이후 유동열 등과 함께 관내지역으로 옮겨 만든 단체이다(강만길, 2003: 29~30).
[29] 1935년 10월 현재의 조선인「시찰인·요주의 인명부」에는 김규식을 한국대일전선통일동맹 수령이라고 기록하고 있다(『사상정세시찰보고집 2』: 144 ; 강만길·심지연, 2000: 99에서 재인용).

확대하는 것을 목표로 했다. 동맹은 사업대강에서 ①전민족의 조직적 결속, ②조·중 군사합작을 통한 항일무장투쟁, ③간부 및 기술·인재 양성, ④기관지 발간을 통한 선전활동, ⑤반일국가와의 외교동맹 등을 사업목적으로 내세웠다(「신한일보」, 1933.7.6; 강만길·심지연, 2000: 109).30) 이러한 동맹의 설립취지는 이후 조선독립동맹 및 조선의용군의 강령과 실천에서도 대부분 반영됨으로써 중국 내 조선인 항일투쟁의 성격이 노선과 계급보다는 민족독립이 우선이었음을 확인시켜주고 있다.

한국대일전선통일동맹은 결성 이후 1년 동안 중국지역 내에서 흩어져 있던 민족운동전선을 통일적으로 연결하는 가교역할을 하는데 있어 충분한 역할을 수행하였다. 그러나 이들의 활동이 조선독립을 위한 혁명역량으로 총집중되기에는 협의체로서의 한계를 안고 있었다. 이에 1932년 중국 관내지역을 중심으로 결성된 한국대일전선통일동맹은 '혁명단체 간 제휴' 형태에 불과한 '동맹'을 더욱 공고히 하기 위해 이를 해체하고 새로운 통일전선정당을 구성하였다. 그리고 김규식을 비롯한 대표 12명은 전선강화책의 일환으로 다음 3가지 방안을 결정하였다. 첫째, 한국대일전선통일동맹은 중앙간부만의 기관이 아닌 가맹단체의 모든 투사들이 집결하여 적극적인 투쟁을 하는 단체여야 할 것, 둘째, 모든 단체를 해소시키고 단원을 통일동맹에 합류시켜 단일 대동맥을 조직할 것, 셋째, 이를 위해 임시정부를 폐지할 것 등이었다. 이 결정에는 김구 중심의 임정수뇌부들을 제외한 대표적 민족운동세력이 모두 참석하였다. 좌·우익 통일전선을 강화하기 위해 한국대일전선통일동맹을 발전적으로 해체하고 1935년 7월 5일 새로운 통일전선당을 조직한 것이었다.

그런데 이 결성 또한 시작부터 쉽지만은 않았다. 의열단 등 좌익은 조선민족혁명당을 주장했고, 한국독립당 등 우익단체는 한국민족혁명당을 주

---

30) 김규식은 동맹의 활성화를 위해 미국에 가서 독립운동자금을 모집할 정도로 적극적인 산파역할을 하였다.

장했기 때문이다. 절충 결과 중국 내에서는 "한국민족혁명당"으로, 국내 민중 앞에서는 "조선민족혁명당"으로, 해외에 대해서는 "Korean Revolution Association"으로, 당내에서는 "민족혁명당"으로 부르기로 합의되었다(강만길·심지연, 2000: 107). 이렇게 좌·우익 통일전선정당으로 결성된 민족혁명당의 정강정책은 17개조의 당강(黨綱)31)을 통해 그 성격을 엿볼 수 있다.

(1) 일본의 침탈세력을 박멸하며 우리민족의 자주독립을 완성한다.
(2) 봉건세력과 일체 반혁명세력을 숙청함으로써 민주집권의 정권을 수립한다.
(3) 소수인이 다수인을 박삭(剝削)하는 경제제도를 소멸하여 국민생활상 평등의 제도를 확립한다.
(4) 일부를 단위로 하는 지방자치제를 실시한다.
(5) 민중무장을 실시한다.
(6) 국민은 일체의 선거 및 피선거권을 가진다.
(7) 국민은 언론, 집회, 출판, 결사, 신앙의 자유를 가진다.
(8) 여자는 남자의 권리와 일체 동등하다.
(9) 토지는 국유로 하고 농민에게 분급한다.
(10) 대규모의 생산기관 및 독점적 기업을 국영으로 한다.
(11) 국민일체의 경제적 활동은 국가의 기획 아래 통제한다.
(12) 노동운동의 자유를 보장한다.
(13) 누진율의 세칙을 실시한다.
(14) 의무교육과 직업교육은 국가의 경비로서 실시한다.
(15) 양로, 육영, 구제 등 공공기관을 설립한다.
(16) 국적(國賊)의 일체 재산과 국내에 있는 적 일본의 공·사유재산은 몰수한다.
(17) 자유, 평등, 호조의 원칙에 기초하여 전 세계 피압박민족 해방운동과 연결 협조한다.

---

31) 『사상정세시찰보고집』 2: 88~9(강만길·심지연, 2000: 110에서 재인용).

이 강령에서는 삼균주의(三均主義)32)를 표방하고 민주공화국 수립, 토지국유화, 대규모 생산기관의 국유화, 민주적 권리의 보장 등 통일전선을 추구했다. 그것은 몇 가지 정책방안제시를 통해 정책정당으로서의 면모를 갖추려고 했던 것에서 나타난다. 첫째는 이론으로 무장한 강력한 지도당을 꾸릴 것, 둘째는 세계대세에 맞는 발전적인 민족생존노선을 지속적으로 제시할 것, 셋째는 좌·우익 속에 내재한 기계적 공식주의와 애국주의 등과 같은 편협주의를 청산할 것, 넷째는 민족 앞에 봉사와 창조적 책임감으로 새로운 혁명조류를 제시하여 선도할 것 등이 그것이었다. 이와 함께 군사공작, 당원훈련, 정보수집 및 자금조달 등의 활동을 수행하면서 기관지 <민족혁명>을 간행하였다. 그러나 보다 확고한 통일전선정당 구성을 위해 의열단, 한국독립당, 조선혁명당 등 기존의 단체와 함께 '임시정부도 해체'할 계획을 세웠던 조선민족혁명당 구상에 대해 김구 등을 중심으로 하는 임시정부 고수파들이 민족혁명당에 참여하는 것을 반대하였고, 조소앙을 중심으로 하는 한국독립당계와 이청천을 중심으로 하는 조선혁명당계 역시 이탈33)함으로써 1935년 7월 5일 발족된 민족혁명당은 급속히 통일전선정당으로서의 성격이 약화되었다.34)

---

32) 한국독립당의 이론가였던 조소앙은 한국 민족해방운동 내부의 좌·우익사상을 지양(止揚)·종합하여 독립운동의 기본 방략 및 미래 조국건설의 지침으로 삼기 위하여 균권(均權)·균산(均産)·균학(均學)으로 표현되는 정치·경제·교육의 균등을 기반으로 하여 개인 간에는 물론 국제적으로도 민족·국가 간의 균등을 추구하는 이론을 주창했다.
33) 조선민족혁명당에 참가했던 조소앙 중심의 세력이 곧 탈당하여 다시 조직한 한국독립당과 역시 조선민족혁명당을 탈당한 이청천을 중심으로 한 세력이 1937년 2월에 조직한 조선혁명당이 연합하여 1937년 8월 17일에 한국광복운동단체연합회를 발족시켰다.
34) 민족혁명당 창당과 관련하여 다음 몇 가지 설이 있다. 첫째는 김원봉의 의열단은 1932년 말 한국대일전선통일동맹을 결성하여 활동하다가 1935년 7월에 한국독립당, 조선혁명당, 대한독립단, 신한독립당과 합쳐 민족혁명당을 결성하기에 이른다. 둘째는 1935년 6월 20일 의열단을 비롯한 조선혁명당, 한국독립당, 신한독립당, 재미대한독립당, 뉴욕대한민단, 미주국민회, 하와이국민회, 하와이국민동지회 등 9개 단체 18명이

그러나 민족혁명당 내에는 1935년 하순 김구 진영에서 이탈한 김학무 중심의 혁명동지회(10월회) 20여 명이 결성한 조선청년전위동맹[35] 소속 공산주의자들의 조직체가 계파로서 이미 결성되어 있었다. 이들은 새로운 청년공산주의자들로서 개인자격으로 민족혁명당에 가입하여 당내의 진보적 청년들을 확보하여 항일투쟁에 참가시킬 것을 결정하였다. 전위동맹이 민족혁명당을 택했던 가장 큰 이유는 민족혁명당의 기본강령이 "주요하게는 농민, 노동자, 소자산계급에 편중한다"는 원칙을 갖고 있어 반일의식이 강하고 진보적 성향을 지닌 적지 않은 청년들이 참여할 수 있었기 때문이다. 이들은 당내에 훈련반을 조직하여 사회발전사, 변증법적 유물론 등 공산주의 이론을 학습하면서 많은 청년들을 훈련시켰다. 그리고 이 과정 속에서 최창익, 한빈, 허정숙 등 국내에서 망명한 공산주의자들이 입당하였고, 이들은 조선인 청년공산주의자들에게 새로운 활력을 불어넣었다. 최창익은 그가 갖고 있던 명성과 진취적인 행보를 통해 전위동맹 리더로 급부상하기에 이른다.

4) 조선민족전선연맹의 통일전선론

1937년 중·일 전쟁 발발은 지지부진했던 통일전선운동을 활기차게 추진해나가는 계기가 되었다. 김원봉 이하 민족혁명당 간부들은 민족주의와

남경의 금릉대학 강당에서 예비회담을 갖고 마침내 7월 5일 민족혁명당을 창당하였다(고등법원 검사국 사상부, 「思想彙報」 5, 1934, 70). 셋째는 김구의 한국국민당은 동참하지 않았고, 창당직후 조소앙계가 탈당함으로 통일전선에 한계를 보였으나 50여 명의 인사가 참여했고, 1936년 최창익, 허정숙, 한무 등 사회주의 계열 청년들이 입당함으로써 세력을 구축할 수가 있었다(林隱, 1982: 394~7).

[35] 모리카와 노리아키(森川展昭)는 청년전위동맹을 조선독립동맹의 전신으로 간주한다. 그러나 화북전이 시 조선민족혁명당 파의 참여와 구성원의 하위계층 구조를 포괄할 때 이러한 규정은 다소 무리가 있는 해석이다. 동맹원으로는 김구 진영에서 이탈한 김학무, 이상조, 장지민, 그리고 왕지연, 박무, 김창만, 최창익, 허정숙, 이익성, 왕해공 등으로 구성되었다(森川展昭, 1986: 23).

사회주의 성향을 동시에 지닌 조선민족해방운동자동맹 및 무정부주의자 단체인 조선혁명자연맹과 함께 1937년 11월 12일 남경에서 '조선민족전선연맹'을 결성하고 항일민족통일전선을 중간좌파연합에서부터 확장해 가기로 했다.36) 그리고 무한에서 1937년 12월 초 창립선언을 발표하였다. 조선민족전선 창간호에 실린 창립선언 5개항은 조선민족의 자주독립을 완성하기 위한 선언이었다. 그리고 '조선혁명은 민족혁명이며 계급전선이나 인민전선이 아닌 민족전선'임을 밝혔다. 이들은 7개항의 기본강령과 20개항의 투쟁 강령을 발표하여 일본제국주의 타도를 실천에 옮기려 했다. 조선민족전선연맹은 또한 일본제국주의를 공동의 적으로 하여 국제적 반일세력과 민족통일전선의 동맹조직들 간 국제연대 필요성을 역설했다(奎光: 3). 조선민족전선연맹은 1938년 2월에 영국에서 개최된 '반일원화특별회의(反日援華特別會議)'에 보낸 서신에서 "조선민족은 일본 제국주의의 폭압통치 하에서 수십 년 간 부단히 국가의 독립과 민족의 생존을 위하여 분투하였다. 우리는 … 세계평화진선협회(世界平和陣線協會)를 보유하는 가장 유력한 전투부대이다. 귀 대회는 마땅히 조선을 하나의 국가단위로 하여 조선분회의 설치를 결정해야 할 것이다"라고 설파하였다. 또한 동 서신에서 국제연대를 통한 반일통일전선의 결성방안으로 "첫째, 중국국민당의 주도 아래 일본제국주의에 반대하는 민족의 연합기구를 수립하고, 모든 반일민족을 연합하여 국제적 반일운동을 확대할 것, 둘째, 독자적인 조선인 무장부대를 조직하고, 항일전쟁의 실천과정에서 이를 조선독립군의 기본세력으로 양성해야 한다"는 의견을 제시하였다.37) 이 서신을 통해 조선민족전

---

36) 1937년 7월 11일 중일전쟁이 발발하면서 중국관내에 있던 조선의 독립운동단체들은 두 갈래로 체제를 통합, 정비하였다. 하나는 김구의 한국국민당을 중심으로 한 '한국광복운동단체연합회'이고, 다른 하나는 1937년 11월 김원봉의 민족혁명당을 중심으로 한 '조선민족통일전선연맹'이다. 양 단체는 모두 남경에서 결성되었으나 그해 12월 31일 남경이 일본군에게 함락되자 중국정부가 이동한 한구로 본부를 옮겼다. 민족통일전선연맹은 기관지인 『조선민족전선』을 발행하여 유자명과 김성숙 등의 이론가를 중심으로 대대적인 사상 강화에 목적을 두었다(秋憲樹 편, 1971: 257~79).

선연맹의 국제적 지향성을 엿볼 수 있다.

조선민족전선연맹은 우익단체가 이탈한 채 결성된 중국관내 좌익의 통일전선적 단체성격을 지닌다. 그럼에도 불구하고 민족혁명당은 그 기관지 〈민족혁명〉을 통해 과거의 좌익전선이 조선혁명의 특수한 독자성을 해득하지 못한 점, 헤게모니 쟁탈전에 빠졌던 점과 우익전선이 분산성, 파벌성, 국수성에 빠졌던 점을 비판하였다. 이에 따라 민족혁명당은 과학적 이론으로 무장한 강력한 중심당을 건설하고 세계대세의 발전추이와 조선민족의 특수한 지위를 명확히 분석하여 민족적 생존노선과 민족전체에 새로운 혁명조류를 제시함을 과제로 하는 통일전선 정당이 될 것을 주장하였다 (강만길, 2006: 117). 이는 비록 민족주의와 사회주의 등 여러 계파가 혼합된 단체로 구성되어 그들의 정치적 주장과 노선이 각각 달랐지만 해방과 독립의 주된 목표에서 큰 차이가 없었기 때문에 가능한 일이었다. 또한 중국의 국·공 합작이라는 당시의 시대적 대세의 영향을 받지 않을 수 없었기 때문에 결국 반일통일전선의 형태로 조직되었다고 할 수 있다.

전술했듯이 연맹의 주요사업방침은 첫째, 국내외 각 혁명단체와 인민대중과의 연계문제, 둘째, 조선혁명무장 대오를 건립하는 문제, 셋째, 국내 각 항일단체의 통일을 추진하는 문제 등이었다. 따라서 연맹이 제일 먼저 추진한 것은 항일무장대오를 신속하게 건립하여 중국의 항일전쟁에 참여하는 것이었다. 결국 1938년 7월 7일을 기해 조선의용군 건립에 관한 정식 제안을 중국 군사위원회에 제출하기에 이른다. 이는 당시 김원봉 등이 장제스(蔣介石)와 회담을 하여 중·조 연합전선을 결성하기로 한데 따른 것이었다. 조선민족전선연맹이 중국을 대표하는 장제스 세력과의 협력을 모색하고, 혁명노선을 달리하는 계파간의 연대를 추진한 것은 민족독립이라는 상위목표 아래 형성된 하위수단이었다고 할 수 있었다.

---

37) 「朝鮮民族戰線聯盟對國際反侵略運動大會反日援華特別會議建議書」, 『朝鮮民族戰線』 창간호, 13쪽(한상도, 2000: 59에서 재인용).

2. 화북조선청년연합회

　화북조선청년연합회는 중국공산당의 직접적인 개입으로 조직된 화북조선민족의 반일통일전선 정치단체이다. 연안의 중국공산당 중앙은 화북지역에서 공산당이 직접 영도하는 조선인 정치단체의 필요성을 인식하고 이 임무를 무정(武亭)에게 위임하였다. 화북조선청년연합회는 1941년 1월 10일 팔로군 전방사령부 포병탄부가 있는 산서성 로현(현 左權현) 동곡에서 창립대회를 가졌다. 참석자로는 무정, 진광화, 이유민, 장진광, 최창익, 윤공흠, 이홍염, 이철중, 왕극강, 허금산, 한경, 홍림, 송운산, 한청, 조명숙, 장경령, 김란영, 노민, 김강, 이근산, 허정숙 등 21명이었다.[38] 화북조선청년연합회의 회장은 무정이 맡았지만 그 성원 대부분은 최창익계 전위동맹원들이었다. 이들은 창립과 동시에 21명에서 약 150명 가량으로 확장되었다. 이는 무정 중심의 팔로군 내 소수인과 박효삼, 석정, 김세광을 중심으로 한 조선민족혁명당, 그리고 최창익, 김학무를 중심으로 한 조선청년전위동맹, 방호산 등 소련유학파 성원으로 연합체를 이룬 것이다(최강, 2006: 78~9; 〈표 2-1〉 참조).

　화북조선청년연합회는 조선의용대를 팔로군 지역으로 이동시키기로 하고 이를 추진하였다. 『조맹보고초안(朝盟報告草案)』에 따르면 화북조선청년연합회는 노민·왕극강 등을 국민당 지구인 낙양과 중경방면으로 파견하여 그곳에 배속된 조선민족전선연맹 및 조선의용대 총대본부와 연락을 취하며 신사군·팔로군 지역으로 역량을 집중하도록 공작하였다(최창익, 1943: 445). 노민 역시 조직의 지시에 따라 낙양으로 들어가 의용대원의 북상을 지도했다고 회상했다(노민, 1987: 145).

　한편 무정은 창립기조연설을 통해 화북청년연합회의 성립과정과 금후

---

[38] 박일우가 중국공산당 제7차 대표회의에서 화북조선청년연합회 인원을 21명으로 발표했다.

표 2-1 화북조선청년연합회 구성

코민테른 경유 → 연안	국민당지역 경유 → 연안	기타 → 연안
방호산(이천부), 림해(장복), 이림, 전우, 주춘길, 이권무, 진반수, 류경룡, 진옥, 김일, 김삼, 주덕해	1) 보정군관학교 출신: 무정 2) 의열단 간부학교 출신: 서휘, 한위건 3) 해방동맹 출신: 장지락, 정율성 4) 의용대 결성 전 유입: 진광화, 한경, 채국번 5) 의용대 결성 후 유입: 최창익, 허정숙, 신한청 윤공흠, 장진광, 이유민	박일우, 방우용

임무에 대한 보고를 하면서 반파쇼통일전선을 강조하고, 독립, 자유, 민주적인 조선공화국의 건립을 위해 공동의 적 앞에서 단결할 것을 호소하였다(최강, 2006: 74~6). 그는 화북의 모든 조선청년을 단합시켜 조국광복의 대업에 참가하도록 하자고 역설함으로써 화북조선청년연합회가 공산주의 청년전위조직이 아닌 조선청년의 대중적 항일단체임을 강조하였다. 이 연설은 무정이 화북조선청년연합회의 대표로서 발언한 것이었지만, 그가 중국해방전선에서 투쟁하면서도 조선독립을 염두에 두고 있음을 의미한 것이기도 했다. 이는 무정이 중국공산당의 대장정에 참여하여 얻은 상징적 명성의 기반이 되었던 중국 팔로군 포병사령관이라는 직책을 포기하고 조선의용군 사령원이 된 것에서도 확인할 수 있다. 화북조선청년연합회의 강령은 다음과 같다.

(1) 화북에 있는 모든 조선청년들을 단합시켜 조국광복의 대업에 참가하도록 한다. 일본제국주의의 조선에 대한 통치를 뒤엎고 독립자주적인 조선민족의 공화국을 창건한다.
(2) 조선민족의 반일전선을 옹호하며 모든 조선민족의 해방투쟁을 발동한다.
(3) 조선동포들과 공동 노력하여 화북 각 지역의 조선인들을 보호하고 특히 조선 청년들의 정치, 경제, 문화 등의 이익을 보장한다.

(4) 일본제국주의 폭정 하에서 고통 받고 신음하고 있는 조선인민 특히 청년들을 보호하며 그들의 생활안전사업을 추진한다.
(5) 일본제국주의의 중국침략을 반대하며 중국의 항일전쟁에 적극 참가한다.
(6) 대만민족해방과 일본인민들의 혁명적인 반전운동을 협조하며 조선, 대만, 일본 인민 지간의 반일연합전선을 결성한다.

무정이 위 연설에서 항일청년을 핵심적으로 강조한 이유는 전위동맹, 민족혁명당 내 청년 및 진보적 역량의 연합을 도모하고 일제 점령구 내의 광범위한 청년들을 회유해서 항일대오를 확장하려는 의도에 따른 것이었다. 이를 통해 화북조선청년연합회가 우선적으로 지향한 목표가 화북뿐만 아니라 국민당 지역에서 활동하고 있는 청년전위동맹과 조선민족혁명당 대원을 포괄하고, 나아가 조선독립을 원하는 모든 조선인 청년 투쟁가들의 연합을 도모하고 있음을 확인할 수 있다. 그러나 우선적으로는 화북 각 지역에 분산되어 있는 조선청년들과 전위동맹 및 민족혁명당 내 청년 및 진보적 역량의 연합을 촉구하여 항일대오의 확장을 염두에 둔 것으로 볼 수 있다.

이러한 측면에서 화북조선청년연합회의 성격은 공산주의 청년조직에 국한된 것이 아니라 조선청년들의 대중적 항일단체를 지향했음을 확인할 수 있다. 그리고 화북조선청년연합회는 설립 당시 통일전선을 위한 정치단체이지 무장집단은 아니었다. 왜냐하면 참가한 대원들 중 대다수가 군인신분이 아니었기 때문이다(강만길, 2006: 40~1). 때문에 이들의 절박한 문제는 간부의 양성이었다. 이에 따라 1941년 7월에 간부학교를 개설하고 교장에 무정이 취임하고, 최창익, 한빈, 석정, 박효삼, 박무가 교관이 되었다. 화북조선청년연합회의 활동은 1941년 7월 7일에 연안분회를 시작으로 같은 해 11월에는 진찰기군구지구 분회 및 기로예항일근거지에도 분회를 세움으로써 1여 년 사이에 회원 수가 200여 명으로 확대되기에 이르렀다.

이들이 세운 학원에서는 정치, 사회과학, 정치경제학, 조선근대사, 조선혁명문제 등 과목을 개설하고, 공산주의 이론기초, 혁명인생관 등의 수립을 통해 조선혁명의 기본임무와 노선 및 정책 등을 배우게 했다. 그리고 군사과목으로는 사격원리, 병기, 축성학, 전투훈련 등을 교육시켰다. 특히 이들은 지하공작원의 밀파 및 〈조선청년〉이란 간행물을 발간하여 적 점령구 조선인 동포들에게 항일의식을 선전하는 역할을 수행하기도 하였다. 화북조선청년연합회의 이러한 활동은 화북의 일본군에게는 심대한 군사적 타격을 주었다(최강, 2006: 80~1). 이렇듯 화북조선청년연합회는 중국공산당 관할 구역에서 처음으로 조직된 조선인 항일단체라는 점에서 의의를 가지며 이후 조선독립동맹39)으로 거듭나면서 광복 전 조선국내외에서 가장 규모가 큰 항일단체로서의 역량을 과시하게 된다.

3. 조선독립동맹활동과 정치노선

화북조선청년연합회는 1942년 7월 11일부터 14일까지 팔로군 항일근거

---

39) 독립동맹의 구성원은 일반적으로 세 그룹으로 나뉘어져 있었다. 첫째 그룹은 중국공산당의 해방구가 존재했던 화북 연안에서 활동하던 공산주의자들이다. 이들의 특징은 조선민족해방운동에 참여한 경험을 가지고 있고, 중국혁명에도 참여했으며 중국공산당 당원이기도 하다는 점이다. 이에 속하는 자들로 무정, 박일우, 진광화, 서휘, 정률성 등이다. 둘째 그룹은 중국공산당 지구에서 민족주의자와 행동을 같이하고 있던 공산주의자들과 그들을 추종한 급진적 청년들이다. 이 그룹의 중심적 지도자는 최창익과 한빈이며 이외에 김학무, 김창만, 허정숙, 리유민이 여기에 속한다. 셋째 그룹은 원래는 민족주의자인 김원봉이 중심이 된 민족혁명당원으로 조선의용대 3지대에 소속해 있던 사람들이다. 이들 대부분은 중국혁명당 내부에 설치된 조선혁명간부학교, 또는 중국중앙군관학교 성자(星子)분교 출신들이었는데, 이 그룹의 중심적 인물로는 김두봉, 박효삼, 양민산, 리춘암, 김세광 등이 있다. 이러한 구성원의 분류를 통해 이들이 조선독립을 위해 민족적 색채를 내장한 채 공산주의를 신봉하고 있음을 상정할 수 있다 하겠다(김광식, 1987; 해방3년사 연구회, 1988: 132). 그러나 실제로는 항일연군과 소련동방대학 출신인 주춘길, 주덕해, 방호산, 권무, 리득산, 전우, 왕전, 진반수 등과 국내와 화북 등지에서 항일투쟁에 가담했던 심청과 양계 등을 추가한 네 그룹 연합체로 구성되었다고 할 수 있다.

지 산서성 료현(지금의 좌권현) 마전진 황안저촌에서 제2차 대표회의를 소집하였다.40) 이 회의의 소집 동기는 첫째, 반파쇼전선의 확대발전과 그에 따른 중국공산당과 팔로군의 역량증대가 궁극적으로 조선민족 해방 사업에 유리하게 전개될 것이라는 고무감, 둘째, 화북의 20만 조선동포들과 연계하면서 자신의 역량이 확대·발전했다는 화북조선청년연합회의 자신감, 셋째, 청년중심의 항일단체에 머물러 있던 화북조선청년연합회의 현실적 조건과 달리 국제적 형세요구는 광대한 화북의 조선동포와 국내외 각 계층 인민 및 항일단체들과 연합하는 통일전선단계로 나아가야 한다는 시대적 요청에 의해서였다. 이 대회에는 태행산 지구의 공산당, 팔로군 주요간부들 및 이들을 대표하는 팔로군 부총사령인 펑떠화이(彭德懷)가 참석하여 축하연설을 했다.41) 그의 연설은 다음과 같은 3가지 내용을 담고 있다. 첫째, 반파쇼민족통일전선구축을 통한 조선민족의식의 고취로 일제침략자를 몰아낼 것, 둘째, 대중의 잠재력을 동원하여 화북조선청년연합회와 조선인민대중 간 긴밀한 연계를 통해 민족독립의 승리를 보장할 것을 약속했다. 마지막으로 투쟁혁명 간부를 팔로군 항일정부에 파견하여 혁명대오 조직방식과 정치사업 및 정권창출방법 등 광대한 인민대중과 함께 정권을 운용하는 연구를 지원할 것을 약속하였다(『진찰기일보』, 1942.8.25).42)

1942년 8월 29일 『해방일보』에 발표된 화북조선청년연합회 제2차 대표회의 선언은 다음과 같다.

---

40) 이 대회에는 연안에 있던 무정은 참석하지 못하였고, 대신 김두봉과 최창익의 사회로 진기로예변구, 진찰기변구 등지의 대표 30여 명이 참석하였다(최강, 2006: 106).
41) 연안파와 펑떠화이의 인연은 이후 한국전쟁과 8월 종파사건 개입 등 연안파의 몰락시기까지 이어진다.
42) 이 권고는 연안파가 중국혁명의 학습경험에 기반하여 신민주주의 전도사로서 조선통일국가건설에 이를 수용하기로 다짐한 계기가 되었다고 볼 수 있다.

우리 대표회의는 악렬한 식민지조건하에서 자기민족의 해방을 위해 끊임없이 농촌, 어촌, 도시, 공장, 광산, 학교 등과 중국에서 반일운동을 진행하고 있다. 우리 조국의 형제자매들과 각 혁명단체 및 무장부대에게 형제적 위문을 드린다. 우리들에게 정치상, 물질상으로 거대한 원조를 해주며 우리사업의 발전을 관심해주는 화북지방정부, 군대, 인민들에게 민족적, 형제적인 경례를 드린다. 우리 조선민족은 일본파쇼와의 전쟁에서 무겁고도 괴로운 인력, 재력을 부담하고 있으며 정치상에서 여지없이 자유를 박탈당하고 있다. (중략) 우리 대표회의는 동포들과 각 혁명단체들에게 아래와 같이 선언한다.

〈우리의 분투목표〉

(1) 우리는 자신의 역량과 성질에 의하여 특히 화북조선청년연합회를 화북조선독립동맹으로 개칭한다. 화북조선독립동맹은 국내의 혁명인민들과 각 혁명단체, 무장대오와 함께 민족해방임무를 완성하기 위하여 끝까지 견결히 항일투쟁을 전개할 것을 성명한다.
(2) 우리는 일본제국주의를 반대하는 모든 농민, 로동자, 군인, 학생, 지주, 기업가, 상인, 부녀 등 전 민족과 단결하여 당면한 혁명전야에 각 혁명단체, 혁명인사 간의 통일전선을 건립한다. 우선협상을 거쳐 전반적 통일정책을 제정하고 사업을 진행하기 위하여 통일기구를 건립하고 광범히 민족운동을 전개할 것을 주장한다.
(3) 우리는 화북 20만 조선동포들의 모든 리익을 위해 투쟁하며 전투 중에 있는 중국인과 굳게 단결하여 적의 민족리간정책을 반대함을 성명한다.
(4) 동북의 혁명인사와 혁명단체들과 련계를 건립하여 급속히 서로 호응, 결합하는 총 투쟁의 준비를 완성한다.
(5) 우리는 실제투쟁으로 동방 각 민족반파쇼동맹을 지원할 것을 성명한다. 대표회의는 결정한 임무를 완성함으로써 자유민주의 새조선의 건립을 촉진한다(이하 생략)(최강, 2006: 108~9에서 재인용).

이와 함께 진찰기일보에 발표된 화북조선독립동맹 강령은 다음과 같다 (『진찰기일보』, 1942.8.25).

<화북조선독립동맹 강령>

1. 본 동맹은 일본제국주의의 조선에 대한 통치를 전복하고 독립, 자유의 조선민주공화국을 건설함을 목적으로 아래와 같이 제 임무를 규정한다.

   (1) 전민족의 보편적인 직접선거에 의하여 민주정권을 건립함
   (2) 언론, 출판, 집회, 결사, 자유와 신앙, 사상, 파업의 자유를 확보함
   (3) 국민의 인권존중의 사회제도를 실현함
   (4) 법률상, 사회생활상의 남녀평등을 실현함
   (5) 자주, 평등의 원칙 아래 세계 각국 및 각 민족과 우호관계를 건립함
   (6) 일본제국주의의 조선에서의 모든 재산과 토지를 몰수하고 일본제국주의와 밀접한 관계를 가진 대기업을 국유화하며, 농민에게 토지분배를 실시함
   (7) 8시간 로동제와 사회로동보험을 실시함
   (8) 인민에 대한 각종 부역과 잡세를 폐지하고 통일적인 누진세제도를 수립함
   (9) 국민의무교육제도를 실시하고 그 경비는 국가가 부담하도록 함
   (10) 조선 문화를 연구, 발전시키고 국민문화를 보급함

2. 본 동맹은 조선독립을 위하여 분투하는 하나의 지방단체이다. 이 목표를 실현하기 위하여 조선혁명운동에 적극 참여한다. 아울러 아래와 같이 임무를 규정한다.

   (1) 대중의 생활개선과 혁명세력을 증강시키기 위해 대중을 반제투쟁에 적극적으로 참가하도록 하고 이를 지도한다.
   (2) 대중혁명을 위한 훈련과 조직발전에 노력한다.

(3) 중국 특히 화북각지의 조선동포의 정치,경제,문화를 보호하기 위하여 분투한다.
(4) 조선민족의 반일통일전선을 확대, 강화하기 위해 노력한다.
(5) 조선민족의 반일투쟁을 전개하기 위해 혁명무장대오의 건립에 노력한다.
(6) 일본파쇼의 중국침략을 반대하고 중국의 항일전쟁에 적극적으로 참가한다.
(7) 동방의 각 피압박민족해방운동 및 일본인민의 반전운동을 협조하고 전 세계의 파쇼를 반대하는 정의의 전쟁을 지원한다.

이 강령에서 확인되는 바와 같이 화북조선독립동맹의 투쟁목표는 서구식 자본주의 혁명이나 소련식 사회주의 혁명을 모방한 것이 아니라 반제·반봉건의 자산 계급적 혁명 범주에 속하는 신민주주의 민족·민주 혁명임을 알 수 있다. 그러면서 화북조선독립동맹의 지도사상을 진일보한 국제혁명투쟁 형세에 맞추어 표방하고 있다. 이와 같이 화북조선독립동맹이 갖는 역사적 의의는 항일을 주장하는 조선민족 각 계층을 망라한 조선혁명독립단체로서 당시 조선사회의 상황과 국제정세의 조류에 근거하여 투쟁노선을 천명한 데 있다 하겠다. 그리고 화북조선독립동맹은 강령에서 확인되듯이 반동적 자산계급정당이 아니라 조선민족의 각 계층, 항일인민을 망라한 항일독립단체임을 분명히 하고 있다. 또한 이 단체가 성립된 후 화중, 동북, 서울 등지에서 자기조직을 확대·발전시켰음에도 불구하고 화북이라는 지역혁명단체라고 스스로 밝힌 이유는 각 지역별 항일단체와 연합하여 통일 전선체를 건설하려는데 있었다. 이에 따른 초기 조선독립동맹의 지도기구 및 구성원은 다음과 같다.

〈조선독립동맹 기구조직〉

주　　석 : 김두봉
집행위원(11명) : 김두봉, 무정, 최창익, 한빈, 리유민, 박효삼, 김학무,
　　　　　　　　김창만, 채국범, 진한중, 리춘암
상무위원(7명) : 김두봉, 무정, 최창익, 리유민, 박효삼, 김학무, 김창만
서　　기 : 최창익
조직부장 : 리유민
선전부장 : 김학무, 김창만(후임)
군사부장 : 박효삼
적구공작위원회 주임 : 무정
경제공작위원회 주임 : 김창만

　이상의 편제에서 확인되듯이 조선독립동맹은 화북조선청년연합회의 규모와 범위를 확대시켜 군사 및 선전조직을 포함시켜 편성하였음을 알 수 있다. 이는 조선민족전선연맹과 조선의용대의 관계가 그러했듯이 조선독립동맹과 조선의용군도 이신일체의 수평적 관계로 역할분담을 하는 가운데 하나의 통일조직으로 형성되어 있음을 알게 해준다.

제2절 조선의용군 결성과 활동

1. 조선의용대 결성과 시대적 배경

중국의 항일전선구축이 적극적인 항전으로 표방된 기점은 중일전쟁 발발 후 1937년 9월 22일 제2차 국공합작이다. 제2차 국공합작은 그 동안 조선, 대만, 월남, 인도 등 반제국주의 민족운동세력 및 일본 내 반전운동세력과의 국제적 연대강화를 보다 적극적으로 모색하게 하는 동기를 부여하였다. 조선의용대의 창건 역시 이러한 시대적 상황을 배경으로 한다(한상도, 2000: 55). 전술했듯이 조선민족전선연맹을 주도한 민족혁명당의 전신은 1919년 11월 9일 길림시 교외에서 13명을 구성원으로 하여 김원봉[43]이 창건한 의열단이다. 김원봉은 1932년에 남경에서 조선혁명 간부학교 개설과 중국 관내의 항일단체들과 함께 한국대일전선통일연맹 결성을 주도했고, 1935년 7월 5일에는 남경의 금릉대학에서 조소앙, 민병길, 이청천 등 5당 대표 14명이 모여 조선민족혁명당을 창당하기에 이른다(최강, 2006: 12~5). 동맹의 연합적 성격은 보다 강력하고 광범위한 통일 전선체를 이루고자 하는 시도였다. 1936년에는 전 조선공산당 조직부장인 최창익, 소련공산당원인 한빈, 허헌의 딸 허정숙, 중국공산당원 리유민 등이 조선혁명당에 가입하였다.

---

[43] 약산 김원봉(1898~1958)은 "정의(正義)의 사(事)를 맹렬히 실행한다"를 투쟁목표로 세우고 의열단을 창단하여 암살, 파괴 등 테러 수단으로 항일을 하다가 조선민족혁명당을 결성하여 활동하였다. 8·15 광복 후 건준 내각에서 군사부장에 지명되었고, 월북 후 북한에서 국가검열상과 노동상을 지내며 민족화합을 부단하게 주창했으나 숙청되었다.

조선민족전선연맹은 항일독립투쟁을 위해 중국항일운동에 참가키로 결정한 뒤 곧바로 무장부대조직에 착수했다. 그런데 조선의용대의 성립에는 보다 복잡한 과정과 절차가 내재되어 있다. 김원봉은 1938년 7월 7일 중국 국민정부 군사위원장인 장제스(蔣介石)에게 "민족전선연맹의 청년당원과 성자분교 졸업생들이 조선의용군을 조직한 후 중국의 항일운동에 참가하여 공동의 적인 일본제국주의를 타도하고, 중국의 항일운동 승리와 조선의 해방을 실현"하겠다는 제안 설명과 함께 조선의용대 성립방안을 제시하였다(李貞浩, 연도미상). 그러나 3~4일 전에 중국 한구(韓口)에서 활동하던 일본혁명가 가즈오(靑山和夫)가 국민당 정부에 국제의용군 조직에 대한 건의안(양소전·이보온, 1995. 29~31)을 김원봉보다 먼저 제출한 상태였다. 가즈오의 제안 속에는 조선인 문제와 관련하여 채용방법 등이 들어 있었다. 즉, 조선인들 중 우수인력 70명으로 조선의용대를 조직[44]하고, 이들을 정찰 및 구호사업에 종사하게 하며, 반드시 전구사령의 지휘를 받도록 한다는 것과 함께 수송과 선전사업에도 종사하도록 한다는 것이다. 동시에 조선인은 자각이 필요한 존재이므로, 이들에 대한 모든 지휘와 명령권은 중국이 직권적으로 행사해야 한다는 점을 강조[45]하고 있다. 이러한 제안에 대해 국민당정부 군사위원회 정치부 비서장 하충한(賀衷寒)은 양쪽에서 동시에 제출된 국제의용군 조직 안이 중국의 항일운동에 유리하게 작용할 것이라는 긍정적 판단을 내렸다.[46] 중국정치부 심의과정에서 '조선민족전선연맹'에 대해 조사를 하여 181명의 조선청년이 중국군관학교와

---

[44] 염인호는 그의 논문에서 전시복무단에 속한 자를 우수인력으로, 중간분자를 학교에서 교육받고 있던 50여 명의 민혁당 인원을 지칭한다고 주장하였다(염인호, 1994: 34).
[45] 이 제안은 조선인 민족 운동가들이 중국 측에 수용되지 않을 경우 과격단체와 결탁하거나 독자 세력화하여 일본을 향한 테러로 중국의 국제적 입장을 난처하게 하거나 또한 국민당정부 또는 장제스 암살이라는 극단적인 행동까지 고려한 통제차원에서 이루어진 제안이었다고 할 수 있다.
[46] 당시 조선의 지식인치고 일어 및 영어, 한어를 모르는 사람은 거의 없었다(김학철, 1983: 91).

군교특별훈련반을 졸업했다는 사실을 확인하였다. 이에 따라 정치부장 진성(陳誠)과 장제스는 9월에 재조사한 결과를 최종적으로 보고받은 뒤 모든 항일세력의 연합을 전제로 '군(軍)' 규모가 아닌 '대(隊)'로 할 것과 무장조직부대를 중국군사위원회 정치부 관할 하에 둘 것을 조건으로 조선의용대 결성을 승인하였다. 그리고 김원봉과 김학무 등을 통해 조선의용대 결성을 위한 지도위원회를 구성하도록 했다. 10월 2일 소집된 제1차 회의에서 군대의 명칭, 규약, 경비, 조직방법 등이 결정되었다.

1938년 10월 10일 창립선언문에서 조선의용대는 일본제국주의의 압박 하에 있는 모든 민중과 연합하여 일본 파쇼를 타도하고 동아시아의 평화를 실현할 것을 선언하였다. 조선의용대 창설에는 분열적 조짐이 감지되어 온 좌파전선의 결속이라는 긍정적 요인이 함축되어 있다. 그런데 조선의용대가 조선인 좌파성향의 무장조직이었음에도 불구하고 중국국민당의 지원 하에 창설이 가능했던 이유는 이념노선의 차이에도 불구하고 해방과 독립국가 건설을 지향하는 민족운동차원에서 조·중 양국이 서로를 필요로 했기 때문이다. 다만 조선민족은 '선'중국혁명 참여, '후'조선독립 지향이라는 약소민족이 안아야 하는 이중부담을 지고 있었다.

사실 중국의 장제스 정부가 조선의용대 조직을 승인한 이유는 보다 복합적 요인이 작용하였다. 중국은 1920년대까지만 해도 관내에서 활동하던 조선인 반일투쟁세력과 긴밀한 관계를 형성하지 않았다. 그러나 일제의 중국본토 침략 가시화와 1932년 4월 윤봉길에 의한 일본군 시라카와(白川) 대장 폭사사건을 계기로 조선인의 독립투쟁에 보다 관심을 갖게 되었다. 이에 장제스는 김구, 김원봉 등과 개별접견을 하여 중국군사학교에 조선인청년을 입교시켜 육성할 것을 약속했다. 하지만 당시까지만 해도 중국국민당 정부는 일본과의 관계악화를 고려하여 비밀리에 지원하는 소극적인 태도를 보였다.

그러나 1937년 7월 일본의 중국에 대한 전면적인 침략 이후, 장제스 정부는 모든 항일세력의 연합을 전제하는 선상에서 조·중연합의 필요성을 인정하였고, 직접적이고도 공개적인 지원을 결정하게 된다. 그런데 무엇보다도 중국 국민당의 입장에서 조선의용대 창설의 필요성이 절실했던 이유는 의용대의 우수한 인적 인프라 때문이라 할 수 있다(社會問題資料硏究會 編, 1975: 23). 사실 창설 당시 100여 명에 불과했던 무장력 자체는 국민당 측의 군사력 보강에 실질적인 도움이 되는 것은 아니었다. 그러나 조선의용대의 지적인 능력이 갖는 정치·군사적 가치가 국민당 부대 내에서 대일본군에 대한 선전 및 포로 심문 등에서 매우 효율적으로 기능할 수 있다는 판단이 반영된 것으로 보인다. 이러한 필요성은 장제스가 무한에서 일본군과 싸우는 급박한 정황 속에서도 한구(韓口)에 위치한 조선민족전선연맹 중심의 조선인 청년들의 의용대 조직결성에 동의하고, 이들을 중국혁명에 우선적으로 참여하도록 조치했다는 점에서 확인할 수 있다(〈그림 2-1〉 참조).

또한 이 시기 중국공산당 역시 조선인의 역량에 관심을 갖고 주목하고 있었다. 중국공산당은 1938년 11월 1일 연안에서 중국공산당 확대 6중 전회를 개최하고 '전중화민족 당면의 긴급임무'를 천명하면서, "일본, 중국, 조선, 대만 인민의 반침략전쟁 통일전선을 건립하여 반 일본파시스트 군벌투쟁을 공동으로 실행한다"(염인호, 1994: 18)고 선언했다. 마오쩌둥의 이러한 제안은 중국민중의 광범위한 지지를 얻으면서 국공합작을 보다 활성화시켰다. 조선의 좌파민족주의자들 역시 국공 양당과 우호적 관계를 형성하면서 반일 통일전선구축은 더욱 활기를 띠게 되었다. 이에 따라 국공 양당은 조선의 지식인 및 민중들을 중국 내 반일투쟁에 있어 역량포섭의 최우선 순위로 인정하게 된 것이다.

그러나 조선의용대는 2중적 성격과 임무를 지닌 특수성을 인식하고 행동하였다. 2중적 성격과 임무란 조선의용대가 중국 땅에서 중국을 침략한 일본제국주의와 싸우는 부대로서 국제주의적 성격을 지닌 부대이자, 다른

그림 2-1 국민당 군사위원회 내 조선의용대 편성

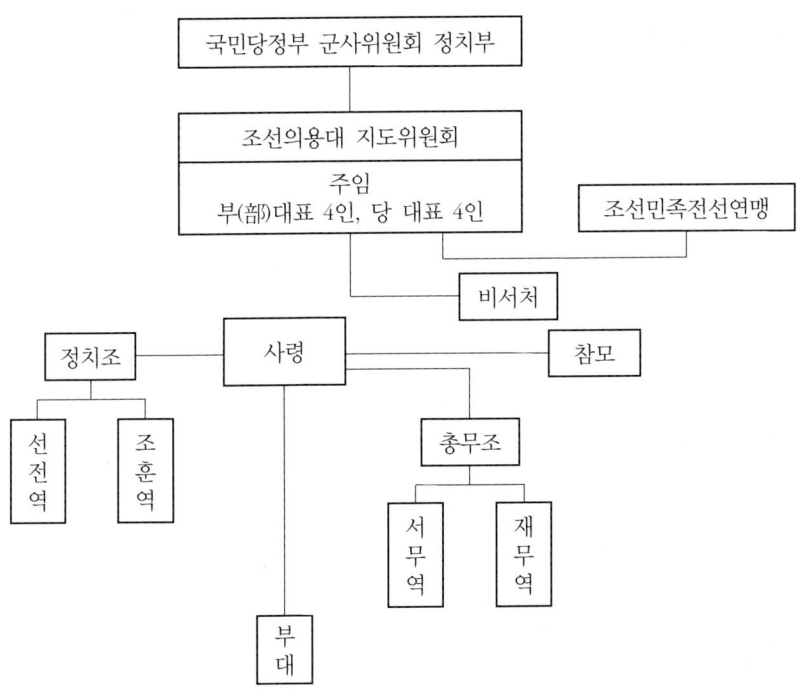

※ 출처: 김영범(1988, 476).

한편으로 조선독립을 쟁취하기 위한 대오임을 분명히 한 점을 말한다. 즉, 조선의 민족해방과 독립, 그리고 중화민족의 해방을 위해 투쟁이라는 두 가지 정체성이 조선의용대의 성격을 규정하고 있었던 것이다. 따라서 강령에서도 확인되듯이 해방 이후 한반도에 새로운 민주국가건설을 표방했던 조선민족전선연맹 및 조선의용대 간부들은 투쟁의 토대가 민중의 힘에 있다는 점을 인식하고 있었기 때문에 창설초기부터 중국 관내지역보다는 조선인이 많이 살고 있는 동북지역으로 이동할 필요성을 늘 견지하고 있었다. 이러한 사고는 당시 사회적 조류를 반영하는 사회주의세력과의 연

대를 통한 민족투쟁방식으로의 전환에 따른 것이기도 했다. 나아가 동북에서 조선독립운동 역시 피압박민족의 반제국주의 투쟁의 주체로서 일본 침략주의에 저항하는 것으로 이러한 투쟁행보는 항일민족운동의 완성과 근대민족국가건설을 지향한 것으로 해석할 수 있다.

이들이 생각한 민족운동이란 정복과 피정복의 관점에서 군국주의·제국주의 국가에 대항하는 정치적 운동이며, 투쟁수단으로서 사회주의 혁명은 자본주의사회의 변혁운동으로서 부르주아계급에 대항하는 프롤레타리아계급의 경제적 투쟁이라는 정당성에서 그 해법을 찾았다고 할 수 있다. 즉, 사회주의 혁명을 통해 제국주의 타도와 자주적인 민족국가수립이라는 근대민족운동의 과제달성이 가능하나고 이해했던 것이다(한상도, 2000: 193~5). 그러나 전선연맹과 조선의용대는 투쟁목표에 있어 좌파적 성향을 지녔으면서도 창설 초기부터 중국공산당과의 협력이나 독자적 동북진출을 결행하지는 못했다. 그 이유는 좌·우익 통일전선에의 역량 집중을 통한 조선독립이라는 상위목표를 우선적으로 실현하기 위해서는 당시의 주도권 세력인 중국국민당과의 결속이 필요했기 때문이다. 그리고 그러한 상황에의 적응은 관내지역을 중심으로 전개되었던 좌·우 민족운동의 환경적 여건을 활용하기에 용이했기 때문으로 보인다. 그러나 이들의 내면적 투쟁성향은 이미 좌경화 노선을 지향하면서 대다수 조선인 동포가 거주하고 있는 동북지역으로 진출한 뒤 그곳의 항일부대와 결속하여 무장투쟁을 수행한다는 '동북노선'을 지향하고 있었다. 그리고 이를 완성하기 위해서는 그 전단계로 중국공산당 지역으로 전이하기 위한 '화북노선'을 수행할 필요가 있었다.

'화북전이'를 결정하게 된 근본적인 이유는 국민당군의 위장항전을 감지한 조선의용대 지도부가 관내에서의 활동은 지역적 고립성으로 인해 각 전구에 흩어진 채로 국민당군의 보조적 역할만을 하게 되고, 결국 무장부대의 활성화와 역량의 집중을 기할 수 없다고 판단한 데 기인한다. 따라서 화북전이 계획은 중국 팔로군 지역에서의 원활한 유격활동에 주목하여 그곳에서 전투역량을 키울 수 있다는 확신 아래 동북노선의 중간거점 확보를 위해 이루어진 것이었다. 즉, 중국 팔로군에 결합하여 투쟁하는 것이 유리할 것이라는 지휘부의 판단에 의해 결정된 것이다. 우익의 지원 하에서 좌익성향의 활동을 수행하는 정치적 줄다리기의 전략적 계획이 가능했던 이유는 국공합작이라는 시대적 배경 때문이라 할 수 있었다.

제2차 국공합작을 하게 되자 중국공산당은 자신의 노동홍군을 팔로군, 신사군으로 개편하였고, 중공대표 저우언라이는 중국군사위원회 정치부 부부장으로 취임했다. 공산당은 무한, 중경, 서안, 란주 등지에 '판사처'를 세웠으며 중경에서는 '신화일보'를 발간하였다. 또 저우언라이는 황포군관학교 정치부 주임을 맡으면서 조선의용대 내의 황포군관학교 출신들과 조선공산주의자들 속에서 매우 큰 영향력을 갖게 되었다. 이는 그가 정치부 부부장이라는 직무상의 권한을 바탕으로 막후에서 조선의용대의 창건사업을 적극 지지했기 때문이기도 했다. 조선의용대에 대한 그의 지대한 관심은 조선의용대 창설전야인 10월 9일 특별연사로 초청되어 "동방 각 민족의 해방을 위하여 분투하자"는 주제로 2시간에 걸쳐 사회혁명과 민족해방과의 관계에 대해 연설하면서 식민지 조선지식인들을 크게 고무 격려시키고 사회주의적 투쟁노선의 가슴 벅찬 감동을 고취시켜 나간 데서도 확인할 수 있다(김학철, 1983: 30, 92).

또한 국공합작이 이루어짐과 동시에 조선의용대가 국민당 부대 각 전구에 배속되어 활동하는 가운데 1939년 조선의용대 제2구대 내에서는 화북노선의 결행을 위한 준비의 일환으로 전구 내에 중국공산당 비밀당지부가 건립되었다. 이들은 신사군과의 접경지역인 대별(大別)산 지구에서 활동하면서 신사군 내 공산당과 연계하여 조선인 당 지부를 건립한 것이다. 당시 지부서기는 호철명이었고, 당원들은 이익성, 이상조, 김창만, 문정일, 강진세 등이었다. 조선의용대 내에 중공당 지부가 성립된 것은 동북전이의 전초기지 역할을 할 의용대의 거점 확보를 가능하게 하고, 조선의용대에 대한 중공의 정치적 영향력이 확대되었다는 것을 의미하였다(최강, 2006: 49).

이상에서 살펴보았듯이 조선의용대는 창립시기부터 국제정치 환경과 중국 내부의 복잡한 기류의 흐름 속에서 양면적 성격을 아울러 가지고 있었다. 이와 같은 사실은 창립의 산파 역할을 했던 김원봉이 조선의용대 창립1주년 기념대회에서 연설한 내용에서 잘 나타나고 있다.

> 중국항전을 불씨로 하여 동방 각 민족이 모두 혁명의 횃불에 불을 붙였다. 이는 동방피압박민족의 반일본제국주의 혁명의 새로운 발선이며, 이 새로운 발전은 장차 동방 각 민족해방 후의 우의의 기초를 세울 것이다. 때문에 우리는 목전의 가장 중요한 공작이 재 중국 각 민족의 무장대오 건립임을 깨닫고 아울러 각기 국내의 혁명군중과 각 민족 간에 긴밀히 연대하여야 한다. 이리하여야만 비로소 중국항전의 승리와 동방 각 민족의 해방을 촉진 할 수 있을 것이다. 재 중국 각 민족무장대오의 건립은 각 민족이 해방의 기간대오를 쟁취하는 것일 뿐만 아니라 이들은 중국항전 승리 후 동방평화를 보장하는 동맹군이다. 때문에 우리들의 무장대오 건립의 의의는 완전히 중국항전 승리와 동방 각 민족의 영원한 우의적 연합을 위한 것이다(김약산, 1940: 1).

이 연설에서 김원봉은 조선의용대가 조선민족해방을 쟁취하는 역할과 더불어 국제연대의 한 일원으로서의 역할을 감당해야 한다고 역설하고 있다. 이는 조선의용대가 조선인의 독자적인 조직임을 강조함과 동시에 약소민족 공동전선의 한 일원으로서의 국제적 성격을 동시에 가지고 있었음을 표현한 것이다. 그러나 이러한 의도와 달리 중일전쟁이 심화되는 과정에서 조선의용대의 위상이 중국의 대일항전의 보조적 역할로 제한되었고, 결국 조선인 부대로서의 독자성은 난관에 부딪치게 된다. 이렇듯 조선의용대의 독자성과 국제성 문제는 때로는 상호보완적으로 평가되기도 했지만, 한편으로는 갈등의 원인으로 작용하였다. 그것은 곧 조선의용대의 정체성 문제와 직결되는 것이었다. 따라서 잠복되어 있던 조선의용대의 정체성 문제는 1939년 1월 국민당 5기 5중 전회[47]를 계기로 표출된 반공노선 강화와 대일항전에 있어 소극적 방침을 취하고 있던 국민당 정부에 대한 조선의용대의 반발을 촉진시켰다. 그리고 이는 조선의용대가 중국공산당 지역으로의 화북노선을 감행하게 되는 주요 요인이 되었고, 급기야 화북전이를 둘러싸고 조선의용대가 내부적으로 대립하는 양상으로 치닫게 된다(한상도, 2000: 62).

2. 화북노선 제기와 분열의 원인

무한에서 중국국민당의 지원 하에 창립된 조선의용대 주력이 어떤 이유와 경로를 통해 화북의 중공 팔로군지역으로 이동했는지는 조선의용군 역사에서 대단히 중요한 문제이다. 이 질문에 대한 답은 우선 동북과 조선지역을 향한 북상노선의 전술적 전이과정의 차선적 대안으로 해석해야 한다. 논의의 핵심은 북상노선은 조선민족전선연맹이 성립되면서부터 지속적으로 지향해온 주요 목표였다는 점이다. 그 원인은 크게 국민당과의 관계, 조선 군중을 토대로 한 혁명, 그리고 통일혁명역량 구축 등 세 가지 이유에서 찾을 수 있다. 먼저 조선의용대와 중국국민당과의 관계는 지향성

---

[47] 국민당 5기 5중 전회는 적극적인 항일방침에서 점차 소극적인 항일, 적극적인 반공방침으로 항일방침을 변화시켰다. 이 회의에서 장제스는 회의 내부에서 한 담화를 통해 화중, 화남에서의 통치를 보존할 수만 있다면 즉시 일본에 투항할 수 있다는 뜻을 피력했다. 또한 반동적 '방공', '한공', '용공', '반공'의 구체적인 방법을 제정하였고 '반공위원회'를 설립한 뒤 1939년 하반기에서 1940년 봄까지 중국공산당 신사군에 대한 대규모 무장공격을 함으로써 항일전쟁 시기 중 제1차 반공고조를 불러일으켰다.

이 동일한 화학적 관계라기보다는 서로의 필요에 의해 인위적으로 결합한 물리적 관계였다. 국민당 정부는 조선의용대로서는 사상적으로 받아들이기 어려운 삼민주의(三民主義)를 직·간접적으로 요구하였던 것이다(「總決」, 1942.5: 1; 염인호, 2001: 98). 또한 중국 관내에서의 투쟁은 화중과 화북 일대에서 적구 조선인 동포를 대상으로 혁명 활동을 전개하는데 있어 난점이 있었다. 즉, 국민당 군과의 일체감이 형성되지 않았고, 대민중 선전활동의 미비와 제약, 특히 유동적인 분산 활동으로 인해 근거지 확보가 어려웠던 것이다. 이는 당시까지 무장된 독립적 전투부대로 입지를 갖지 못했던 조선의용대의 취약성을 벗어나 통일된 전투부대로의 발전이 시급한 과제임을 인식하는 계기가 되었다.

이러한 조건들로 인해 조선의용대는 향후 국내외 통일전선 및 무장 세력과의 연대구축 등에 있어 차질이 있을 수 있다는 인식을 하게 되었고, 가급적 빠른 시일 내에 동북노선을 감행해야 한다는 판단을 하게 되었다. 이에 대한 고민은 국민당 지구에서 비전을 발견하지 못하고 일찍이 연안행을 결행했던 최창익파의 조선청년동맹계열은 물론이고 국민당과의 관계가 비교적 원만하였던 김원봉 계열 또한 마찬가지였다. 그것은 주지하듯이 김원봉 중심의 민족혁명당 계열 역시 전체적 성향은 좌파적이었으므로 국민당과 자주 마찰을 빚었던 사실에서 확인할 수 있다.

1939년 국민당이 반공입장으로 선회하자 같은 해 10월 북상결의에 따라 전술적 북상전이가 순차적으로 이루어지면서 조선의용대가 낙양 인근에 집결하고 있을 즈음에 급기야 환남사변[48]이 발생하였다. 이 사건은 진보

---

[48] 제2차 국공합작 때 중국국민당의 요구에 따라 중국공산당은 대장정 당시 낙오되어 유격전을 전개하던 잔류홍군과 홍28군을 모아 국민혁명군 육군신편 제4군으로 개편하였다. 이를 신사군이라고 한다. 합작기간동안 신사군의 세력이 확장되자 국민정부는 안휘 남쪽에 있던 이들을 화북으로 이동하여 항전할 것을 요구했다. 신사군이 이에 응하지 않자 1941년 1월 국민당 정부군과 충돌하면서 국민당 군이 반공기조가 고조된 사건을 일컫는다.

적 청년들로 구성된 국민당 지구 조선의용대원들이 서둘러 팔로군 지역으로 이동하게 된 결정적 원인을 제공하였다. 따라서 기존 연구에서 주장하는 국민당과의 갈등문제는 북상노선의 근본적인 원인이었다기보다는 이행보를 조기에 보다 적극적으로 촉진시키게 만든 촉매역할이었다고 보는 것이 더 정확할 것이다. 둘째는 조선군중 근거지를 향한 전이목표이다. 이는 1942년 4월 말 태행산에 도착해 소감을 피력한 김두봉[49]이 "그곳에 조선인이 있으면 우리는 그곳으로 간다. 그곳에서 공작이 진행되면 우리들은 그 작전에 협조하기를 원한다"[50]고 한데서도 확인할 수 있다.

즉, 민족운동을 조선군중 가운데서 전개해야 한다는 것은 관내 좌파운동가들의 공동염원에 따른 것이었다. 군중의 근거지를 토대로 한 무장활동은 모든 혁명의 기본이고 근간이다. 따라서 조선민족전선연맹과 조선의용대의 북상노선 염원과 관철은 한반도를 향한 지정학적 접근의 용이함과 더불어 조선독립과 직결되는 중요한 사안이었다고 할 수 있다. 셋째는 역량의 통일단결을 위해서였다. 총대본부를 중심으로 한 조선의용대는 국민당군의 각 전구별로 분산되어 활동하면서 독자적으로 관내 지방통일운동에 매진하였으나 실패하고 말았다. 따라서 흩어진 의용대원들 간의 단결을 촉진시키고 총대본부의 통제력 강화를 위해 의용대원들을 집결시킬 필요성이 있었다. 특히 중국국민당이 국공합작 노선을 포기하고 다시 제2차 반공고조를 일으키자 활동이 보다 원활한 팔로군 지역으로의 이동이 우선적으로 단행된 것이다. 넷째로 중국공산당은 조선의용대의 정치·군사적 투쟁성향을 이미 잘 알고 있었던 바 이들이 팔로군 항일근거지로 이동하는 것을 은밀하게 동의하고 지원하였다.

---

[49] 김두봉은 조선민족혁명당 중앙위원이었다. 무정은 하진동을 중경에 파견하여 김두봉을 태행산으로 영입했다. 그의 이동은 조선민족혁명당 및 조선의용대의 화북전이의 종결을 의미하는 상징성을 갖는다(최강, 2006: 66).
[50] 『해방일보(解放日報)』 1942.5.12(국가보훈처, 1992: 247).

이상의 상황과 시대적 배경을 인지한 총대본부와 조선의용대는 확대회의를 통해 능동적 대처를 결정하였다. 이들은 최종목표를 조선독립에 두고 전도와 출로를 용이하게 하기 위한 첫 단계 조치로 화북 팔로군 항일근거지로 이동하여 그 지역 20만 동포와 연계한 뒤 그들을 바탕으로 무장된 전투부대로 성장하여 군사력을 확대하고자 했다. 그리고 다음 단계로는 동북지역의 200만 조선동포들과 연계를 맺으며 국내혁명과 결합하고자 했다. 한마디로 동북지역의 조선인 공동체를 여러 가지 의미에서 한반도 조선의 연장선상에 있다고 본 것이다. 이러한 정치·군사적 전략은 중국 공산당과 팔로군에 결합하여 투쟁하는 것이 올바른 방법이고, 동북지역 조선민족의 성향 역시 사회주의적 투쟁방식에 깊이 침윤되어 있다는 판단을 내렸기 때문에 가능했다.

이와 관련 김원봉은 〈조선의용대통신〉에서 적 후방사업에 대해 다음과 같이 언급하였다:

> 만일 적 후방에 살고 있는 20만 조선동포들이 발동한다면 이는 의심할 바 없는 역량으로서 장차 중국항전과 조선혁명에 큰 도움이 된다. 그리고 적후 유격전쟁을 발전시키는데 큰 영향을 주고 정치적으로 조선혁명을 활발히 추동하고 적의 통치를 동요시켜 중국항전의 승리와 조선혁명의 성공을 더욱 신속히 오게 할 것이다. 그러므로 적 후방을 향하여 발전하고 무장화의 길로 전진하는 것은 오늘 관내 조선혁명단체의 유일 정확한 노선이다(최강, 2006: 55에서 재인용).

나아가 화북의 20만 조선동포들과 조선의용대를 긴밀히 연결하여 '항일역량의 증가', '조선의용대의 무장화', '적 후방공작의 확대' 등을 위해 중국 내 각 항일정당과의 단결을 희망한다는 정치적 입장을 간부 확대회의를 통해 결의하였다. 이는 곧 화북의 적 후방으로 전이하는 분수령이 되었다(최강, 2006: 56).

북상과정의 원인에 대한 논쟁과 더불어 중요한 것은 이동과정에 관련된 논쟁이다. 국민당의 승인과 지원 속에 창건되었던 조선의용대의 주력이 어떠한 경로와 과정을 거쳐 화북의 중공팔로군 지역으로 전술적인 전이를 했는지에 대해서는 의견이 분분하다. 기존 연구에서도 이 문제에 대해 많은 분석이 이루어졌지만, 최창익 계열의 청년전위동맹의 '선'전이와 김원봉 계열의 조선의용대 주력의 '후'이동이 정설화되어 있다. 먼저 이 분야의 선도적 연구자인 이정식은 최창익 계열의 자발적 이동과 달리 김원봉의 조선의용대 주력이 전이하는 과정에서 중공당이 그를 설득하여 북상전이 시킨 이후 총대본부를 토사구팽 했다고 주장하면서 중공당의 책략이 개입된 것으로 본다. 반면 스즈키 마사유키와 국내 연구자들은 중공에 의한 책략보다는 의용대원들의 자발성에 보다 무게를 둔다.

특히 한홍구는 민족혁명당 내 하층당원들을 중심으로 학습된 마르크스-레닌주의 심화가 자발적인 북상에 적극적으로 참여하게 만든 요인이라면서 이것이 국민당부와 김원봉 등 상층부에 충격을 주었다고 주장한다. 그리고 김영범은 국민당 군에 배속되어 미미한 활동을 벌였던 조선의용대의 자기반성, 국민당과의 갈등, 중공당 측의 유도공작 등과 같은 복잡한 관계가 얽혀 진행되었다고 보고 있다(염인호, 2001: 34~36).

이상의 주장 중에서 필자는 김영범의 주장이 사실적 타당성을 갖는다고 본다. 그러나 이 부분에 있어서는 보다 객관적이고 실증적인 분석이 요구된다. 기존 연구는 조선의용대의 김원봉을 비롯한 총대본부의 당시 입지와 역할론에 대한 분석적 이해가 결여되어 있다. 실질적으로 연안파를 제대로 분석하기 위해서는 조선독립동맹과 조선의용군의 산파역할을 담당했던 김원봉의 역할과 그에 대한 이해가 선행되어야 한다. 그럼에도 이에 대한 연구는 매우 부족하다. 이는 화북전이 시점에서 중심인물이 김원봉에서 무정으로 옮겨짐에 따라 이후 역사적 기록에서도 김원봉의 이력과 업적이 평가절하 되었기 때문으로 보인다.

관내 좌파진영인 조선민족전선연맹은 크게 김원봉을 중심으로 한 민족혁명당 연합계열과 전위동맹의 최창익 계열로 나뉘어져 있었으며, 팔로군 지역으로의 이동은 이 양대 진영에 의해 두 가지 방향으로 진행되었다. 즉, "조선군중이 없는 관내지방을 탈피해 조선군중이 많은 동북지방 만주로 조직적 이동을 해야 한다"는 관내지방 조선인 좌파세력의 합의사항이자 염원이었던 '동북노선'에 그 뿌리를 두고 있다. 그 핵심내용은 조선민중을 토대로 한 민족투쟁을 전개하자는 데 있었다. 이 동북노선의 주창자는 최창익으로 그의 주장은 특히 중·일 전쟁 발발 후 중국군관학교 성자강릉분교 조선인 학생들에게 큰 지지를 받았으며, 1938년 5월에 소집된 민족혁명당 제3차 임시전당대표대회에서 '동북노선'이 당의 노선으로 확정되었다. 그러나 김원봉이 이 결정을 곧바로 실천하지 않자, 이에 불만을 품은 최창익을 비롯한 전위동맹계 청년들이 탈당하여 조선청년전시복무단을 건립하고 중국의 항일전쟁 지원활동을 전개하는 한편 동북진출을 독자적으로 모색하게 된다. 그러나 자금난 등 제반사정의 어려움으로 인해 성공하지 못하고 1938년 10월 10일 조선의용대 건립에 참여하여 그 제2구대로 편입 되었다. 이를 주도한 사람은 김학무였다.

1938년 10월 말 무한함락은 조선의용대가 국민당전구를 따라 분산을 하게 되는 계기가 되었는데[51] 최창익은 이 기회를 놓치지 않고 다시 동북노선을 주창하였다. 김학무 등 전위동맹 중앙간부들은 의용대 총대본부를 따라 계림으로 이동한 반면 최창익은 2구대 구대장 이익성과 동행하게 되는데, 이때 그는 "우리가 당장 동북에 간다는 말이 아니다. 우선 서북에 집중하고 투쟁을 통하여 간다"고 주장하였다(김학무(추정), 7~8). 그가 말하는 서북 행은 중국공산당 팔로군이 주둔하고 있던 연안을 염두에 두고 한 말이었다. 따라서 그는 중공지역으로 부대를 일단 이동하고 중공의 항일

---

[51] 의용대 총대본부는 광서성 계림으로, 민족혁명당 계 중심의 제1구대는 호남성 9전구로, 제2구대는 호북성 5전구로 이동하였다.

투쟁에 합세하여 동북으로 장차 진출하자는 주장을 폈던 것이다.

그런데 최창익 계열의 '선'전이나 조선의용대 주력의 팔로군 근거지로의 '후'이동이 김원봉, 김학무 등 국민당지구 총대본부 간부들이 중국공산당과 등거리 관계를 형성하면서 용의주도하게 추진한 것이라는 사실을 직접적으로 밝힌 연구는 지금까지 없었다. 본 연구에서는 이에 대해 다음과 같은 사실을 밝히고자 한다. 김원봉, 김학무 등 총대본부 간부들은 최창익의 동북전이에 대해 반대한 것이 아니다. 다만 준비 없는 동북진출이나 서북·연안 행을 반대하고, 그 대신 중국국민당지구에서 착실한 활동을 통해 준비한 후 국민당 군·정·당의 지지를 얻어 충분한 명분을 확보하면서 절차를 밟아 동북으로 가야 한다는 입장이었다. 이 같은 주장은 한 전맹원이 작성한 『분기(分岐)』에 매우 상세하게 밝혀져 있다.

"동북노선 제기자체는 중국항전참가가 갖는 중요한 의의를 망각하였고 동북행의 실제 가능성과 동북행 방법에 대한 충분한 고려 없이 제창된 것이다."(『분기』: 4) "만주사변 발발 이후 동북이 중요했던 것은 사실이지만 중일전쟁 발발 이후에는 '새로운 국면과 정세가 전개'되어 상황이 바뀌었다고 주장하였다. 일제의 침략루트를 따라 일제의 유도에 의해 조선동포들이 '북평((北平)·천진(天津)·상해(上海)·광주(廣州)등 도시는 물론 심지어 중국 오지(奧地)에까지 이래(移來)하였으므로' 지금 중국의 해안일대와 기타 철로연선은 사실상 동북의 연장(延長)과 같은 곳이다."(『분기』: 12~13) "또 관내지방(關內地方)활동이 국제적 연대를 강화하는 계기가 될 수 있으며 따라서 관내지방에서 우리 운동의 근거지와 연락거점을 건립해야 한다."(『분기』: 13) "중국항전참가, 적군와해, 윤함구(淪陷區) 동포동원, 의용대의 무장화와 확대, 중국 및 기타 국제운동과의 연계" 이 모두가 절박하고 중요한 임무이며 공작이다."(『분기』: 14) 라고 주장하였다. "그는 특히 제2구대원의 이탈을 '분열적 행동' '우리의 진공 역을 삭약(削弱)한 분산적 행동' 한 걸음 더 나아가 '국제적 신의'와도 관련된 문제라고 지적하였다."(『분기』: 17)

이 분기의 저자는 최창익과 같은 전위동맹 출신인 김학무로 추정된다[52]. 김학무는 이 분기에서 북상이전에 대해 이념노선의 시비를 논하지 않고, 시대적 형세와 상황의 객관성을 합리적으로 모색할 것을 주장하고 있다. 그러나 2구 대원들에 대한 최창익의 설득이 주효하여 1939년 3월 제2구대 전위동맹원 대부분은 서북(서안)으로 이동하였는데, 약 18명의 대원들은 서안에서 중공당 조선인 당원 무정을 통해 우선적으로 연안입성을 도모하였다. 이로써 최창익, 허정숙, 노민, 이상조, 한청, 이극 등 다수는 연안으로 들어가 팔로군 항일 군정대학 5기생으로 입교하게 된다. 1938년 하반기에서 1939년 상반기 기간에 수학한 조선학생은 30여 명에 달하였다.

그러나 1939년 7월 10일 항일군정대학은 선방으로 이전하게 되었고, 중국공산당은 통일전선공작에 방해가 된다는 이유로 당시 재학 중이던 조선학생 중 노민, 이상조, 이극 등을 국민당 전구가 있는 조선의용대로 되돌려 보냈다. 이러한 중국공산당의 태도에서 조선의용대에 대한 초기입장을 읽을 수 있다. 즉, 중국공산당은 조선의용대가 국민당의 승인 하에 창설되었다는 점을 감안하여 국공합작 기간 동안 이들을 적극적으로 받아들여 중국공산당의 역량강화 시기에 불필요한 시빗거리를 만들고 싶지 않았던 것이다. 한편 잔류한 제2구내 내에서는 중국공산당 비밀당지부가 설립되어 신사군과 접경지역인 대별산 지구에서 활동하였다. 이 시기 조선의용대 내에 중국공산당 지부가 성립된 것은 중국공산당과 조선의용대 간의 정치적 관계가 형성되기 시작했음을 의미한다.

이렇듯 최창익의 동북노선에 이유 있는 비판을 가했던 김원봉과 김학무 등 반(反)최창익파의 주된 관심은 상술한 바와 같이 우선적으로 "어떻게

---

[52] 『분기(分岐)』의 필자는 김학무일 가능성이 대단히 높다. 김학무는 비록 전위동맹 간부였지만 조선의용대 부지대장, 정치조 조장, 정치지도원 등 고위직을 맡아 김원봉과 행동을 함께 해왔던 사람이었고, 기관지 『조선의용대통신(朝鮮義勇隊通訊)』에서 의용대를 대표하여 여러 논설을 실었다.

관내 투쟁을 조선 및 동북지역과 결부시키며 활동자체를 고립상태에서 구해낼 것인가"에 있었다(김학무(추정), 11). 다시 말해 그들에게 있어서 중국 관내지방에서의 활동은 동북지역과 조선 진출을 위한 한 수단으로서 '동선의 의미'를 지니는 것이었다. 즉, 여건이 주어지면 언제든지 북상할 수 있다는 복선을 가지고 있었다. 준비 없는 동북진출을 반대하고 그 대신 중국 국민당지구에서 착실한 활동을 통해 국민당군의 지지를 얻어 동북으로 가야한다는 것이 김원봉을 비롯한 총대본부의 주장이었다. 김학무 역시 전위동맹 간부였지만 조선의용대 부지대장 및 정치지도원 등 고위직을 맡아 김원봉과 행동을 함께 해왔던 사람으로『분기(分岐)』에 게재한 글을 통해 최창익이 시류를 타지 못하고 조급한 행동과 주장을 한데 대해 강도 높게 비판한 바 있다.

그는 분별없는 동북노선 주장이 중국항전 참가가 갖는 중요한 의의를 망각하고 동북행의 실제 가능성과 방법에 대한 충분한 고려 없이 제창된 것이라 비판하였다(김학무, 4). 그는 또 만주사변 발발 이후 동북이 중요한 거점이라는 점은 사실이지만, 중일전쟁 발발 이후에는 새로운 국면과 정세가 전개되어 상황이 바뀌었다고 주장하였다. "지금 중국의 해안일대와 기타 철로연설은 사실상 동북의 연장과 같은 곳"이라면서 관내 지방 활동이 국제적 연대를 강화하는 계기가 될 수 있다고 보고 아울러 일본군대를 향한 반전선 활동의 중요성을 강조하였다(김학무, 13). 이런 주장은 최창익 등이 주장하는 화북전이의 필요성 자체를 비난한 것이 아니라 연안으로의 조기 이동을 감행함으로써 예상할 수 있는 분열적 행동, 역량 분산적 행동, 그리고 국제적 신의 문제와 관련한 책임을 지적한 것으로 볼 수 있다.

결론적으로 화북전이를 둘러싼 외형적 대립에서 반(反)최창익 세력은 화북전이 자체를 부정한 것이 아니라 다만 역량을 분산시키지 않고 효율적으로 이동할 수 있는 시기와 방법상의 문제를 제기했다고 볼 수 있다. 따라서 이를 기존 연구에서와 같이 이념적 대립으로 과도하게 확장해서 볼 이유는 없다. 이상에서 보듯이 관내지방에서 민족통일전선운동을 확산시킨 후 시기를 타고 북상하자는 민족혁명당과 곧바로 동북노선을 주창하는 최창익 계열과의 엇갈린 주장과 대립은 비록 최창익이 화북전이의 명분을 이데올로기적 계급투쟁으로 가시화시키기는 했으나, 궁극적으로는 조선으로의 진출과 민족독립의 대의를 벗어나지 않는 방법론상의 차이였지 이념노선의 갈등은 아니었다고 재해석할 수 있다.

북상전이를 지향하고자 했던 동일한 인식은 1940년 11월 4일 중경에서 개최된 조선의용대 창건 2주년 기념대회와 간부 확대회의에서 조선의용대 총대본부를 중심으로 화북 행을 결의한 데서도 확인할 수 있다. 이에 따라 조선민족전선연맹 간부 및 조선의용대의 화북전이는 먼저 최창익 일파가 관내지방 민족들이 처한 고립상황을 타파하기 위해 전위동맹 간부 및 일부 의용대를 중심으로 중공지역으로의 이동을 통해 실현하고자 했고, 민족혁명당 간부 및 조선의용대 주력의 팔로군 근거지로의 이동은 김원봉·김학무 등 국민당 지구에 위치해 있던 조선의용대 간부들에 의해 전략적이고도 주도면밀하게 추진되었다. 이렇게 이원화된 화북전이가 가능했던 이유는 김원봉을 비롯한 총대본부가 국공 양당으로부터 공히 정치적 신뢰를 받도록 만든 고도의 등거리 전략 때문이었다.

3. 화북지역으로 전략적 이동과정

국공합작이 유지되던 시기인 1938년 11월 하순, 의용대의 제2구대 대원들은 저우언라이(周恩來)를 따라 계림으로 와서 팔로군 계림주재 판사처의 지도하에 업무를 전개하였다. 그리고 전술한 바와 같이 1939년 조선의용대 2구대 내에 중국공산당 비밀 당지부가 성립되었다. 이들은 신사군과의 접경지역인 대별산 지구에서 활동하면서 신사군 내 공산당과 연계하여 조선인 당 지부를 건립하였다. 조선의용대는 국제반침략대회 중국분회의 창건과 저우언라이가 계림에서 발기한 자선바자현금 활동에도 적극 참여(석원화, 1995: 252~3)하였으며, 중국공산당 또한 적 후방 항일근거지에서의 조선교민들의 증가와 조선독립운동의 점차적인 전개에 따라 '신민주주의 혁명이론'에 근거하여 하층 조선민중들이 항일과 조국광복에 참여하도록 동원시킨다는 원칙을 세우고 조선교민과 조선독립운동에 대한 정책을 제정하였다(文正一·池寬容, 1995). 조선의용대 내에 중국공산당 지부가 성립되고 조선교민에 대한 정책이 제정됨으로써 의용대 내의 공산주의 추앙자 및 동조자들에게 입당의 문호가 열리게 되었다. 그것은 중공이 조선의용대를 중심으로 한 조선민족운동에 대한 정치적 영향력이 확대된 것을 의미하기도 했다(최강, 2006: 49).

그런데 국공합작을 통한 항일시기 중국공산당 세력(新四軍)의 확장은 국민당이 반공공조를 일으키는 계기가 됨으로써 각 전구에서 국민당 군이 공산당 신사군을 공격하는 사태가 발생하였다. 이에 조선의용대의 다수 청년들은 국민당의 소극적인 항일항전과 반공정책에 분노하였다. 1940년 11월 4일 중경에서는 조선의용대 창건 2주년을 기념하고 그 동안의 사업 총화를 통해 조선의용대의 확대·발전 및 중국의 항일전쟁 형세의 변화에 따른 향후 투쟁노선을 다음과 같이 결정하게 된다.

첫째, 그 동안 조선의용대의 항일투쟁은 정치선전공작을 위주로 진행되었는데, 이는 중국국민당 군대에 배속되어 전개한 것이다. 그러므로 조선의용대는 독자적인 전투부대로 발전하는 것이 시급한 문제이다.

둘째, 조선의용대는 활동지역이 제한되어 있어 화북의 20여만 명의 조선동포들과의 연계가 곤란했고 적 후방 사업도 전개하지 못하였다. 그리고 2년 동안 50명 정도의 증가밖에 없었다. 따라서 조선동포들과의 연계 및 적 후방에 대한 사업전개, 그리고 의용대의 확대문제는 향후 전도와 관계되는 절박한 문제이다.

셋째, 중국의 국·공합작의 포기는 조선의용대의 향후 항전에 큰 지장을 초래한다. 따라서 항일을 원하는 자는 국민당으로부터 이탈할 것을 원한다.
넷째, 중국공산당은 조선의용대의 분열을 원치 않으며 화북으로 이동하는 출로를 인정하였다. 따라서 조선의용대는 팔로군 항일근거지로 전이한다(최강, 2006: 54).

조선의용대 확대간부회의와 팔로군 근거지로의 이동은 조선의용대의 역사상 가장 중요한 사건이었다. 항일역량의 증가, 조선의용대의 무장화, 적 후방에 대한 공작 필요성에 부응한 결정은 군사력 확대와 무장된 전투부대로 발전되는 계기가 되었다. 또한 시기를 보아 동북지역 200만 조선동포와 연계를 맺으며 국내의 혁명과 결합하자는 전략적 의미를 갖는 것이었다. 그리고 당시 형세로 볼 때 동북지역에서의 무장투쟁은 불가능하였으나, 기타 정치투쟁이나 지하공작은 전혀 불가능한 것이 아니었다. 급기야 조선의용대 확대간부회의의 결정사항은 중국공산당의 묵시적 지지를 받아 팔로군 포병사령관 무정으로 하여금 1941년 1월 10일 태행산에서 화북조선청년연합회(조맹)를 창건케 하여 조선의용대의 북상전이를 맞이할 준비를 하도록 했다(최강, 2006: 52~7). 중국공산당의 조선인 민족운동에 대한 관심과 전략적 판단을 알 수 있게 하는 대목이다.

한편, 중국공산당은 국공합작의 기회를 통해 무한, 중경, 서안, 란주 등지에 판사처를 세웠다. 김원봉은 이러한 기회와 인연을 활용하여 무한과 중경에 설치한 판사처를 자주 왕래하며 저우언라이와 우호적인 관계를 유지하였다. 중국공산당도 조선의용대의 활동에 적극적인 지원을 아끼지 않았다. 실례로 중국공산당의 김원봉을 중심으로 한 총대본부와 조선의용대에 대한 애정과 호의는 최창익 등에 대한 중국공산당의 입장에서 확인된다. 최창익 등 49명은 1938년 6월에 조선민족혁명당을 탈퇴하고 조선전시복무단을 조직하여 무한에서 정치선전활동을 전개하였다. 그런데 경제적 어려움으로 인해 무한중공판사처를 찾아가 지원을 요청했을 때 중국공산당은 이를 거절하였다. 공산당 측은 "김원봉과 그 조직을 중심으로 단결하라"며 그들의 요구에 응하지 않음으로써 최창익의 전위동맹은 다시 민족혁명당으로 복귀하여 조선의용대의 성원이 되었다.

그런데 최창익 계열이 제2구대에 재편성되어 로하구로 진군하는 국민당군 제5전구에 배속되어 이동 중 이탈하여 그 중 18명이 서안을 경유하여 최창익, 허정숙, 노민, 이상조, 이극, 한청 등이 연안으로 들어갔다는 것[53]이 일반적 정설이다. 그러나 이러한 행동이 앞의 기존 연구에서 주장하는 최창익 계열의 독자적인 결단과 행동이라 볼 수 없다. 왜냐하면 당시 국민당 정부의 승인 없이는 어떠한 이동도 할 수 없었기 때문이다. 그러나 국공합작이라는 불안정한 정치적 협력 속에서도 김원봉을 중심으로 한 조선민족전선연맹과 조선의용대 간부들의 국민당 정부와 중국공산당 사이의 등거리 전술은 이들이 저우언라이의 지지를 얻어 은밀한 연계 속에서 화북전이를 가능하게 했다.

정리하면, 민족전선연맹 및 조선의용대의 화북전이 결의는 김원봉을 총대장으로 하는 혁명본부 및 무장투쟁부대와 중국공산당의 정치·군사적인 오랜 관계와 인연에 의해 형성되었다. 그리고 김원봉과 총대본부가 국민당과 공산당 사이에서 원만한 전략적 관계를 유지할 수 있었기 때문에 최창익 계열이 이러한 틈새를 이용해 비교적 자율적으로 이동했다고 재해석할 수 있다.

그렇다면 조선의용대 총대본부의 전술적 이동은 어떻게 가능했을까? 중국정부와 장제스의 기본적 방침은 약소민족과의 국제적 연합을 통한 항일전쟁 수행이라는 정치·군사적 필요성에 입각하여 조선의용대가 공산당 팔로군 지역으로 이동하는 것을 용납하지 않았다. 더욱이 그 동안의 지원

---

[53] 이들은 팔로군 항일군정대학 제5기로 입학하여 수학했으나 국공합작이라는 통일전선공작에 방해된다는 이유로 국민당 전구의 조선의용대로 되돌려 보내졌다(최강, 2006: 49).

노력과 전술적 이용가치를 포기하기는 더더욱 어려웠다. 그러나 김원봉은 화북지역 일대의 국민당 관할구인 1전구 낙양지역으로 이동한다는 명분으로 국민당의 승인을 얻어냄으로써 그 지역의 중국공산당과 연계하여 이를 추진할 수 있었다(〈그림 2-2〉 참조). 사실 민족전선연맹과 조선의용대의 팔로군 근거지로의 이동 결정이 처음부터 계획된 것은 아니었다. 민족혁명당이나 전위동맹이 내걸었던 동북노선이 당장에는 실현이 어려웠기 때문에, 이들은 단계적인 첫 목표로 조선동포들이 비교적 많이 거주하고 있는 화북지역으로 이동했다.

이에 따라 조선동포들이 운집해 있는 화북지역으로의 이동은 장중광이 1939년 12월 초부터 제1지대 20여 명으로 북진지대를 조직하여 출발한 것을 시발로, 신악이 1940년 3월 16일 20여 명의 지대원들을 인솔하고 낙양을 향했고, 제4전구의 제2지대 이익성이 계림에서 북상하였으며, 또한 김원봉이 유동선전대를 이끌고 서안을 향해 떠나면서 화북지역 적 후방으로 점차로 접근해 갔다. 이후 본격적인 화북으로의 전략적 전이는 조선의용대 3지대장 박효삼이 정치지도원 석정과 함께 대원 60여 명을 인솔하여 1941년 1월 1일에 중경을 출발하여 낙양에 도착함으로써 이미 와 있던 1지대와 2지대를 묶어 총괄지휘를 하면서 절정에 이르게 된다.[54]

그런데 당시는 장제스의 제2차 반공고조로 인해 환남사변이 발생하여 국공관계가 긴장상태에 빠져 있었다. 이에 박효삼은 황포군관학교 출신임을 이용해 지속적인 교섭을 벌여 외국인 부대라는 점을 인정받아 도하를 허락받았다. 1차 도하는 1941년 3월 하순에 박효삼이 1지대와 3지대를 인솔하였고, 2차 도하는 김학무가 인솔하여 10여 명이 림현에 도착하였다.

---

[54] 이 부대원은 정치지도원 석정, 부지대장 김세광, 리춘암, 대원으로는 마덕산, 장평산, 진국화, 김무, 최채, 장일연, 윤박구, 박효삼의 부인 장수운 등인데 이들은 이동과정에서 국민당내 좌파 우호인사인 풍옥상, 리제심, 곽말략 등의 환송과 격려를 받았다(최강, 2006: 58~9).

그림 2-2 조선의용대 국민당 군 전구 배치 및 화북전이 경로

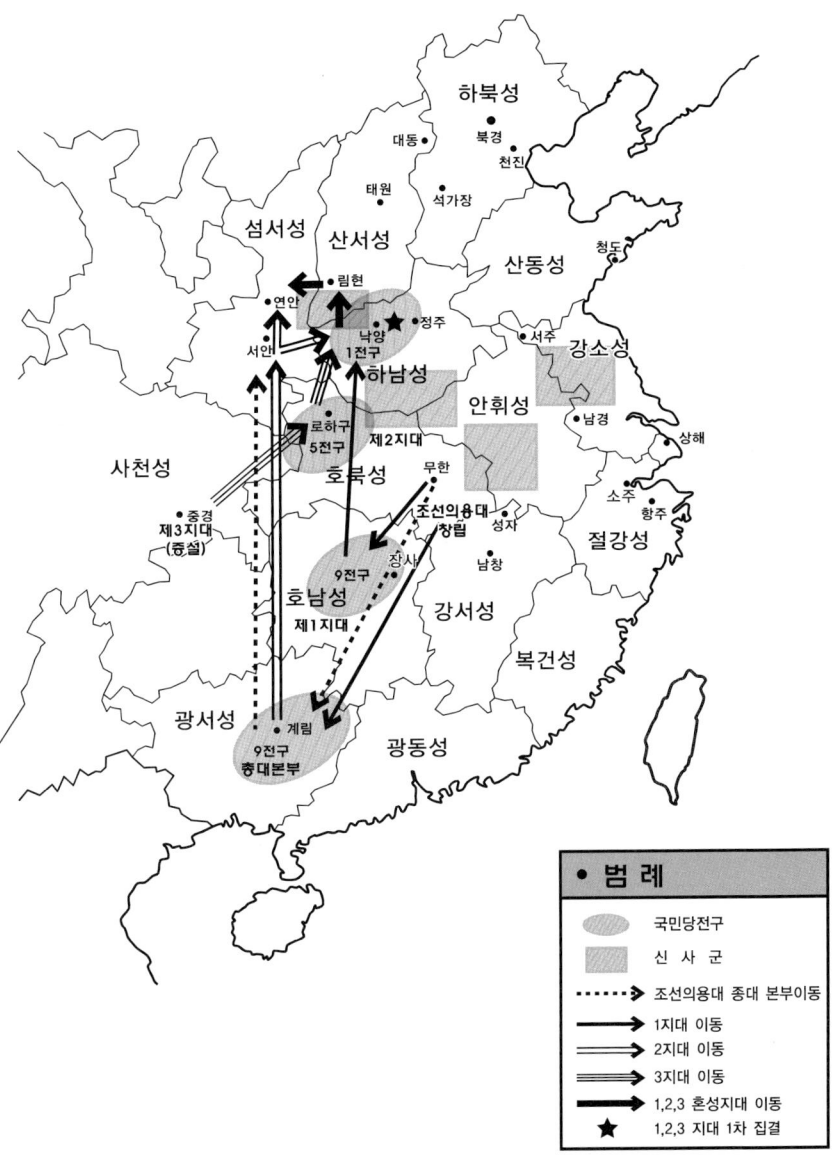

그리고 이들의 팔로군으로의 이동은 국민당 군의 오해를 살 수 있으니 모든 조선의용대가 합류한 뒤 함께 전이하라는 중국공산당의 지시를 받음으로써 그곳에서 2개월을 머물러야 했다. 3차 도하부대는 1지대와 2지대 잔류인원의 혼성부대로 왕자인이 인솔한 50여 명이었다. 왕자인은 림현으로 접근하지 못하고 팔로군 근거지 변계로 진입하고자 정찰 중 국민당부대에 체포되었다. 그러나 조선의용대의 적대투쟁 임무 등 상황설명을 들은 국민당 군은 팔로군을 통과하여 림현으로 가라고 소개서신[55]까지 써줌으로써 오히려 팔로군 근거지에 가장 먼저 도착하게 되었다. 4차 도하부대는 관건과 이상조가 인솔한 20여 명이었고, 이들은 신사군의 도움을 받아 일본군의 봉쇄선을 넘어 도착하였으며, 5차는 문정일이 인솔한 한빈을 비롯한 5명이었다. 문정일은 자신의 국민당소좌 참모직위를 이용하면서 도하하여 일본군 봉쇄선을 넘어 팔로군 근거지에 합류하였다(〈그림 2-2〉 참조).

이상과 같이 조선의용대의 팔로군 지역으로의 이동은 약 6개월이라는 시간에 걸쳐 국민당 지역과 일본의 봉쇄선을 넘어 1941년 6월까지 5차로 나누어 약진함으로써 팔로군 전방사령부 태행산 동곡에 150여 명이 집결할 수 있었다(최강, 2006: 62~5). 조선의용대가 주도면밀하게 전략적 이동을 할 수 있었던 것은 대부분의 간부들이 국공합작 시기를 이용한 국민당군 지도부와의 학연과 중공 팔로군과의 은밀히 연계된 관계를 유지했기 때문이다. 이로써 화북조선청년연합회는 무정을 중심으로 한 팔로군 내의 소수인과 박효삼, 석정 등을 중심으로 한 조선민족혁명당, 그리고 최창익, 김학무 계열의 조선청년전위동맹원으로 구성되면서 21명에서 150여 명으

---

[55] 왕자인이 체포된 국민당 전초부대의 영장은 중앙군관학교 동창이었고, 그는 직상급부대장에게 왕자인이 방병훈의 집단군이 있는 림현으로 갈 수 있도록 애를 써주었다. 이에 직상급 부대장은 림현으로 가는 관문에 국공합작으로 배치되어 있던 중공팔로군 129 결사부대장에게 국민당 군 선전대가 그곳을 통과할 수 있도록 소개서신까지 써주게 된다. 이에 따라 왕자인 부대는 림현으로 가지 않고 팔로군으로 가장 먼저 전이하게 되었다.

로 확대되었다. 급기야 군정일체의 연합체라는 골격을 다시 갖추게 된 조선의용대는 북상 이후 조선의용대 화북지대로 개편하고 지대장에 박효삼을 세우고 중국공산당이 영도하는 팔로군 총사령부의 지휘를 받았다. 이로써 조선의용대는 국민당정부와 완전히 결별하고 중국공산당과 새로운 출발을 하게 된다.

조선의용대의 화북전이가 갖는 정치적 의의는 다음 몇 가지로 정리할 수 있다. 첫째, 조선의용대의 화북이동은 창설의 산파역할을 했던 국민당의 관할을 벗어나 중국공산당과 연계함으로써 사회주의 투쟁방식으로 전변(轉變)했음을 의미한다. 둘째, 화북의 20만 조선민족을 토대로 동북진출의 발판을 삼는 기회를 확보했다는 점이다. 셋째, 자체 병력을 증강시켜 독자적인 무장화의 길을 개척할 수 있는 가능성이 높아졌다. 즉, 이들은 사회주의 무장방식에 동조하는 시대적 분위기가 화북지역을 중심으로 확대될 것이라는 확신에 따라 조선민족이 많이 거주하는 화북지역에서의 무장력 확대 역시 용이할 것이라 판단하였다.

다음으로 조선의용대의 화북전이에 대한 김원봉과 총대본부의 역할에 대해서는 다음 두 가지 측면에서 재조명이 가능하다. 첫째, 김원봉이 조선의용대의 화북전이에 대해 어떠한 입장을 취했는가 하는 점이다. 한마디로 그는 확대간부회의 결정에 따라 국공 양당이 인정하는 조선의용대 총대본부라는 입지를 전략적으로 활용하여 조선의용대 각 구대가 화북으로 북상하여 이동하는 전 과정에서 지도적 역할을 담당했다. 상술한 이동과정은 그의 인맥을 통한 등거리 전술과 전략적 행동 없이는 불가능했음을 보여준다. 둘째, 김원봉과 총대본부가 왜 공산당 팔로군 지역으로 가지 않았는가 하는 점이다. 이 문제는 당시 국공관계의 복잡성과 또 민족독립을 위해 좌우 통일전선을 구축하려 했던 연대모색의 지속적인 고민의 맥락에서 풀어야 한다. 당시의 형세로 볼 때 의용대 총대본부가 각 지대를 거느리고 북상전이를 하기에는 불가능했다. 국공합작 시기 국민당 군 각 전구에 지대별로 배속되어 있던 조선의용대에 대한 권한은 계파성향별로 결집되어 있던 개별 지대장의 통솔 하에 있었다. 따라서 개별 지대별로 이동하는 것이 훨씬 유리한 방법이었다. 그러나 대외적인 지휘권에 대한 권한은 총대본부에 속해 있었던 바 총대본부가 계림·중경 등 국민당전구에 남아있음으로 해서 개별지대의 북상전이에 대한 국민당부의 의구심을 잠재울 수 있었다.

또한 김원봉은 좌파민족주의 성향을 가지고 있었지만 민족독립이라는 상위목표를 위해 국민당 정부를 이용할 수 있었으며, 그러나 한편으로는 사회주의적 투쟁방법을 추구하였기 때문에 저우언라이와는 황포군관학교 시절을 전후해서부터 긴밀한 관계를 유지해 왔다. 국공 양당 사이에서의 김원봉의 등거리 전략은 국민당군의 의심을 잠재우면서 중국공산당 팔로군지역으로 대원들의 이동을 용이하게 했다. 그리고 그는 중경에 남아 민족주의 우파와 대립하기보다는 협력을 통해 국민당 정부와 우호관계를 유지하는 것이 조선독립에 유리하다고 판단했을 것이다. 이와 같이 김원봉은 투쟁경력과 돈독한 인맥형성을 통해 국공 양당에게 상당한 신뢰를 제공했다고 할 수 있다. 비록 김원봉은 사상적으로는 급진적이었으나 민족해방이라는 현실적 목표를 위해 국공 양당의 가운데서 정치적 줄타기를 하며 양자와 조선의용대의 관계를 적절히 조율했던 것이다. 당시 이러한 역할을 수행할 수 있는 인물은 아마도 김원봉이 유일했다고 볼 수 있다.

4. 조선의용군으로의 재편성

조선의용대 화북지대로 재편성된 조선의용대는 마르크스주의 이념을 통해 조선의 독립과 민족해방을 추구하는 새로운 무장활동을 시작하게 된다. 초기의 편제는 다음과 같다(〈표 2-2〉 참조).

표 2-2 조선의용대 화북지대 편제

지대장 : 박효삼, 부지대장 : 리익성, 정치지도원 : 김학무			
제1대: 태행군구 제5군 분구(안양)	제2대: 태행군구 제1군 분구(람성)	제3대: 태행군구 제6군 분구(순덕)	류수대(留守隊)
대장: 리익성(겸임)	대장: 김세광	대장: 왕자인	대장: 려운길
정치지도원: 진한중	정치지도원: 풍중천	정치지도원: 박무	대원: 최창익, 석정, 한빈, 최손, 마춘식, 양민산, 리달, 리대상, 리철준, 주연, 박성호, 장지복, 조명숙, 문정원, 장수연, 권혁
제1분대장: 하진동	제1분대장: 조렬광	제1분대장: 한경	
제2분대장: 리지강	제2분대장: 손일봉	제2분대장: 관건	
대원: 최지남 외 18명	대원: 김강 외 19명	대원: 장평산 외 11명	

※ 출처: 최강(2006: 87~9)을 재구성

무장화된 화북조선의용대는 전투부대로서 팔로군과 결합하여 대일 무장선전 사업 등 광범위한 활동을 전개하였다. 그 대표적인 전투는 호가장 전투와 5월반소탕 전투를 들 수 있다. 특히 이들은 무장선전대를 편성하여 팔로군의 작전에 투입되어 일제에 대한 와해공작과 적 지역 내에 있는 조선민족의 항일의식을 일깨웠다. 당시 『해방일보』는 이들의 활약에 대해 다음과 같은 보도를 하고 있다(『해방일보』, 1941.10.7).

"조선의용대 무장대는 팔로군 모 부대와 배합하여 안양 일대의 적을 습격하여 심대한 타격을 주었다. 전투가 끝난 뒤 그들은 조·중·일 세 나라의 문자로 일본파쇼를 반대한다는 표어를 뿌린 동시에 조선의용대가 민중들에게 고하는 글을 산포하였다."

1942년 7월 11일부터 14일까지 개최된 화북조선청년연합회 제2차 대표회의는 화북조선청년연합회를 화북조선독립동맹으로(이하 조선독립동맹) 개칭할 것과 화북조선의용대를 조선의용군으로 개칭할 것을 결의했다. 이에 따라 동맹과 조선의용군의 새로운 구성은 다음과 같이 편성되었다.

〈조선독립동맹〉

주　　　석 : 김두봉
부 주 석 : 최창익, 한빈
집행위원 : 김두봉, 무정, 최창익, 한빈,
　　　　　박일우, 이유민, 허정숙, 김창만,
　　　　　양민산, 주춘길, 방우용, 하앙천,
　　　　　리춘암, 장진광, 채국범 (16명)

〈조선의용군〉

사　　　령 : 무정
부 사 령 : 박효삼, 박일우

　주목할 것은 조선독립동맹과 조선의용군이 이신일체의 수평적 관계였다는 점이다. 그것은 각 항일근거지에 조직된 그 책임자가 분맹 주임이면서 의용군 대장을 겸임하였고, 의용군 대원 모두가 맹원이었다는 점에서 확인된다. 각 지역의 동맹과 의용군의 주요성원은 다음과 같다(〈표 2-3〉 참조).

진서북군구 : 분맹주임 및 의용군대장 - 김세광
　　　　　　후임주임 - 문정일, 최채
진기로예군구 : 분맹주임 및 의용군대장 - 양원
　　　　　　　후임주임 - 진한중
태 행 군 구 : 분맹주임 및 의용군대장 - 림평, 채국범, 리익성
기렬료군구 : 분맹주임 및 의용군대장 - 리익성(진찰기에서 전이)
　　　　　　성원 - 한청, 주연
산 동 군 구 : 분맹주임 및 의용군대장 - 이명, 노민
신사군군구 : 분맹주임 및 의용군대장 - 리성호, 왕신호, 김웅, 리덕무
연　　　안 : 분맹주임 및 의용군대장 - 주덕해
　　　　　　성원 - 윤공흠
조선군정학교 연안총교 : 분맹주임 - 리춘길
태행산 분교 : 분맹주임 - 장지민

표 2-3 화북조선독립동맹 맹원수와 입맹 전의 소속 단체

	단체별	전위동맹	민혁당	해방동맹	한민당	무소속	신입자	계
41년 6월 현재	인원수	56	27	6	1	13	44	147
41년 6월 ~ 43년 말	사망자	6	3	1	0	1	5	
	포로자	0	1	0	0	1	0	
	투항자	0	0	0	0	0	6	
	증가인원	0	0	0	0	0	52	
43년 12월 현재		50	23	5	1	11	85	175

※ 출처: 국사편찬위원회(1943: 458); 염인호(2001: 143).

이외에도 1945년 8월 15일 직전까지 태악, 평서, 료동, 소북분맹 등이 증설되었다. 그리고 적 점령구 지하 분맹은 북경, 천진, 북만주, 석가장, 태원, 백가장, 로태, 조선인농장 등에 증설되었으며, 적 점령구 지하거점은 개봉, 서주, 제남, 민권, 분양, 유차, 금주, 곽현, 울란호트, 순덕, 신향, 상해, 승덕, 금주, 심양 등지에 확보하였다. 조선독립동맹의 지역적 활동범위가 화중, 동북, 서울까지 확장된 것을 보여주는 셈이다. 박일우는 1945년 5월 중국공산당 제7차 대표대회[56]에서 창립시기 21명이었던 맹원이 천 명 이상으로 발전하였다고 발표하여 큰 박수를 받았다고 한다(최강, 2006: 115~9).

---

[56] 중국공산당 제7차 전국대표회의: 1945년 4월 23일~6월 11일 연안(양가령 공회당)에서 개최, 참석 대표자 수는 755명이었으며 당시 당원 수는 121만 명이었다. 이 회의를 통해 마오쩌둥은 연합성 신민주주의론을 제창하였다. 유사오치(劉少奇)는 마르크스-레닌주의에 마오쩌둥이 새롭고 창조적인 공헌을 했다고 주장했으며, 나중에 마오쩌둥의 아시아적 마르크스주의는 보편적인 중요성을 갖는다고 선언했다.

제3절 군 · 정 연합체로서의 연안파

1. 군 · 정 연합 통일체로서의 항일투쟁

연안파의 항일투쟁과 활동은 크게 1) 대일유격전과 정치공세, 2) 적 점령구에서의 투쟁, 3) 조선혁명 간부양성사업, 4) 중국공산당과의 관계 및 대외활동 등으로 구분하여 설명할 수 있다. 조선의용군은 화북지대로 개편된 후 무장화된 전투부대로서 호가장 전투57)와 5월반소탕 전투58)에 참전하였다. 이 양 전투에서 조선의용군의 간부와 대원들이 다수 희생됨으로써 이후 중국공산당과 팔로군은 혁명역량의 보존과 간부배양이라는 차원에서 이들을 엄격히 보호하게 된다.59) 이 전투 이후 중국공산당은 조선의용군을 직접적인 전투에 참여시키는 대신 유격전과 적구공작, 정치선전공세 및 적 점령구 내의 조선 군중을 회유시키고 조직화하는 사업으로 전환시켰다.

1940년대 화북지구 조선인수는 대략 20만 명에 달했다. 이들은 농민이 2만여 명 정도였고, 나머지 대다수는 소상인 및 고정 직업이 없이 유랑하는 빈민층이었다. 그 외 강제징병에 끌려온 청년과 일본군대 내의 조선인

---

57) 호가장 전투는 1941년 12월 12일에 조선의용군이 팔로군 근거지로 전이 후 김세광이 인솔한 제2대가 반일적후공작과 무장 선전활동 중 일제와 단독으로 치른 전투였다.
58) 5월반소탕전투는 1942년 5월 19일 6만여 일본군이 화북팔로군 태행산 항일근거지 소탕작전 시 팔로군사령부보위전에 참전한 전투이다.
59) 1942년 10월 12일 거행 된 조선의용군기념모임에서 발표한 4년간(1938~1942) 조선의용군 희생자는 모두 33명이었다. 이 속에는 김학무, 장문해, 마덕산, 석정, 진광화 등이 포함되었다. 그리고 항일전쟁 시기 중국공산당 내에서 희생되거나 병사한 조선인들은 양림, 리철부, 주문빈 등이 있다.

고용자가족 및 위안부들이 관내 재중조선인들의 기본적 구성이었다. 적 점령구에서 조선독립동맹원들의 활약은 두드러졌다. 적구에 대한 지하사업은 조선인 항일단체들이 시종일관 견제해온 사업으로 태행산에서 적구공작위원회 주임을 맡고 있던 무정의 직접적인 지휘 하에 북경, 천진, 동북 및 국내(서울)로 확대되어 전개되었다. 지하투쟁으로 화북, 화중지대는 이유민, 왕극강, 윤공흠, 주연, 리극, 리철중, 최채, 한청 등 독립동맹 주요 간부들이 각 지구에 파견되어 관내 조선인을 대상으로 선전사업과 조선인 및 일본인 병사의 회유 등 지하투쟁에 매진하였다.60) 그리고 북만지역은 이상조,61) 남만지역은 한청,62) 국내에는 리극과 리영63)을 파견하였다. 이렇듯 조선독립동맹과 의용군은 인민대중을 토대로 한 혁명투쟁의 중요성을 인식하고 조선의 인민대중이 살고 있는 적 점령구에서 지하투쟁을 전개한 것이다. 또한 조선혁명을 위한 간부양성사업은 다른 어떤 사업보다도 큰 성과를 이루었다. 조선독립동맹의 간부사업은 군정학교에만 의거한 것이 아니라 중국공산당 및 팔로군 각 학교에도 파견함으로써 이루어졌다 (〈표 2-4〉 참조).

항일전쟁 시기 각 학교에서 배출된 학생 수는 700여 명 정도였다. 각 학교는 정치, 군사과목을 설치하고64) 교육·훈련함으로써 항일혁명의 실천

---

60) 지하투쟁은 3~5명으로 편성하여 지하거점을 건립하였다. 참고로 북경분맹은 1944년 리철웅이 책임자로 조직되어 100여 명으로 확대되었고, 안막(북한 무용가 최승희의 남편)과 김사량이 참여했다.
61) 이상조는 1942년 가을에 동북으로 파견되어 1943년 흑룡강성 파언현에서 조선독립동맹 지하분맹을 조직한 후 2,000명의 조선청년들을 지하소조원으로 양성하였다. 그리고 이 조직을 중심으로 1945년 11월 조선의용군 사령부에서 파견한 주덕해 등 간부 19명과 회합하여 확군에 참여하였다.
62) 한청은 해방직전까지 1,000여 명의 분맹원을 양성한 뒤 그해 9월 초 주연의 기열료 조선의용군 450명과 회합하여 1,500명의 구성원으로 선견종대를 건립하였다.
63) 상해에서 활동하다 귀국한 무정의 동창생과 허헌, 여운형 등 인사들과 접촉을 갖고, 서울지하분맹을 설립하였다.
64) 정치과목; 조선근대사, 조선혁명문제, 신민주주의론, 연합정부론(교관: 김두봉, 최창

을 뒷받침하는 체계적인 이론 교육을 담당했다. 이러한 상황은 조선의용군이 연안일대를 중심으로 중국항일군정대학을 표본으로 한 정규간부훈련을 받게 되고, 중국적 경험과 학습을 습득하여 연안파라는 계파결성을 이루어가게 되는 계기로 작용하였다.[65] 또한 간부양성사업은 연안파가 조선해방과 통일 민주국가 건설에 필요한 당·정·군의 골간간부 배양사업을 준비한 것이었다고 해석할 수 있다.

표 2-4 연안파 각 항일근거지의 조선군정학교 현황

	태행산 화북조선청년학교	조선혁명군정학교 연안총교	중국공산당 팔로군학교
설 립	1942년 12월 1일 태행산	1944년 4월 연안	연안홍군대학: 무정, 서휘
연 혁	교장: 무정	교장: 김두봉 부교장: 박일우 대대장: 박효삼	연안중앙당교: 박일우, 진광화
주요배출 인물	100명	160명	중국항일군정대학: 이유민, 리홍염, 김웅, 허금산, 한경, 홍림, 송운산, 리근산, 리철중, 김란영, 장경령, 한청, 이상조, 노민
특 징	- 7.7사변 후 조선의용군에 참가한 조선애국청년을 중심으로 모집 - 정풍학습을 실시	- 연안파의 총교이며 태행산, 산동, 신사군 지구에 분교를 둠 - 조선혁명에 필요한 중고급 군관과 정치일군을 양성하는 것을 목표 - 태행산분교와 산동분교	

※ 출처: 최강(2006: 150~62)의 내용을 재구성.

익, 박일우), 철학(교관: 한빈), 소련공산당사, 레닌주의이론(교관: 허정숙), 국제정세(교관: 박일우), 사회과학, 정치경제학, 조선문(교관: 리홍염, 양민산, 류문화), 군사과목(교관: 박효삼 외)
[65] 이 중 연안총교 출신을 중심으로 8월 15일 직후 군대편제로 개편되어 동북진군 시기 동맹총부와 의용군사령부의 경위부대가 되었다.

한편 조선독립동맹과 의용군의 대외활동 가운데 일본인과의 관계 또한 중요하다. 특히 조선의용군은 일찍부터 일본군 포로교양사업에 크게 기여하였다. 조선의용군은 일본사각성동맹, 일본인반전동맹, 일본인해방동맹 등의 단체들과 각 항일근거지에서 공동으로 적대투쟁을 전개하였다. 이는 양측이 일본의 침략전쟁을 반대하는 연합진영을 구성한 것인데, 일본공산당 주석 오까노(岡野)는 항일 전쟁이 시작된 후 소련으로부터 연안으로 입국하여 조선독립동맹의 무정 등과 왕래하였다.

조선독립동맹은 스스로 '공산당의 조직이 아니라 항일 각 계층을 망라한 지역적인 항일단체'라는 것을 밝히면서 중경의 각 조선인항일단체들과 연합하여 반일민족통일전선을 결성하여 조선독립과 민족해방을 위해 투쟁한다고 밝혔다. 그 실례로 섬북에 있던 조선청년들은 1938년에 일찍부터 무정, 서휘, 정신, 정율성, 채국범, 한경, 왕진, 전진파, 한동산, 이명, 이신민, 오원 등 11명의 이름으로 재중조선인 항일저명인사들66)에게 조선항일단체들의 통일, 단결을 호소하였다. 이러한 사실은 조선사회주의 청년들이 반일민족통일전선 구축의 노력을 갈망한 사례이기도 하다. 그들은 김구에게는 〈경애하는 위대한 수령과 제위동지들〉이라고 일컬으면서 "제위 수령과 제위동지들의 통일단결활동을 옹호한다"면서 그들의 통일지도를 받겠다는 태도를 표시하기도 했다(「조선의용대통신」 제3기). 이에 중경의 한국임시정부는 그들의 기관지인 「독립신문」에 "조선의용군 깃발 만리장성밖에 휘날린다"는 기사를 게재하기도 했다. 그러나 엄밀히 말해 조선독립동맹의 대외활동은 사실상 항일근거지 내에서 국한되어 진행되었다고 할 수 있으며, 일정한 성과를 거두기는 했으나 팔로군항일근거지라는 제한된 지역에서 활동한 그들은 극히 어려운 교통, 통신, 재정 등의 조건으로 인해 광범위한 활동을 전개할 수는 없었다(최강, 2006: 172~3).

---

66) 김구, 이동녕, 송병작, 이시영, 조완구, 차이석, 조성환, 엄항섭, 안태근, 조소앙, 양기봉, 유동민, 이청천, 최동호, 신영삼, 김원봉, 김규식, 엄기섭, 성주실, 최석순, 왕해공, 현하북, 김규광, 류자명, 이건우 등 26명에게 서한을 보냈다(최강, 2006: 171).

2. 정풍운동67)과 학습, 그리고 분파투쟁

1942년 봄부터 1943년까지 진행된 정풍운동과 학습은 중국공산당이 당 대표회의를 열고 항일전쟁승리 이후 앞날에 대한 대책을 세우면서 시작되었다. 연안정풍운동은 학풍에서 교조주의, 당풍에서 종파주의, 문풍에서는 형식주의(당팔고)68)를 반대하는 학습운동으로 간부심사운동으로까지 엄격한 정치심사를 통과해야했던 사건이었다. 이는 한마디로 중국공산당이 그 동안 당내에 잠복해있던 천두슈(陳獨秀), 왕밍(王明), 리리싼(李立三) 노선으로 대변되는 좌·우경 기회주의와 종파주의를 숙청하고자 한 사상운동이었다. 그리고 마르크스 레닌주의를 중국혁명의 실천에 결합시킨 마오쩌둥의 지도사상을 확립하고자 한 운동이었다.

그렇다면 왜 당의 정풍운동이 필요했을까. 이를 분석하기 위해서는 당시 중국공산당이 처한 현실적 배경을 살펴볼 필요가 있다. 첫째, 1941년 12월 태평양전쟁을 일으킨 일본은 침략을 확대하기 위해 중국전장의 점령지를 공고히 할 필요가 있었기 때문에 가장 위협적이었던 팔로군, 신사군을 집중 타격했다. 둘째, 국제정세의 파쇼세력 확장에 따라 일본제국주의와 타협을 할 수밖에 없다고 판단한 장제스의 국민당이 반공노선으로 급변하였다. 이에 따라 장제스는 70만 군대를 동원하여 해방구를 봉쇄하는 한편 국민당 군을 일본에 투항시켜 그 협조자로서 해방구를 공격하는 이른바 곡선구국(曲線救國)을 실현하라는 명령을 내렸다. 이에 일본군, 투항협력자, 국민당 군이 합류하여 해방구를 소탕하고 봉쇄함으로써 중국공산당의 항전은 매우 어려운 상황에 봉착하게 되었다. 셋째, 당시 홍수, 한발, 충해

---
67) 연안에서는 두 전선, 즉, 혁명을 위한 무장력과 더불어 새로운 사상과 인간형을 위한 당의 철학적 문제와 문예작풍이 강조되기도 했다. 이를 위해 마오쩌둥이 1942년 연안문예좌담을 진행하였는데 이 연안문예좌담이 소위 정돈문풍(整頓文風, 정풍운동)으로 확산되었다.
68) 당팔고(黨八股)란 중국 공산당의 형식적이고 교조적인 지시문이나 문장을 말한다.

등 자연재해로 인해 해방구의 식량생산이 2/3이상 줄어들었다. 중국공산당 중앙은 이러한 곤란을 극복하고 항전을 견지하기 위해 그 유명한 10대 정책69)을 제정하기에 이른다. 10대 정책 가운데 가장 중요한 것은 '정풍운동'과 '대 생산운동'이었다. 정풍운동은 당의 작풍을 개조하여 사상적으로 당의 통일과 단결을 강화시켜 최후의 항전승리로 이끌기 위한 사상적 기초였다. 그리고 대 생산운동은 물질적 기초를 다지는 운동이었다. 마오쩌둥은 이 두 가지 정책을 '두 개의 고리'로 간주하여 이를 틀어쥘 때 혁명에서 승리할 수 있을 것이라고 주장했다(肖效欽·李良志, 1990: 93~6).

연안, 태행산 지구의 조선독립동맹과 조선의용군 역시 1942년~1943년까지 진행된 정풍운동에 참가하였다. 조선독립연맹은 급변하는 형세발전에 맞추어 제3차 대표대회를 소집하였다. 그것은 조선해방 후의 정치노선을 제정하고 동맹내부의 조직, 사상통일을 실현한다는 절박한 요구에 따른 조치였다. 그런데 중국과 마찬가지로 대회에 앞서 사전정지작업의 하나로 연안총부간부들을 대상으로 한 정풍학습을 거쳐 대회 이전에 사상적 기초를 다지는 작업이 필요했다. 먼저 김두봉, 최창익, 한빈, 박일우, 박효삼 등 간부들이 정풍학습을 시작하였고, 무정, 이유민, 김창수 등은 태행산에서 적 점령구 지하공작 및 전방적대투쟁을 진행하였다. 동맹총부의 정풍책임자는 중국공산당의 지도하에 박일우가 담당했다. 박일우는 무정과 함께 중국공산당 내에서 활동한 자로 중국공산당의 신뢰가 대단히 높았던 인물이다. 따라서 박일우가 주도한 정풍운동은 그의 입지를 강화시켜 핵심세력으로 부상하게 만드는 계기가 되었다 할 수 있다. 실세로서 박일우의 진가는 이후 북·중 핫라인의 매개자로서의 역할과 초기북한국가건설 시기

---

69) (1) 적에 대한 투쟁을 강화하는 것, (2) '삼삼제' 정권을 세우는 것, (3) 감조감식운동을 전개하는 것, (4)정병간정(精兵簡政)을 실행하는 것, (5) 옹정애민(擁政愛民), (6) 옹군우항(擁軍憂抗)의 대중운동을 전개하는 것, (7) 당의 통일적 지도를 강화하는 것, (8) 생산운동을 전개하는 것, (9) 당의 작풍을 정돈, (10) 간부를 심사하고 시사교육을 강화하는 것 등이었다.

주요보직을 담당한 사실을 통해 확인할 수 있다.

　전술한 바와 같이 동맹과 의용군 내부에서 추진된 정풍운동의 목적은 연안총부 간부들의 정풍을 통해 정화와 단결을 구축한 후 머지않은 장래 조선해방을 위한 정치노선 제정과 조직적·사상적 통일을 통해 궁극적으로는 조선독립과 통일 민주국가를 세우는데 있었다. 그 중 하나가 무정파와 반(反)무정파(최창익 계열)의 반목을 해결하여 동맹내부의 단결을 도모하는 것이었다. 즉, 내부에 존재하는 종파현상을 타파하려는 것이었다. 이들은 서로 태생적 내력이 달랐기 때문에 조선혁명에 대한 노선 및 정책 혹은 이념에서 다소 차이가 있었다. 그리고 이러한 현상은 무정과 최창익을 중심으로 소위 무정파와 반무정파 간의 대립으로 나타났다. 따라서 연안총부는 중국공산당의 정풍학습의 경험을 조선혁명에 결부시켜 동맹의 임무와 제 문제를 학습토론 하였으며 종파현상 문제를 비판했던 것이다. 그리고 이러한 학습에는 총부 외에 교육생들은 참여시키지 않았다. 이때 박일우와 방호산은 학생들이 정풍운동에 대해 중립을 지키도록 설득하는 책임을 맡았다.70)

　처음 연안총부의 정풍운동은 무정이나 최창익 개인을 비판하기 위한 것이 아니라 동맹에 내재된 종파현상을 비판하고 교육한다는 목적에서 시작되었다. 이와 관련하여 중국공산당 지도자들은 연안총교에 와서 연설할 때마다 조선혁명대오 내의 단결문제를 늘 강조하였다. 이들은 과거 조선독립운동과 조선공산주의 운동과정에서 존재했던 분파주의적 폐해가 주는 교훈과 현실로 나타나고 있는 문제를 염두에 두고 충고를 했던 것이다. 그 이유는 조선독립동맹과 의용군은 전술한바와 같이 각계각층의 항일세력들이 연합한 단체였기 때문에 과거의 전철을 밟을 가능성이 높아 보였기 때문이다.71) 그러나 무정은 1942년 말 연안에서 중국공산당이 주관한

---

70) 무정은 만주에서 교원생활을 하다가 관내로 들어온 또 다른 실력자 박일우와도 반목하였다(이종석, 2003: 167).

정풍학습을 마치고 태행산 항일근거지로 돌아가서 1943년 3월 9일부터 최창익 등 동맹간부들을 태행산청년학교 간부반에 편입시켜 정풍학습을 시작하였다. 여기에서 무정은 조선독립연맹 서기이며, 동맹의 상무책임자인 최창익 등에게 동북노선, 동맹 내의 간부노선, 종파주의, 협애한 민족주의, 이론중시, 실천홀시와 최창익의 개인이력 등에 대해 비판을 가하였다.

그러나 무정이 비판대상에 올렸던 '동북노선'은 이 단체의 원류라고 할 수 있는 조선민족혁명당과 청년전위동맹이 화북전이 이전부터 한반도로의 진공을 지향하면서 세웠던 목표였으며, 동북의 200만 조선동포를 토대로 한 혁명운동을 지향한 것이었다. 또한 최창익의 분열적 행동은 본질적으로는 정치적 견해의 차이에 불과한 것이었지, 이념노선 상의 첨예한 대립은 아니었다. 그럼에도 무정이 주도적으로 행한 태행산 간부정풍은 중국공산당이 주장한 '병을 고쳐 사람을 구한다'는 방침과 '단결·투쟁·재단결 등 투쟁의 목적은 단결을 가져오기 위한 것이다'라는 목표달성에 부응한 것이었다. 그리고 책으로만 배워왔던 사회주의 작풍을 몸과 마음으로 익힐 필요성을 강조했다.

어떤 면에서는 이 소집을 통해 연안파 내 다양한 계파들 간 통일적 노선 결집을 위한 문제해결 노력이 필요하다는 점을 인식했다고 볼 수 있다. 그러나 일부에서는 이 정풍운동을 무정이 행사한 또 다른 종파운동이라고까지 비판했다. 현상에 대한 문제해결 방식이 상대방에 대한 비판 일변도로 진행됨으로써 오히려 두 개 파벌의 거리를 더욱 크게 만들고 말았다(염인호, 1994: 127).

그럼에도 외형적 결과에서 동맹총부와 의용군 간부정풍운동은 사상통일과 단결이라는 당초 목적을 일정부분 달성하였다. 그 이유는 무정과 박

---

71) 정풍운동은 국민당 지구 및 일본군 지역에서 생활한 민족혁명당과 청년전위동맹 간부들에 대한 무정의 길들이기 식 주도권 확보라는 차원에서 진행되었다는 점에서 '무정의 종파운동'으로 보기도 한다.

일우가 실세로서 중국공산당의 정풍운동과 같은 맥락에서 정풍학습을 진행했기 때문에 이들의 행위를 공개적으로 비판할 수는 없는 상황이었기 때문이다. 이러한 사실은 1945년 4월부터 연안에서 열린 중국공산당 제7차 대표회의에서 조선독립동맹과 조선의용군을 대표하여 참가한 박일우가 행한 대회발언에서 "우리 단체는 비교적 단결된 한 개의 단체이다. 우리 동맹 내에는 그 어떤 당이나 파벌이 없다"라고 한데서 드러난다72). 그것은 정풍을 통해 종파 혹은 파벌문제가 일정부분 해결되었다는 것을 의미했다. 이후 개최된 제3차 간부 확대회의에서는 정풍운동 이후 동맹의 금후 정치노선과 임무가 결정되었으며 동맹과 의용군의 지도성원들이 선출·임명되었다. 김두봉이 계속 동맹주석에 선출되었고, 최창익, 한빈이 부주석, 박일우, 허정숙, 주춘길, 방우용, 장근광, 양민산, 하앙천 등이 집행위원으로 선출되었다. 지도층이 계파별로 안배된 이유는 연안파 내의 군정 및 계파 간 분열을 봉합할 필요가 있었기 때문이다(최강, 2006: 175~81).

그러나 연안파의 간부정풍운동은 무정파와 반(反)무정파의 파벌대립이 외형적·형식적으로는 봉합되었다 할지라도 내면적으로는 오히려 골 깊은 앙금만 가져왔다고 할 수 있다. 이러한 봉합은 당시 연안총교 내에서 수학 중이던 학생들의 참여 움직임을 중립으로 강제했던 사실에서도 확인할 수 있다. 대회를 통해 각 계파들의 자리안배로 봉합되어 버린 연안파 내부의 약한 연대성은 이후 해방정국과 북한입국 및 국가건설 기까지 그대로 유지되었다. 하지만 연안파 내부의 이러한 약한 연대성은 1956년 종파사건 시 상대적으로 소수파였던 김일성의 만주파에 의해 힘없이 무너지는 현실로 귀결되고 만다.

---

72) 박일우가 중국공산당 제7차 대회에서 "비교적 단결"이라는 표현의 발언은 독립동맹과 의용군 지도자들 사이에 상당한 갈등이 남아있었다는 추론의 단서가 된다. 그리고 이러한 갈등은 북한 입북 후 연안파의 활동에서도 취약한 내부 연대성으로 귀결된 주요원인이 되었다고 볼 수 있다.

3. 중국공산당의 만주선점전략 및 연안파의 동북진출

　1945년 7월 24일 포츠담선언 이후 소련은 8월 8일에 전격적인 대일선전 포고를 하게 된다. 이에 따라 중국공산당 중앙은 만주선점을 위해 1호에서 7호 명령을 각 군구에 하달하였다. 그 중 8월 11일 중국공산당 주더(株德) 총사령이 원동북군에게 하달한 제2호 명령과 조선의용군에게 내린 다음과 같은 제6호 명령73)은 중국과 조선인 무장투쟁자들의 활동변화를 촉진시켰다.

　　중국 및 조선경내로 진입하여 작전하고 있는 소련홍군과 배합하여 조선인민을 해방하기 위하여 나는 지금 화북에서 대일작전을 하고 있는 조선의용군사령 무정과 부사령 박일우, 박효삼에게 즉시 부대를 인솔하고 팔로군과 원동북군과 함께 동북으로 진군하여 일본군과 괴뢰군을 소멸하고 동북의 조선인민을 조직함으로써 조선해방의 임무를 완수할 것을 명령한다.
　　　　　　　　　　　　　　　　　　　　1945년 8월 11일 12시
　　　　　　　　　　　　　　　　　　　　　총사령 주더(朱德)

　만주선점전략은 국공 양당의 첨예한 대결을 불러 일으켰다. 왜냐하면 국민당은 중국통치의 정통성을 내세워 통치권의 연장으로 보았고, 공산당은 일본의 만주침공 시 국민당이 저항을 포기했기 때문에 국민당의 만주독점 명분확보는 이치에 어긋난다고 보았기 때문이다. 따라서 만주선점에

---

73) 6호 명령은 조선인들은 동북지역의 조선인민을 조직하여 조선에 나가서 조선을 해방하기 위한 군대를 건설하라는 의미를 내포하고 있었다. 그러나 연합군의 한반도 분할통치규정에 묶여 입북이 좌절되자 중국은 이들을 중국 인민해방군으로 편입시켜 중국혁명에 참여시켰다. 역사적 결과는 조선의용군이 중국공산당의 해방전쟁의 승리에 지대한 기여를 했으나 마오쩌둥은 국제군 성격의 조선의용군 잉여병력의 귀환을 통해 자국의 경제적 실익을 얻음과 동시에 북한에 대해서는 정치적 명분을 확보하는 일거다득의 결과를 확보했다.

대한 중국공산당의 전략은 주도면밀하게 이루어졌다. 1945년 9월 14일 장제스와 마오쩌둥이 중경에서 회담 중인 시점에 류사오치(劉少奇)가 최고회의를 대신 주재하고 중국공산당 중앙 동북국을 조직할 것과 10만여 명을 1진으로 하여 만주로 파견할 것을 결정하였다. 이에 따라 중앙에서 270여 명의 중·고위 간부와 각 근거지에서 10만 명의 병력을 차출하여 동북으로 파견할 것을 지시하였다. 주더의 명령과 9월 14일 중국공산당 중앙의 이러한 결정은 만주선점을 위한 과감하고도 신속한 전략방침이었다(김중생, 2001: 54). 그런데 이러한 중국공산당의 만주선점전략의 이면적 목적은 그곳에 지방정권을 세우고 소련점령군의 묵인과 지원 하에 관동군의 무기 및 장비를 확보하는데 있었다. 그것은 앞으로 있을 국공내전을 준비하는데 필요한 시간과 물질적 토대를 구축한다는 점에서 매우 중요한 정치적 결정이었다. 또한 당시 만주지역은 가장 부유한 곡창지대이자 공업기지(김중생, 2001: 50~1)[74]였기 때문이다. 당시 만주와 가장 가까운 접경지역에 있었던 중국공산당은 국민당에 비해 만주를 선점하는데 상대적으로 유리한 위치에 있었다. 더욱이 소련은 외형적으로는 중국내정불가침이라는 중립적 입장을 취하고 있었지만 사실 중국공산당의 만주 진출을 묵인 및 협조하였다.

그렇다면 국민당 군대의 만주선점이 늦어진 이유는 무엇 때문인가? 당시 국민당 군대는 일본군대의 진공에 밀려 대부분의 병력이 사천성 등 서남지역에 집중되어 있었다. 그리고 전투력과 기동성이 강한 주력군단은 인도, 버마 등 국외에 파견되어 대일작전을 하고 있었는데 그 당시 수송능력으로는 이들 부대의 신속한 만주이동은 대단히 어려운 일이었다. 두 번째 이유로는 경제가 발전되고 철도와 교통이 밀접한 지역 대부분을 일본군이 점령하고 있었기 때문에 점령지 수복과 일본군 무장해제에 많은 병

---

[74] 전국철강생산력의 90%, 석탄생산량의 60%, 발전량의 40%, 철도연장선의 45% 등을 비롯해 중국에서 제일 큰 병기공장이 있었다.

력과 시간이 필요했다. 세 번째 이유는 국민당 군대가 계파 간 모순과 갈등이 심했으므로 지방군 부대를 만주에 파견하는 방안도 중앙정부로서는 안심할 수 없었기 때문이다(김중생, 2001: 59). 이러한 국민당군대의 환경적 제약조건에 반해 중국공산당은 비교적 쉽게 만주지역을 선점할 수 있었고, 이는 이후 중국공산당이 국공내전에서 최종적으로 승리하게 만든 결정적 계기가 되었다.

이에 앞서 1945년 9월 2일 조선독립동맹총부와 조선의용군 사령부는 연안총교를 사령부 경위부대로 개편했다. 그리고 중국공산당 중앙위원인 림범(林楓) 부대와 함께 무정, 박효삼, 박일우, 김두봉, 최창익, 한빈 등 지도부 및 300명의 대원들은 동북으로 향했다. 이후 조선독립동맹과 의용군은 1946년 3월 이대성이 인솔하는 20여 명이 통화에서 제1지대와 합류하면서 6개월의 여정을 끝으로 전원 만주집결을 완료하게 된다. 조선의용군과 북한인민군 출신인 김중생은 그의 책과 증언을 통해 만주에 집결한 총병력의 수를 1,100여 명 내외로 추정했다[75](〈그림 2-3〉 참조).

---

[75] 조선의용군의 만주이동은 각 전구별로 10월 하순에 심양에 도착하였는데, 제일 먼저 도착한 조선의용군은 1946년 9월 20일 이대성이 인솔한 기동지구 400여 명, 두 번째는 독립동맹 지도부를 포함한 연안지구 320여 명, 세 번째는 하북성 동북지역인 태행산지구 300여 명, 네 번째는 노철용이 인솔한 신사군 작전지역인 중원지구 100여 명, 그 외 화북의 산동지구 50여 명이 배를 타고 합류했다. 본문에서 제시한 통계는 김중생과 최강의 기록을 토대로 관내에서 만주로 집결한 조선의용군의 수를 집계했다. 이때 조선의용군 수에는 만주로 이동 중 참군한 인원이 포함되었으나 만주에서 본격적인 확군 과정에서 충원된 인원은 아니다.

그림 2-3 조선독립동맹 및 조선의용군의 만주 집결경로

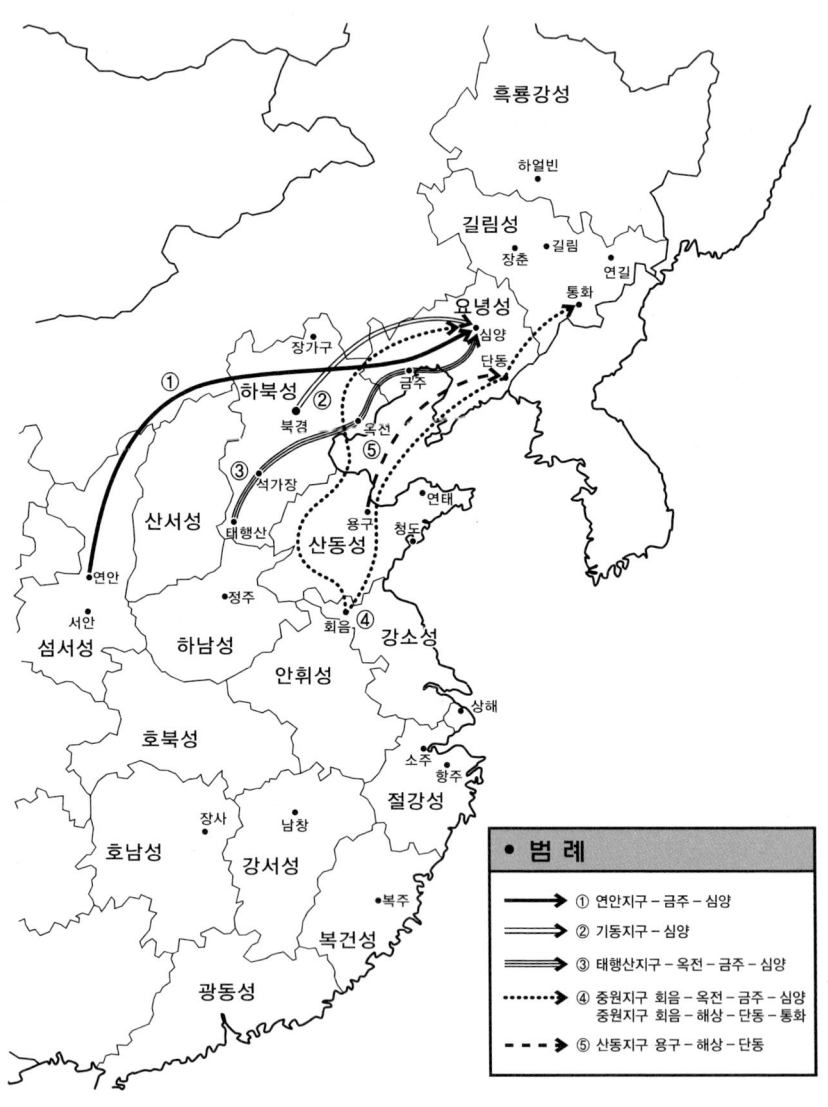

※ 출처: 김중생(2001: 부록)의 내용 재구성.

북조선 체제성립과 연안파 역할

제Ⅲ부 해방시기 동북에서 연안파의 활동

제Ⅲ부 해방시기 동북에서 연안파의 활동 117

제1절 해방시기 동북

1. 항일무장세력의 집결

　1945년 4월 1일 소련은 일본과의 중립조약을 파기했다.[76] 이어진 일본의 패망은 중국과 한반도정세에 새로운 국면을 맞게 했다. 항일전쟁시기에는 국공 양당이 협력관계를 맺었지만 일본이라는 공동의 적이 사라진 다음 대두된 양당의 모순과 대립은 첨예한 투쟁이 불가피하게 되었다. 이를 대비한 중국공산당은 4월 23일에 연안에서 제7차 전국대표대회를 소집하고 대중발동을 통해 일제침략을 격파하여 인민을 해방함으로써 신민주주의공화국을 창건할 것을 정치노선으로 제정하였다.[77] 따라서 중국공산당의 영향권 하에 있던 조선독립동맹과 조선의용군 역시 중국공산당의 공식적인 결정에서 자유로울 수 없었다. 특히 최우선의 희망사항인 본국으로의 귀국과 관련하여 두 가지 문제에서 자유로울 수 없었다. 첫째는 독립동맹과 의용군이 중국공산당의 통제를 받음으로써 독자적 자율성이 제한되어 있었다는 점이다. 둘째는 화북 각 지역에 흩어져 있던 분맹원 및 의용군이 독립적 행동을 취할 수 있는 무장력이 취약했음으로 팔로군과 공동으로 행동해야 한다는 제약성을 안고 있었던 것이다.

　한편 8월초 소련군의 대일작전에 결합하기 위해 저우바오중(周保中)을 중심으로 재조직된 88여단 소속의 동북위원회[78]와 각지의 당 지구위원회

---

76) 소련과 일본은 1941년 4월 13일에 소·일 중립조약을 체결하였다.
77) 동북항일연군88여단 소속 부대원 역시 원동 야영에서 중공당 대표대회 소식을 듣고 7월에 중공동북당 위원회를 재조직하고 조선을 포함한 동북각지에 11개 당지구공작위원회를 건립하기로 결정하였다(중공연변주위당사연구소, 1989: 261~2).

는 9월 18일 동북국 건립79)과 함께 만주로 북상한 팔로군과 중국공산당 중앙 동북국 인수위원회에게 9월 28일 조직관계를 인계하였다.80) 소련 홍군보다 약 2개월 늦은 9월 18일 심양에 도착한 중국공산당 중앙 동북국은 "각종 혁명단체를 조직하고 당의 핵심조직을 건립하며 인민무장과 인민정권을 건립하라"는 당 중앙의 지시에 의해 지방당 조직과 민주정권, 대중단체들의 건립 공작을 시작하였다.

1945년 11월 초 조선독립동맹 및 의용군 간부들도 이에 대한 구체적인 방안을 모색하기 위해 심양에서 중국공산당 중앙 동북국 결정을 확인하는 집행위원회의를 소집하였다.81) 그리고 이 회의는 이들이 중국에서 한 마지막 회의였다. 그런데 이 회의의 내용을 분석하기 전에 당시의 상황을 정리할 필요가 있다. 당시 동북지역 해방정국은 중국 내 전면내전이 불가피한 상황을 맞이하고 있었다. 이러한 혼란기에 한청이 인솔한 조선의용군 선견종대 1,000여 명이 10월 초 입북 후 바로 무장 해제되어 추방되는 사건이 발생하였다.82) 이는 한청이 이유민의 승인 하에 독자적으로 한 행동이

---

78) 1942년 8월 소련원동지구에서는 각 로군 간부회의를 열어 '중국공산당동북위원회'를 정식으로 건립하기로 결정하였다. 그 후 9월 13일 "독립보병려 중공당조직특별지부"로 공식 명명한 뒤 집행위원으로 저우바오중, 장수전, 최석천(최용건), 김일성, 김경석, 팽시로, 왕명귀, 김책, 왕효명, 안길, 계청을 선출하고 서기는 최석천, 부서기는 김일성, 김경석이 맡았다(최성춘, 1999: 380).
79) 1945년 9월 18일 팽진, 진운, 오수권, 엽계장 등이 심양에서 중공중앙 동북국을 건립하였다.
80) 이에 대해 증극림은 그의 회상에서 해방 후 팔로군을 맞이하기 위해 최용건과 풍중운이 심양으로 급파되어 동북지역 현황을 팔로군 선봉대와 협의하였으며 자신이 연안으로 가서 당 중앙에 보고했다고 한다. 그에 따라 중공당 동북국을 신설하여 서기로 임명받은 팽진에게 중국공산당 동북위원회를 대표한 최용건이 당무를 인계했다고 한다(『中共黨史人物傳』 제10권, 1983: 263~9; 曾克林, 「回憶少奇同志爭取東北的戰略結果」, 『人民日報』, 1980.5.28).
81) 동북국의 초기임무는 점령구역을 확대함과 아울러 도시와 철도교통요충지 등을 점령함으로써 관내에서 들어오는 중국공산당 간부 및 팔로군을 영접하는 일이었다.
82) 한국광복군 역시 1946년 해외 정규부대의 명의로 귀국하려했으나 미군정이 이를 거절함에 따라 해산 후 개인자격으로 귀국하게 한 후 '광복청년회'로 발전되면서 한국군의 기반을 이루게 되었다. 따라서 조선독립동맹과 조선의용군의 무장 입북도 같은 맥락에서 이루어졌다고 볼 수 있다.

었다.83) 이와 관련하여 심지연은 이 사태 이후 김두봉, 무정, 박효삼 등 간부들이 평양으로 가서 소련당국자와 협상을 벌여 조선의용군이 무장한 상태로 귀국하는 방안을 협의했으나 관철되지 못했다(심지연, 1988: 49~50)고 적고 있다. 이 주장대로라면 조선독립동맹 간부들이 북한과 만주를 오가며 조선의용군의 무장입북을 위한 정당성을 소군정과 협상했다는 이야기가 된다. 그러나 당시 중국공산당 동북국의 지시 하에 있던 독립동맹과 조선의용군 간부들의 독자적 활동은 자유롭지 못했다. 물론 무정이 심양군인대회 후 입북하기 위해 11월 20일 안동(지금의 단동)에 도착해서 이 사태와 관련하여 평양을 방문하여 소 군정 정치위원을 만났다는 설은 있다.84) 그러나 입북 후 가진 기자회견을 통해 조선의용군 전원이 입북하지 못한 데 대한 유감을 표현한 정황에 따른다면, 이후 11월 말에 이르러서 이들이 개별적으로 입북한 후에야 이 문제를 협의한 것으로 보인다(「조선인민일보」, 1946.1.14). 그리고 이 시기 만주지역 조선인들 100여만 명이 혼란정국을 틈타 조선으로 귀국하였다.

여하튼 이러한 형세에서 열린 회의는 다음과 같은 결정을 하게 된다.

첫째, 조선독립동맹총부와 조선의용군 일부 간부들의 입북이었다. 이들의 입북은 1945년 말까지 입북한 자를 1차로, 1946년 소수의 신변경호 인원과 약간의 군인들을 대동하고 개별 입북한 자를 2차 입북자로 구분할 수 있다(〈표 3-1〉 참조). 입북에 대한 결정도 중국공산당 중앙 동북국의 지시와 명령에 의해 이루어졌다.

---

83) 한청의 입북은 중국공산당이나 조선의용군 사령관인 무정에게 보고하지 않고 독자적으로 한 행동이었다(중앙일보특별취재반, 1992: 150). 그러나 선견종대의 입북은 한청이 당시 기동지구와 함께 심양에 9월 4일자로 가장 먼저 도착해 있던 독립동맹 조직부장인 이유민에게 보고하고 행동한 것으로 보인다(김중생, 2001: 136).

84) 『비록 조선민주주의인민공화국』에서 서휘는 증언을 통해 무정이 평양으로 들어가 소련군 정치위원과 협상을 원했으나 독립동맹 이름으로나 무장부대의 입북은 허용할 수 없다는 통보를 받고 안동에서 10일, 신의주에서 10일을 머문 뒤 평양으로 들어갔다고 기술하고 있다.

표 3-1 조선독립동맹 및 조선의용군 1·2차 입북자 명단

1차 입북자 명단	2차 입북자 명단	비 고
김두봉, 최창익, 한빈, 방우용 고봉기, 김민산, 진반수, 박무 홍순관, 하앙천, 장진광, 허정숙 *김영숙,*장수련, 무정, 박효삼 김창만, 이춘암, 주춘길, 유신 김세광, 손달, 양계, 이림 김한중, 이지강, 이철준, 장중광 장중진, 장지민, 장지복, 주혁 진국화, 최봉록, 최영, 하진동 왕련, 김철원, 풍중천 (39명)	박일우, 이익성, 이권무, 조렬광 김웅, 주연, 이상조, 김연 이근산, 공호, 박훈일, 최명 한경, 김택, 장평산, 이덕무 이대성, 김신, 김홍, 이명선 최계원, 이동호, 윤지평, 구재수 김오진, 김수만, 유원천, 김종원 김병권, 김병헌, 이원영, 조병룡, 채국반, 이명, 이유민, 왕자인 (36명)	김영숙: 무정의 처 장수련: 박효삼의 처

※ 출처: 김중생, 2001: 121~35 재정리.

둘째, 조선독립동맹 및 조선의용군의 나머지 간부들과 대원들의 중국체류이다. 이들은 중국에 남아서 조선인 대중들을 조직하여 전투부대 확군 활동 지원과 잔류한 조선인 동포들의 생명과 재산을 보호하는 임무를 맡았다.

셋째, 남, 동, 북만으로 구분하여 각 지대를 편성하고 지역을 분할하여 부대를 확군하고 주요책임자를 임명하는 일이었다.

이러한 결정이 있은 후 곧 바로 11월 10일 심양시 대홍구 오가황조선인소학교에서 조선의용군 전체군인대회를 개최하였다. 이 대회는 동맹 간부들과 조선의용군 전체대원들이 참석하였으며, 아울러 연안군정학교 총교와 각 분교의 졸업식을 겸하는 자리였다. 이 자리에서 무정은 위 3개항을 선포하였는데, 대다수 성원들은 뜻밖의 결정과 한청이 인솔한 선견종대의 북한입국을 저지한 소련의 태도를 수긍하지 못했다. 그러나 국공내전과 만주지역에 체류하고 있는 조선인 보호를 위한 임무수행에는 동참하기로 결정하고 입북 간부들의 귀국과 각지대별로 임명된 간부들의 지대별 행동이 시작되었다. 이로써 그 동안 존속했던 조선독립동맹 및 조선의용군의 통일적 지휘 기구는 공식적으로 소멸되기에 이른다.

2. 조선독립동맹의 입북과 정치적 행보

해방 후 내·외적 요인들의 복잡한 전개에 따라 한반도는 사회주의, 자유민주주의 간의 차이를 정확히 이해하지 못한 채 혼란스러운 해방정국을 맞이하였다. 그중 학생과 일부 지식인들 사이에 유행한 급속적인 좌경화는 공산주의나 사회주의자들에게 유리한 조건들을 제공했다. 그 이유는 당시 고등교육을 받은 사람들이 극소수였고, 그나마 대다수 지식인들은 일제하에서 친일 및 부일 행동의 전력 때문에 자중할 수밖에 없는 상황에 처한 반면, 좌익 혁명가들은 일제하에서는 은밀하게 행동했으나 해방 후에는 공개적으로 활동할 수 있게 되었기 때문이었다. 그들의 경력은 특히 북한주민들에게 동경의 대상이 되었고, 일본의 압제에 대항한 투쟁의 영웅으로 묘사되었다. 따라서 이들의 활동과 영향력이 급속하게 확장되어 나갔다. 그럼에도 그때까지 북한지역에서 가장 세력이 우세하고 활발한 활동을 벌인 집단은 종교인 및 지식인층으로 구성된 민족주의 집단들이었다(전원근, 2000: 106).[85]

북한으로 입국한 다양한 세력 중 북한의 공식적 정치무대에서 활동한 간부들의 과거경력을 통해 단순히 수적으로만 파악해도 연안파 출신이 가장 세력이 강했다. 이들은 모두 중국공산당의 당원이었으며, 당 및 군사활동경험이 풍부하고 정치사상적 이론수준이 높았다. 따라서 연안파가 북한으로 입국하면서 가진 계획과 포부는 그들이 항일시기 구체화시킨 강령의 실천으로 연결되었다. 그런데 연안파의 입북은 1945년 11월 말경[86]으로

---

[85] 당시 평양시당과 인민위원회 소속당원의 행정기관 배치현황이 정치적 의미를 가진다고 할 때 총 134명 중 공산당은 인민정치위원회 등 행정기관에 15명, 사법부 14명, 생산기관 10명이고 대부분이 보안기관에 95명 배치되었다. 북조선지역의 정치·행정 중심지인 평양의 비중을 고려할 때 당시 정치·행정 분야에 공산당의 역량은 크지 않았음을 확인시켜주고 있다(「평양시당부 제1차 공작 총결보고 초안」, 『조선공산당문건자료집』, 42쪽 참조).

조선독립동맹 지도부 1945년 12월. 앞줄 좌로부터 박효삼, 최창익, 한무, 김두봉, 무정

〈자료제공: 김중생〉

이 당시는 이미 민족진영세력의 조만식과 소 군정 하의 김일성이 정국의 주도권을 잡아 나가던 시기로 연안파의 입지는 상대적으로 약할 수밖에 없었다. 그러나 입북 후 연안파의 정치적 행보는 상당한 자존감의 표현과 함께 시작되었다. 이러한 사실은 이들이 조선신민당[87] 창당에 앞서 조선독립동맹의 명의로 발표한 1946년 1월 2일 '시국에 대한 태도표명', 그리고 14일 '조선동포에게 고함'이라는 성명을 통해 확인할 수 있다. 이 성명에 나타난 강령들은 마르크스주의적 용어보다는 민족주의적 용어를 강조하면서 조선의 완전독립, 사회정의, 정치적 민주주의를 특징적으로 주장하는 것으로서 민주공화국 건설을 위해서는 모든 계급의 통일과 협동이 필요하다는 통일전선론을 일관되게 강조하고 있다.

---

[86] 대부분의 기존 연구는 조선독립동맹 간부진의 입북을 12월 13일로 기술하고 있다. 그러나 보다 정확하게는 김두봉, 무정, 최창익, 한빈, 박효삼, 김창만, 허정숙 등 7명은 11월말 경에 먼저 입북한 것으로 보인다(최강, 2006: 190).

[87] 조선신민당은 1946년 3월30일 창당한 소부르주아 정당으로서 주로 소시민, 인텔리, 중산계급 등을 조직대상으로 삼았다. 공산당에 위압을 느낀 사람들은 정치적 피신처로 조선신민당을 택하였다. 따라서 조선신민당은 유식층과 부유층에 속한 사람들이 많았다. 특히 일제시기 관공서에 복무했던 대다수의 사람들이 조선신민당에 모였다. 이는 조선신민당과 공산당이 하부 층에서 마찰을 많이 일으키게 되는 동기를 유발시켰다(김창순, 1961: 97~9).

연안파는 이러한 시국강령을 연속적으로 발표하면서 조선독립동맹의 정치적 입장을 알리고, 이를 토대로 본격적인 정치 활동에 돌입하고자 했다. 연안파는 민족주의적이며 온건한 강령표현을 통해 한동안 정체성을 찾지 못했던 북한 내의 지식층에게 호소할 수 있었다. 이러한 사실은 한국 공산주의 운동 초창기에 참가한 많은 지식인들이 본질적으로는 민족주의적 열망을 고취하기 위해 좌익운동에 참가했다는 점을 반영하는 것이다. 당시 평양지역의 객관적 조건은 산업도시임에도 노동자의 힘은 약한 반면, 산업자본가의 역량이 우세하였고, 기독교문화가 뿌리 깊게 보급되어 있었으며, 소상인의 경제적 기초가 공고했다. 더욱이 지주층을 중심으로 한 민족주의자들이 많이 배출되어 있는 환경적 조건이 형성되어 있었다(서동만, 2005: 90). 때문에 이러한 인물들을 대상으로 한 연안파의 정치적 호소는 특히 소부르주아 층으로부터 큰 호응을 얻을 수 있었다. 그리고 일부는 식민지시기 친일 및 부일 행각에 대한 정치적 보호색을 찾기 위해 연안파에 호응을 보이기도 했다(전원근, 2000: 82).

연안파가 조선의용군이라는 무장세력 상당수를 만주에 남겨둔 채 간부진영만 우선 귀국했지만, 일반대중들에게 조선의용군 총사령인 무정은 김일성에 버금가는 혁명가로 인식되어 있었다. 그는 입북 전인 1945년 10월 서북5도당 책임자 및 열성자 대회를 통해 이미 제2비서로 추대된 상태였다.[88] 따라서 그는 입북하자마자 조선의용군 주력이 함께 귀국하지 못한 데 유감을 표하면서 이들을 받아준다면 조선전체의 무장력이 강화되어 자체적으로 수비할 수 있다고 주장하였다(『조선인민일보』, 1946.1.14). 그의 이러한 자신감은 황해도를 중심으로 각지의 유세를 통해 새조선이 나아갈 길에 대한 정강수준의 선언을 한 것에서 확인되는데, 무정의 이러한 행보

---

[88] 김창순은 해방초기 북한주민에게 만세를 받은 사람은 김일성, 박헌영, 무정, 김두봉 등 4사람 뿐이었다고 했다(중앙일보특별취재반, 1992: 144~5). 그러나 무정의 제2비서 추대에 관해 서동만(2005: 72~3)과 김광운(2003: 163)은 부정하고 있다.

는 그의 정치적 야망을 구체화시킨 것으로 볼 수 있다. 그러나 무정의 돌출적 행보는 결과적으로 김일성이 연안파를 보다 더욱 견제하게 만드는 구실을 제공했을 뿐이었다.[89]

조선독립동맹 간부들은 입북하면서 무정, 김창만, 허정숙, 이상조, 박일우, 윤공흠, 고봉기, 양계, 서휘 등은 북조선공산당에 가입하였고, 김두봉, 최창익, 한빈 등은 조선독립동맹의 기조를 견지하면서 조직 확대에 착수[90]한 뒤 조선신민당을 창당하였다. 중국공산당에서 조선공산당으로 전당한 전자의 부류들은 높은 학력과 지적 능력을 인정받아 선전·선동부문에 주로 배치되었다. 김창만과 그리고 초대 문화선전상 허정숙 등은 중국공산당에서 체득한 경험과 방법을 북한에 적용하여 활용할 수 있도록 깊이 관여하였다. 그리고 정당사에서 남북한을 통괄하는 유일정당으로서 지식층과 도시상공인의 대변을 표방한 조선신민당 결성은 김두봉, 최창익, 한빈 등이 맡았다(김광운, 2003: 185). 그러면서도 이들 그룹은 조선독립동맹 주석인 김두봉이 인민위원회 부위원장에 선출되면서 1946년 2월 8일 북조선 임시인민위원회 출범에도 참여하였다.

연안파의 정치적 실천 중 또 하나의 정치적 행보는 조선독립동맹이 1946년 1월 25일 한빈 일행을 남한에 파견하여 조직 확대사업을 펼쳐 경성특별위원회를 조직한 것이다.[91] 이러한 행보는 남한으로의 조직 확대를 통한 북한 직속의 좌익세력 확보, 그리고 남한에서 박헌영 주도의 공산주의에 불만을 가진 세력들을 흡수하려는 여러 가지 복합적인 목적을 갖는 것이었다. 이때 포섭한 주요인물은 백남운, 심운, 고찬보 등이 있다. 이 위원회는

---

[89] 김일성은 무정의 군사적 배경 때문에 그를 제일 위험한 견제대상으로 생각하고 있었다(한재덕, 1966: 225~7).
[90] 1차 포섭 대상은 소시민, 인텔리 중산층 중심이었으나 점차 노동자, 농민으로 확대되었다. 이러한 사실은 김일성의 공산당 입장에서는 매우 우려스러운 일이었다 할 수 있다.
[91] 1946년 2월 5일 조직된 남한지역 조선독립동맹 경성특별위원회 위원장에 백남운, 조직부장 심운, 선전부장에 고찬보를 임명하였다.

남북조선의 정치라인을 연결·통합하고 민주주의 노선을 바탕으로 민주통일을 완수하는데 목표를 두었다(『조선인민보』, 1946.2.7; 심지연, 1988: 78).

이렇듯 입북 후발주자로서 조선독립동맹은 자신들의 정치적 목표를 규정한 강령을 발표하고, 남북한을 통괄하여 조직 확대사업을 벌였으며, 1946년 2월 8일 북조선 임시인민위원회 결성에도 참여하는 등 보다 적극적인 정치적 행보를 모색함으로써 그 주도권을 확보하고자 했다. 나아가 급변하는 국내외 정세에 부응하며 식민지항일시기부터 정치적 목표로 지향해왔던 통일 민주국가건설이란 목적 완수를 위해 1946년 2월 26일 조선신민당으로 개명하고 정치 정당으로 새 출발을 하기에 이른다.

이에 대해 심지연은 조선독립동맹이 조선신민당으로 명칭을 변경하고 신민주주의를 실현하기 위한 정당으로 새 출발한 것은 만주에 남아있던 조선의용군과의 공식적 연계를 단절하고 남북한을 아우르는 국내정치에 기반하여 본격적인 조직 확대를 기한 것이었다고 주장한다(심지연, 1988: 81). 이러한 정치적 분석이 나름대로 타당성이 있지만, 정·군 이신일체로 형성된 조선독립동맹과 조선의용군의 관계로 볼 때, 조선독립동맹이 정당으로 조직의 성격이 변화했다고 해서 양자의 연계가 단절되었다고 보기 어렵다.

비록 연안파의 대다수 무장병력인 조선의용군의 무장입북이 거부되어 독립동맹 간부들만 개별 입국하게 되고 조선의용군은 중국인민해방전쟁에 참군함으로써 형식적으로 양분되기는 했으나, 그것이 독립동맹과 조선의용군의 단절을 의미하는 것은 아니었다. 또한 입북한 연안파 인물들의 성격을 포괄적으로 살펴보면(〈표 3-1〉 참조), 독립동맹과 조선의용군의 관계를 단편적으로 파악하기는 어렵다 할 것이다. 독립동맹의 정당 활동이 원만하게 이루어질 수 있었던 배경적 요인 중 하나는 독립동맹에 대한 군부의 잠재적 보장과 지원이었는데, 이는 함께 입북한 조선의용군 간부들이 북한인민군 창설과정에서 요직에 깊이 배치되어 활동하고 있었다는 점을 간과할 수 없다는 뜻이기도 하다. 더욱이 중국 인민해방전쟁 이후 다수의 연안파 무장 세력이 입북하여 조선인민군으로 편입되어 미리 입북해 있던 의용군 간부들과 재결합되면서 연안파는 군사적 주도권을 형성해 나갔다. 이러한 사실은 전시행정체제로 운영된 한국전쟁 시기 북한 측 작전명령권을 행사했던 박일우-김웅 라인이 조선의용군의 대표적인 핵심지휘관이었던 방호산-전우와 긴밀한 정치·군사적 유대관계를 재형성한 데에서 확인할 수 있다.

동맹과 의용군 출신들의 정·군에서의 재결합은 연안파가 1956년에 숙청되기 이전까지 당·정·군에서 주요요직을 차지하고 자파세력을 확장시킨 사실과 무관하지 않다. 따라서 이신일체의 관계였던 동맹과 의용군이 외형적으로 단절되어 각각 다른 길을 택한 것처럼 보였을지라도, 그것은 무장입북 거절과 중국혁명에의 참군이라는 외적 요인에 따른 부득이한 결과였지, 심지연의 규정처럼 정·군이 단절되었다고 보기는 어렵다. 오히려 연안파가 지향하는 민족주의적 통일국가수립이라는 궁극적 목표는 내부 계파간의 약한 연대성에도 불구하고 지속적으로 유지되었다. 그러나 이러한 연안파의 세력 확장은 김일성의 만주파가 연안파를 숙청의 표적으로 삼는 빌미를 제공했다 할 수 있다.

3. 조선의용군 및 항일연군 배합활동

8·15 해방 전후 중국 동북지방의 정세변화에 가장 빨리 대응한 집단은 하바롭스크로 퇴각해 있던 동북항일연군 세력이었다. 1945년 8월 18일 소련 홍군 선두부대는 중국공산당 동북항일연군(제88특별여단) 연변분견대와 합류하여 연길에 진주한 뒤 소련 홍군 경비사령부를 설립하였다. 8월 20일 간도 임시정부가 조직되어 주둔군을 위한 연락과 물자공급업무 등 행정사무를 담당했다. 동시에 동북항일연군을 골간으로 한 연변 경비사령부가 조

직되어 치안을 유지하고 주민의 생명·재산과 일제가 남겨놓은 자산을 관리했다. 앞서 8월 14일 중국공산당 동북당위원회 저우바오중 서기는 제88특별여단의 대일전쟁참전요청을 거부당한 뒤 소련 점령구(만주와 조선지역) 질서유지와 소련 사령부의 군정방침에 따라 점령구의 정치공작을 할 수 있도록 제1극동군 군사회의 정치위원 T. F. 스티코프 중장으로부터 다음과 같은 승낙을 받아냈다.[92] 이에 따라 하얼빈에 장수전, 길림에 왕효명, 연길에 강신태, 북조선 지역에 김일성을 파견했다. 그리고 11개 지구공작위원회를 핵심으로 분견대를 구성하고 해방구 공작사업을 실행하였다.

(1) 소련군의 점령구역 질서를 유지하는 것을 돕고, 적 위만국의 잔당과 모든 반혁명분자를 숙청한다.
(2) 소련군의 군사관제(官制)에 참가하는 합법적 지위를 이용하여 건당(建黨), 건국(建國) 사업을 추진하며 대중을 동원하여 근거지를 건립한다.
(3) 소련군과 팔로군 사이에서 안내와 중개역할을 하고, 당 중앙을 맞아들이고 팔로군을 맞이한다.
(4) 만약 팔로군이 반동세력에 차단되어 동북으로 들어올 수 없게 되고 동북이 완전히 국민당에게 점령된다면 동북에서 장기 유격전을 계속해서 발전시킬 준비를 하며 단호히 국민당의 반동통치에 반대한다.

이렇듯 동북에 대한 정치공작방침은 제88특별여단 전원에게 의무적인 것이었고 조선으로 들어가는 대원들에게도 조선에 대한 정치공작을 전개하도록 허용되었다.[93] 결국 제88특별여단 간부들은 소련군이 점령한 7개

---

[92] 이 만남은 중국 흑룡강성 동녕 맞은편 소련 차리코웨에 위치한 제1전선군 사령관 K. A 메레츠코프 원수 지휘소에서 저우바오중이 동북현황을 보고한 자리에서 이루어졌다(이기춘, 1992: 90~1).
[93] 북한지역으로 들어간 김일성은 소련군 평양지구 경비사령부(사령관 메프렐 중좌)의 부책임자, 김책은 함흥지구 경비사령부 부책임자, 안길은 청진지구 경비사령부 부책임자 등의 임무수행을 명받았다(林隱, 1981: 122).

지역의 57개소로 나뉘어 출발하여 소련군 부대의 경비부(위수사령부) 부책임자 등의 자격으로 잠정적인 임무를 수행하게 된다(이기춘, 1992: 92 ;『中共黨史人物傳』제11권, 1983: 204 ;『近代東北人民革命鬪爭史』, 1984: 164). 이런 상황 속에서 1945년 8월 14일 소련군의 대일참전문제를 해결하기 위한 중·소조약이 체결되었다.94) 이것은 소련이 중국 동북지방의 관할권이 국민당정부에 있음을 인정하고 있었다는 것을 의미한다. 그러나 중국공산당 중앙은 "동북3성은 중·소 조약의 규정한 범위 내에 들어 있으며 행정권은 국민당에 있기 때문에 우리 당이 군대를 파견해서 활동할 수 있는지의 여부는 현재 단정할 수 없다. 그러나 똑같은 공산당군대인 소련 홍군이 팔로군을 공격하지는 않을 것이라는 기대를 갖고 간부를 파견해서 공작하는 것은 문제가 없다"는 결론을 내리고 임풍을 비롯해 간부 270여 명을 동북지방으로 파견했다. 이는 소련과 미국, 그리고 장제스 군대 사이의 모순을 이용한 중국공산당의 독자적인 행동에 의한 동북지역 선점전략이었다.

전술한대로 중국공산당 중앙은 펑전(彭眞), 천윈(陳雲) 등을 선양(瀋陽)으로 파견하여 펑전을 서기로 하는 중국공산당 동북국을 창설하였다. 이후 동북국은 북만, 동만과 남만 등 조선인지구에 많은 한족간부들과 조선인간부들을 파견하였다(중공연변주위당사연구소 편, 1989: 267). 당시 조선인 간부들은 주로 관내의 각 혁명근거지에서 온 조선의용군과 잔류한 독립동맹 간부 그리고 소련 홍군과 함께 동북으로 진격해 온 동북항일연군 출신들이었다.95)

---

94) 스탈린은 얄타밀약에 근거하여 대일전을 결정하였으며, 또 중국이 미국의 세력권이라는 암묵적인 양해교환이 있었기 때문에 동북지역에 관해서는 장제스 정권 외에는 협상하지 않는다는 방침을 가지고 있었다(주안지룽, 2005: 36).
95) 조선독립동맹과 동북항일연군 간부의 공식적인 첫 만남은 1945년 9월 18일 심양에 중공중앙 동북국 설립에 따라 동북지역 현황을 보고하기 위해 온 항일연군출신 최용건이 독립동맹 간부 중 가장 먼저 심양에 도착한 중앙 집행위원 이유민과의 대면하면서 이루어졌다. 이유민은 최용건으로부터 88교도려 간부들이 만주 각지에 파견된 상황을 소개받았고, 그때 왕효명과 양환준을 알게 되었다. 이 만남은 이후 길림에서 조선의용군

정치·군사적으로 결합한 조선의용군과 항일연군은 중국공산당의 전통과 작풍을 계승하고 연안정신을 발양하여 조선인 군중 속으로 들어가 같이 노동하고 생활하며 선동사업을 진행했다(황룡국, 1988: 548). 만주대륙의 장춘, 심양, 길림, 하얼빈, 치치하얼 등 대도시는 중국인이, 그 밖의 목단강, 연길을 비롯한 동만 지역의 소도시와 벽지는 조선인들이 밀집한 지역이었으므로 조선인이 담당하였다.[96] 조선의용군과 항일연군이 결합하여 활동한 대표적인 지역으로는 연길을 중심으로 한 연변지역을 들 수 있다. 동북지방에서 본격적인 내전이 전개되고 있는 상황에서 국민당 군이 진주하지 않았던 지역은 연길지역 뿐이었기 때문에 상대적으로 조선의용군과 항일연군의 공동 활동이 가장 활발히 이루어질 수 있었다.

이러한 조건은 중국공산당이 군사적·정치적 근거지를 연변에 세우기에 유리했다. 1945년 10월 20일 창립된 중국공산당 연변위원회에는 당초 동북항일연군계 멤버가 주축이 되어 조직 활동을 전개하고 있었다. 그런데 1945년 11월 12일 중국공산당 동북국과 길림성공작위원회가 파견한 옹문도 등 32명의 당 간부가 연길에 도착했고, 동시에 연안파 조선의용군 제5지대에서 활동한 문정일 등 30여 명의 간부들이 12월 8일 연길에 도착했다. 이들은 중국공산당 길림성공작위원회의 결정에 근거해 중공연변위원회를 해산하고 11월 15일 옹문도를 서기로 하는 중국공산당 연변지방위원회를 설치했다.[97] 이 조직은 11월 20일 연변인민대표대회를 개최하여 13명으로 구성되는 연변정무위원회를 구성하였는데, 이 중에는 강신태, 임계학,

---

제7지대를 결성할 때 확군 활동에 도움이 되었다(김중생, 2001: 106).
[96] 저우바오중은 장춘지역, 리조린은 하얼빈, 왕효명과 장수전은 치치하얼, 강건(강신태)은 연길, 김광협은 목단강으로 배치되었다(『中共黨史人物傳』 제11권, 1983: 204·225 ; 伍修權, 1984: 771 ; 林隱, 1981: 333~4).
[97] 옹문도, 강신태, 박일우(도착하지 않음), 운청, 진탄, 구회괴, 동곤일이 위원으로 선출되었다. 이와 같이 연안의 중공당 간부, 조선의용군, 항일연군출신들이 함께 선출되었다. 특히 아직 도착하지 않은 박일우를 내정한 사실로 미루어볼 때 중공당 중앙이 그를 상당히 신뢰했다고 볼 수 있다(중공연변주위당사연구소 편, 1989: 277).

지희겸, 박근식, 강동수 등 조선인 위원이 포함되어 있었다. 연변정무위원회는 창립 다음날 제1차 회의를 열어 10대 시정방침을 채택하고 '연변 행정독찰 전원공서'를 조직했다. 이들의 주요임무는 '간도임시정부'를 접수하여 관리하는 것이었는데, 이는 연변에서의 지도권이 중국공산당 중앙으로 완전히 이전되었음을 의미한다.

그에 따라 중국공산당 중앙과 밀접한 관계를 유지하고 있었던 조선의용군 제5지대가 주도권을 발휘하게 되었고, 동북항일연군계 인사로 구성되어 있었던 중국공산당 동북위원회는 그 지도권을 상실하였다. 더욱이 조선의용군보다 수적으로 열세에 있었던 동북항일연군 출신들이 북한으로 소환됨으로써 이러한 경향은 더욱 가속화되었다. 예를 들어 저우바오중의 지도하에 있었던 강신태는 길동군구사령원으로 배속되어 활약했지만 1946년 7월에 북조선에 귀국했다. 그 후 목단강에서 온 항일연군계의 김광협이 연변군구의 사령원이 되었지만 그 역시 후일 북조선으로 귀국했다. 동북항일연군에서 활동한 조선인 간부가 연변의 정계에서 서서히 후퇴하고 있었던 것이다. 연변에 온 조선독립동맹 및 조선의용군 등 연안파 중에서도 중국공산당 중앙에 보다 가깝고 충실한 조선인 당원이 크게 활약하였는데, 그 대표적인 인물이 주덕해, 문정일, 최재 등이었다. 따라서 1948년 3월부터는 항일연군 출신인 림춘추와 조선의용군 출신인 문정일, 주덕해 등 조선인이 교대로 전원(專員)이 되어 연변의 정권건설을 지도하게 된다.

1949년 2~3월경에는 연안에서 온 중국인 간부들이 관내로 되돌아가게 되고, 5월에는 중국공산당 연변지구위원회 서기에 연안파 출신인 주덕해가, 위원으로는 문정일, 최채, 임민호 등이 임명되어 연변의 실정에 맞는 당의 각종사업을 전개하면서 민족문화와 민족간부양성에 집중하여 연변의 민족구역 자치를 실시할 수 있는 기반을 만들어갔다. 상대적으로 동북항일연군 출신 조선인당원은 해방 후 만주를 선점하고 이곳의 토대를 형성하는 데는 기여했으나 대부분이 입북함으로써 동북지역에서 지도적 역

할을 수행한 사람은 극히 드물었다.98)

한편 중국공산당 동북국의 지시에 의해 잔류하게 된 연안파 간부들이 집행위원회에서 결정한 임무는 남, 동, 북만으로 구분하여 각 지대를 편성하고 부대 확군 및 주요책임자를 임명하는 일들을 신속하게 진행하는 것이었다. 특히 만주지역에 남아서 우선적으로 수행해야 할 과제로, 첫째 무장대오의 확군을 통한 국공내전 확대에 대한 대응, 둘째 만주국과 일본잔당의 무기회수 및 토비청산, 셋째 잔류한 100만여 명의 조선인동포들의 생명과 재산 보호, 그리고 각계각층이 참가한 민주정권 건립 등이었다. 이에 따라 조선의용군과 조선독립동맹은 다음과 같이 새롭게 편제되었다.

- 남만지구 조선의용군 제1지대
  지대장: 김 웅   정치위원: 방호산
  참모장: 안 빈   정치주임: 주 연

- 북만지구 조선의용군 제3지대
  지대장: 이상조   부지대장: 리득산, 참모장: 김 연
  정치위원: 주덕해   정치주임: 리근산

- 동만지구 조선의용군 제5지대
  지대장: 리익성   참모장: 조렬광
  정치위원: 박훈일   정치주임: 전 우

- 조선독립동맹 남만공작위원회 주임: 방호산

- 조선독립동맹 북만공작위원회 주임: 주덕해

  * 조선의용군 제7지대는 길림에서 조선독립동맹을 조직
  * 동만지구에는 이미 연변민주동맹대가 조직되어 별도로 설립하지 않음

---

98) 1948년의 길동지구(吉東地區)의 당원 수 상황을 보면 관내(關內)에서 온 당원은 324명으로, 동북항일연군계의 당원은 13명, 새롭게 인정된 당원은 2,662명이었다(森川展昭, 1996: 417).

군정통일체제로 조선의용군과 함께 활동해왔던 조선독립동맹은 주요간부들이 입북한 상황에서도 잔류간부들을 중심으로 만주지역에서 조선독립동맹 남·북만 공작위원회를 새롭게 결성하였다.[99] 이 조직은 각 지구와 현에 파견되어 조선인 100여만 명이 거주하는 동북지역 농촌에서 군중조직, 당 정책선전 등을 담당하는 단체로서 그 역할을 전환하였다. 그리고 전투부대 확군과 새로운 동북건설을 위해 민중을 동원하는 임무를 맡았다. 그러나 조선독립동맹원과 의용군이 만주에 도착한 후 동북지역에 본격적으로 투입된 시기는 소련 홍군과 결합한 동북항일연군이 이미 기초적인 공작사업을 진행하고 있는 와중이었으므로 이들의 기득권 행사에 밀려 활동에 제약이 따랐다.

그와 같은 사실은 이 지역에서 항일활동을 해왔던 저우바오중을 비롯한 항일연군출신들이 소련의 배경을 안고 중국공산당 중앙동북국과 팔로군에게 직접 지역이양을 한데 따른 소외감이기도 했다. 그러나 이들은 중국공산당 중앙 및 팔로군과의 긴밀한 연대감과 동북지역의 해방이 조선의 완전한 자주와 독립을 가져온다는 사명의식을 바탕으로 동북국의 지시에 순응하였다. 이는 조선독립동맹과 조선의용군이 지대간부회의를 통해 정치사상건설의 원칙을 세우고 간부들과 대원들에게 교양과 선전사업을 한 데서 확인할 수 있다. 즉, 이들은 '계급입장', '인민입장', 그리고 '민족입장'을 내세웠다. 먼저 '계급입장'은 모든 계급간의 경계선과 적아에 대한 구분을 분명하게 분석하는 것을 뜻하며, '인민입장'은 군대는 인민대중을 떠나

---

[99] 조선독립동맹 북만특별위원회는 1942년 9월 24일 연안의 조선독립동맹에서 파견한 김택명(이상조)이 조경형, 김연 등과 함께 북만에서 조선독립동맹 지하조직 건설사업을 해오다가 할빈에서 지하공작을 하던 정경호와 합류하여 1945년 10월 26일 조직되었다. 이 조직은 할빈을 중심으로 오상, 아성, 주하, 통하 등에 분맹과 건국청년회 지부를 세웠다. 제3지대 정치위원으로 임명된 주덕해는 19명과 함께 할빈에서 김택명이 조직한 할빈시보안총대 조선독립대대와 합병하여 1945년 11월 25일 제3지대를 구성하였다(주덕해, 1986: 128-9). 이 지대는 1946년 봄 동북민주연군 송강군구 독립8단으로 개편되었다(서명훈, 2007: 242).

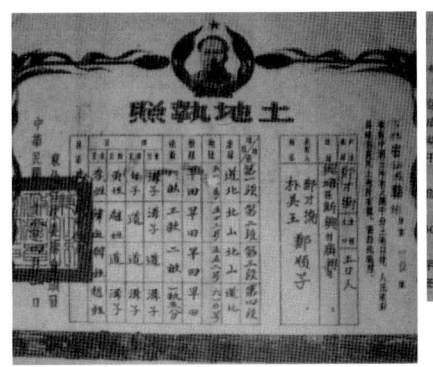

독립동맹 북만지구에서 집행된 토지집조

서는 어떠한 일도 행사할 수 없다는 것이며, '민족입장'은 조선독립동맹 및 조선의용군의 특수성을 말하는 것으로 궁극적으로 조선민족의 독립과 해방을 위하여 투쟁해야 한다는 것이다.100)

이후 1946년 조선의용군은 인민민주연군으로 개명되었다. 이때 조선독립동맹도 동북인민민주연맹으로 그 명칭을 바꾸면서 각 성과 현에 귀속되어 행정 및 동원임무를 수행하게 된다.101) 이 시기부터 조선독립동맹 공작위원회 및 조선의용군 각 지대는 외형적으로는 조선독립투쟁을 위한 무장대오로서나 국제의용군으로서의 지위나 그에 합당한 예우를 상실하게 된다. 이들은 이 지역 조선인을 동원하여 참군과 전선지원, 교육사업, 조선인 자치사업들을 수행하였다. 조선인 무장대오이지만 중국인민과 새로운 공화국을 건립하기 위해 투쟁하는 소수민족 무장대오로서 그 신변, 성격, 임무가 변화된 것이다. 실례로 남만의 리홍광 지대 정치부와 조선독립동맹 남만공작위원회는 우선 군사간부양성을 통해 조선인 거주 지역 자치구 건설과 토지개혁운동을 지도하였다.

---

100) 1946년 2월초 조선의용군 3지대 간부회의에서 발표한 내용이다(주덕해, 1986: 134).
101) 조선의용대 → 조선의용군 → 동북민주연군 → 동북인민해방군 → 중국인민해방군 → 조선인민군이라는 변천사를 가지게 된다.

한편 북만의 조선의용군 3지대 역시 각 현의 독립동맹 북만공작위원회 간부들을 중심으로 조선인 간부양성을 한 결과 동북지역 조선의용군 및 조선독립동맹을 중심으로 1946년 12월부터 1948년 4월까지 1,500여 명의 군사와 지방간부들을 양성·배출하였다. 당시 지방당 조직과 군은 만주지역 민족간부들만을 양성한 것이 아니라 조선인부대 간부양성사업에도 역량을 집중하였다. 이 시기 집중된 간부양성사업의 결과로 이후 이들 중 많은 수가 북한에 중하위급 간부로 차출되어 조선인민군의 토대를 형성하게 된다.[102] 그리고 동북지역에 잔류했던 조선독립동맹은 1948년 여름에 설치된 동북행정위원회 민정부 민족사무처에 흡수·귀속되었다. 이로써 동북지역에서 조선독립동맹의 역할은 그 사명을 완수하게 된다(최강, 2006: 209~10). 그러나 확군된 조선의용군 대다수는 중국 인민해방전쟁 참군이 궁극적으로는 조선독립의 선행적 임무에 불과하다는 사실을 잊지 않음으로써 조선혁명을 위한 귀국을 예비하고 있었다. 이는 향후 독립15사(사단장 전우)가 인민해방전쟁을 마친 후 조선으로의 귀향의사를 표명함으로써 결실을 맺게 된다.

요약하면, 조선독립동맹은 식민지 항일시기 조선독립을 위한 역할을 하면서 해방을 전후하여 가장 활발하게 무장된 정치조직이었다. 해방과 함께 이 조직의 대부분은 정치적 지향을 달성하기 위해 조선으로 귀국했다. 동북지역에 잔류하는 경우에도 조선인 자치사업에 치중하여 그들의 정치적 지향과 연결되는 맥락에서의 활동을 수행하였다. 특히 이들은 이후 조선인출신 중국공산당원임에도 북한의 필요에 따라 전출되어 인사이동과 유사한 형식으로 전당수속을 밟아 북한의 공식적 직위를 담당하는 중요한 역할을 수행하였다. 조선독립동맹 간부들은 비록 무장력을 만주 동북에

---

[102] 남만지역의 경우 1946년부터 1949년까지 3년 동안 리홍광지대와 리홍광지대 군정학교에서 길림성과 료녕성 등 각 현으로 파견된 지방간부는 500여 명이 넘었다. 북만지역은 1947년 12월부터 1948년 4월까지 4차례의 훈련반을 운영하면서 군사 및 지방간부 800명을 양성하였다(황룡국, 1988: 596~7).

남겨두고 입북하였지만, 연안파 식민지 항일투쟁은 조선독립을 목표로 중국의 연안과 만주 그리고 한반도 입북이라는 혁명의 동선으로 이어졌다. 한편 동북에 머문 조선의용군은 1·3·5 지대로 편성되어 1지대는 남만에서, 3지대는 북만에서, 5지대는 동만에서 활동을 전개하였다. 5지대에서 분리된 7지대는 길림에서 치안 및 확군 활동을 했다.

제2절 조선의용군의 확군과 중국 인민해방전쟁

1. 1·3·5지대별 조선의용군의 전이확대 및 동북민주연군으로의 재편

　조선의용군 확군 운동의 목적은 일차적으로 조선해방을 준비하기 위한 것이었다. 그러나 한반도에서 미·소의 분할통치에 따라 무장부대 입국이 거절되었고, 이에 조선의용군은 당시 상황이 중국 인민해방전쟁의 시기이므로 먼저 국제주의적 입장에서 중국혁명을 수행하고, 이것이 완수되면 조선인은 조선으로 돌아가 조선혁명을 수행하자는 행동방침을 정하였다. 즉, 당시 조선의용군들은 중국혁명 참전을 국제주의적 지원으로 정당화한 것이다.

　여하튼 이들의 확군 사업은 중국공산당 팔로군의 3대 규율 8항 주의[103] 교육에 의거하여 진행되었다. 중국공산당은 인민들을 위한 당이고, 군대는 인민들을 위해 존재한다는 실천지침을 체득한 조선의용군은 부대가 마을로 진주하면 총을 놓고 마당을 쓸어주며 물을 길러주고 나무를 패주거나 환자를 치료해주며 마을 주민들을 위한 일을 했다. 민중들 역시 이들의

---

[103] 3대 규율 8항 주의는 마오쩌둥이 국공내전 시기에 제정한 중국인민해방군의 규율을 말한다. 3대 규율은 ①모든 행동은 지휘에 복종할 것, ②군중의 바늘 하나, 실오라기 하나도 가지지 말 것, ③모든 노획물은 조직에 바칠 것 등이며, 8항 주의는 ①말을 친절하게 할 것, ②매매는 공평하게 할 것, ③빌려온 물건을 되돌려 줄 것, ④파손한 물건을 배상할 것, ⑤사람을 때리거나 욕하지 말 것, ⑥농작물을 훼손하지 말 것, ⑦부녀자를 희롱하지 말 것, ⑧포로를 학대하지 말 것 등이다.

행동에 감동을 받아 자발적으로 총을 들고 확군 운동에 동참, 중국혁명에 참여하여 토비나 비적소탕에 적극적으로 참여하였다. 또한 모교를 찾아가 조선독립을 위해 중국혁명에 참여하고 있으며, 조만간 조선으로 입국한다고 호소하면서 많은 학생들의 참여를 독려하였다.104)

조선의용군 확군의 본래 목적이 현실화된 것은 중국 인민해방전쟁이 한참이던 1946년 7월 만주파의 강신태와 연안파의 이익성이 인솔하는 300여 명의 무장부대가 입북하면서부터이다. 이때 길동군구 총사령이던 저우바오중은 조·중 국경인 투먼(圖門)에서 "너희들은 중국혁명에 적지 않은 공을 세웠지만, 조선혁명이 수행되고 있으니 조선에 가서 조선 건설을 위해 자기노력을 해 달라"면서 환송하였다.105)

1) 제 1지대

남만에 파견된 조선의용군 제1지대는 1945년 11월 10일 심양에서 조직되었다. 지대장은 김웅, 정치위원에 방호산, 참모장에 안빈, 정치부 주임에 주연이 임명되었다. 이들의 임무는 확군 사업과 산하의 각 부대를 통일적으로 조직하는 것이었는데, 지대 지휘부는 한 개 련, 한 개 패씩 조직을 분산시켜 조선인이 집거한 철령, 환인, 신빈, 휘남, 해룡, 반석, 류화, 통화, 집안일대로 진출시켰다. 제1지대는 연안군정대학과 태행산 군사간부학교 학생 200여 명과 그 이듬해 노철룡이 인솔한 신사군 소속 조선의용군 간부 수십 명이 근간이 되었고, 한청, 주연이 인솔하여 입북에 실패한 조선의용군 선견종대 800여 명이 기본병력으로 조직되었다. 처음 편성 시 병력은 기포중대, 경위중대를 포함해서 11개 중대 1,500여 명이었다. 이들 제1지대는 12월 초 무순에 도착하여 동북국의 지시를 직접 받으면서 조선인 동포

---

104) 조선의용군 제5지대장인 이익성은 그의 모교인 웅진학교를 찾아가 확군에 참여하자고 호소하였다. 장한철, "북한군의 형성과 나의 역할" 구술 인터뷰(정현수 외, 2006: 283).
105) 장한철, "한국전쟁 구술 인터뷰"(정현수 외, 2006: 200~3).

들을 대상으로 공산당의 군중사업과 사회질서유지 사업을 통해 대대적인 확군 운동을 전개하였다.106) 지대본부를 통화에 둔 당시 국민당 지하군이 2,000여 명의 일본 정규군 포로와 결탁하여 폭동을 일으켰지만, 진압작전의 승리로 이 지역에서 조선의용군에 대한 신뢰도가 매우 높아졌고, 그 결과 병력이 2,000명에서 5,000명으로 크게 증가되었다. 폭동 진압 후 지대장 김웅, 참모장 안빈, 정치주임 주연이 북한으로 귀국함에 따라 1946년 1월에 부대를 재정비하여 지대장에 왕자인, 정치위원에 방호산, 참모장에 노철용, 정치부주임에 홍림이 임명되었다(황룡국, 1988: 556).

1946년 2월 중국공산당 중앙 동북국은 만주에 진출한 공산당 계통의 부대를 일관적으로 동북민주연군으로 개명시켰다. 이에 따라 통화 주둔 팔로군 여단을 양정우 지대로, 제1지대를 동북민주연군 요령군구 이홍광 지대로 부르게 되었는데, 이로써 조선의용군이란 명칭은 공식적으로 사라지게 되었다.107) 그러나 만주 조선인들 사이에서는 오늘날까지도 조선의용군이라는 호칭을 자랑스럽게 생각하고 있으며, 그 정신을 간직하고 있다. 이후 이홍광 지대는 병력의 확산으로 6개 대대와 지대 직속 교도대대와 기포중대, 통신중대, 경위중대로 새롭게 편성되었다. 이 중 교도대대는 비적 토벌을 위한 치안질서 유지와 철도경비를 위한 조직사업에 관여하여 철도경비대대로 편성되었다. 이 부대는 후에 북만의 3지대와 함께 중국인민해방군 철도병단이 된다(김중생, 2001: 84). 나머지 1지대 대원들은 독립4사단으로 개편되어 8,500명의 병력이 휘남현성 전투에 참가하여 승리를 하게 된다. 이 전투의 성과는 국민당 군대에 대한 남만주 동계공격의 전환점이 되었고, 아울러 만주 내전의 종결을 고하는 결정적 계기를 제공했다. 이후 독립4사가 주력이 된 민주연군은 1948년 11월 2일 심양을 접수한 뒤 중국

---

106) 심양에서 제1지대가 설립될 당시 중국공산당원은 7명에 불과했지만 1946년 말에는 부대병력의 8,000명 중 2,600명이 공산당원이 되었다(김중생, 2001: 83~4).
107) 양정우(한족), 리홍광(조선족)은 남만유격대를 기초로 동북인민혁명군 제1군을 건립하였다. 양정우는 군장 겸 정치위원으로 리홍광은 1사 사장 겸 정치위원으로 활동하였다.

인민해방군 동북군구 육군 166사단(사단장 방호산)이 되어 심양시 위수임무를 수행하게 된다.

2) 제 3지대

심양에서 열린 동북조선의용군 조직대회에서 결성된 제3지대는 지대장에 김택명(이상조, 김한규), 부지대장에 리덕산, 정치위원에 주덕해(오기섭), 참모장에 김연, 정치주임에 이근산을 각각 임명하였다. 이들의 목적은 할빈이었다. 김택명은 사실 1942년에 당 조직과 조선독립동맹의 결정에 의해 이미 동북으로 와서 지하사업을 벌이고 있었다.[108) 그리고 조선독립동맹 12개 지부를 건립해 놓은 상태였다. 이후 1945년 8월 20일 할빈에서 조선독립동맹 북만특별위원회를 건립하여 활동하던 중 8월 28일 항일연군 출신의 리조린이 부대를 이끌고 할빈에 도착하자, 김택명은 중국공산당 송강성 위원회의 지휘를 받게 된다. 9월 25일에는 김택명이 지하조직 활동원으로 확보한 500명의 청년들을 중심으로 할빈보안총대 조선독립대대가 건립되었고, 11월 19일에는 조선의용대 제3지대 19명의 성원들이 주덕해의 인솔 하에 할빈에 도착하여 확군 사업을 전개하였다. 11월 25일 조선의용군 3지대의 성립을 선포하고 할빈보안총대를 이에 편입시켰다(황룡국, 1988: 558). 그리고 독립대대를 조직함과 동시에 리조린의 도움을 받아 소련군 경비사령부에서 무기와 탄약을 공급받았다. 이들 역시 1946년 동북민주연군 송강군구 제8단으로 개칭한 후 2,000여 명으로 확군되었다. 당시

---

108) 1942년 창건된 독립동맹과 조선의용군은 중공중앙해외사업위원회의 통제와 지시를 받았다. 이때 일본, 베트남, 말레시아 등 아세아국가공산당과 노동단체들도 함께 이 위원회에 포함되어 있었다. 김택명이 그해 9월 24일 동북(심양)에 잠입해 10월 26일 결성한 조선독립동맹 북만특별위원회가 부여받은 임무는 5가지였다. 첫째, 동북과 조선의 반일단체와 연계, 둘째, 조선의 진보민족주의자들과 통일전선 건립, 셋째, 조선의 공산주의와 연계, 넷째, 동북항일무장부대와 연계하여 확군 운동, 다섯째, 기성조직 발견 못할 시 자력으로 조선민족 반일통일 건설할 것 등이었다(서명훈, 2007).

조선의용대 3지대 대원들   북만에서 확군 운동 시 조선의용대 3지대 군악대

할빈에서는 소련점령군이 만주 대도시를 국민당에게 이양하기로 한 소·중 조약에 의해 심양과 마찬가지로 쌀로군이 철수하였다. 그러나 국민당이 할빈을 접수할 군대를 보낼 수 없었기 때문에 소련군이 철수한 다음날 팔로군과 조선의용군 제3지대가 다시 점령하게 된다. 이들은 이후 2년 동안 북쪽지역에 위치하게 됨으로써 특별한 전투 없이 위임임무만 수행하게 되었고, 그 결과 사단규모로의 조직 확대를 이루지는 못하였다. 그러나 보다 근본적인 원인은 조선인 동포들이 가장 많이 집중되어 있는 목단강 지역에 소련 점령군을 따라 들어온 동북항일연군 출신의 김광협이 조선인 부대를 편성하였기 때문이었다.

이러한 와중에 지대장 이상조, 참모장 김연, 정치주임 이근산은 1946년 가을 무렵 북한으로 입북하고, 정치위원 주덕해는 군직을 이탈하여 동북행정위원회 조선민족사무처장[109)]으로 보직을 변경함으로써 이덕산이 지대장, 관건이 참모장, 정경호가 정치주임[110)]으로 재임명되었다. 그리고 1948년 3월 장춘 점령전선으로 이동하여 제11사단으로 다시 재편되었다. 즉, 길림에 조직된 조선의용군 제7지대를 전신으로 하는 길남군구는 독립

---

109) 중국에 잔류한 조선독립동맹 남북공작위원회는 그 임무가 동북행정위원회 조선민족과로 귀속되어 조선족 자치사업으로 전환되었다.
110) 정경호 역시 바로 입북하여 조선민주당 중앙부위원장이 되었다.

11사 1단, 제3지대는 독립11사 2단, 김광협의 목단강 조선인 부대는 제3단으로 편재되었는데, 중하위급 간부[111]와 대원이 모두 조선인으로 구성되었다. 독립11사단의 간부진 중 조선인은 제3지대장이었던 이덕산이 부사단장이 되었으며, 장복[112]은 정치부 주임이 되었다.[113] 장춘을 점령한 이후 독립11사는 1949년 초 동북군구 제164사단으로, 1단은 490단, 2단은 491단, 3단은 492단으로 전환한 뒤 1949년 5월부터 정규화 훈련을 실시하면서 입북을 준비하게 된다.

3) 제 5지대

동만으로 진출한 제5지대는 3개 지대 중에서 간부와 병력이 가장 견실한 부대였다. 총지휘는 박일우가 맡았고, 지대장은 이익성, 정치위원은 박훈일, 부지대장은 이권무, 참모장은 전우, 정치주임은 조렬광이 맡았다. 간부 대부분이 연안파 태행산 군정학교 출신으로 9개 중대와 경위, 정찰, 통신대를 편성하여 유지하였다. 이들은 길림에 도착해서 박훈일, 최명 등에게 조선의용군 제7지대를 조직할 것을 지시했다.

전우가 인솔한 본대는 연길을 향하던 중 돈화에서 보안대의 기습을 받고 소련군에 의해 무장해제를 당하지만, 전우의 유창한 소련어 구사와 연변분견대 경비부사령인 항일연군 출신 강신태(강건)가 사태를 수습하면서 연길지역에서 조선의용군과 항일연군 간의 협력적 행동원칙이 결정된다. 그 이유는 옹문도 등 연안에서 파견된 중국공산당 간부들이 이미 지방당

---

[111] 제3지대 왕휘 대대장이 부단장, 7지대 김봉문이 제2단 정치부 부주임, 제3지대 참모장 관건이 제2단장 등에 보직되었다.
[112] 장복은 모스코바 동방대학출신으로 해방 후 1진으로 입북하였다가 정경호가 입북하자 다시 그 자리로 와서 보직을 맡았다. 이외에도 입북하였다가 중국으로 되돌아와 보직을 맡은 사람은 항일연군 출신인 임춘추로 연변지구 전원으로 복무하다 다시 북한으로 돌아갔다.
[113] 『조선의용군의 밀입북과 6·25 전쟁』의 저자 김중생을 필자가 직접 인터뷰(2005.1.21) 한 후 책(김중생, 2001)의 내용을 참고하여 재구성.

조직을 구성하였고, 또한 강신태 등이 연변 각 지역에 군대 및 사회단체들을 조직하고 있었기 때문이었다. 이들은 기 구성된 연변위원회를 중심으로 당 조직의 재건에 몰두하는 한편, 대중조직인 연변대중민주대동맹을 지도하면서 10월 말에는 동북인민자치군에 소속된 연변경비여단을 편성했다.

민주대동맹은 대중조직들의 단순한 연합조직이 아니라 노동자·농민의 계급적 권력수립을 위한 통일적 정치조직이었다. 그들의 투쟁목표가 일본군, 만주군의 잔당이나 국민당과의 전투를 분명히 내걸고 있었다는 점에서 이를 알 수 있다. 민주대동맹은 생산조직, 교육운영 등 민정사무를 처리하면서 전 재중 조선인 등 소수민족을 구제했을 뿐만 아니라 무장집단을 조직하고 관리함에 따라서 사실상 정권의 기초를 구축하는 역할을 담당했다. 이는 11월 저우바오중이 강신태에 보낸 지시서한에서 "반드시 신속히 대량의 군대를 조직하며 무장을 접수해야 한다. … 모든 힘을 다해 중·조 민족 간에 얽혀진 매듭을 풀어야 한다"(중공연변주위당사연구소 편, 1989: 276)며 이 지역에서의 군대 건설에 관한 지침을 내린 데서 확인된다. 여기서 저우바오중의 조선인에 대한 깊은 인식과 예우는 동북항일연군 시절 조선인들과 함께 한 애증의 측면114)과 이 지역에서 조선인의 위상을 의식적으로 고려할 수밖에 없는 상황적 조건에서 이해해야 한다. 민주대동맹의 멤버 대부분이 조선인이었다는 점을 고려하면 연변의 조선인들은 중국공산당의 지방정권이 성립하는데 있어 대중적 토대를 담당했음을 알 수 있다. 이런 상황 인식에 따라 저우바오중은 조·중, 그리고 조선의용군과 항일연군 간의 융합을 이끌어 내게 된다. 이에 따라 제5지대의

---

114) 저우바오중은 1946년 12월 27일부터 1947년 1월 31일까지 길림성위 군중사업회의를 통해 '조선족민족문제'에 대해 연설을 하였다. 총 8가지의 문제제기 중 둘째, 조선민족에 대한 일반적 리해, 셋째, 동북의 조선민족주민 상태, 넷째, 혁명투쟁 중에서의 조선민족의 몇 개의 문제, 다섯째, 동북항일유격전쟁에서의 조선인의 공적, 여섯째, 연변조선민족주민의 토지관계, 여덟째, 민족단결문제와 민족정책 등 조선인에 대한 직접적인 논술이었다(김동화·김철수·리창역·오기송 편, 1988; 290~2).

독자적인 행동은 공산당 조직원칙에 부합되지 않는다는 이유로 1,000여 명의 제5지대 병력을 이미 조직된 연변지방부대에 편입시켰다. 그리고 주요 간부들 중 박일우가 연변지방당 위원회 부서기 겸 길동군구 부정치위원, 이익성이 군구 참모장이 되었으며, 이권무, 조렬광, 주혁 등은 얼마 후 북한으로 입북하게 된다.

그런데 3개 지대 중에서 간부와 병력이 가장 견실했던 제5지대는 다른 지대에 비해 오히려 확군을 하지 못하고, 여러 분대에 합병되면서 부대편성도 수차례 변경되기에 이른다. 제5지대의 일부는 기존 경비2단에 합병되어 15단[115]이 되고, 또 한 부류는 기존 경비1단에 병합되어 16단이 된다. 그 외 2개 중대는 강신태가 훈춘에서 조직한 보안단과 합병되어 17단이 되었다.[116] 이들은 1948년 만주 내전을 기점으로 그해 1월 길림성에서 동북군구 독립6사단에 편입되었다. 전 사단 병력 12,000명 중 조선인이 8,000명으로 전우가 부사단장직을 맡았다. 이후 이들은 장춘 전투, 심양 전투, 그리고 북경, 천진 등 관내로 진출한 후 제4야전군 43군 소속 156사단으로 재편되어 중국인민해방전쟁에 깊이 참군하였다. 이후 1950년 2월, 43군에서 이탈하여 강서성 군구 위수부대 역할을 하던 156사단은 조선인들로 재편성하여 부사단장 전우의 책임 하에 7,500여 명이 정주에 집결하였다. 그리고 황동화(항일연군출신 김동규)가 인솔하는 제4야전군 13병퇀 병참경위단 2,500여 명과 합병하여 중남군구 독립15사라는 부대명칭을 부여받는다. 이후 입북을 위해 북한인민군으로의 개편을 지도한 김광협의 인솔로 그해 3월 정주를 출발하여 신의주로 입북하였다. 그 외 5지대의 다른 부류는 연변에 도착하여 독자적으로 교도대대를 조직하고 박송파를 대대장으로 하여 확군 활동을 전개하였다. 이 조직은 1946년 6월 동북군정대학 길림분교

---

115) 조선인이 가장 많이 배치되어 제5지대의 명맥을 유지하였다.
116) 1946년 3월 최광을 단장으로 훈춘보안단 전체가 입북하였다. 조선인 부대 중 1개 연대가 입북하기는 이때가 처음이었다.

와 합병하여 제1기 졸업생 500여 명을 입북시킨 후 북한의 각 보안간부훈련소에 배치되어 인민군 각급장교가 되었다.117)

한편 조선의용군 제7지대는 전술한 바와 같이 박일우가 인솔하는 제5지대가 길림에 도착하여 박훈일과 최명에게 임무를 부여하여 파생된 조직이다. 그러나 이들보다 먼저 조선독립동맹 중앙집행위원인 이유민이 길림에서 최용건으로부터 소개받은 왕효명과 양환준을 통해 중국공산당 길림시 특별지부를 세우고 조선인으로 구성된 길림보안총대 제7대대 400여 명을 지휘하고 있었다. 제7지대는 길림보안총대를 기초로 설립한 뒤 지대장 겸 정위에 박훈일을 임명하고 화전으로 이동했다. 이들은 1,000여 명으로 확군하여 조선민족 혁명군정학교를 세우고 교장에 최명을 임명하였으나, 1946년 3월 박훈일과 최명이 50여 명의 인원을 인솔하여 입북하면서 조선의용군의 명칭은 소멸되었다. 그리고 군정학교는 그 뒤 연길로 이전하여 동북군정대학 길림분교와 합병된 뒤 화전보안단으로 개편되었다. 이후 독립11사 제1단, 164사 491단으로 명칭을 변경한 후 입북하게 된다.118)

2. 중국인민해방전쟁에 참군한 조선의용군 통계

동북만주지역의 조선인 문제를 보는 중국의 시각은 다양하다. 이 논리의 타당성은 그 기원을 중국공산당 정권성립 이전부터 항일시기 소수민족들과의 통일전선구축이라는 국제적 연대 하에서 이루어진 조선공산주의자들과의 관계로까지 연결시킬 수 있기 때문이다. 물론 해방 전 소수민족으로서 조선인에 대해 중국공산당이 취했던 입장이 해방 후에도 연속성을 유지했는가에 대해서는 논쟁적일 수 있다. 그러나 영토적 통일성과 민족

---
117) 김중생 인터뷰(2005.1.21)와 김중생(2001)을 바탕으로 재구성.
118) 김중생 인터뷰(2005.1.21).

적 통합성을 중시하는 중국정부의 소수민족정책은 공산주의 이데올로기보다는 중화민족주의에 기초한 국가민족주의에 기반을 두고 있었기 때문에 중국영토에 위치한 조선인에 대한 정책도 예외일 수는 없었다. 중국공산당의 조선인에 대한 정책은 다음 몇 가지로 살펴볼 수 있다.

첫째, 1931년 만주사변 이전 중국공산당의 조선인에 대한 정책은 민족자결과 토지소유권에 관한 문제와 연결시켜 선언적 수준에서 이루어졌다.

둘째, 만주지역의 해방에 따른 중국공산당 중앙과 만주공산당의 권력배분에 관계된 문제다. 이는 조선인 밀집지역에 대한 중국공산당 중앙의 권력접수와 중앙차원에서의 조선인 정책결정에 관계된 것이라 할 수 있다. 즉, 해방 후 만주지역에서 조선인에 대한 확군과 중국내전참전의 강제는 중국의 조선에 대한 정치·역사적 인식을 배경으로 하고 있다.

셋째, 중국공산당의 내전승리에 따른 중화인민공화국 성립과 조선인 지역 민족자치지구 설정, 그리고 북한과의 관계문제라 할 수 있다.

따라서 이러한 정치·역사적 연속성에 대한 강조는 중국공산당의 조선인과 한반도에 대한 정책이 이미 해방 전부터 시작되었으며, 그러한 정책적 입장이 해방 후에도 국가민족주의의 틀 내에서 크게 벗어나지 않고 유지되었다고 할 수 있다(이진영, 2000). 중국이 조선의용군의 귀환에 동의한 이유는 이러한 정치적 맥락에서 진행된 것인데, 이에 대해서는 후술한다.

요컨대, 1949년 동북조선민족 사무처에서 밝힌 자료에 따르면, 해방과 동시에 100여만 명의 조선동포들이 귀국하였고 정착을 위해 남은 수는 약 107만 명이었다.[119] 이들은 사회적 혼란 속에서 자신들의 생명과 재산을 보호하기 위해 자발적으로 무장자위대를 편성하였다(김중생, 2001: 109~16). 그리고 조선의용군은 확군 활동을 통해 이들을 편입하였다(〈표 3-2〉참조).

---

[119] 중국전역에서 대도시 거주자들은 귀국을 하고, 토지를 경작하던 농촌 지역의 많은 사람들은 안동, 심양, 장춘, 하얼빈, 목단강, 계서, 밀산 지역에 95%가 밀집되어 거주했다.

이외에도 중국인 군단에 조선인을 중심으로 조직된 중대 혹은 대대가 상당수 있었다.[120]

표 3-2 남만, 길림, 연변, 북만지역 무장자위대 조직 현황

명 칭	활 동 연 혁	특기 사항
철영조선 의용단	남만지구 철영현 수전농장 조선독립동맹 분맹이 조직됨. 이들을 중심으로 철용의용단을 만들고 현동명이 대장이 됨. 이후 500여 명이 조선의용군 제1지대에 편입	
흥경현 조선족 중대	남만지구 신빈현에 조직. 이후 조선의용군 제1지대에 편입됨. 1948년 장춘 제164사에 보충되어 입북	입북
개원 조선족 중대	남만지구 개원에서 조직. 민주연군 7종대에 편입	
쌍하진 조선족 중대	길림지구 영길현에서 1947년 230명이 조직됨. 131사단 중국인 부대에 편입되어 장강 도하작전에 참전. 1950년 3월 정주에서 재편성된 후 독립 제155사에 편입되어 입북.	조선인민군 12사단 소속됨
서란현 조선족 중대	길림지구 서란현 보위를 위해 경비대대 조직. 1950년 8월 심양 조선혼성단에 편입되어 입북	조선인민군 17기계화사단
연변지구 조선족 부대	최호림을 중심으로 청년동맹이 조직됨. 이를 강신태가 무장부대로 조직하여 5개단 11,000명으로 구성. 조선의용군 제5지대 도착 후 길동군구 소속이 됨	입북
북만지구 조선족 부대	오상현에서 이상조가 조선독립동맹 분맹을 조직. 1,000여 명을 확군하여 제3지대 500명, 철도경비단에 300여 명을 편입. 철도 경비단은 1950년 6월 입북하여 인민군 철도병이 됨. 기타 부대에 편성된 병력은 1949년과 1950년에 걸쳐 입북	조선인민군 5사단 소속됨

---

[120] 동북민주연군 1종대 38군에는 군단에 2개 대대와 1개 중대, 예하 113사단에 2개 대대와 포대대, 3종대 41군에는 군단 포병대대, 예하 118사 및 119사 포병중대가 조선인으로 구성되었다. 제10종대 47군에는 8,000여 명의 조선인이 분포되어 6개 연대에 배치되어 있었다. 이상의 종대는 1950년 4월 입북하여 조선인민군으로 편입되었다(김중생(2001; 114~6)을 중심으로 김중생 인터뷰(2005.1.21) 내용을 요약).

이상을 통해 만주에서의 확군은 해방 후 무주공산이나 다름없었던 혼란의 시기에 생명과 재산을 보호하기 위해 자체적으로 형성된 자위대, 보안대 등이 조선의용군을 중심으로 재집결하여 이루어졌음을 알 수 있다. 이들의 우선적 임무는 국공내전 확대에 대한 대응으로 제국주의를 몰아내고 동북지역에 잔류한 100여만 명의 조선인 동포들의 생명과 재산을 보호함으로써 각계각층이 참가하는 민주정권 건립에 있었다. 그리고 이들의 적극적인 중국혁명 참여는 조선에서 완전한 통일 자주독립 민주국가 건설에 기여한다는 민족적 사명감을 바탕으로 한 조건적 선택이었다.

중국에서 그동안 출판된 자료를 토대로 중국인민해방전쟁에 참군한 조선의용군의 수를 집계해 보면, 연변지구 43,000명, 남만지구 40,000명, 길림 및 송강성 지구 32,000명, 흑룡강성 및 기타지구 7,000명 등으로 도합 122,000명으로 추산된다.[121] 1950년 당시 통계를 기준으로 동북 각 성에 산재해 있던 조선인 가구가 약 22만 5천 5백 4호이고, 인구가 107만여 명(동북조선족각종통계표, 1950년; 황룡국, 1988: 599)으로 볼 때, 인구대비 11.4%에 달하는 엄청난 비율의 조선족이 중국인민해방전쟁에 참군한 것이다.

3. 중국이 조선의용군 귀환에 동의한 이유

중국공산당이 국공내전에 참전했던 조선인 병사의 귀국에 동의한 이유를 고찰하는 것은 당시 중국의 대한반도 인식이 무엇이었는가를 파악하는 것과 직결되는 문제이다. 전제로 할 것은 당시 중국지도부가 군사적 수단을 통한 한반도 통일을 지지하고 있었던 상황은 아니었다는 점이다. 초기

---

121) 이상의 추정치는 동만 부분은 『중국조선민족총서: 족적 6권』, 남만 부분은 최해암의 『조선의용군 제1지대』, 북만 부분은 『흑룡강 조선민족』 및 김중생의 책(2001; 117-8)을 통해 집계한 수치이다.

중국공산당의 북한에 대한 기본입장은 인적·물적 지원과 한반도에서의 혁명투쟁에 대해서는 동감을 하지만, 직접적으로 개입·관여하지는 않는다는 것이었다(주안지룽, 2005: 38). 왜냐하면 국공내전이 마무리되는 시점에서 중국공산당 중심의 국가건립이 우선적인 과제였기 때문이다. 그럼에도 조선의용군의 북한 입국에 중국공산당이 동의하게 된 이유는 다음과 같은 몇 가지로 분석이 가능하다.

첫째, 1950년 중국 인민해방전쟁이 종결되는 시점에서 대부분의 조선의용군이 식민지 투쟁시기에 염원했던 바대로 해방된 조국으로의 귀환을 희망했다는 점이다.

둘째, 남한에 주둔한 미군정이 북한을 공격할 가능성을 북한에 대한 또 다른 제국주의의 위협으로 보고, 중국이 국제주의적 입장에서 북한혁명정권을 지원할 수밖에 없는 상황적 조건이 조성되었다는 점이다. 북한 역시도 1947년 당시 조·중 국경지대의 북한 측 지역을 국공내전을 치루고 있는 중공군의 지원을 위한 '배후지' 역할을 자청하면서 물자 및 의료를 적극 지원했기 때문에 조선과 중공은 국제주의적 인식을 공유할 수밖에 없었다(김일성, 1945: 19; 1948: 385).

셋째, 중국 인민해방전쟁 후 국가건설과정에서는 전쟁 시에 필요했던 군인들의 수를 경제적으로 축소할 필요가 있었기 때문에 조선인 출신 군인들을 제대시키거나 북한으로 귀환시킬 필요가 있었다. 이를 통해 절감된 군사비를 초기 국가건설비용으로 환원시킬 수 있는 실리를 추구하고자 했다고 볼 수 있다.

넷째, 소수민족인 혁명적 조선인들의 무장을 해제시킴으로써 잠재적인 위협요소를 사전에 차단시키려 했다고 볼 수 있다.

다섯째, 중국공산당은 조선의용군의 귀환을 계기로 순망치한의 조·중 관계에서 중공이 최선을 다했다는 정치적 명분을 축적할 수 있었다. 결국, 조선의용군의 주체적 희망사항, 중국공산당의 명분과 실리가 종합적으로 작용하여 조선의용군의 북한 입국이 현실화될 수 있었다.

　1949년 초 하얼빈에서 중국과 북한 사이에 조선의용군 출신 병사들의 귀환문제에 대한 협정이 체결되었다. 중국 측에서는 중국공산당 중앙 동북국위원인 리리싼과 88국제여단장 출신인 저우바오중이 참석했고, 북한 측에서는 민족보위상을 맡고 있던 최용건이 참석한 것으로 알려져 있으나 이는 잘못된 사실이다. 왜냐하면 당시 리리싼은 전국노동조합 책임자로 베이징에 있었고, 저우바오중은 제4야전군을 따라 남하하여 윈난성에 위치해 있었기 때문이다. 따라서 실질적인 조선의용군 부대의 귀환협상은 1949년 4월 28일 북한 민족보위성 부상이었던 김일과 중국공산당 중앙 동북국 책임자였던 고강의 면담과 후에 베이징에 있었던 마오쩌둥, 저우언라이와의 면담을 통해 이루어졌다고 보는 것이 보다 설득력이 있다(주안지룽, 2005: 39~40). 이때 마오쩌둥은 "중국 동북에는 2개의 조선인 사단과 2백여 명의 양성된 장교들이 있다. 이들을 북한에 보낼 수 있으며 식량과 무기를 원조할 용의가 있다"고 말하였다.[122] 이후에도 1950년 1월 북한은 김광협을 중국에 파견하여 조선의용군에 대한 추가적인 귀환협상을 벌여 1월 23일 중국 중앙인민혁명군사위원회의 허가를 득한 후 조선인 병사와 무기 및 장비를 함께 귀환하도록 했다(聶榮臻, 1986: 748).

　그런데 이와 관련하여 주목해야 할 사실은 김광협 등 조선인 귀환부대 추가협상단 파견을 중공 측이 먼저 제안했다는 점이다. 당시 중공군 제4야전군 사령관이었던 린뱌오(林彪)는 모스크바에 있던 마오쩌둥에게 전보를 보내 "화남지구에 진군해 있던 조선의용군들이 동요를 일으키며 북한으로 귀국을 요구하는 움직임이 있다. 따라서 1개 사단 이상을 북한으로 보내자"고 보고했다. 이에 중국지도부의 통지를 받은 김일성이 조선인민군 작전부장이던 김광협을 파견했고, 남창지역에서 조선의용군 부사단장 전우

---

[122] 소련공산당 초대 북경주재 대표였던 코바료프가 1945년 5월 18일 마오쩌둥의 부탁으로 스탈린에게 보낸 전보내용을 인용(沈志華 편, 2003: 189).

의 책임 하에 정주로 이동한 부대를 1개 보병사단과 2개 연대로 재편성한 후 1950년 4월 18일 원산을 통해 입북하도록 하였다(沈志華, 1998: 215).

당시까지만 해도 중국공산당의 이러한 조선인 부대 귀환에 대한 지원은 어디까지나 북한의 인민혁명 준비에 대한 지원이었지 한국전쟁으로 촉발될 사회주의 진영 확대를 염두에 둔 것은 아니었다. 그러나 소련의 묵시적 지원과 더불어 중국의 조선인 병사 귀환 동의는 북한인민군의 정규 병력을 3개 사단에서 6개 사단으로 일거에 증가시키게 되었고, 이는 남북한 간의 군사적 균형을 역전시키는 결과를 낳았다. 이러한 군사적 균형의 역전은 김일성이 남한에 대한 기존의 "방어적 방침"에서 무력해방이라는 "공격적 방침"으로 급선회하게 되는 동기를 강하게 부여했다고 할 수 있다(와다 하루키, 2002: 2).

제3절 조선인민군의 강화 및 편제

1. 동북해방전쟁 중 중국공산당과 북한의 관계

　1931년 9·18사변은 중국동북지역을 침략하기 위해 일본이 심양의 중국 동북군을 공격하고 그 지역을 점령한 사건이다. 이 사건은 중국공산당이 동북각지에서 조·중연합전선의 일환으로 동북항일연군을 결성시켜 항일 무장투쟁을 수행하도록 한 직접적 계기가 되었다. 당시 중국 본토의 핵심 항일근거지를 제외한 지역에 소비에트정권이 전무했던 사실을 고려한다면, 동북지역에서 항일투쟁이 활발하게 일어나고 소비에트 정권이 형성되었다는 사실은 조선인과 중국공산당이 긴밀한 유대관계를 형성하고 있었다는 점을 알게 해준다. 그리고 동북지역의 항일투쟁기간 내내 5군 군장 및 88독립여단 총괄지휘자로서 실질적으로 동북항일연군을 지휘해온 저우바오중과 조선인 중심의 항일연군 제2군 6사장 김일성, 그 외 최용건 및 김책 등은 해방 이후에도 동북지역과 북한지역을 연계한 주요인물로 역할을 하게 된다.

　동북지역에서 저우바오중은 동북으로 진출하는 중국공산당 중앙의 명령에 복종하며 팔로군과 신사군의 결합을 통해 동북지역을 인계함으로써 중국공산당 중앙과의 단절된 상황을 회복하고자 했다. 반면 김일성을 중심으로 한 조선공작단들은 입북 후 건당·건국·건군의 3대 임무를 제기하였다(저우바오중, 1985: 2~5). 그러나 엄밀하게는 이 시기 입북한 조선공작단은 사실 중국공산당 동북위원회가 파견한 11개 지역의 한 분과로서, 그리고 소련점령지의 부책임자급 임무수행단으로서 그 역할이 제한되었

동북항일연군 분견대 〈자료제공: 민족21〉

다고 할 수 있다.[123] 따라서 중국공산당 동북국의 지휘체계가 완전하게 구축되지 않은 상황에서 이들 조·중 동북항일연군 출신자들의 항일투쟁 경험에 따른 깊은 인연은 향후 북·중 관계를 형성하는 기반이 되었다고 할 수 있다. 이러한 관계회복은 3년간의 동북해방전쟁 과정에서 북한이 중국공산당을 지원하였고,[124] 북한의 북부지방은 동북민주연군의 후방역할을 함으로써 보다 긴밀하게 이루어졌다. 그런데 기존 연구들은 일반적으로 양국의 혈맹적 관계를 더 이상 분석적으로 접근하지 않고, 이 정도 수준에 묶어 두고 있다.

그러나 정치·군사적 동맹관계로서의 북·중관계가 이 정도의 배경을

---

[123] 이종석은 조선공작단이 조국귀환 전에 조선에서의 당건설과 해방 사업을 준비했다고 하면서 북한국가건설의 준비위원회로써의 성격을 가진 것으로 기술하고 있다(이종석, 2003: 161). 그러나 소련극동군구사령부에 속했던 88특별여단은 당과 정부의 지도자를 육성하는 양성소가 아니었다. 이들은 저우바오중 지휘하의 중국공산당원으로서 소련극동군에 위탁된 특수정찰부대로서 훈련을 받고 있었다. 특히 여단 내 조선인 60여 명 중 김일성 직계가 20여 명에 불과하여 그의 통솔권은 중국공산당원으로서 위임받은 것으로 보아야 한다(임은, 1989: 142). 해방 후 북한정권을 김일성이 주도하게 된 결과적인 차원에서는 이종석의 주장이 타당할 수 있으나 엄밀히 보았을 때 조선공작단의 초기 성격은 중공동북위원회와 소련점령군의 예하 기관으로서의 임무를 받고 투입된 정찰부대의 역할에 지나지 않았다고 보는 것이 보다 객관적이다.
[124] 저우바오중이 북한에 군수물자 및 의료지원 요청 시 북한은 이를 전적으로 수용하여 지원을 아끼지 않았다. 동북해방 후 저우바오중은 길림성 정부 주석 겸, 동북군구 부사령관 신분으로 북한을 방문하여 사의를 표했다(김일성, 1998: 264~5).

가지고 형성되었다고 보기에는 많은 의문점이 있다. 그 이유는 첫째로 항일시기 내내 항일연군이 중국공산당 중앙과의 지역적 단절로 인해 소련 코민테른 내 중국대표단에 의해 간접적 영향을 받음으로써 노선상의 오류와 시행착오를 많이 거쳤다는 점이다.[125] 이는 중국공산당 중앙과 동북항일연군이 상징적 관계 이외에는 상당히 약한 연대를 형성하고 있었음을 의미한다. 둘째, 동북지역을 관할했던 저우바오중의 초기북한에 대한 인적·행정적 지원은 1949년 이후 사실상 중단되었다. 이는 중국공산당과 김일성 만주파와의 공식적 관계가 아니라 중국공산당 동북위원회의 한 분과로 파견된 김일성의 조선공작단에 대해 지원이 이루어진 것으로, 중국공산당 동북군구라는 지방정부차원에서 북한 초기정권과 인적·물적 교류가 이루어지고 있었다는 것을 의미한다. 따라서 저우바오중의 전보는 그의 역할과 비중을 감안할 때 인적·물적 지원을 받아야했던 북한으로서는 원활했던 관계에 차질을 가져왔다고 볼 수 있다.[126] 셋째, 중국공산당 중앙과 김일성과의 직접적인 관계형성이 구축되어 있지 않았다는 점이다. 단지 김일성의 측근이었던 최용건이 1945년 동북지역 인계 작업을 위해 심양을 방문하여 중국공산당 동북국 간부들과 면담한 것이 유일한 인적 교류였을 뿐이다.

기존의 연구들은 이러한 점들을 고려하지 못하고 있다. 이는 연안파의 존재와 역할을 간과한데 따른 한계이다. 물론 항일연군의 동북위원회가 중국공산당 중앙에 동북지역을 인계한 사실은 상징적인 의미에서 북·중관계의 기반을 조성했다고 볼 수 있다. 그러나 북·중관계의 돈독한 혈맹관계로의 진전은 중국공산당 중앙과 생사고락을 같이한 연안파의 역할에 기인한 것으로 보아야 한다. 특히 조선의용군의 확군 활동과 조선독립동

---

[125] 민생단 사건은 그 대표적 사례가 된다(정병일, 2008a).
[126] 저우바오중은 1949년 8월 길림성을 떠나 운남성으로 전보되었으며 이후 1956년 제8차 당대표대회 중앙후보위원 및 전국민족위원회 위원으로 활동하다 1964년 병으로 북경에서 사망하였다(김동화·김철수·리창역·오기송 편, 1988: 475~8).

맹이 주관한 간부양성훈련을 통해 배출된 조선인 간부들과 군인들의 귀국은 단순한 귀환이 아니라 중국공산당에서 북한로동당으로 당적이동을 의미하는 것이었다. 이때 항일연군 출신의 주요간부들은 대부분 북한으로 입북한 상태였고,[127] 조선독립동맹의 연안파 간부들이 양성한 일반간부의 이동도 개별적인 방식으로 수시로 이루어지고 있었다. 다시 말해, 국공내전 참가부대소속 조선인 중국공산당원이 북한의 필요에 따라 전출되어 인사이동과 유사한 형식으로 전당수속을 밟아 북한 내 공식직위에 취임하는 경우가 적지 않았다(서동만, 2005: 256~7). 이러한 상황은 북·중 국가건설의 과도기적 상황에서 양국의 정치적 필요조건 때문에 가능했다고 볼 수 있다.

그렇다면 이러한 북·중 간 강한 연계를 가능하게 했던 연안파와 중국공산당의 애증관계는 어느 정도였을까 하는 문제가 남는다. 다음 몇 가지 사례를 통해 이를 살펴보도록 하자.

1942년 조선독립동맹 및 조선의용군은 항일무장투쟁을 조직적으로 지도하며 일본제국주의에 대항하였다. 그 대표적인 전투가 '호가장 전투'였다. 팔로군 참모장이었던 예젠잉(섭검영, 葉劍英)은 이 전투에서 희생된 조선의용군을 추모하는 글에서 "조선의용군은 팔로군, 신사군과 긴밀한 협조 속에 투쟁을 전개하였으며 중국에서의 조선혁명의 핵심이자 반파쇼투쟁의 새로운 역량으로 지대한 기여를 했다"고 치하한 바 있다.[128]

또한 1945년 2월 5일 연안에 조선민족해방을 위한 간부양성학교인 조선군정학교가 설립할 시 주더(朱德), 우위장(吳玉章), 쉬터리(徐特立)는 다음과 같은 연설을 한 바 있다. 먼저 주더는 "중국공산당과 함께한 경험이 조

---

[127] 연변전원공서 전원을 맡았던 림춘추 등 항일연군 출신의 소수 간부들은 문정일, 주덕해 등 조선독립동맹 간부들과 배합하여 만주지역과 북한과의 관계를 형성하고 있었다. 이러한 정황은 초기북한건설 시기 김일성 정권이 중공동북위원회 관할 하에 지원 및 협조를 받고 있는 상태임을 알 수 있게 한다.

[128] 김일성종합대학 편(1951: 133~5) ; 葉劍英, 「도조선의용군진망동지(悼朝鮮義勇軍陣亡同志)」, (『해방일보』, 1942.9.20).

선동지들로 하여금 민족통일전선을 어떻게 구축할 것인지를 알게 했음으로 이를 바탕으로 민족독립과 해방에 도움이 되길 바란다"고 격려했고, 우위장은 "조선혁명 전사들이 개인영웅주의를 극복하고 대중을 위한 입장을 강화하여 마오쩌둥 이론과 중국혁명의 실제경험을 학습할 것"을 제안하면서 양 관계의 돈독한 애정을 표시했다. 또 쉬터리(徐特立)는 "중국혁명을 학습하되 그 정수를 이해함으로써 조선혁명의 현실에 맞게 학습할 것"을 당부하였다(『해방일보』, 1942.2.10). 특히 1945년 마오쩌둥, 주더, 펑떠화이 등 중국지도자들이 팔로군과 신사군에게 보낸 신년메시지에서 "조선독립동맹과 조선의용군이 영용무쌍한 혁명정신과 전통을 함께하며 4년을 성장해왔다"고 피력하면서 양 관계의 긴밀함을 확인하였다.

이 같은 사실은 중국공산당이 조선독립동맹과 의용군을 혁명적 동지의 입장에서 인식하고 있었음을 보여준다. 이에 대해 연안파 간부들은 중국공산당의 정치적 입장을 옹호하며 중국인민의 해방이 조선과 동북인민의 해방과 긴밀하게 연결되어 있다고 화답했다(김경일, 2005: 60~3).[129] 박일우는 중국공산당 제7차 당대표대회에 참석하여 "조선독립동맹의 임무는 간부를 하루빨리 양성하고 조선인민의 항일무장대오, 즉, 조선의 팔로군을 조직하는 것이다. 그리고 강대한 중국공산당은 동방 피압박 민족해방운동에서 결정적인 역할을 할 것이며 따라서 중국공산당의 승리는 곧 조선인민의 승리"[130]라는 입장을 피력하였다. 이와 같이 중국공산당과 연안파가 동일 이데올로기 하에서 수행한 투쟁의 경험은 해방 후 동북지역에서 상

---

[129] 이에 대해 필자는 당시 중국과 조선인들의 인식에서 외형적으로는 조선과 동북지역을 특별한 경계가 없는 조선인 거주영역의 개념으로 수용을 하는 듯하지만, 중국의 속 깊은 정치적 개념은 조선인과 조선에 관해 중국의 소수민족과 그 영역의 하나로 보고 있는 것이 아닌가 한다. 이 개념은 이후 지금까지 어떠한 구실로든 중국이 표현하지 않은 정치·군사적 개입을 한반도에 지속적으로 행사해온 역사적 배경을 갖고 있다 하겠다.

[130] 양소전 편(1987: 1439); 김경일(2005: 64) 참고. 1943년 소련의 코민테른이 해산한 후 1945년 중공은 제7차 당 대회에서 마오쩌둥 사상을 지도이념으로 확립하였다.

당한 신뢰를 바탕으로 지속되었다고 볼 수 있다.

　동북항일연군 계 인사로 구성되어 있었던 중국공산당 동북위원회가 중국공산당 동북국에 지역 관할권을 이양한 뒤 동북지역 중국공산당의 주요 거점이었던 연변지역에서는 중국공산당 중앙과 밀접한 관계를 가지고 있었던 조선독립동맹원들이 주도권을 발휘하게 되었다. 그리고 그들은 중국 내전 참군을 위한 조선인 확군 사업에 성공적으로 기여함으로써 중국공산당이 인민해방전쟁을 승리로 이끄는데 큰 공헌을 했다. 특히 연변전원공서와 동북행정위원회 등 주요행정기관을 주도적으로 운영하였고, 조선인 중국공산당원이 북한의 필요에 따라 전출되어 인사이동과 같은 형식으로 전당수속을 밟아 북한 내 직무에 취임할 때 직접 또는 행정매개자로서의 역할을 한 점에서 연안파의 정치사적 의의는 매우 크다 하겠다. 이러한 북·중 관계는 북한이 공산당분국 시절부터 한국전쟁에 이르기까지 조선로동당 간부부장을 무정 - 박일우 - 허정숙 - 리상조 - 진반수 등으로 이어지는 연안파 출신을 임명했다는 점과 당·정 선정담당 책임자를 김창만과 허정숙으로 세웠다는 점에서도 연안파가 양국 관계에 미친 지대한 영향력을 확인할 수 있다.

　이렇듯 연안파는 중국공산당과 동북의 항일연군출신과 긴밀한 유대관계를 형성하여 동북해방전쟁 시기부터 중국공산당과 북한이 특수한 혈맹관계를 지속해 나갈 수 있는 탄탄한 토대형성의 역할을 했다고 할 수 있다.

2. 조선의용군의 입북과정과 조선인민군으로 재편성

　일본의 패망 후 화북 각지에서 활동하던 조선의용군이 만주에 집결을 완료한 다음 취한 행동방침은 크게 두 가지로 구분할 수 있다. 하나는 독립동맹 중앙 집행위원 전원과 일부 조선의용군 간부의 신속한 입북이고,

제Ⅲ부 해방시기 동북에서 연안파의 활동   157

다른 하나는 남만, 동만, 북만으로 신속히 진출하여 조선의용군 확군 사업을 시작한 각 지대의 활동이었다. 그중 조선의용군의 입북과 조선인민군으로의 편성은 1945년 말부터 1950년에 걸쳐 조·중·소의 국제정치적 관계 속에서 진행되었다.

1) 선견종대의 무장 입북좌절

일본이 패망한 다음 기동지구에서 활동하던 조선의용군은 기동지구 수전개척농장 동포청년에 대한 모군사업을 전개하면서 만주진출을 진행하던 중, 주연의 인솔 하에 증극림 팔로군 부대를 따라 만주로의 이동을 시작하였다. 기동지대 선발대가 9월 4일 심양에 도착했을 때는 심양에 잠복해 있던 지하공작원 한청이 서탑에 의용군 모집소를 설립하고, 해방 후 심양에 집결하던 조선인 청년들을 상대로 대대적인 모병사업을 진행 중이었다. 이들은 9월 중순에 병력이 1,000여 명이 되었으며, 주연이 이동 중에 모집한 기동지대 400명과 합류하였다. 한청과 주연은 1,400여 명의 병력을 12개 중대로 편성하고 부대명칭을 조선의용군 선견종대로 결정하였다. 그리고 입북을 위해 남으로 행군해 안동(지금의 단둥)에 도착하여 확군 사업을 하려 했으나, 압록강 지대가 이미 주둔하여 확군 사업을 하고 있었기 때문에 강을 건너 신의주로 이동하여 독립동맹 지도부의 귀국을 기다리기로 계획을 수정하였다.

선견종대의 도강과 입북은 조선의용군 총부의 허가를 받을 수 없는 상황에서 그 당시 이미 만주에 도착해 있던 조선의용군 최고 간부인 이유민의 승인으로 결정된 사항이었다. 그러나 이들은 입북 후 곧바로 소련점령군으로부터 무장해제를 당하고 중국으로 되돌아오게 되는데, 이때 10월 말 심양에서 독립동맹 지도부와 조선의용군 지휘부를 만나게 된다. 따라서 조선의용군 선견종대의 대부분 병력은 제1지대에 편입되고 주연은 제1지대 정치주임에 임명되었으나, 한청은 새로운 임무를 맡고 단독행동을 하

였다.131)

2) 압록강 지대의 재 입북

산동지구 조선의용군 군정학교 출신 30여 명은 이명, 노민의 인솔 하에 산동군구 정치주임 소화 장군을 따라 해상으로 이동하여 안동(지금의 단둥)에 도착했다. 그리고 대대적인 확군 사업으로 1945년 11월 중순 병력이 1,000여 명으로 확대되어 9개 중대로 편성된다. 이 조직은 11월 초 조선의용군 심양회의에서 압록강지대 설립을 결정하고 지대장에 김호(채국번), 정치위원에 이명, 정치주임에 김강을 임명하였다. 압록강 지대 역시 설립 초기 일개 소대가 무장을 하고 신의주에 갔다가 되돌아 온 경험이 있다. 앞선 선견종대의 입북좌절 후 한 달이 채 되지 않은 시기에 이들의 재 입북시도는 조선의용군의 한반도 진입에 대한 정당성 피력과 함께 소련점령군의 태도변화를 시험해 보기 위한 것이기도 했다. 그러나 이들 역시 신의주에서 무장해제를 당하고 돌아온 다음 지대장 채국번, 정치위원 이명이 1946년 초 개인 신분으로 북한에 입북하게 되고, 김강이 지대를 관리하게 된다. 그런데 1946년 3월 초 압록강지대 1,000여 명은 무장을 하고 압록강 다리를 건너 신의주에 도착하여 소련군의 간섭을 받지 않고 신의주 보안대의 안내를 받았다. 이들은 신의주에서 5일 동안 휴식한 다음 재편성이 되는데, 교육수준이 있는 사람을 3개 중대에 집중시켜 의주로 보내 정치학원에 입학시키고, 그 외 5개 중대는 평북 보안부 경비대로 편성시켰다

---

131) 동북 조선의용군의 제1차 도강 실패 후 한청은 연안 간부 10여 명과 선견종대 1개 소대를 인솔하고 심양을 출발 요남지구에 가서 확군 사업을 하게 된다. 한청이 거느린 부대는 이름을 조선의용군 독립대대라고 결정하고 11월 15일 영구에 도착하여 한 달간 확군 사업을 한 결과 병력이 600명이 되었으며 직속 중대와 기타 3개 중대로 독립대대를 편성한다. 독립대대는 이듬해 2월 안동에 도착한 다음 다시 지시에 의해 환인으로 가서 요령군구 4분구 골간단 3대대에 편입되어 환인 군수공장 경비임무를 수행하면서 비적 숙청작업에 동원되었다가 100여 명의 사상자를 내는 손실도 입었다. 한청은 이 시기에 입북한다(김중생(2001: 135~6) 및 인터뷰(2005.1.21)).

(김중생(2001: 138) 및 인터뷰(2005.1.21)). 이는 만주지역 군사정세가 약화됨에 따라 북한의 군 창설 및 무장력 강화가 급선무라는 인식에 따른 조치였다고 볼 수 있다.[132]

3) 동북군정대학 길림분교

일제 패망 후 중국공산당의 만주선점 전략의 일환으로 연안의 군정대학 일부도 동북군정대학 건립을 목적으로 만주에 도착하였다. 연길에 위치했던 동만 분교는 1946년 6월 다른 두 개의 학교와 합병하여 동북군정대학 길림분교가 된다.[133] 그 중에서 동만 분교를 제외하고는 길동군정대학은 조선인 학생이 380명, 조양천 교도대대는 학생 1,300명 전원이 조선인이었고, 7지대 군정학교는 조선인 학생이 200여 명이었다. 연변에서 설립된 길림분교는 조선인 청년들이 많이 참가할 수밖에 없었고, 조선인 간부들이 만주내전에서 부대의 중·하위 지휘관으로 많은 활동을 했을 뿐만 아니라 내전 후에도 길림분교 조선인 학생들은 만주지역 공산당 기관에서 많은 비중을 차지하게 된다. 길림분교는 4기 졸업생을 배출하였으며, 그 중 조양천 교도대대 500명의 조선인 졸업생이 입북하였다.[134] 국공내전기간 중 조선인 학생들을 북한으로 차출해 갈 수 있었던 이유는 당시 화정군정학교 교장이던 박훈일과 조선의용군 제5지대 총괄지휘자였던 박일우 등 조선의용군 출신 및 항일연군출신의 연변분견대 책임자였던 강건(강신태)

---

[132] 동북지역의 많은 조선의용군 및 조선인 청년들은 군·보안기관 등을 비롯하여 초기북한국가건설 작업에 참여하였다(이종석, 2000: 113).
[133] 합병된 세 개 학교는 항일연군 출신 강신태가 1946년 3월 개교한 길동군정대학, 조선의용군 제7지대가 길림화전에 세운 7지대 군정간부학교를 말한다.
[134] 1946년 6월 조양천 교도대대 조선인 졸업생 500명의 입북을 증언한 장한철 씨에 의하면 조양천 교도대대가 연길에 와서 동북군정대학 길림분교로 합병될 때 500명을 별도로 선발하여 저우바오중 교장이 연설하며 입북의 필요성과 의의를 설명한 다음, 중대별로 회령으로 도강하여 함흥에서 한 달 동안 집중교육을 받고, 각 보안간부훈련소에 분산 배치시켰다고 한다(김중생, 138~40).

등이 조양천 교도대의 우수한 학생들을 차출했기 때문이었다. 이러한 인재 차출에 대한 중국공산당 측의 방임은 이 지역 책임자였던 저우바오중의 묵시적 지원과 함께 만주거주 조선인들의 모호한 이중국적관계 때문이었다. 이 학교는 1947년 4월 제2기생 480명, 1947년 5월 제3기생 220명, 1948년 3월 제4기생 340명을 배출하고 그해 길림에서 폐교하였다.

4) 훈춘보안단의 밀입북

훈춘보안단은 제5지대가 연변에 도착하여 현지 경비단과 혼합 편성될 때, 2개 중대 300명을 훈춘에 보내서 이미 존재하던 훈춘보안단과 합병된 부대이다. 훈춘보안단에서 제5지대 간부들은 주로 중·하위 간부직을 맡게 되었는데, 제17단장인 김신이 훈춘보안단장이 된다. 훈춘보안단의 입북은 김신이 인솔하지만, 실제 지휘관은 소련군을 따라 나온 만주 항일연군 출신 최광(최명석)이었다.[135] 그는 소련군이 연길로 진공 시 강신태의 수하에서 지병학, 김만익, 박근식, 박락권 등과 함께 연길에 와 있었다. 훈춘보안단의 밀입북은 단(연대)병력 규모로 앞에서 언급한 조선의용군 압록강지대와 비슷한 시기에 만주조선인 무장부대로서 입북하는 첫 번째 사례가 된다.

때문에 이들 무장부대의 입북 허용은 북한점령 소련군이 무장부대의 입북을 허용하는 정책적 변화를 상징하는 것이었다. 즉, 조선의용군 압록강지대의 입북과 이어지는 훈춘보안단 무장부대 입북은 해방초기 소련군이 국제협약을 이유로 조선의용군 선견종대를 무장 해제시키고 입국을 반대하던 정책에서 선회했다는 것을 의미하는데, 이 기간 동안 입북한 독립동맹 지도부와 김일성 세력이 조선의용군 부대의 입북 필요성에 공감하여 소련점령군 당국에 강력한 교섭을 벌여 동의를 얻은 것으로 보인다. 이러

---

[135] 조선인민군 총참모장을 역임한 최광(崔光)이다. 그는 입북 시 200여 명의 장병을 인솔하여 귀국하였다(김일성, 1998: 293).

한 변화의 조짐은 또한 미·소 간 협정의 균형을 깨면서 북한에 대한 소련의 구체적인 정치·군사정책 개입이 시작되었음을 알리는 것이기도 하다. 요약하면 만주조선인 무장부대의 입북은 소련점령군의 묵시적 승인 하에 동북민주연군 지휘부와 중국공산당 중앙 동북국의 동의로 결정되었다. 그러한 사실은 저우바오중이 1946년 6월 조양천 교도대대를 졸업한 조선인 500명을 대상으로 입북의 필요성과 의의를 연설했으며, 훈춘보안단 입북 시에는 투먼(圖們)까지 와서 환송연설을 한데서 확인할 수 있다.

이상의 정황은 만주국공내전이 전면적으로 확대되지 않은 시점에서 조선인 무장부대의 입북요청을 중국공산당 지도부가 거절하기 어려웠을 것이라는 분석을 가능하게 한다. 특히 1946년 봄, 길동지구에서 활동하던 강신태, 박일우, 이익성 등이 귀국하면서 연변조선인 일부 병력의 입북요청을 했을 때 당시 길림군구사령원인 저우바오중은 더욱 거절하기가 곤란했을 것으로 보인다. 따라서 훈춘보안단 2,000여 명과 조양천 교도대대 1기생 500명이 입북하여 북한 무장력의 기초가 되는 보안간부 훈련소에 배치되어 훈련 후 군과 보안기관뿐만 아니라 정무기관 등에서 광범위하게 활동하게 된다.

그러나 1946년 가을부터 만주내전이 전면적으로 시작되었다. 그해 겨울에 남만의 모든 지역이 국민당 군대에게 점령되었고, 북만에서도 송화강 북쪽까지 퇴각하는 등, 중국공산당에게는 가장 어려운 시기였다. 이 시기부터 만주조선인 무장부대의 입북은 중단되었고, 다만 1947년 6월 길림분교 2기 졸업생 30여 명만이 평양으로 갔다. 이후 조선의용군의 무장입북이 다시 거론되기 시작한 것은 국공내전이 끝날 무렵인 1949년 초였다.

5) 164사, 166사, 독립15사 입북

1948년 11월 국공내전이 중국공산당의 승리로 끝난 다음 1949년 7월부터는 조선의용군 부대 전원이 중공군으로부터 분리되어 귀환하기 시작했다. 그것은 이 시기 김일성과 그의 밀사들이 북경과 모스크바를 자주 방문하게 되고, 1949년 5월 김일성의 특사 김일이 북경을 비밀 방문하여 중국 내 조선의용군 부대의 조선인민군으로의 재편성을 제기함으로써 공식화되었다. 이에 마오쩌둥은 즉석에서 만주에 주둔하고 있는 두 개 사단은 당장 입북이 가능하다고 약속함으로써 한국전쟁 발발 전후에 걸쳐 조선의용군 입북이 계속되었다.

먼저 동북군구 관할 하에서 전원이 조선인으로 구성되어 있던 제164사단 사단장 이덕산(김창덕) 외 10,821명과 방호산 사단장이 이끄는 제166사 10,320명 등 2개 사단은 1949년 7월부터 8월에 걸쳐 북한으로 귀환했다. 1949년 7월 20일 창춘을 출발하여 두문에서 8월에 입북한 제164사단은 라남에서 조선인민군 제5사단으로 재편되어 양양에 배치되었고, 166사단은 조선인민군 제6사단으로 재편되어 개성·옹진반도에 배치됨으로써 북한군 전략증강에 막대한 영향을 미치게 된다.

한편 중국해방전쟁에 참군한 뒤 정주에서 최종적으로 재편된 중남군구 독립15사단은 중공군 제43군에 속한 156사 466단과 467단을 중심으로 38군의 113사단의 조선인 2개 대대를 편입시켜 12,000여 명으로 편제된 부대이다.136) 이들은 조선의용군 출신 전우를 사단장으로 하여 파견된 김광협과 함께 입북한 뒤 원산에 배치되어 조선인민군 제12사단으로 개칭되었는데 포병단과 공병단을 보유한 전투경력이 출중한 부대였다. 이 부대에는 항일연군 출신 지병학이 참모장 겸 포병단장, 양근이 정치부 주임, 그리고 황동화(김동규)가 보병 3단 단장을 맡고 있었다.137)

---

136) 전우가 인솔한 156사 8,000명, 113사 소속 조선인부대 1,000여 명, 15병퇀 황동화(김동규: 동북항일연군 출신)가 인솔한 경위단 2,500여 명이 규합되었다.
137) 1950년 2월 강서성 군구 사령원 진기함(陣奇涵)장군은 남창시 위수 사령 등극명, 부사령 전우(全宇), 정치위원 강학빈(江學彬)을 사무실로 불러 중남 군구의 지시를 전달하는데, 조선족 전체군인을 빠른 시일 내로 단독 편성하여 하남성 정주에 집결시킬 것과 조직 편성 및 행군 인솔은 전우 부사단장 책임 하에 집행한다는 요지였다.

3. 조선인민군에 편입된 조선의용군부대 규모 (〈그림3-1〉 범례참조)

초기에 개인자격으로 입북한 조선독립동맹과 조선의용군 간부 80여 명을 시발로 하여 1950년 7월말 동북군구 심양조선족혼성단이 입북하기까지 북한인민군에 편입된 조선의용군의 규모는 다양하게 집계되어 있다(주영복, 1990; 장준익, 1991). 초기에 입북한 부대 중 압록강지대가 1,000여 명, 훈춘보안대 2,000여 명, 그리고 동북군정대학교 길림분교 조양천대대가 530여 명으로 조사되었다. 중국 인민해방전쟁 이후 북한으로 입북한 164, 166, 독립 15사 등 3개 사단의 병력은 1개 사단병력을 12,000명으로 추산할 때 36,000여 명으로 추산할 수 있다.

그 외 제4야전군 47군은 조선인 병력의 집결명령을 접하고 각 사단에 분산된 조선인 출신들을 군단본부에 집결시켜 조선독립단이라는 부대명칭을 부여하였다. 이들의 집결이 늦어진 이유는 호남성 서부 산악지역에서 비적 토벌작전을 수행 중이었기 때문에 교통과 통신두절로 신속한 행동을 할 수 없었기 때문이다. 이들은 139사 800여 명, 140사 1,800여 명, 141사 2,800여 명 등 총 5,400여 명 규모[138]로 독립15사가 북한으로 출발한 후 정주에 도착하였다. 그리고 1950년 4월 황해도 송림에 도착하여 그 중 3,000여 명 정도는 북한 인민군 4사단 제18연대로 개편되었고, 연대장에는 장교덕, 참모장에는 송덕만이 임명되었다. 그리고 나머지는 평양에서 기계화보병연대가 되었다.

이에 따라 황동화는 광서성까지 진군한 제4야전군 13병퇀 총병참경위단 조선족 2,500여 명을 인솔하여 정주에 도착하였다(최회택, 「독립15사가 편성되던 때」, 『중국조선민족발자취 총서-승리』, 1992: 692~3 ; 장준익, 1990: 66~77 ; 이종석, 1999: 109). 독립15사가 북한 입북 후 원산에서 7사단이 되었다가 12사단으로 개편되었다는 기록은 잘못되었다(김중생, 2001: 188).
[138] 김중생이 조선독립단 소속으로 한국전쟁 참전 후 부상으로 중국 길림에 살고 있는 옥치환의 증언을 토대로 기술한 내용(김중생, 2001: 153).

그림 3-1 조선의용군 입북 경로

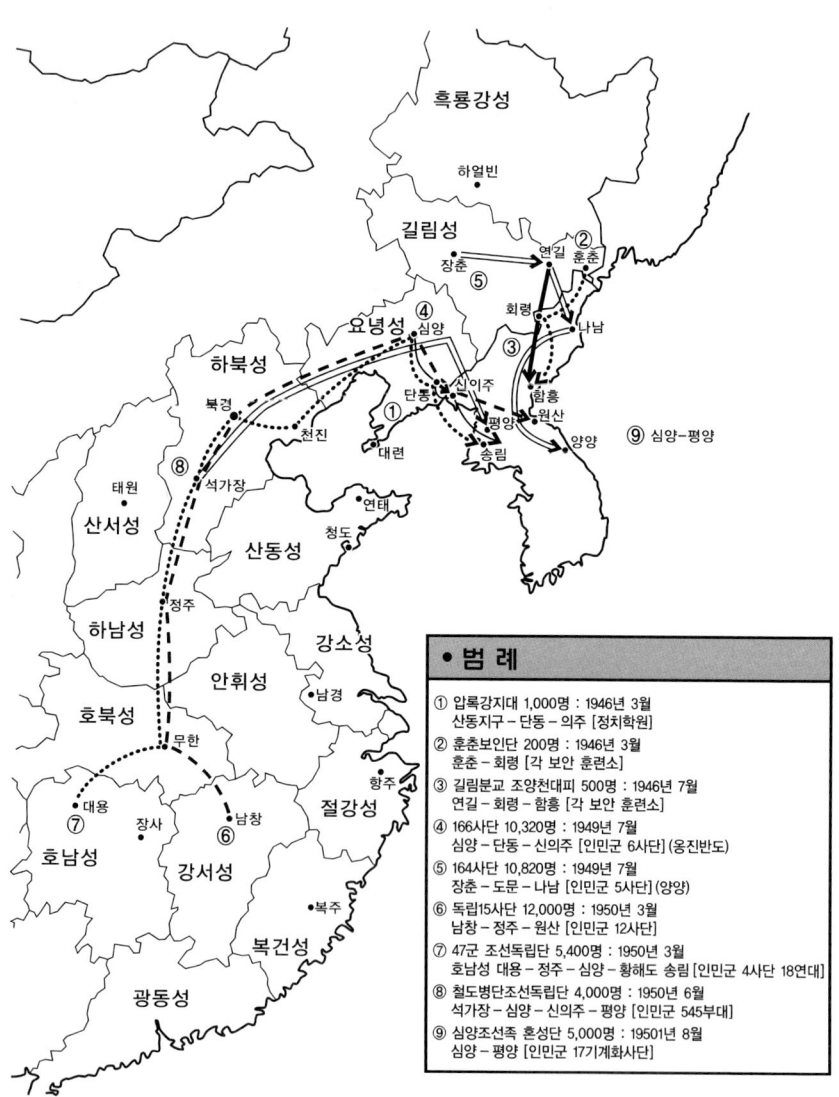

※ 출처: 김중생(2001: 부록)의 내용 수정 재구성.

또 다른 입북부대는 조선의용군 출신 김학룡이 부단장으로 있던 중국철도병단 조선독립단이 있다. 이 부대는 1950년 초 김광협이 조선의용군 부대 귀환협상에서의 요구로 4,000여 명이 북한으로 입북하여 1950년 6월 27일 신의주에 도착하여 584부대라는 명칭을 부여받았다. 그리고 1950년 7월 말 심양에서 북한인민군으로 투입되기 위해 차출된 심양 조선혼성단이 있다. 이들은 해남도 상륙작전에 참여했던 조선의용군 수천 명으로 이루어진 제40군의 주요병력들이었다. 이 혼성단은 한국전쟁이 미국을 비롯한 연합군의 참전으로 장기전이 예상됨에 따라 김일성이 총동원령을 내리면서 중국에 남아 있던 조선의용군 병력들을 요청하여 구성된 부대였다. 이들 5,000여 명은 입북 후 북한인민군 17기계화 사단이 되었다. 그 외에도 1951년부터 북한은 만주조선인 지역을 순회하면서 모병을 통해 전력을 보충하였다고 하는데, 공식적인 기록은 확인 할 수 없다. 이상을 통해 북한인민군으로 전환된 조선의용군 병력 수는 총 52,130여 명으로 집계할 수 있다.139)

4. 조선의용군 입북이 가지는 정치·군사적 성격과 의미

사실 조선의용군 무장부대의 귀환문제는 한국전쟁과 중국의 한국전쟁 개입요인을 규명하는데 중요한 논쟁점이 되는 부분이다. 이들의 귀환은 두 단계로 나눌 수 있는데, 전반기는 중국공산당 중앙 동북국과 관할기관

---

139) 주안지룽은 3개 사단을 중심으로 35,000명이 넘는 병력이 귀환한 것으로 주장하며, 이종석은 「중국조선민족발자취총서- 승리」에서 인용을 통해 국공내전에 참석한 63,000여 명의 조선의용군 중 전사 및 부상자 3,500여 명을 제외한 대부분이 북한으로 입북하였다고 기술한다. 그리고 장준익, 김용현의 논문에서는 3개 사단을 중심으로 기타병력을 포함하여 50,000여 명으로 기술하고 있다(주안지룽, 2005: 41; 이종석, 2001: 111; 김용현, 1993: 65; 장준익, 1991: 76).

을 통해 현지에 포진되어 있던 조선의용군 및 항일연군 간부들의 연계로 진행되었다고 한다면, 후반기는 중국공산당이 내전에서 승리한 후 양 국가의 공식창구를 이용한 마오쩌둥의 재가로 이루어졌다. 특히 조선의용군 부대가 중국내전 참전 후 무장입북한 시기는 소련군의 철수와 중국혁명의 승리, 그리고 한반도 38도 선상에서 남북의 긴장이 고조되던 시기이기도 했다(김경일, 2005: 239).

동북의 이러한 정치적 환경 속에서 약 5만여 명이라는 대병력의 입북은 한국전쟁 이전 남북한의 군사력 균형을 역전시켰다. 이러한 상황변화는 북한으로서는 조선혁명을 '방어적 개념'에서 '공격적 방침'으로 전환시키는 계기가 되었다 할 수 있다. 더구나 5만여 명이라는 병력의 수보다 더욱 중요한 것은 이들 대부분이 중국에서의 국공내전을 통해 정규전의 실전경험을 몸으로 체득한 정예 병력이었다는 점에 있었다. 따라서 대규모 실전을 경험하지 못하고 일부만이 유격전을 경험했을 뿐인 초기 조선인민군의 전투력을 일거에 질적으로 상승시키는 결과를 가져왔다. 이로써 북한정권의 대남혁명 자신감이 극대화될 수 있었다.

물론 이들의 입북이 한국전쟁을 촉진시키는 결정적 계기가 되었다는 사실에는 보다 포괄적인 주변해석이 더해져야 한다. 왜냐하면 한반도에서 전쟁설은 해방과 동시에 이념을 달리하는 정파 간 다세포적 분열과 1948년 남북에 두 개의 상이한 정권이 수립되면서 이미 감지되고 있었기 때문이다. 그리고 38선에서의 잦은 충돌과 남한 내의 이념대립에 따른 내전을 방불케 하는 혼란은 사회주의 국가들의 입장에서는 한반도에서 민족해방운동이 고양되고 있는 정세로 인식되었을 법하다. 특히 중국의 마오쩌둥 정권은 식민지 시기 조선인들이 중국을 도와 항일항전을 수행했던 것처럼 국제주의적 입장에서 조선의 민족해방운동을 지원할 수 있는 실리적 명분을 찾고자 했을 것이다.

중국 인민해방전쟁이 종결되면서 중국 내 조선인부대가 귀국문제로 동요하자 마오쩌둥을 비롯한 중국공산당 중앙은 조선의용군 귀환을 동의해 주게 된다. 그리고 이는 중국공산당의 실리적 계산으로 구체화되었다. 첫째, 내전 후 국가건립에 필요한 경제적 비용을 군사비 절감으로 대체하고, 둘째, 혁명적 투쟁의식이 강한 조선인 소수민족을 조기에 귀환 처리하는 것은 내전 직후 혼란스러운 중국 내의 정세를 안정시키기 위해서라도 필요한 조치였다. 그리고 셋째로 이중국적을 가진 조선인들의 정치적 귀환은 그 동안 항일전쟁 시기 중국혁명과 조선혁명이라는 두 가지 목적을 갖고 투쟁했던 조선인들로 하여금 중국혁명의 승리가 조선혁명의 전제조건이라는 당초의 목적을 상기시켜 주었고, 또 다른 임무수행을 추동시키는 구실로 작용했다. 그것은 중국의 입장에서 볼 때, 북한에 대한 중국의 영향력이 정치·군사적 측면을 비롯하여 모든 분야에 걸쳐 확대되는 계기를 가져왔다(김경일, 2005: 240~2).

따라서 조선의용군 무장부대의 입북은 한반도의 복잡한 정세에 대한 중국의 영향력 확대라는 목적에 의해 이루어졌다기보다는 중국혁명 승리와 내부적인 정치·경제·사회적 혼란 수습의 일환으로 조선인의 귀환결정이 이루어졌다고 보는 것이 옳다. 이에 따른 북한에 대한 중국의 영향력 확대는 일련의 사건이 전개되는 과정에서 나온 부산물이었던 셈이다. 여하튼 1948년 말 소련군의 철수와 1949년 국공내전 이후 조선의용군 출신들의 대거 입북은 북한 내에서 연안파의 영향력이 막대해지는 결과를 낳았고, 연안파와 연계된 중국공산당의 영향력 역시 강화되는 계기가 되었다. 이로써 중국은 항일전쟁시기에 맺어진 연안파와의 혈맹관계에 기초하여 새로 성립된 북한정권과도 인적으로 강한 유대관계를 유지하게 된다.

북조선 체제성립과 연안파 역할

제IV부 북한
국가건설에 미친
연안파의 영향

제1절 조선신민당 창당 및 정치활동

1. 정치이념: 민족해방과 사회해방

　조선신민당은 일제강점기에 중국공산당과 함께 중국 화북일대에서 항일무장투쟁을 전개했던 연안파 인사들이 모여서 결성했다. 당의 대표인 주석은 김두봉, 부주석은 최창익·한빈이었으며 당원은 주로 농민과 지식인들로 구성되었다. 당의 이론가 최창익은 조선신민당을 "자산계급성 민주혁명의 단계인 현재 조선사회의 역사성에 의해 규정된 정당으로 각 계급·계층을 불문하고 진보적 민주주의 사상을 가진 사람은 누구나 참여할 수 있는 민족통일전선 정당이며 민족적 자주독립과 민주주의적 정권수립을 목적으로 하는 진보적 정당"으로 규정했다.[140]

　연안파에게 가장 큰 영향을 미친 이론은 마오쩌둥의 신민주의론이었다. 중국공산당 제7차 당 대표대회에서 박일우는 "신민주주의론이 중국혁명을 지도할 수 있을 뿐 아니라 조선인민혁명의 정치·군사노선 및 조직 등에 중요한 문제를 해결할 수 있다"고 보고하면서 '신민주주의 전도사'임을 자임했다. 이의 연장선상에서 연안파는 입북 후 조선신민당을 창당한

---

[140] 조선신민당은 창당 6개월 만에 같은 좌익정당인 북조선공산당과 합당하여 북조선로동당을 창당함으로써 해체되었다. 조선신민당은 한빈을 서울에 파견하여 조선신민당과는 별도로 1946년 3월 백남운을 당수로 하는 남조선신민당을 결성하였다. 이는 남북을 아우르는 통일정당을 모색한다는 차원에서 진행되었다. 그러나 이 당 역시 1946년 11월 남한의 좌익 3당(조선공산당·남조선신민당·조선인민당)이 남조선노동당을 결성하면서 해체되었다.

뒤 내세운 정강정책에서 전후 조선이 자산계급성 민주주의 발전단계에 처해있다고 규정하고 통일민주정권의 수립을 혁명의 임무로 선언했다(김경일, 2005: 63).

조선신민당의 정치이념은 연안에서 중국공산당과 함께 마오쩌둥 사상을 학습 경험한 최창익의 '자산계급성 민주주의론'과 남한에서 유입된 백남운에 의해 제기된 '연합성 신민주주의론'으로 정립되었다. 먼저 최창익은 자산계급성 민주혁명에 관하여 러시아 혁명을 기점으로 "이전의 혁명은 자산계급 내지 소자산계급의 영도 하에 있었으나 … 이후는 무산계급의 영도 하에 이루어졌다" 그리고 "…자산계급은 이미 반동화하고 신흥무산계급이 민주혁명의 추진자"라고 주장하며 이를 신민주주의 혁명이라고 규정했다.[141] 그는 식민지 조선은 무산계급의 정치적 경각성이 부족하여 지도적 정당을 갖지 못했고 이로 인해 민족해방을 주도적으로 이끌지 못했으나 3·1운동을 전환점으로 조선혁명운동에서 무산계급의 역사적 역할이 주어졌다고 평가했다. 그러면서 한반도와 중국을 관통하는 조선혁명운동 진영은 각계각층의 혁명역량을 진보세력이 이끌면서 민족해방을 당면과제로 진행시켜왔다고 보았다. 그는 또 해방된 조선의 현 단계를 분석하면서 민족자산계급은 혁명성을 완전히 상실했고, 민족지주계급은 민족통일전선 참여에 변증법적으로 통합되어야하며, 무산계급은 혁명투쟁에 가장 정확한 노선을 밟고 있는 계급이라면서 혁명의 주체로 보았다. 그리고 농민계급은 무산자계급의 동맹세력으로서 혁명의 동력역할을 하며, 소자산계급은 민족해방의 유력한 역량이라고 규정했다. 따라서 조선민족 해방사업은 어느 일개 정당의 독자적 임무가 아니라 각 계급, 각 계층, 각 정당의 공동 임무와 투쟁역량으로 해결해야하는 문제라고 인식하면서 무산계급이 주체역할을 하는 통일역량의 결집을 주창하였다. "일개인의 이익은

---

[141] 최창익, "8·15 이전 조선민주운동의 사적 고찰"(심지연, 1988: 330~1).

혁명단체의 이익에 복종시키고, 일개 혁명단체의 이익은 전민족의 이익, 즉 민족통일전선의 이익에 복종시켜야한다" 면서 이를 신민주주의 혁명이론을 통해 관철하고자 했다.

반면 백남운은 조선민족에게 부과된 정치적 사명 두 가지로 '민족해방'과 '사회해방'을 들었다. 그는 역사적으로 "혁명세력이 사회해방으로 국한되지만 식민지국가는 그 사회적 혁명세력이 민족해방을 위한 '연합성'을 띤다"고 설파하였다. 그는 조선민족에게 부과된 민족해방의 역사적 임무를 수행하기 위해서는 양심적인 일부 자산가와 전 무산계급이 연합해야 한다고 보았다. 그리하여 유산계급의 독재인 자유민주주의를 거부하고 동시에 무산계급독재인 프롤레타리아독재와도 구별되는 민족적 민주주의를 지향해야 한다고 주장하였다. 이것은 계급적 민주주의를 곧바로 실행하기보다는 과도정인 형태로서 민족적인 '연합성 신 민주주의의' 실시를 주장하는 것으로 이를 통해서만이 민주적 통일과 자주독립을 수행할 수 있다고 주장했다(「독립신보」, 1946.5.1~04).

2. 정치참여와 민족주의 투쟁노선의 전개

조선독립동맹의 투쟁전통을 계승한 조선신민당은 강령과 이념을 관철하기 위한 활동을 지속시켜 나갔다. 독립동맹은 강령의 핵심가치로 민족해방 쟁취와 반일민족통일전선 결성 및 민주공화국건립을 내세웠다. 그러나 해방 후 과거의 강령과 이념을 유지하는 불합리성을 인식하고 1946년 1월 31일 집행위원회를 통해 임시로 6가지 투쟁목표를 세웠다. 첫째 완전한 독립 쟁취, 둘째 민주공화국건립, 셋째 부강한 새조선, 넷째 새로운 민족문화수립, 다섯째 민족 총 단결, 여섯째 다른 나라 및 민족 간에 우호관계 형성과 세계평화수립의 참여 등이었다. 이를 수행하기 위해 조선신민당은 '창당선언전문'을 통해 다음 세 가지 임무를 설정하였다.

첫째는 현 단계 조선혁명이 자산계급성 민주주의 발전단계에 속하므로 그 임무를 민주정권수립에 두고 이를 완성하기 위해 민족적 대단결을 요구하였다. 이는 친일분자·파쇼분자·반민주분자 등을 제외한 각 계급, 각 계층, 각 당, 무당파의 일체 민주역량을 집중시키는 것으로서, 곧 민족통일전선을 의미했다. 이에 따라 이들은 실천적이고 구체적인 행위의 일환으로 조선민주공화국 건립을 위해 우선적으로 북조선인민위원회를 통해 활동하였다.

둘째는 현 단계에서 실현할 민주정권은 자신의 경제내용을 요구한다고 보았다. 해방이전에는 조선독립을 쟁취하기 위한 투쟁과정에서 민족경제 개혁을 주장하였다면, 현 단계에서는 신조선민주공화국 건립과 함께 민족경제의 재편성을 당면과제로 삼아야한다는 것이다. 그 실천방법으로는 농업경제에 치중하지 않고 공업경제와 균형적 발전을 추구해야 한다고 주장했다. 이를 위해 우선적으로 농업경제 개혁으로서 토지개혁을 실시하여 토지를 농민에게 분배함으로써 민주정권수립의 물질적인 기초를 준비해야한다고 주장하였다.

셋째는 지난 36년간 훼손되어온 민족문화를 새롭게 수립하는 작업으로 전통은 계승 발전시키고 현대과학지식의 보급을 통해 국민의 문화수준을 향상시키며, 이를 위해 학자와 예술가들의 지위를 신장시켜 민주주의문화 건설에 선구적 역할을 담당하도록 해야 한다고 역설하고 있다(『해방일보』, 1946.3.12~3).

이상의 방침은 민주역량의 총체적 힘을 발동하여 조직을 구축하고, 그 힘으로 민주정권을 수립하여 민주경제를 실현하며 이러한 추동력을 바탕으로 민주문화를 건설해 나가야함을 천명하고 있는 것이다. 자산계급성 민주주의와 연합성 신민주주의를 표방함으로써 마오쩌둥 사상을 변용적으로 수용하여 투쟁노선을 제시한 연안파는 사회주의적 색채를 상대적으로 완화시켜 표현함으로써 북조선공산당의 정책보다 상대적으로 민족주의적 색채를 많이 보였다. 이러한 외형은 광범위한 민중적 지지를 획득하는 계기가 되었다.

3. 주요정책: 민족주의를 내장한 사회주의국가체제 형성

조선신민당은 연안에서 입북한 독립동맹 간부진이 북한에서 건설한 조선신민당과 이들 중 한빈 일행이 서울에서 결성한 경성특별위원회[142]가 조직을 확대·재편한 남조선신민당으로 구분된다. 남조선신민당의 대표적 인물로는 백남운, 정로식, 심운, 고찬보 등을 들 수 있다. 남조선신민당 세력은 박헌영의 조선공산당으로부터 차별대우를 받고 있던 인물중심으로 이루어졌다. 당시 완전한 독립과 해방 그리고 민주국가건설을 위한 다양한 이념의 혼돈 속에서 이념을 초월한 정파세력의 활동은 응집과 해체를 수 없이 반복하였다. 이때 사회주의세력이 우파로 전향하는 길목에서 조선신민당의 좌파민족주의 정치노선은 이들에게 매력적인 대안이 될 가능성이 높았다. 이에 조선신민당은 공산당에 불만을 가진 세력, 그리고 친일의 흔적을 지우고 싶은 식민지 지식인들까지도 포괄적으로 흡수하여 조직을 확대할 수 있었다. 이때 정계로 투신한 대표적인 인물이 사회경제학자이면서 연합성 신민주주의론을 정립한 백남운[143]이다.

조선신민당은 해방 후 한반도 정국을 국제적인 문제와 연관시켜 분석하

---

[142] 독립동맹 출신인 한빈 일행이 연안파 정치 강령의 핵심가치로 설정된 통일 민주국가 건립을 실천하고자 남한조직을 확대하기 위해 1946년 2월 5일 서울에서 결성한 단체이다.
[143] 백남운은 해방 후 조선에서의 혁명이 민족해방과 사회해방의 역사적 수행을 동시에 이행해야한다고 본 인물이다. 그는 조선독립동맹의 이념과 노선에 공감하고 경성특별위원회 결성에 참여하여 남한지역 조직책임자가 되었다.

였다. 우선 남한 내부정세로는 봉건적 인습과 미군정, 그리고 미소공동위원회의 결정과정 등을 규명하면서 미군정과 결탁한 보수진영으로부터 진보진영이 박해받는 것으로 파악했다. 반면 북한은 신속한 토지개혁과 노동법령 및 남녀평등법령 제정 등을 시행함으로써 민주개혁이 순기능적으로 진행되고 있다고 분석했다. 또한 한반도를 중심으로 한 국제정세분석과 관련해서는 "세계평화의 안정은 동양이며 동양 평화의 척도는 조선의 동태에 달린 것"[144]으로 보았다. 하지만 국제노선은 조선민족이 나가야할 방향설정의 지침은 되지만 척도는 아니라고 규정하고, 조선에서 통일 민주국가설립은 민족주의와 공산주의의 융합으로 표현되는 연합성 신민주주의에 의해 달성되어야 한다는 인식을 확고히 했다(백남운, 1946: 24). 이때 '민족'이라는 용어는 민족주의자들만이 독점하는 것이 아니라 사회주의자들에게도 공통되는 정치적 사상(심지연, 1988: 127)으로 개념이 정립되게 된다. 이 영향은 오늘날 북한이 민족주의를 내장한 사회주의 국가체제를 형성하게 되는 이념적 기틀이 되었다고 하겠다.

한반도 내외정세를 분석한 결과 한반도에 적합한 정치이념으로는 민족주의와 공산주의를 융합시킨 신민주주의밖에 없다고 규정한 조선신민당의 정치적 활동은 제일 먼저 모스크바3상회의 결과를 지지하는 것에서부터 출발하였다. 조선신민당은 3상회의 결정의 궁극적인 목적은 조선을 독립국가로 부흥시키고 민주주의로 발전시키기 위한 획기적인 조치(『조선인민보』, 1946.1.10)로 이는 낙후된 식민지 국가로부터 부강한 독립국가로 발전·향상하게 하는 과도적 준비단계(『해방일보』, 1946.2.1)라고 역설하였다. 결국 조선신민당은 1946년 1월 29일 김일성의 조선공산당 북조선분국, 조선민주당의 최용건 등 10여개의 단체를 주도하여 3상 결정의 지지격문을 발표하기에 이른다(심지연, 1988: 131).

---

[144] 「독립신보」(1946.5.1)에 실린 백남운의 논설.

토지개혁 역시 조선신민당 창당선언 시 언급한 경제개혁에서 '토지는 경작하는 농민에게 분급하자'는 데서 비롯되었다고 할 수 있다. 토지개혁이 연안파 주도로 실행되었다는 사실은 북조선공산당이 토지개혁법을 제정·발표한 이면에 연안파로서 입북 후 북조선 공산당에 입당한 허정숙이 "북조선토지개혁법령에 대한 해역"을 통해 토지개혁의 해설권을 행사한 데서 확인할 수 있다. 반면 김일성의 만주파에 의한 토지개혁정책은 조국광복회강령 전문 제4항에서[145] 독립운동의 경비충당과 빈곤한 인민구제 차원에서 언급되어 있는 것 외에 더 구체적인 정책이 확인되고 있지 않다. 이에 반해 조선신민당의 토지개혁정책은 독립동맹 강령 1조 제6항을 통해 보다 구체적으로 명시되어 있는데[146] 그것은 "조선신민당의 토지정책"(1946. 3.28)과 "북조선 토지개혁에 관한 법령"(1946.3.8) 비교를 통해 내용의 유사점을 확인할 수 있다(〈표 4-3〉 참조). 그렇다고 토지개혁에 대한 김일성의 만주파 및 다른 계파들의 정책이 전혀 부재했던 것은 아니다. 오히려 식민지 항일시기 동북과 관내지역의 좌우민족주의와 사회주의계열의 집단강령은 농민을 토대로 한 투쟁목표의 근간을 봉건적 인습과 제국주의 착취로부터의 해방에 두었기 때문에 혁명의 최우선 순위를 토지개혁에 두어야 한다는 인식은 명확했다. 그러나 마오쩌둥의 정강산 토지개혁법에 입각한 이론적 틀과 실질적인 학습을 경험한 연안파의 토지개혁정책은 보다 구체적이고 이론적 수준이 높았다[147].

---

[145] 일본국가 및 일본인 소유의 모든 기업소, 철도, 은행, 선박, 농장, 수리기관 및 매국적 친일분자의 전체재산과 토지를 몰수하여 독립운동의 경비에 충당하며, 일부분으로는 빈곤한 인민을 구제할 것.

[146] (6항) 조선에 있는 일본제국주의자의 일체의 자산 및 토지를 몰수하고 일본제국주의와 밀접한 관계가 있는 대기업을 국영으로 귀속시키며 토지분배를 실행한다.

[147] 마오쩌둥의 농촌토지정책은 1928년 정강산에서 최초로 실시한 토지법에 기초한다. 즉, 토지소유권은 소비에트 정부에 있으며, 매매가 불가능하지만 사람 수에 따라 균등하게 분배하는 토지혁명이었다. 이를 통해 마오쩌둥은 농촌근거지를 튼튼히 하고 농민을 중심으로 그들을 조직화하여 공산정권의 대중적 존립근거를 확립하고자 했다.

조선신민당의 또 하나의 주요정책은 '민족통일전선 결성'으로 이는 식민지 항일시기 내내 주장해온 일관된 정책 중의 하나이다. 해방 전 이 제의는 민족해방과 독립이라는 차원에서, 해방 후는 통일 민주국가건립이라는 건국과업의 완수차원에서 지속되었다. 이와 같이 조선신민당은 그동안 이민족 통치로 인한 민족모순이 민족 내 각 계급간의 모순을 초과했다(심지연, 1988: 136)고 분석하고 반일 민족통일전선 하에 조국독립을 위해 투쟁하는 각 계층, 각 당파, 각 개인의 모든 역량이 집결되어야 한다(최창익, 1949: 404)는 일관된 주장을 했다. 이러한 정신의 연장선상에서 자주독립의 민주국가 건설을 목표로 '민주주의민족전선' 결성을 주도했다. 그리고 이를 통해 민주정권수립과 민주경제실현, 그리고 민주문화건설을 달성하려는 의지를 담아내려했다. 조선신민당의 연합성 신민주주의 표방은 이러한 맥락 속에서 남북을 아우르는 좌·우익 연합으로까지 비상을 꿈꾸었지만, 남한 미군정의 강압으로 인해 북한을 중심으로 한 좌파세력만을 결집시키는데 만족해야 했다.

제2절 정책·제도 개혁분야

1. 연합성 신민주주의론: 자산계급성 신민주주의

김일성은 1947년 9월 9일 평남도당단체의 열성자 대회에서 조선로동당의 지도이론에 관한 문제와 관련하여 '조선인민들의 혁명적 임무에 관하여'라는 제목 하에 다음과 같은 연설을 하였다(김창만, 1949: 438~9).

> 공산주의자들은 오늘 조선에다가 공산주의를 당장 건설하자는 것이 아니라 공산주의자들은 오늘 국제국내정세와 조선사회성질에 의조(依照)하여 자산계급성 인민민주주의에 있어서와 또 그 계단을 속히 완성하기 위하여 그 투쟁에 가장 적극적으로 참가하며 또한 모든 민주건설에 가장 선봉적인 역할을 다하여야 한다(『근로자』 창간호, p. 54).

김일성은 이 연설에서 자주적 독립국가 건설에서 노동계급을 선두로 한 근로대중 전체의 애국적 역량을 국가지배세력으로 하는 새로운 조국건설의 청사진을 피력했는데, 이것이 '자산계급성 신민주주의'의 도입과 실천이라고 강조하였다. 김일성이 이러한 정치노선을 주장한 이유는 항일시기 중국에서 정치이데올로기를 경험적으로 수용했기 때문이라고 볼 수 있다. 흔히 인간의 초기 사회화과정이 '최초의 사회적 관계와 특히 정서적 정향의 정형화'라고 정의할 수 있다면(John Paul Scott, 1972: 74), 조·중 국경지대에서 김일성의 성장과 무장투쟁은 민족주의자들로부터 항일운동을 배우면서 당시 동북지역에 확산된 사회주의 조류에 편승해가는 즉, 민족주의를 내장한 사회주의자의 가치관 형성기라 할 수 있다. 따라서 김일성 역시 시대적으로 민족주의와 사회주의를 상호 배타적으로 보지 않고, 반일투쟁을 통한 민족해방을 달성하는데 있어 사회주의를 매력적인 수단으로 받아들였다 할 수 있다. 다시 말해 김일성에게 있어서도 민족해방이라는 상위목적을 관철하기 위해서는 사회주의 무장투쟁방식이 '최선의 수단'이 되었다고 볼 수 있다.[148]

이와 같이 김일성은 항일투쟁기간 중국혁명의 역사적 단계와 연계된 조선혁명을 위한 이데올로기를 학습하는 과정에서 중국혁명과 연관된 정치·경제·사회적 이념과 사상을 선망하면서 수용했을 것이다. 특히 왕밍과 리리싼 노선의 오류를 체험하면서 민생단 사건에서 혹독한 고초를 겪은 김일성은 중국혁명이 성공모델이 된 마오쩌둥 노선이 조선민족의 성향과 처지, 그리고 정서적으로도 북한의 국가건설에 가장 적합한 모델이라고 확신하지 않았을까한다. 그러나 김일성의 만주파는 대부분이 무장투쟁군인출신으로 인텔리 지식인층이 아니었기 때문에 민족주의를 내장한 사회주의 국가건설의 논리와 실천적 방안추진에는 취약했다. 이러한 약점을 안고 있던 김일성은 해방 후 동북에서 경쟁적 관계에 있었으나 협력적 연대를 했던 연안파를 타 계파에 비해 정치적 협력을 도모할 수 있는 친근한 세력으로 받아들였을 것이다.

만주파가 처해 있었던 이상의 정치적 환경은 지식인들이 많은 연안파 간부들이 비록 뒤늦게 입북함으로써 김일성의 만주파보다 주도권확보에 뒤쳐졌지만, 입북 후 바로 당·정·군의 주요보직을 맡을 수 있는 기회를 제공하였다. 그런데 연안파는 입국 후 정세관망을 얼마동안 한 후 신탁통치를 결의한 모스크바 3상회의를 계기로 정치적 입장을 처음 밝히게 된다.

---

[148] 1920년대 민족운동내부에서 반국민부파와 같은 〈제3세력; 민족주의자도 아니고 공산주의자도 아닌 새로운 중도세력〉이 대두하였다는 것은 이 운동의 방향을 공산주의운동에로 전환시키기 위한 지향이 실천단계에 들어섰다는 것을 실증해주고 있었다. 그리고 김일성은 공산주의자들이 지도하는 무장투쟁만이 가장 철저하고 혁명적인 반일항전이 될 수 있다고 확신하였다.

김두봉은 조선독립동맹의 이름으로 모스크바 3상 결정을 지지하면서 가장 진보적이며 자유로운 선거에 의한 민주공화국건립을 제시했다. 그리고 편협한 정당이나 계급적 독점에 의한 국내문제해결을 반대하며 건국사업에 친일파와 민족반역자들을 제외시켜야 한다고 주장했다(『조선인민보』, 1946. 01.14). 이후 조선독립동맹 출신 연안파들인 김두봉, 최창익, 한빈 등은 조선신민당을 창당하여 정치조직을 구성하고 본격적인 정치활동에 임했다. 그런데 이들의 초기 정치적 행보는 소군정과 김일성의 정책에 협력적일 수밖에 없었다. 이는 입북과정에서 조선의용군이라는 무장력을 해체당하고 또 무장력의 대부분을 중국동북지역에 두고 왔기 때문이다. 그리고 또 다른 이유는 연안파 내의 분파적 분열에 따른 약한 연대성 때문이기도 했다. 실 예로, 연안파 내에서 어느 한 사람을 김일성의 대항지도자로 추대하려는 움직임이 없었다는 사실이 이를 증명한다(중앙일보특별취재반, 1992: 155~62).

그런 가운데서도 이들은 높은 학력과 경험을 인정받아 선전·선동부문과 당·정·군에 걸쳐 초당적 입장에서 북한정권수립에 참여하였다. 특히 김창만과 최창익, 허정숙은 해박한 이론을 바탕으로 중국공산당의 경험과 방법을 변용적으로 수용하여 북한에 소개하거나 활용할 수 있도록 했다.

연안파의 자산계급성 신민주주의를 위한 정치적 실천의지는 화북 연안시절에서부터 본격화되었다(최강, 2006: 150~65).[149] 그 중 연안파가 항일 투쟁에서 획득한 괄목할만한 성과중 대표적인 것은 조선혁명에 필요한 '간부양성사업'이었다. 그들은 중국에서 풍부한 혁명적 경험을 토대로 정풍문건을 중심으로 과거혁명의 오류와 비교하며 학습을 하였다. 이때 정풍학습의 기준은 중국공산당 내 존재하던 천싸오위, 리리싼, 왕밍, 장궈타오 등

---

[149] 연안은 중국공산당의 간부양성중심지였다. 이곳에는 중공중앙고급당교, 항일군정대학, 섬북공학원, 연안 자연과학원, 로신예술학원, 연안의과대학, 조선혁명군정학교, 연안총교, 태행산 화북조선청년학교 등이 집결해 있었다.

표 4-1 조선신민당 중앙 집행위원 명단 (1946년 6월 26일 현재)

성 명	연령	도 별	출 신	직 위	8·15전 경력
김두봉	57	평남	경남기장	신민당 위원장	독립동맹 주석
최창익		평남	함북은성	신민당 부위원장	독립동맹 부주석
김민산	33	평남	경북선산	신민당 조직부장	독립동맹 집행위원
윤세평	37	평남	경기경성	신민당 선전부장	문예평론
임 해	39	평남	함남원산	신민당 간부부장	신문기자
방우용	56	평남	경남울산	북조선인민위원회위원	독립동맹 집행위원
명희조	54	평남	평남평양	평양무선학교교장	목농
김장환	45	평남	경기경성	소비조합부위원장	평양삼성제작소 지배인
김여필	52	평남	평남문수	종로인민학교교장	학교 교장
김 호	33	평남	평남영변		조선의용군지대상
최 영	35	평북	강원양양	평북인민위원회위원	연안군정학교 교원
변동윤	33	평남	경남안동	신민당 비서처장	북경은행 주임
김월송	70	평남	경북안동		독립동맹 북만공작위원
장기세	43	평남	평북의주	신민당평북위원장	
최신도	37	평북	신의주	신민당 평북 부위원장	
정두희	59	평남	평남평양	평양의전 교장	제국대학 의학부
장 철	29	평남	평북정주	신민당 경리부장	독립동맹 공작원
진세성	39	황해	황해송파	황해도 인민위건설부장	만주특별건설단 경리
성주영		함북		청진재판소 참심원	청진 성주영 외과
이주석	49	함북	함북길주	길주군 인민위원	민족운동
김교영	55	함남	함남함흥	함남인민위 부위원장	혁명사업
한흥종	40	함남	함남함흥	신민당 함남 부위원장	혁명사업
이 학	41	강원	강원철원	강원도 인민위부위원장	공장 사무원 출신
이종익	54	강원	강원양양	신민당 강원 부위원장	민족운동
방상준	57	평남	경남 사천	신민당 진남포 위원장	

※ 출처:「조선신민당 중앙 집행위원 명단」, 국사편찬위원회, 『북한관계 사료집 26』, 1997, 51~3쪽.

좌·우경기회주의와 종파주의를 숙청하는 사상운동으로 이 학습운동을 통해 마르크스주의 원리를 중국혁명의 실천에 결합한 마오쩌둥의 지도사상을 확립하는 것이었다. 그것은 '통일전선구축'과 '신민주주의론'으로 구체화되었다. 연안파는 이 학습을 조선근대사, 조선혁명의 문제, 그리고 연합정부를 논함 등의 과목과 연계·편성하여 김두봉, 최창익, 박일우가 교관이 되었고, 한빈은 철학을, 레닌주의의 기초는 허정숙, 국제정세는 박일우가 담당하여 교육하였다(최강, 2006: 157).

이러한 학습과 사상의 통일은 2차 세계대전의 종결과 항일전쟁의 승리 이후 조선독립동맹이 전후 한반도의 진로를 구상하는 과정에서 구체적으로 나타났다. 이는 박일우가 중국공산당 제7차 당 대표대회에서 "마오쩌둥의 신민주주의론이 중국혁명을 지도할 수 있을 뿐만 아니라 조선인민혁명의 정치·군사노선과 조직노선의 중요한 문제를 해결하였다"[150]고 밝힌 데서 확인할 수 있다. 그리고 연안파는 조국 한반도에서 연합성 신민주주의 노선을 정치적으로 실현하려했다.

그렇다면 중국항일전쟁 중에 학습한 통일전선구축과 연합성 신민주주의론은 과연 무엇인가? 마오쩌둥은 전 세계의 여러 가지 국가체제를 그 정권의 계급적 성격으로 구분하여 다음과 같은 3가지 기본적 형태로 분류하였다. 즉, 자산계급독재의 공화국, 무산계급독재의 공화국 그리고 몇 개의 혁명적 계급의 연합독재의 공화국이 그것이다.

첫째 형태는 구민주주의 국가형태로 제2차 세계대전에 참여한 허다한 자본주의국가들은 민주주의의 냄새조차 없어지고 자산계급의 피비린내 나는 군사적 독재로 이미 전환되었거나 전환되어가고 있다고 보았고, 또한 지주계급 및 자산계급이 연합하여 독재하는 일부국가들도 이 부류에 넣을 수 있다고 했다.

둘째 형태는 소련에서 이미 실현된 외에 현재 자본주의 제 국가에서 준비되고 있는 유형으로 장래에 가서 그것은 일정기간 세계적으로 지배적인 형태가 될 것으로 보았다.

---

150) 양소전 편, 「王巍(박일우)同志在中共七大大會上的發言」, 1987: 1439 ; 김경일, 2005: 63).

셋째 형태는 식민지, 반식민지 국가의 혁명이 취하는 과도적인 국가형태로 규정했다. 각 식민지, 반식민지 국가의 혁명은 필연적으로 약간의 상이한 특성들을 가지게 될 것이지만, 그 혁명의 성격이 식민지 또는 반식민지의 혁명이라면 그 국가구성 및 정권구성은 필연적으로 같게 될 것이다. 즉, 제국주의를 반대하는 몇 개의 계급들이 연합하여 공동으로 독재하는 신민주주의 국가로 될 것이라 보았다. 따라서 오늘날 중국에 있어서 이러한 신민주주의적 국가형태는 다름 아닌 항일통일전선의 형태이며, 그것은 항일하는 것이고 제국주의를 반대하는 것이며, 또한 몇 개의 혁명적 계급이 연합하는 것이기도 하며 통일전선적인 것이라는 분석을 하였다(마오쩌둥, 1992: 837~55).

이상의 연합성 신민주주의는 부르주아민주주의혁명과는 다소의 차별성을 갖는다. 중국혁명은 중국을 독립된 민주주의사회로 만드는 제1단계와 사회주의를 목표로 하는 제2단계로 나누어진다. 제1단계의 혁명은 사회주의혁명은 아니지만 유럽 근대의 부르주아 민주주의혁명과도 다른 새로운 형태의 민주주의혁명, 즉 신민주주의혁명이다. 신민주주의가 목표로 하는 것은 부르주아독재나 프롤레타리아독재가 아니라 몇 개의 혁명적 계급에 의한 연합독재공화국이라고 규정했다. 이때 혁명적 계급이란 중국의 경우 노동자·농민·지식인과 그 밖의 소부르주아지, 양면성을 가지는 부르주아지 안의 혁명적 일부이다. 그런데 부르주아지는 타협성이 있어 이 혁명을 지도할 수 없으며, 그 임무는 프롤레타리아트에게 달려 있다고 보았다. 이와 같은 관점은 1945년 8월 20일 박헌영이 조선 공산당 재건준비위원회를 조직하면서 당시 조선공산주의자들의 정치노선과 활동방침을 발표한 선언문에서도 나타난다. '현 정세와 우리의 임무'라는 8월 테제를 통해 현단계를 '부르주아 민주주의 혁명단계'로 규정하고 기본과업으로 '민족적 완전독립'과 '토지문제의 혁명적 해결'을 들고 있다. 부르주아 민주주의 혁명에서는 노동자, 농민 도시 소시민과 지식인 등이 혁명의 동력이 되어야 하고, 가장 혁명적인 프롤레타리아가 이 혁명의 지도자가 된다고 언급했다 (이주철, 1996: 202). 즉, 마오쩌둥과 박헌영이 주장하는 '현 단계'의 공통점은 식민지, 반식민지 혁명이 취하는 과도적인 국가형태가 자산계급독재로 표현한 부르주아혁명이나, 프롤레타리아 계급이 장악한 독재의 개념이 아니라 제국주의를 반대하는 몇 개의 계급들이 연합하여 프롤레타리아 계급이 주도하되 공동으로 독재하는 통일전선적 형태이다. 마오쩌둥의 신민주주의론이나 박헌영이 당시 한반도 상황에서 주장했던 부르주아 민주혁명은 프랑스 혁명이나 영국의 시민혁명과 같이 부르주아 계급이 지배하는 부르주아 혁명개념과는 구별된다. 당시 소련과 박헌영 그리고 연안파의 김창만이 주장한 부르주아 민주혁명의 개념은 "제국주의 압박을 뒤집어엎는 '민족혁명'과 봉건잔재를 뒤집어엎는 '민주혁명' 이라는 조선혁명의 두 가지 기본임무를 성격상 '부르주아 민주혁명'이다"(김창만, 1949)라고 표현한 것이다.

이렇듯 사회주의국가로 전이해가기 이전 과도기에 식민지·반식민지를 경험한 국가가 갖는 특수성을 전제로 프롤레타리아 계급의 주도하에 각 계급의 통일전선 구축이라는 공통된 인식은 신민주주의론과 부르주아민주혁명의 개념이 배치(背馳) 되지 않는 범위에서 혼용적으로 사용했음을 알 수 있다. 또 다른 신민주주의론의 특성은 경제적으로는 대기업의 국유화를 추구하지만 자본주의적 소생산의 존재도 인정한다는 점이다. 농촌에서는 철저한 토지혁명으로 자작농민을 창출하고, 한편으로는 협동조합 경영을 목표로 한다. 문화면에서는 민족적·과학적·대중적인 것이 특징이다.

중국혁명에서 신민주주의의 길이 가능했던 이유는 첫째로 러시아혁명의 성공 즉, 사회주의체제의 탄생과 자본주의체제의 몰락이라는 국제정세이며, 둘째로 국내에서 프롤레타리아트가 독립된 정치세력으로 등장했기 때문이다. 식민지·반식민지의 피압박민족이 사회주의체제와 결합하면 프롤레타리아트의 지도 아래 자본주의를 거치지 않고 사회주의에 도달할 수 있다는 이론으로 1920년 코민테른 제2차 대회에 즈음하여 레닌이 '민족·식민지 문제에 관한 테제원안'에서 제기한 이론을 중국의 실정에 맞추어 창조적으로 발전시킨 것이었다.

중국혁명은 또 어떤 의미에서는 소련혁명의 궤도수정 및 스탈린으로부터 유래하는 교조주의적 내정간섭에 대한 저항에서 발전했다고 볼 수 있다. 그것은 마오쩌둥 노선의 중국혁명성공으로 분명해졌다. 즉, 스탈린의 정책과는 다르게 현 단계를 '자산계급성 민주주의 발전단계'로 규정하고 농민을 주체로 하여 '토지개혁'을 표어로 내세운 신민주주의이론이 성공한 것이다.

따라서 중국혁명시기 이들과 동일한 학습경험을 한 김일성의 만주파와 연안파가 통일전선구축과 연합성신민주주의를 북한국가건설 이념으로 내세운 것은 지극히 당연한 선택이었다고 볼 수 있다. 특히 연안파들은 신민주주의이론의 전도사였다. 이들은 조선과 중국이 일정한 역사적 시기에 식민지, 반식민지 국가로서 받아들여할 국가형태는 신민주주의 국가형태라고 진단했다. 그것은 사회주의가 정착하기 전 단계까지의 과도적인 형태지만 다른 어떤 형태로도 대체할 수 없는 이념의 틀로 인식되었다.

한편 조선독립동맹은 역동적인 국내외정세에 보다 적극적으로 대응할 수 있는 강력한 조직의 필요성에 의해 '조선신민당'을 창당하였다. 그들은 현 시기 한반도를 완전한 민족해방이 이루어지지 않은 상태로 규정하고 지역통일과 민주통일을 달성해야하는 시기로 보았다. 연안파의 이러한 인식은 8.15를 미완의 민족해방으로 보았다는 점에서 보다 적극적이고 자주적인 한반도 해방을 목적으로 했다. 그러한 이념적 구체성은 백남운이 '현 단계'를 규정한데서 일정부분 파악할 수 있다. 그는 첫째, 토지자본이 민족자본을 대표하며 자본가와 지주들이 동맹을 하고 있기 때문에 혁명성을 갖지 못함은 물론 일정한 시기 일정한 정도의 유산계급의 혁명성도 미·소에 의한 민족해방으로 사라졌다는 점, 둘째, 조선의 현 단계를 산업자본주의의 독점단계로 파악할 수 없다는 점, 셋째, 조선의 프롤레타리아는 역사적으로 혁명성을 지니지만 아직 자기본위의 민주주의를 실현할 정도의 역량을 지니지 못했다는 점을 들고 있다(해방3년사연구회 편, 1988: 119~21).

이러한 당시의 정세진단은 조선신민당 창당목적에서 보다 구체화되어 나타났다. 첫째, 조선민주공화국 건립의 완성, 둘째, 민족경제의 재편성으로 부강한 신조선경제체제의 확립, 셋째, 신조선문화의 창건으로 하고, 민족독립의 건국 대업에 당면하여 민주주의적 기초위에 건립된 '북조선인민위원회'를 옹호·발전시켜 자유·평등·부강한 전조선민주공화국을 촉성"151)하는데 있다고 인식하였다.

그에 따라 독자적인 정당을 창당했음에도 불구하고 연안파는 북한국가건설을 위해 당·정·군에 적극적으로 참여하였다. 또한 조선신민당이 본격적인 정치활동을 표방하면서 세운 두 가지 목표는 '민족해방'과 '사회해방'이었다. 이에 대해 당 이론가였던 백남운은 "자본주의국가가 궁극적으로 도달해야하는 목표는 '사회해방'이다. 하지만 식민지를 경험한 조선의 경우는 위의 두 가지 정치목표를 함께 해결하여야 한다. 이를 위해서는 유산계급과 무산계급이 연합해야한다. 후자가 민족해방과 사회해방을 위한 혁명세력임과 마찬가지로 전자 역시 진정한 자유 독립을 위한 민족해방의 혁명세력이다"(백남운, 1946: 13~4; 해방3년사연구회, 1988: 122~3)라고 설파하였다.

그의 이론적 기반은 자주독립이 완전히 실현되는 순간까지는 양심적인 일부 유산계급이 민족해방을 위해 무산계급과 연합하는 과도기적인 형태를 취하여야 한다는 연합성 신민주주의론으로 귀결되었다. 이를 통해 백남운은 한반도를 아우르는 남북한 좌·우익의 정치적 연합의 가능성을 모색하고 있다. 달리 표현하면 민족적 민주주의를 추구하면서 무산자만의 계급적 민주주의보다는 과도형태의 민족적 연합성 민주주의를 통해 한반

---

151) 국사편찬위원회 편, 「조선신민당(전조선독립동맹)강령」, 『북한관계 사료집』 제26권, 국사편찬위원회, 15~7.

도의 완전한 통일과 자주독립을 지향하고 있는 것이다(백남운, 1946: 6~17).

조선신민당의 정치노선은 공산당보다는 상대적으로 온건하다는 이유에서 북한 내 지식인층에게 많은 호소력을 가졌다. 물론 연안파가 북한의 지식인층에 호소력을 가질 수 있었던 이유는 무장군인 출신으로 형성된 만주파 보다는 상대적으로 다양한 계파별 인텔리 지식인들을 포괄하고 있었기 때문이기도 하다. 이러한 사실은 북한에 체류한 많은 수의 비공산주의자 또는 반공주의자들까지도 정치적인 보호를 받기 위해 조선신민당에 가입했다는 사실(전원근, 2000: 82)에서 확인된다. 그러나 연안파의 정치노선은 명확했다. 마오쩌둥의 중국혁명성공을 함께 경험한 이들에게 각인된 정치노선은 프롤레타리아트 혁명과 민족해방은 분리될 수가 없었다. 예를 들어 연안파의 정치노선은 최창익이 '조선민주운동'의 해방 이전 역사를 논의하는 글 속에서 '계급투쟁'을 '민족투쟁'으로 효과적으로 흡수하는 것에서 나타나는데, 이러한 경향은 오늘날까지 북한이데올로기의 이정표가 되어 분명하게 드러나고 있다 하겠다(최창익, 1946: 23; 암스트롱, 2006: 113).[152]

또한 연안파의 김두봉은 "현 단계에서 새로운 조선건설이라는 과업은 하나의 계급이나 하나의 당에 의한 일이 아니라 전체민족의 기본과업이다"라고 선언했다. 연이은 연안파 수뇌부들의 연합전선에 대한 방향 제시는 김일성의 대중주의성향과 공감대를 형성하면서 조선공산당의 공식적인 노선으로 변화되었다(암스트롱, 2006: 114). 이렇듯 해박한 이론을 바탕으로 중국공산당의 경험과 방법을 활용하여 변용적 수용을 주도한 조선신민당은 동일이데올로기 하에서 유사한 경험을 한 북조선공산당과 정서적 인식을 같이하면서 정강(政綱)정책을 수립하는데 큰 역할을 하게 된다.

그런데 좌·우를 아우르는 조선신민당의 당세확장은 북조선공산당의 우선적인 합당 대상이 되었다. 북조선공산당에게 있어 조선신민당이 갖는

---

[152] 연안파 최창익은 조선혁명이 계급투쟁이 아닌 민족투쟁임을 1937년 조선민족전선연맹시절부터 이론화시키고 있었다.

의미는 만주파들이 주도하는 우당을 만들어 공산당과 계급적 기반을 달리하는 지식인과 토착농민들을 흡수함으로써 조선공산당의 취약한 기반을 보완할 수 있는 것이었다(김광운, 2003: 363). 실제로 두 당이 합병될 시기 당원 수는 도합 16만 명이었다. 그러나 합병 3개월만인 1946년 11월 중순 당원은 50만 명으로 비약적으로 늘어났다(기토비차·볼소프, 2006: 120).

북한은 1946년 3월에서 8월 사이에 기본법령들을 공포하였다. 소군정 역시 10월 12일 3개의 공식포고문을 통해 일제잔재의 제거와 함께 조선의 자유와 독립은 전적으로 조선인에게 달려 있다고 선언함으로써 북한에서의 부르주아 민주혁명을 승인했다. 공포한 법령에 전체적으로 흐르는 맥락은 '부르주아 민주주의혁명'의 완수였다. 그런데 실제로 이 개혁들은 부르주아 민주주의혁명과 사회주의혁명이라는 서로 다른 혁명단계를 연계시킨 신민주주의노선을 따른 것이었다(전원근, 2000: 114). 연합성 신민주주의론은 이후 조선공산당과 조선신민당이 합당한 후 1946년 8월 창립한 북조선로동당(이하 로동당) 선전선동부장이 된 김창만이 '북조선 민주개혁의 력사적 근거와 그 사회적 경제적 의의'라는 논문을 통해 해방 이후 북한의 4년을 정리하면서 조선로동당의 공식적 입장으로 채택되었다. 그는 "현 단계 조선혁명의 두 가지 과제는 밖으로는 제국주의 압박을 뒤집어엎는 '민족혁명'이고, 안으로는 봉건잔재를 뒤집어엎는 '민주혁명'이다. 그런데 이 두 가지 임무는 서로 연관된 것으로 결합되어 있다. 따라서 조선혁명의 성공은 이 두 가지 기본임무로 분별됨과 동시에 통일된 것으로 이러한 혁명의 성격은 '부르주아 민주주의혁명'이다. 이 혁명은 제국주의와 봉건잔재를 청산함으로써 사회의 진보와 국가의 독립과 민주를 전취하여야할 임무로 보고 이것이 성공할 때 한 단계 높은 사회주의 단계로 도약한다"[153]고 했다.

---

[153] 제국주의 통치를 뒤집지 않고서는 봉건잔재도 숙청할 수 없다. 그것은 제국주의가 봉건잔재의 주요한 지지자이기 때문이다. 반대로 봉건잔재를 숙청하지 않고서는 제국주의 통치도 뒤집을 수 없다. 봉건잔재는 제국주의가 조선을 통치하는 데 있어 주요한 사회적 기초가 되기 때문이다(김창만, 1949: 429~53).

노동절 기념식.
(좌로부터)최창익, 박창옥, 김두봉, 최용건, 박정애.

일반적으로 기존 연구들은 북한의 초기국가건설기의 정치노선이 소련의 절대적 통제의 결과로 보는 경향이 강하다. 그러나 이상에서 살펴본 바와 같이 공산주의의 토착화를 위한 조선식 요소들은 중국의 정치노선을 변용적으로 수용·발전시키는 과정에서 구체화되었다. 이 과정에서 특히 연안파 이론가들에 의해 제기된 연합성 신민주주의론과 민족통일전선은 상당한 영향력을 행사했다. 그런데 한국전쟁은 신민주주의론과 민족통일전선을 공고화시키지 못하는 계기가 되었고, 그 결과 인민민주독재가 전면화 되었다. 그러나 이 또한 마오쩌둥이 국가건립 이후 신민주주의에서 인민민주독재노선으로 수정한 북한식 적용으로 볼 수도 있다. 이들에게 마오쩌둥 노선의 북한식 수용은 예속과 후진성의 지난시기를 한꺼번에 변화시킬 수 있는 매력적 수단(Milovan Djilas, 1997: 32)으로 인식되었기 때문인지도 모른다.

2. 북조선 민주주의 민족통일전선을 통한 좌익세력 결집

북조선 민주주의 민족통일전선은 8·15해방 이후 연안파의 김두봉을 의장으로 북한의 좌익역량을 한곳으로 모으기 위해 1946년 7월 22일 조직된 통일전선조직이다. 이 기구는 사회개혁, 민족독립, 남북통일 등 정치문제들에 대한 포괄적이고 대중적인 활동을 목표로 설립되었다.

1935년 코민테른 제7차 대회는 독일과 이탈리아 등의 파쇼체제 등장에 대응하기 위해 반파쇼 인민전선전술을 채택하였다. 이는 식민지·반식민지 지역에서는 반제민족통일전선으로 나타났다. 이러한 추세는 당시 중국지역을 중심으로 해외전선에 즉각적인 반향을 불러 일으켜 좌우익을 망라한 전체민족해방운동의 방법론과 실천론에 큰 영향을 미쳤다. 그러나 아직 사회주의 성장 세력이 미진했던 우리민족의 통일전선은 사회주의세력과 민족주의세력, 특히 민족주의 좌파세력과의 통일전선운동으로 나타났다(강만길, 2003: 338).

해방 후 북한국가건설에 참여한 연안파와 만주파는 1930년대부터 중국지역에서 통일전선운동의 실천적 학습경험을 숙지한 동일이데올로기의 소유자들이었다. 박헌영의 조선공산당이 남북좌익세력을 망라한 통일전선조직체를 구성한 것과는 별개로 연안파는 건국사업을 완수하기 위해 통일전선결성을 제의하였다. 연안파는 식민지통치로 인한 민족모순이 민족내 각 계급간의 모순을 압도하고 있다고 보고 "반일민족통일전선 밑에 조국독립을 위해 투쟁하는 각 계층, 각 당파, 각 개인의 역량을 집결할 것"(최창익, 1949: 404)을 주장했다. 단, 통일전선결성에 있어 친일파 민족반역자를 배제해야한다는 확고한 원칙을 전제로 하였다(『해방일보』, 1945.12.28). 이에 따라 1946년 1월 18일 민주조선의 건립을 목표로 각 민주정당과 사회단체 및 광범한 진보적 인민 층을 총망라하는 '북조선 민주주의 민족전선'을 결성했다. 그리고 민주역량을 발동시켜 그 힘으로 민주정권을 수립하고 민주경제 및 문화건설을 해 나갈 것을 주장하였다. 준비위원으로는 김일성, 김두봉, 한빈, 최용건, 김책, 강기덕, 최창익 등 연안파와 만주파를 중심으로 한 24명이 선정되었다.[154] 그런데 북조선 민주주의 민족전선의

---

154) "우리는 제민주주의정당과 단체 또는 전 조선의 모든 진정한 애국주의자들과 민주주의자들을 망라한 민주주의적 민족통일전선을 결성하고자 주장한다. 이 통일전선의

결성은 북한이 남한과는 달리 독자적인 정치 움직임을 본격적으로 시작하겠다는 의지의 표현이기도 했다.

이에 앞서 연안파가 통일전선구축을 제안한데는 해방 전후기 민족혁명의 혼란으로 인해 종파성과 분열 및 대립이 팽배하고 있다는 현실분석에 따른 것이었다. 연안파는 민주역량을 총결집하기 위한 구체적인 정치적 방안을 연합성 신민주주의로 표방했고, 보다 포괄적인 통일전선의 일환으로 남북한 좌·우익을 아우르는 '정치협의위원회'를 제안했다(백남운, 1946: 16). 이 제안은 반공과 반소, 그리고 친일파와 민족반역자를 배제한 모스코바3상 결정을 지지하는 민주주의민족전선155) 중심으로 집결해야한다는 것이었다. 그러나 남한 미군정의 좌익진영에 대한 억압은 남북한 연합을 모색한 민주주의 민족전선의 활동을 경색시켰다. 따라서 북한은 2월 15일 공산당 북조선분국 제4차 확대집행위원회를 통해 김일성이 "우리 당이 북조선인민위원회를 성립함으로써 북조선 민족통일전선을 완성하였다"고 보고하였다(김일성, 1946: 20).

연안파에 의해 주도된 민족통일전선 결성 주장은 일본제국주의의 독점적 식민지경험을 가진 한반도에서 충분한 타당성을 갖고 있었다. 그것은 다름 아닌 식민지 통치기간 동안 심화된 자본가와 노동자, 지주와 소작인

기초위에서 조선의 민주주의적 임시정부가 수립되어야 할 것이다"(『해방일보』, 1946.2.6에 실린 내용으로 『민주주의 민족전선대회 회의록』(조선정판사, 1946) 19~20쪽에 수록; 서동만(2005, 140~2)에서 재인용-).

155) 민주주의민족전선의 좌우합작 5원칙(1946): 1. 조선의 민주독립을 보장하는 3상회의 결정을 전면적으로 지지함으로써 미소공위의 속개촉진운동을 전개하여 남북통일의 민주주의 임시정부수립에 매진하여 북조선 민주주의민족전선과 직접 회담하여 전국적 행동통일을 기함. 2. 토지개혁(무상몰수, 무상분여), 중요산업 국유화, 민주주의 노동법령 및 정치적 자유를 위시한 민주주의기본과업에 매진할 것. 3. 친일파 민족반역자 친 파쇼 반동거두들을 완전히 배제하고 테러를 철저히 박멸하며 검거, 투옥된 민주주의애국지사의 즉시 석방을 실현하여 민주주의적 정치운동을 활발히 전개할 것. 4. 남조선에 있어서도 정권을 군정으로부터 인민의 자주기관인 인민위원회에 즉시 이양할 것. 5. 군정고문관 혹은 입법기관 창설에 반대할 것(『한국사사료모음』 Vol. 14, "현대사 사료집" 중에서 발췌).

간의 계급적 모순과 식민지통치와 약소민족 간의 민족적 모순이라는 경험적 조건을 해체한 후 재 결집하고자 한 요청이었다. 연안파의 이론가였던 최창익은 조선신민당의 성격을 밝히면서 민족통일전선과 연합성 신민주주의 정치노선을 다음과 같이 명확히 주장하였다.

> 조선신민당은 현 단계 조선사회의 역사성에서 규정된 정당으로 그의 조직적 성원은 각 계급, 각 계층을 불문하고 진보적 민주주의사상을 가진 사람은 각자의 지원에 의하여 다 참가할 수 있는 정치결사이다. 따라서 조선신민당은 한 계급의 정당도 아니며, 한 주의의 정치결사도 아니고, 민주주의적 민족통일전선 정당이며 민족적 자주독립과 민주주의적 정권수립을 목적으로 하는 현실 조선에 있어서의 정치노선에 의거한 진보적 민주정당이다. 따라서 조선신민당은 신조선건설에 있어서 …… 자산계급성 민족민주혁명의 역사적 임무를 공동 집행하는 데 있다. 이 순간의 역사적 단계에서 민주주의적 통일전선은 계급적으로 무산계급과 진보적 자산계급층 등의 합작을 말하는 것이며, 정당적으로는 진보적 자산 계급적 성질을 가진 정당과 공산당의 합작을 의미하는 것이다. 또 그러한 합작은 목전 조선에 있어서 민족적 이해감이자 민족내부에서 발생되는 각 계급의 이해감과 공통되는 까닭이다.[156)]

이상의 내용을 통해 알 수 있는 것은 연합성 민족통일전선운동이 북한국가건설의 민족적 토대를 형성하기 위한 결집운동이었다는 점이다. 그것은 또한 '광범위한 대중'이 사회주의 국가건설에 참여할 수 있도록 하는 매개체였다.[157)] 그런 의미에서 1946년 8월 북조선공산당과 조선신민당의 로동당으로의 합당은 대중주의의 이론적 기반을 일치시킨 가운데 보다 강력한 대중적 정당으로서 입지를 확보하기 위한 수순이었다고 할 수 있다. 또

---

156) 최창익, "민주적 민족통일전선의 역사성에 대하여"(『독립신보』, 1946.8.15).
157) 민주주의 민족통일전선은 5백만 명의 조직화된 대중들을 대표하는 대중조직이다(민주주의민족전선, 1946: 392).

한 민족통일전선운동을 통한 북한 사회주의국가건설의 본격적인 출발이기도 했다. 북한은 정권의 기초를 세우기 위해 첫 번째 주요활동으로 전국적 인민위원회 선거[158]를 실시하였고, 북조선공산당과 조선신민당의 합당 직전에 '북조선 민주주의 민족통일전선'을 결성하였다(임철, 1993: 80~5).

이후 북조선로동당은 민족전선통일운동의 실무이론을 구체적으로 체계화하기 위해 당 선전공작부장에 연안파의 김창만을, 북조선인민위원회 선전부장에 연안파 허정숙을 임명하였다(와다 하루키, 1987: 18). 그리고 이러한 결과는 당·정 양면을 연안파가 장악하면서 정권주도의 전면에 부상했음을 의미한다. 더욱이 국가재산의 횡령과 탐오, 낭비현상을 적발하는 인민 검열국 국장에 최창익이 취임하였는데(시동만, 2005: 199), 검열국은 북한에서 전개된 대중적인 사상의식 개조운동이었던 건국사상총동원운동을 직접적으로 관리하는 부서였다. 이러한 점에서 초기북한국가건설 과정에서 민족적 토대를 형성하기 위해 추진한 민족통일전선운동과 대중적 사상의식 개조운동들이 연안파의 주도하에 이루어졌음을 알 수 있다.

그리고 김일성은 1년 뒤 북조선임시인민위원회 창립 제1주년 기념대회에서 '조선정치형세에 대한 보고'를 통해 북조선이 민주과업을 실천하는데 있어 가장 큰 업적을 수행한 통일전선운동을 다음과 같이 설명하고 있다.

> 우리는 북조선에 있어서 모든 진보적 애국적 민주주의역량을 집결하여 한 개 민족적으로 되는 통일전선을 결성함으로써 제 민주과업을 실시하기 위한 투쟁에 동원되었으며 인민위원회를 지지하였기 때문입니다. 제 민주주의정당과 사회단체들이 민주주의 민족통일전선 깃발 밑에 집결되어 공동한 목표―부강한 민주독립 국가를 세우기 위하야 싸우는 데서만이 민주과업을 성과 있게 달성할 수 있습니다. 이 통일, 애국적 진보역량의 통일은 오늘 북조선민주건설에 있어서 뿐만 아니라 장차 통일적 독립

---

[158] 1947년 2월 24~25일 실시된 읍과 리 단위의 인민위원회 선거와 3월 5일 실시된 면 단위의 선거가 민주주의 민족통일전선의 감독 하에 치러졌다.

국가를 세우는데 있어서 필시 그 승리를 보장하는 유일한 미천이 됩니다 (김일성, 1947a: 4~5).

그리고 김일성은 1946년 8월 29일 북조선로동당 창립대회 보고를 통해 민주개혁을 실천하는 데 있어 민주주의 민족통일전선은 조선신민당과 북조선공산당의 합당으로 민주주의 독립 국가를 건설하는 주동력이 된다고 선언하였다(김일성, 1946b: 2~28).

3. 군중노선을 중심으로 한 토지개혁 및 사회개혁

1) 토지개혁

마르크스·엥겔스의 사회주의 혁명이론은 자본주의가 발달한 국가의 상황에 맞추어 제기된 것으로 주로 무산자계급의 역량에 의지하고 있다. 그러나 현실에서 사회주의혁명은 이와는 달리 대지주에 의한 토지소유제가 시행되는 국가에서 진행되었다. 이는 사회주의혁명의 진행과정에서 농민의 광범위한 지지와 참여가 필수적임을 말한다. 그리고 농민문제의 핵심은 토지문제였기 때문에 당시의 불합리한 토지소유제도를 변화시켜 농민의 토지에 대한 요구를 만족시켜주는 것이 문제해결의 관건이기도 했다(박명희, 1999: 21~2).

소련은 1917년 러시아혁명으로 농경지의 국유화와 집단농장화가 실시되었다. 이러한 개혁으로 처음에는 많은 희생과 자본의 유실이 발생했으나 결국에는 농장의 기계화로 수많은 농부들이 산업부문으로 방출되었다. 반면 중국의 토지개혁은 역사상 가장 전면적이고 성공적으로 추진된 농촌혁명으로 평가받고 있다. 중국공산당은 토지개혁의 성공으로 인해 탄탄한 기반을 조성했다고 볼 수 있을 정도로 토지개혁의 영향력은 지대했다. 중국공산당 토지개혁의 기본원칙은 착취계급인 지주와 부농의 토지를 몰수하여 피착취계급인 빈농에게 재분배하여 경자유기전((耕者有其田)을 실현하는 것이었다. 또한 이 과정에 농민대중이 직접참여토록 하였다. 그것은 농민대중의 참여의식을 고취시키려는 정치적 의도와 함께 실질적인 경제적 이익을 보장함으로써 광범위한 대중적 지지를 획득하기 위한 특단의 조치였다.

마오쩌둥의 농촌토지정책은 1928년 정강산에서 최초로 실시한 토지법에 기초한다. 즉, 토지소유권은 소비에트 정부에 있으며, 매매가 불가능하지만 사람 수에 따른 균등한 분배방식을 지향한 토지혁명이었다. 그리고 분배방식의 신속성은 많은 사람의 욕구를 충족시킴으로써 농민이 토지혁명에 적극적으로 참여하게 되었다. 이를 통해 마오쩌둥은 농촌근거지를 튼튼히 하고 농민을 중심으로 공산정권의 대중적 존립근거를 확립하고자 했다(박명희, 1999: 42).

중국과 함께 식민지·반식민지의 역사적 경험을 동일하게 경험한 북한정권 역시 해방 이후 '민주개혁'이라는 명목아래 '토지개혁'을 최우선적으로 단행하였다. 이 조치는 단순히 토지를 농민에게 재분배하는 차원을 넘어 사회전반의 구질서를 전환시키고자 하는 혁명적 조치였다. 이는 식민지 시기 굴절된 역사를 가진 민족이 새로운 역사발전경로를 찾으려는 노력의 일환이라 하겠다(이주철, 1996: 194). 1946년 2월 8일 출범한 북조선임시인민위원회는 토지개혁법령, 노동법령, 남녀평등권법령, 주요산업 국유화법령 등을 잇달아 제정, 선포하면서 장차 사회주의체제로 진입하기 위한 사회경제적 기본 틀을 갖췄다. 북한에서의 '민주개혁'은 중국과 마찬가지로 식민지적, 봉건적인 낡은 사회제도를 청산하는 동시에 앞으로 있을 사회주의적 개조를 위한 토대마련을 위한 조치로 실시된 것이다. 사실 토지개혁의 전개가 사회구조에 미친 영향은 변혁의 핵심내용을 구성하는 것이었다.

북한토지개혁의 중요한 문제의 하나는 토지개혁 주체에 관한 것으로 현재 북한의 대표적인 연구는 토지개혁 전 과정의 중심에 김일성만을 부각시키고 있다. 반면 남한의 연구는 대부분 소련 측의 역할을 부각시키고 있다. 박명림은 농민의 요구를 소련이 수용하는 방식을 택했다고 주장하고, 김성보는 토지개혁 법령원칙을 소련과 조선공산당 북조선분국이 협의하여 만들었다는 견해를 보인다. 이는 북한 토지개혁의 최고결정권자가 소련이었다는 인식을 기본바탕으로 하고 있는 것이다. 그러나 소련군의 점령이라는 조건을 과도하게 강조하여 각 부문에서 조선인들의 역량과 자율적인 국가건설의 역할을 최소화 시키는 인식은 지양되어야 한다. 왜냐하면 정치적 환경조건에 가까운 소련군의 점령을 결정적 조건으로 설정하고 소련군을 모든 사건의 원인과 동력으로 파악하는 인식은 해방직후의 사실을 객관적으로 복원하는데 장애물이 될 수 있기 때문이다. 당시 소련 제25군 정치사령관이었던 레베데프는 "소련군 위수사령부의 존재는 민주적인 사회조직사업과 민주적인 사회개혁을 방해하는 적대적이고 반인민적인 세력을 용납하지 않았다"(레베데프, 1987: 125)라 하면서 소련군 사령부는 군부대를 지휘하는 고유업무에 여념이 없었을 뿐만 아니라 민정업무를 다룰만한 경험과 지식을 소유한 전문가들이 많지 않았기 때문에 민정업무수행에 상당한 곤란을 겪고 있었음을 시사하고 있다. 이러한 현상은 소련 제25군 대좌들의 일부가 도(道)고문을 맡았으나 이들의 역량과 조선상황에 대한 지식의 한계 등으로 인해 그 역할은 제한적일 수밖에 없었다는 사실에서도 확인된다(이주철, 1996: 209).

김일성 역시 소련의 정치적 환경을 인정하면서도 토지개혁에 관해서는 "각 민주주의정당과 각 사회단체들의 튼튼히 결성된 민주주의통일전선의 힘으로 실시된 것이며, 우리 공산당은 이 민주주의통일전선에서 핵심적 작용과 주동적 역할을 하였다"(국사편찬위원회, 1982: 63)고 강조하였다. 즉, 토지개혁의 실제적 집행은 소련의 묵인 하에 북한의 연합정치세력 및 농민과 농촌위원회 등의 주도로 이루어졌다고 하겠다.

이에 앞서 조선신민당은 창당선언을 통해 자산계급성 민주주의론을 주창하면서 동시에 신조선민주공화국 건립을 위한 민족경제 재편성의 수단으로 토지개혁을 주장하였다. 따라서 이들 연안파가 발표한 〈조선신민당의 토지정책에 관한 성명 11개항〉이 〈북조선 토지개혁에 관한 법령〉에 어떠한 영향을 미쳤는지를 비교분석할 필요가 있다.

〈조선신민당의 토지정책에 관한 성명〉(『해방일보』, 1946.3.23)

1. 조선의 경지와 임야는 전통적으로 봉건적 국유제였다. 그러나 역사적으로 봉건적 사유제로 침식되었던 것이 일제식 법제 하에 근대적 사유제로 개편되었다. 그리하여 토지사유를 신성 불가침권으로 화석화시키려는 야망은 황해도 모 지주가 자기 소유지를 천 년 간 신탁제로 일제식 신탁회사에 청촉한 일례로 증명한다. 그러나 건국에 직면한 현하 단계에서는 양심적 지주라면 그 소유 토지를 신형 국유제로 자진 환토하여야 한다.
2. 민주정치와 명실상부한 민주경제를 수립하려면 종래의 토지 사유제는 신국유제로 개편하는 동시에 원칙적으로 소작제를 직경제로 전환함으로서 농민의 사유재산을 만들 물적 기초로 하고 따라서 민족부강의 기초를 구축해 주어야 한다.
3. 조선토지문제는 일본인 소유 토지만 해결한다면 토지문제의 대부분이 해결되는 것으로 속단하는 사람이 많은 모양이나 절대로 그렇지 않다. 문제의 중점은 차라리 조선인 지주 소유토지의 처분방법 여하에 농민의 운명이 달렸고 그것이 실로 민주경제의 지반이 될 것이다. 그것은 일인 소유 토지 43만 정보는 총 경지면적 450만 정보의 약 1할에 불과하고 조선인지주 소유 토지 260만여 정보는 그 총경지의 5할 8푼 이상을 점령하고 있는 사실을 보아 분명하다.
4. 기 처분방법으로서 우선 일본인 소유토지처분을 사적매매에 방치한다

면 그 총 가격이 실로 30억여 원을 초과할 것이며, 그 결과는 자작농이라 기보다도 항구적 채노로 전환되기 쉬울 것이다. 그러므로 기 처분은 불원에 수립될 조선신정부에 맡겨두는 것이 적당한 조치로 생각된다.
5. 15만 6천여 명 되는 대 · 중 · 소지주가 202만 정보를 소유하고 있는데 만일에 10정보 이상의 지주만 가려본다면 4만 7천여 명에 불과한 대 · 중 지주의 소유 토지 108만 정보에 대한 처리방법이 문제다. 그러나 이것을 유상국유로 한다면 건국 초의 신국가가 적어도 80억 원의 국채를 부담할 것이며 재정대책에 치명상을 줄 것이다. 그러므로 무상몰수 이외의 국유제는 지주를 반민주적 산업자본가로 전환시킬 뿐이고 민주경제 확립에 대한 새로운 지장이 될 것을 언명한다.
6. 종래의 지경지와 신자작지는 사적 매매 양여 급 저당의 금지 토지배정의 갱신, 지가세 등에 관한 토지법을 제정할 것
7. 신자작지의 보수율과 기 기간은 지세, 금리, 물가, 가족 수, 문화 후생시설, 과거 10년간의 평균생산액 등의 조건을 참작하여 신정부가 제정할 것
8. 국유제를 채용한 후 자경능력이 없는 토지 소유자는 기술적 조치로서 생활 기타 문화적 수요가 보장되어야 할 것이다.
9. 1,600만 정보를 산(算)하는 전 임야의 약 6할이 사유림인데 이것을 국유로 하고 5만 3천여 정보의 분묘지는 신정부의 묘제(墓制) 창정기까지 보류함이 가할 줄로 안다.
10. 간사지 개척과 가경지 개간자에 대하여 일전기간 특권적 이익을 보장할 것
11. 북조선 토지개혁 안은 원칙적으로 찬동하나 기술적 조치방법에 있어서 고려를 요할 점이 있다. 즉, 경제정책 일반이 상호연관성을 갖는 것인즉 기 시행시기와 경작능력이 없는 토지소유자의 생활보장문제 등이며 남조선에서는 용인할 최소한도 면적도 북조선과는 좀 달리 고려할 필요가 있을 듯하다.

북조선임시인민위원회는 1946년 3월 5일 '북조선 토지개혁에 관한 법령'을 공포하여 사회주의개혁의 서막을 열었다. 그러나 조선신민당처럼 공식

적으로 북조선공산당이 토지개혁과 관련하여 발표한 성명은 아직 확인되지 않고 있다. 다만 조국광복회 10대 강령159)에 나타난 4항과 5항을 개조하여 1945년 8월 20일 "해방된 조국에서의 당, 국가 및 무력건설에 대하여"라는 제목으로 군사정치 간부들 앞에서 한 연설에서 인민주권이 실시하여야 할 행동강령 13개항을 발표160)하는 와중에 토지몰수와 재분배에 관해 언급하고 있을 뿐이다. 여하튼 김일성은 임시인민위원회의 첫 번째 당면 과제로 "지방정치기관들을 튼튼히 하여 그로부터 친일파와 반민주주의적 분자들을 숙청하지 않고서는 민주주의적 조선을 건설할 수 없다"고 단언했다. 그리고 두 번째 과업으로 "일본제국주의자와 민족반역자 및 조선인 대지주들의 토지를 몰수하여 농민에게 무상분배하고 산림은 국유화한다"는 토지개혁방안을 제시하였다. 김일성은 "반역자들의 경제적 기초는 봉건적 소작제도이고 그 봉건적 토지소유자는 무엇보다도 농촌에 봉건적 세력을 보존하려하여 어떠한 민주주의적 개혁에 대해서도 다 반대하고 있었다. 그러므로 토지개혁 없이는 농촌경제의 발전과 부흥이 불가능할 뿐 아니라 자유민주주의적 조선 국가건설도 불가능하다"(전원근, 2000: 112~3)면서 토지개혁의 이유를 분명하게 밝히고 있다. 따라서 해방공간에서 북한의 토지개혁은 일제와 그 주구세력 및 봉건잔재들을 제외하고 통일전선의 기치 아래 결집한 정치세력을 중심으로 자율적으로 준비되고 집행되었다

---

159) 조국광복회 10대강령: 4. 일본국가 및 일본인 소유의 모든 기업소, 철도, 은행, 선박, 농장, 수리기관 및 매국적 친일분자의 전체 재산과 토지를 몰수하여 독립운동의 경비에 충당하며 일부분으로는 인민을 구제할 것. 5. 일본 및 그 주구들의 인민에 대한 채권, 각종 세금, 전매제도를 취소하고 대중생활을 개선하며 민족적 공, 농, 상업을 장애 없이 발전시킬 것.
160) 3. 일본제국주의자들과 친일적 조선인 및 민족반역자들이 소유하고 있던 모든 공장, 기업소, 철도, 은행, 선박, 농장, 수리기관들과 일체 재산을 몰수하고 국유화할 것. 4. 일본인과 친일적인 조선인 반동지주들의 토지를 몰수하여 땅이 없거나 적은 농민들에게 무상으로 분배할 것. 5. 일제의 잔재세력과 일제가 남긴 일체 잔재요소를 철저히 숙청할 것(김일성,「해방된 조국에서의 당, 국가 및 무력건설에 대하여」(1945.8.20),『김일성 저작집』1권, 1971, 250쪽).

표 4-2 2차 세계대전 후 동구 사회주의권 국가 토지개혁 유형(박동삼, 1991: 53~57)

토지개혁 유형	국 명
무상몰수, 무상분배	유고슬라비아, 알바니아
무상몰수, 유상분배	루마니아
유·무상몰수, 유상분배	폴란드, 동독, 체코슬로바키아, 헝가리
유상매수, 유상분배	불가리아, 쿠바

※ 북한은 무상몰수 무상분배의 원칙이었지만 1년 수확량의 10%를 매년 부담하는 유상분배에 가깝다고 할 수 있다(이주철, 1995: 258).

고 할 수 있다. 이는 북한 토지의 개혁이 소련의 주도 하에 실시되었다고 보는 기존의 정설에 대한 재론을 요구한다. 이러한 사실의 보다 구체적인 정황은 다음 문건에서도 확인할 수 있다.

소련군은 1946년 1월 2일 '북조선 주둔 소련군 사령관의 명령서' 제2호를 통하여 "전 농호를 각각 조사하여 각종 토지사용자들의 소유지(농민, 소작농, 지주, 사원소유지, 기타)와 일체 국유지, 이전 일본인 소유지를 세밀히 조사(한림대학교 아시아문화연구소 1993: 446)하여 2월 15일까지 등록할 것"을 명령하였다. 이 문건의 내용에서는 소련 측이 북한 토지개혁 시기에 일정한 역할을 하였음을 알 수 있다. 하지만 이것이 소련의 토지개혁 주도론이 될 수는 없다. 그런데 소군정의 조사완료 기한인 2월 15일에 조선공산당 북조선분국 중앙 제4차 확대집행위원회는 "토지문제에 관하여 최단기간 내에 토지의 수목과 등별 인구수와 노동력의 여하한 형편 등을 자세히 조사할 것을 결정하였다(국사편찬위원회 1982: 33).

이것은 소련군 사령관의 명령이 정해진 기간 내에 시행되지 않았음과 더불어 토지개혁준비진행과정이 북한정치세력의 주도로 이루어졌음을 확인시켜준다"(이주철, 1996: 219). 그리고 동구 사회주의권의 토지개혁이 현지의 실정을 감안하여 차이가 존재했다는 사실을 감안한다면, 북한에서의 토지개혁 역시 소련의 일방적인 개입영역이 아니었음을 간접적으로 확인할 수 있다(〈표 4-2〉 참조).

그런데 북한의 토지개혁은 연안파 출신으로 입북 후 북조선공산당에 입당한 허정숙이 그 해설을 담당했다는 데 주목할 필요가 있다. 허정숙은 "토지개혁은 반봉건의 혁명임무를 실행하고 민주조선의 인민정권을 확립하는 관건이라고 하면서 토지개혁의 의미를 (1) 봉건잔재와 그 세력을 숙청하는 것, (2) 친일분자와 민족반역자 및 일제 반동파들의 사회경제적 토대를 소멸하는 것, (3) 농민을 토지에서 해방하는 것, (4) 농촌경제의 향상과 진보를 가져오는 것, (5) 농민으로 하여금 민주국가의 주인공이 되게 하는 것"(심지연, 1988: 133) 등 5가지로 설명하였다. 토지개혁법령에 대한 취지와 그에 따른 해설을 담당했다는 사실은 관련개혁을 입안하고 주도하였다고 볼 수 있다.

연안파는 마오쩌둥과 중국공산당이 연안시절에 발전시킨 군중노선에 의한 토지개혁을 주도할 때 함께 경험한 자들이다. 따라서 이들은 북한정권 수립기에 농촌근거지를 튼튼히 하고 농민을 중심으로 그들을 조직화하여 정권의 대중적 존립근거를 확립하고자 한 마오쩌둥의 대중노선 방법을 북한식으로 수용하려했다. 북한정권이 최창익, 허정숙, 김창만 등과 같은 연안파 출신 실무핵심이론가들을 통해 이른바 토지개혁을 단행한 이유는 군중노선의 실행방법을 체득한 이들의 눈에 비친 북한사회가 당면한 가장 심각한 문제는 바로 농민문제이며, 농민문제의 핵심은 토지문제라고 판단했기 때문이었다. 그리고 국가사회주의건설의 첫 단추로 토지개혁을 착수한 이유는 지주와 소작관계를 해체시킴으로써 반민주적 봉건잔재와 그에 따른 사회의식 상태를 변혁시키기 위해서였다. 또한 토지개혁을 통해 절대다수를 차지하고 있는 농민들의 여론을 환기시킴으로써 취약한 정치적 지지기반을 공고히 하려는 의도였다.[161]

---

[161] 이 법령은 그 후 부분적인 보충과 개정을 통해 1948년 9월 9일 북한헌법으로 그 합법성이 부여되었으며, 1958년 8월 농업협동화 완성 시까지 그 효력이 지속되었다.

북한지역에서의 토지개혁은 법령발효를 통해 3월 8일~3월 30일 사이에 실시되었다. 이때 북한은 전 사회적으로 토지개혁 캠페인을 벌여 개혁의 열기를 높인 뒤 빈농을 중심으로 토지개혁을 실시하였다. 북한의 토지개혁은 단순히 농지개혁, 농촌구조개혁이라는 경제적 측면보다는 반제반봉건민주주의혁명이라는 구호아래 로동당의 일당지배체제를 구축하기 위한 정치적 의도가 강력히 작용한데 그 특성이 있다. 북한의 토지개혁은 "토지는 밭갈이하는 농민에게!"라는 구호를 내걸고 무상몰수, 무상분배 원칙하에 이루어졌다. 5정보 이상의 토지소유자를 지주로 규정해 이들의 재산을 무상 몰수했는데, 토지개혁의 결과 지주계급은 완전히 사라지고 부농층이 약화됐으며, 빈농과 중농이 농민의 절대다수를 차지하였다. 무상몰수의 주 대상은 조선인 지주로 삼았다. 이는 조선신민당(연안파)의 토지정책이 그대로 반영된 것이다.

즉, 3항에서 제시된 바와 같이 연안파는 "조선토지문제는 일본인 소유 토지만 해결한다면 토지문제의 대부분이 해결되는 것으로 속단하는 사람이 많은 모양이나 절대로 그렇지 않다. 문제의 중점은 차라리 조선인 지주 소유토지의 처분방법 여하에 농민의 운명이 달렸고 그것이 실로 민주경제의 지반이 될 것이다"라고 주장하였다. 당시 일본인 소유 토지는 총 경지면적 450만 정보의 약 1할에 불과했지만 조선인지주 소유 토지는 총경지의 5할 8푼 이상을 점령하고 있다는 점에 주목했던 것이다. 이에 따라 몰수된 토지는 총경지면적의 52%에 이르렀고 연안파의 토지정책이 그대로 적용된 지주의 토지는 약 80%가 몰수되었다.

이상의 토지개혁은 신생국가의 경제·사회적 토대를 굳건히 했을 뿐만 아니라 로동당의 정치기반 조성에 큰 공헌을 했다. 토지개혁의 집행자인

이는 엄밀한 의미에서 '국가소작제'로 전환되었다고도 할 수 있는 것이다. 그리고 농민들에게 부여된 권리는 토지소유권이 아니라 경작권이었다. 이러한 토지개혁법령은 전문 17조로 되어 있다.

표 4-3 "조선신민당의 토지정책"과 "북조선 토지개혁에 관한 법령" 비교

북조선토지개혁에 관한 법령 (1946년 3월 8일)	조선신민당의 토지정책 (1946년 3월 23일)
제1조: 소작제 폐지와 토지이용권 경작제 실시	제2항: 토지사유제의 신국유지 및 소작제를 직경제로 전환
제2조: 몰수대상 및 소유 토지규모를 규정함	제3,4,5항: 몰수대상자의 선정과 몰수 이유를 구체적인 분석을 통해 밝히고 있음
제10조: 토지 매매, 소작, 저당금지	제4항 및 6항: 사적 토지매매의 방치는 항구적 채노로의 전환을 경고함
제14조: 무상몰수당한 자의 관계시설에 관한 원칙	제8항: 기술적 조치를 국가에서 보장해줄 것
제7조: 토지소유권 등록 제9조: 고용지와 농민간의 부채일절 탕감 제12 및 13조: 건축물, 시설, 산림 국가로 귀속 기타: 행정적 조항 명시	11항: 북조선토지개혁을 원칙적으로 찬동하나 기술적 보완조치에 관한 언급

농민위원회에 망라된 구성원들과 토지를 분배받은 농민층을 대량으로 당에 입당시켜, 각 리마다 당 조직이 강화되었다. 또한 이들은 당 조직이나 인민위원회, 각종 사회단체의 간부들로 등용되어 로동당의 지지기반이 강화되는 계기가 되었다. 인민대중이 스스로 토지개혁에 참여하도록 한 것은 중국공산당의 '군중노선'을 그대로 수용한 것이었다. 이에 따라 북한 내의 반공세력은 급속도로 몰락하였음은 물론 천도교·기독교·불교 등 종교재산까지 몰수함으로써 종교 활동을 위축시키는 부수적인 효과도 나타나게 되어 사회주의 국가건설의 현실적·잠재적 저항세력들을 제거하는 계기가 되었다. 김일성은 1947년 2월 8일 북조선임시인민위원회창립 제1주년 기념대회에서 토지개혁실시 결과를 다음과 같이 보고했다.

  1946년 3월 5일에 실시된 토지개혁은 토지의 봉건적 소유관계를 완전히 청산하고 토지를 밭갈이하는 농민에게 넘겨줌으로써 조선농민들의 세기

적 숙망(宿望)을 달성하여 주었습니다. 토지개혁에 의하여 98만여 정보의 일본인과 친일파의 소유와 5정보 이상의 조선인 대지주소유의 토지를 몰수하여 72만여 정보를 토지 없는 농민, 토지 적은 농민들에게 분여하였습니다(김일성, 1947: 12).

참고로 남로당 역시 8월 테제를 통해 토지문제 해결방안제시하고 있다. 그런데 토지개혁의 방향에 관한 포괄적 입장은 같았으나 연안파처럼 토지개혁의 방안을 구체화시키지는 못하고 있다.

1. 일본제국주의자와 민족적 반역자의 토지는 무상 몰수할 것
2. 조선인 지주의 토지에 대해서는 우선 대지주, 고리대금업자의 토지를 무상 몰수할 것
3. 사원, 향교, 종중 등 기타 공공체의 토지는 무상 몰수할 것
4. 조선인 중소지주의 토지에 대한 것은 우리투쟁의 발전에 따라 해결한다.(즉, 그들의 자기경작 토지면적 이외의 것은 몰수함을 원칙으로 한다.)
5. 몰수된 전 토지는 토지 없는, 또는 토지가 적은 농민에게 분여할 것이요, 그 관리권은 (노동자, 농민의 이익을 대표하는 진보적 인민정부가 수립될 때까지) 농민위원회 혹은 인민위원회에서 가질 것(김남식 편, 1988: 40에서 재인용)

그런데 북한의 토지개혁은 한국전쟁이 끝난 1954년에 다시 한 번 궤도수정을 하게 된다. 농지를 개인이 소유할 수 없도록 한 토지의 '협동적 소유화 정책'이 그것이다. 이는 토지가 개인·국가 또는 당의 소유가 아니라 협동 농장원 전체의 소유라는 개념으로, 이것이 사회주의로 가는 조치라는 것이다. 이렇듯 북한의 토지개혁은 해방 이후 위로부터의 주도와 아래로부터의 요구가 결합되어 신속하고 급진적인 변화를 낳은 가장 중요한

사례라 볼 수 있다. 연안파가 정책을 주도하고 농촌위원회가 주관한 토지개혁은 인민위원회의 전국적 조직망을 바탕으로 광범위하게 추진되어 불과 3주 만에 성공적으로 완성된다. 토지개혁의 성공으로 북한사회주의혁명을 추진하는 로동당의 권력기반이 강화되었음은 두말할 나위가 없다. 그와 함께 북한 내에 반동성을 가진 분자들을 숙청함으로써 사회적인 성분개조를 가능케 했다고 볼 수 있다. 또한 정치적으로는 인민대중의 혁명열정과 생산열정을 북돋우어 농촌을 진지화함으로써 생산운동을 발전시키는 계기가 되었으며 공산주의 당 조직을 더욱 공고히 함으로써 분단 상황에서 체제의 내부적 결속을 촉진시켜 나갔다고 할 수 있다.

2) 사상의식 개혁: 건국사상총동원운동과 군중노선

건국사상 총동원운동은 1946년 11월과 이듬해 2월에 실시된 북조선인민위원회 선거를 계기로 북한에서 전개된 대중적인 사상의식 개조운동을 말한다. 이 운동을 주도한 연안파의 자신감은 당 사업방식에서 독자적인 목소리를 내기에 이른다. 그것은 마오쩌둥식 '군중노선'을 북한에 적용한 것으로 당 선전부장인 김창만이 주도했다. 그러한 변화는 김창만이 집필에 관여하여 1947년 8월호 「근로자」에 게재했던 김일성의 북한로동당 창립 1주년 기념논문에서 확인할 수 있다. 김일성은 종래의 "당 사업 작풍"에 문제를 제기하며 "군중을 조직하며 인도하는 데에 있어 명령하여 군중을 가르치며 군중과 같이 군중 속에서 호흡하는 대신에 군중은 모른다고 뒤떨어졌다고 욕하며 군중과 한 덩어리가 되지 못하고 군중을 이탈하는 현상"을 관료주의라고 비판하였다. 또한 "군중 속과 하급당원들 속에 들어가서 그들에게 해석하며 그들의 심정을 연구하며 그들을 이끌고 목적 달성의 길로 나가는 작풍을 세워야 한다. 명령할 것이 아니라 이신작칙(以身作則)하여 군중과 한 덩어리가 되어 그들이 모른다고 시비와 비방할 것이 아니라 그들과 접근하고 그들을 가르치는 가장 군중의 친우가 되도록 하는 사업 작풍을 가져야 한다"(김일성, 1947b: 40~1)고 주장하였다.

이러한 주장은 최창익의 글에서도 확인된다. 최창익은 "북조선의 민주적인 각 정당, 각 사회단체는 오로지 민주정치로 군중을 동원하며 군중을 교육하며 군중을 조직하여서 신조선의 민주정권을 건립하며 민주경제를 실시하며 민주문화를 창설하여야 한다"고 말했는데, 여기서 김일성과 동일한 군중노선을 발견할 수 있다. 나아가 그는 이러한 군중노선의 궁극적 목표는 통일적 민주정권에 있으며 그 실천적 기초는 민주주의적 민족통일전선에서 비롯되었다고 했다(최창익, 1946). 이는 마오쩌둥의 영도방법을 거의 수용한 것과 다름없었다. 군중노선을 통한 중국공산당의 군중운동은 중국정치의 가장 핵심적인 요소였다.[162]

마찬가지로 김창만은 상술한 김일성의 기념논문에 대한 이론적 뒷받침으로 『근로자』 12월호에 게재한 '대중과의 긴밀한 연락은 간부의 지도적 중요소다'는 논문을 통해 "사업상 중요무기의 하나인 검열과 독촉사업도 군중과의 연락이 없이 군중의 원조 없이는 그의 완전을 기할 수 없다", "우리 당은 군중을 지도함에 있어 감독식으로 지도하는 것을 절대로 허용하지 않는다. 우리 당은 이런 감독식 형식주의적, 관료주의적 사업방식과는 무자비하게 투쟁하는 것이며, 이와 같은 사업 작풍은 사업을 진전시키는 것이 아니라 오히려 사업을 정체케 하는 것이다"라고 주장했다. 또 "유감하게도 아직 일부지도자 속에는 군중과는 아주 분리되어 군중 속에서 사업하는 것이 아니라 사무실에서 사업하며 구체적 지도사업을 보장할 줄 모르는 간부가 더러 있는 것"이라고 지적했다. 그는 이 주장을 통해 중국

---

[162] 중국공산당은 군중노선에 입각한 군중운동을 통해 그들이 필요로 하는 것을 얻고 그들이 뜻하는 것을 성취시켜왔다. 특히 중국공산당은 군중운동을 정치동원의 절대적인 방편으로 생각하여 인민의 군중운동참여를 체계적으로 또 조직적으로 관리하고 있다. 이러한 군중운동은 중국인민에게는 정치참여가 되고 공산당에게는 정치동원의 수단인 것이다. 그리하여 중국에서는 인민의 군중운동이 곧 정치동원이고 정치과정의 한 부분이었다.

공산당의 군중노선을 적용하면서 소련파가 자랑하는 검열식 사업방식을 관료주의라고 지적하며 비판하였다(서동만, 2005: 202~4). 그런데 연안파 간부들이 군중노선이라는 중국식 방식을 활용해 소련파를 비판한 것은 단순히 중국을 모방해야한다는 차원을 뛰어넘는 것이었다. 그것이 의도한 연안파가 북한 내 군중노선을 토대로 주도한 주요정책의 의미는 중국에서의 경험을 그대로 모방한 것이 아니라 북한의 환경과 조건에 비추어 변용적으로 수용함으로써 북한식의 주체적인 민족주의를 지향한 것이었다.

제Ⅳ부 북한국가건설에 미친 연안파의 영향   209

제3절 연안파의 당·정·군 활동

1. 개 요

  해방 후 정치권력의 공백상태가 된 한반도는 중앙의 정치적 움직임과 지방의 자치조직이 분리되었고, 오히려 전 지역을 장악한 것은 자연발생적으로 만들어진 자치조직이었다.[163] 이후 미·소 군정의 한반도 진출에 따라 양군의 점령정책규정을 받게 되었는데 대표적인 사례가 남한에서는 광복군이, 북한에서는 조선의용군이 무장 해제되어 개별 입국한 사건이다. 초기 북한지역에 대한 소련의 정책은 북조선영토 내에 소비에트 및 그 밖의 소비에트정권의 기관을 수립하지 않고, 전 조선인민의 이익과 열망에 부응하는 부르주아 민주주의정권을 창설하는 것이었다.[164] 이러한 소군정의 조치는 북한 내 민족주의적 토착세력들이 행정과 치안을 장악하고 있는 상황에 따른 것이기도 했다. 따라서 중국공산당 동북위원회에서 분리·파견된 조선공작단의 역할은 만주동북지역에서와는 달리 소련군점령요원으로 활동할 수밖에 없는 입지로 축소되었다(한임혁, 1961: 34).

  김일성은 오기섭, 정달헌 등 북쪽 공산주의 국내파의 일국일당주의 고수에 따른 진통과 서울당중앙의 박헌영과의 비밀 합의에 따라 1945년 10월 13일 서북5도당 책임자 및 열성자 대회를 개최하고 '조선공산당 북조선분

---

[163] 보안대, 치안대, 자치위원회, 건국준비위원회 등 이들의 활동은 치안확보와 일본 및 친일주구들의 재산몰수였다(김용복, 1989: 201~16).
[164] 「스탈린과 안토노프가 바실리에프스키 원수, 연해주군관구군사회의, 제25군 군사회의에게」, 국방성 문사관, 폰드 148, 목록 3225, 문서철28, 42~59쪽 ; 『每日新聞』 1993.2.26(서동만, 2005: 59~62).

국'을 결성하게 된다. 그런데 분국은 시·도당 조직의 연합으로 결성이 되었지만 내부적 대립을 안고 있었으며, 또 독자적인 세력을 형성하고 있는 자치조직과의 융합되지 않은 갈등은 원활한 당 조직의 기능을 발휘하지 못하게 했다. 이런 가운데 김일성은 노동계급의 단결력이 약하고 반동부르주아지가 청산되지 않고 있는 국내적 조건을 배경으로는 당의 기반이 취약하기 때문에 자본가 및 노동자가 연대하는 반파시스트통일전선 결성을 통한 민족통일정권수립을 1차 과제로 설정하기에 이른다. 그리고 이러한 현 단계를 '자본민주주의정권' 수립단계로 규정했다(김일성, 1998: 40). 당시 북조선분국의 성격은 외형적으로는 서울을 본부로 한 조선공산당에 예속되었지만 실질적으로는 박헌영이 서울에서 발표한 '조선인민공화국'을 간접적으로 부인한 것이다.[165)]

이러한 사실은 김일성이 건국·건당·건군과 관련한 자신의 새로운 당 노선과 정치노선을 천명한 데서 확인할 수 있다. 그가 4대 기본정치 과업으로 민주주의적 민족통일전선을 형성하여 민주주의 인민공화국 건국, 일제잔재세력과 국제 반동주구들 및 기타 반동분자 청산, 인민위원회조직과 민주주의적 개혁실시로 민주주의 독립국가 건설의 기본토대마련, 그리고 당 대회 강화 등(김일성, 1947b: 26~7)을 주장한데서 이를 확인할 수 있다. 분국집행위원은 17명으로 북조선 5개도와 평양시 대표들로 구성하고 이들을 중심으로 분국집행부서도 발표하였다. 이 시기 연안파 주요간부들은 입북하지 않은 상태였고 만주파의 김책과 최용건은 조선민주당 창당 준비 관계로 집행위원에서 제외되어 있었다(김광운, 2003: 163).

이렇듯 조선공산당 북조선분국은 서울의 조선공산당 중앙과의 미묘한 갈등 속에서 성립되었다. 이 분국설립은 그동안 수면 하에서 진행되던 권력창출과정이 공식적으로 표면화되어 나타난 북한정치사의 전환점이라

[165)] 이때까지만 해도 김일성은 그가 중국에서 체험한 자산계급성 신민주주의 노선을 염두에 둔 것으로 보인다.

표 4-4 조선공산당 북조선분국 집행위원 시·도별 현황

분국집행부서	시·도별	성 향	집행위원
제1비서: 김용범 제2비서: 오기섭 조직부장: 리동화 선전부장: 윤상남 산업부장: 정재달 기관지주필: 태성수	평안남도	좌·우 연합	김일성, 김용범, 장시우, 박정애, 윤상남
	평안북도	좌·우 연합	김 휘
	함경남도	좌익 중심	오기섭, 이주하, 정달헌
	함경북도	좌익 중심	허현보, 이주봉
	황해도	우익 우세, 좌익 중심	최경덕, 김응기
	강원도	좌익 중심	정재달
	평양시		리동화, 김책, 김일

※ 출처: 서동만(2005: 72~3), 김광운(2003: 89, 163)의 내용을 재구성.

할 수 있다. 그러나 그 기능은 김일성의 구상대로 발휘되지 못했다(〈표 4-4〉 참조). 더욱이 10월 12일 소련군 제25군 치스차코프 사령관은 성명을 통해 "모든 반일민주주의 단체들의 결성과 활동을 허가"한다고 발표함으로써 민주주의 정당 및 단체들의 광범위한 통일전선구축을 허용했다.

한편 연안파 독립동맹 간부들은 1945년 11월 말에 대부분 입북했으나 이들이 정치적 활동을 본격화한 것은 이듬해 1월 2일 평양방송을 통한 '시국에 대한 태도표명'이라는 연설을 통해서였다. 이들은 방송을 통해 모스코바3상 결정을 지지하고, 독립동맹이 자주독립의 완성을 위해 노력하겠다는 것, 그리고 그들의 정치적 침묵이 한반도 사정을 신중하게 진단하기 위한 것이었음을 밝혔다. 독립동맹 간부들 중 일부가 곧바로 북조선공산당에 가입한 것은 연안파가 추구하는 정치노선을 정치참여과정 속에서 반영하려 했기 때문으로 보인다. 그것은 최창익과 같은 공산주의 이론가가 국가 이데올로기의 이정표를 '계급투쟁'에서 '민족투쟁'으로 흡수·수용하도록 한 것이나 허정숙의 토지개혁해석 및 김창만이 주도한 군중노선의 이론적 뒷받침 등 연안파가 북조선공산당의 당 정책 브레인으로 역할을 한 데에서 확인할 수 있다.

한편 김두봉을 비롯한 나머지 간부들은 남북한을 아우르는 조선신민당 창당을 위한 준비를 했다.166) 그리고 2월 8일 북조선 임시인민위원회 설립과 함께 현실정치에 참여하여 김두봉이 인민위원회 부위원장으로 선출되었다. 이와 같이 초기북한정권이 당파를 초월한 연립내각으로 구성될 수밖에 없었던 사실은 김일성 만주파의 수권세력으로서의 한계를 반영하는 것이기도 했다. 반면 이러한 조건에서 연안파는 그들이 연안에서 정풍학습을 통해 보다 체계적으로 경험한 국가건설의 방식을 정권에 참여하는 과정에서 반영시킬 수 있었다. 이를 위해 조직적 혁신이 필요하다고 판단한 연안파 간부들은 그해 2월 16일 조선독립동맹을 조선신민당으로 개칭하였다. 이와 같이 정당을 달리하면서까지 정권창출에 참여한 이들의 명분은 현 단계가 "자산계급성 민주주의 단계"임으로 온전한 민주국가수립을 위해서는 완전한 민족독립을 지향하는 통일전선전략을 구현해야 한다는 데 있었다. 이후 이들은 당·정·군에 걸쳐 주요보직에 주도적으로 참여하면서 해당사업을 관장하였다.

2. 당·국가체제의 이데올로기 수립과 개혁의 이론적 주도

북한체제는 기본적으로 당·국가체제로서 정과 군에 대한 당의 영도와 지도원리가 확립되어 있다. 해방 후 초기북한은 소련과 같은 사회주의 당·국가체제를 확립하고자 했다. 그러나 정·군에 대한 당의 영도와 지도체제를 확립한 것은 1956년 8월 종파사건과 1961년 제 4차 당 대회를 통해 단일지도체계를 구축하면서 가능해졌다고 볼 수 있다.

---

166) 본부를 평양으로 한 독립동맹은 조직 확대사업을 위해 부주석 한빈을 1946년 1월 25일 서울에 보내어 백남운 등을 가입시켜 그해 2월 5일 독립동맹 경성특별위원회를 결성하였다(심지연, 1988: 76~9).

그런데 초기북한사회주의에서 당·국가체제 수립167)은 김일성의 만주파를 중심으로 많은 경쟁계파와의 협력관계 및 투쟁과정 속에 진행되었다. 허가이를 중심으로 한 소련파들은 당과 국가의 건설책임을 맡았고(중앙일보 특별취재반, 1992: 184), 연안파들은 북조선공산당과의 합당을 통한 참여 속의 개혁168)을 주창하였다. 특히 연안파는 현 시기를 "새로운 전투조직으로서의 민주주의 혁명단계"로 규정하고 당·국가사업에 적극적으로 참여했다.

이와 관련하여 연안파는 북조선공산당 창당과정에서 무정, 김창만, 허정숙, 이상조, 박일우, 윤공흠, 고봉기, 양계, 서휘 등 독립동맹 실세들이 참여하였으며, 2차 당대회시에는 김두봉, 최창익, 한빈 등 조선신민당을 창당했던 주역들이 북조선로동당과 합당한 이후에 당 정책에 깊이 관여하였다.169) 사실 이 두 계파들은 식민지 항일무장투쟁시기부터 조선독립과 해방 후 국가건립에 대한 자체강령을 수립하고 있었다. 김일성의 만주파는 식민시기 조국광복회 10개 조항의 강령전문170)을 통해 조선 인민정부를 수립할 것과 일본국가 및 일본인 소유의 기업소, 철도, 은행, 선박 및 전체 재산을 몰수하여 독립운동경비에 충당한다고 했다. 또한 연안파의 조선독립동맹 역시 강령(최창익, 1949: 404~7)을 통해 전국 국민의 선거에 의한 민주정권을 수립하고 조선에 있는 일체의 일본제국주의의 자산 및 토지를 몰수하고 대기업 등을 국영으로 귀속시키며 토지를 분배할 것 등을 주장하고 있었다.

---

167) 당·국가의 중앙집권화를 위한 북한의 새로운 국가의 정치·경제·사회조직들은 1947년 봄까지 군(軍)을 제외한 모든 분야에서 그 기능을 작동하고 있었다. 이와 함께 "민주주의인민공화국"이라는 용어 역시 이 시기에 로동당과 인민위원회에서는 통용되고 있었다(암스트롱, 2006: 339).
168) 김두봉은 당시를 민주주의 혁명단계로 주장하면서 연합성 신민주주의를 실현시키기 위해서는 현 단계의 역사적 필연성에 의한 무조건 합동이 필요하다고 주장하였다(심지연, 1988: 164~7).
169) 그들은 높은 학력과 경험을 바탕으로 선전·선동부문과 중국공산당의 경험과 방법을 북한식으로 변용적 수용을 할 수 있도록 당 이론을 확립시키는 역할을 주도하였다(김광운, 2003: 185).
170) "조국광복회 강령전문,『현대조선력사』(저자 미상, 1983), 4장 2절.

김일성 만주파의 '인민정부수립'과 연안파 조선독립동맹의 '민주정권수립'은 사회주의 국가들이 지향하는 당·국가체제 확립에 의한 국가와 사회 전반에 대한 '당적지도'를 전제로 한다는 점에서 기본적인 국가건설지향점을 같이했다고 볼 수 있다. 여기에서 주목할 것은 당·국가체제의 이데올로기 수립과 개혁의 이론적 주도를 누가 수행했느냐하는 점이다. 이는 식민지시기 중국내에서 투쟁과 학습 등을 유사하게 경험한 두 계파의 행적을 구분하는데 어려움이 따르는 부분이기도 하다. 다르게 표현하면 그것은 오늘날 북한에서 현실의 권력투쟁과정에서 패배한 연안파세력을 사장한 채 승리한 김일성중심의 지배역사를 정당화하는데 큰 어려움이 없는 이유이기도 하다. 그러나 두 계파가 유사한 국가수립 안을 지니고 있었을지라도 구체적 정책 실현능력에 있어서 김일성의 만주파는 마르크스-레닌주의 이론, 마오쩌둥 노선의 변용적 수용, 사회주의정책 및 당 조직 등에 대한 지식이 부족함(중앙일보 특별취재반, 1992: 301)에 따라 북조선공산당 창립에서부터 연안파에 의해 당 이론의 정립이 주도적으로 수행되었다는 사실이 훨씬 설득력이 있다. 실례로 선전부장 김창만은 1946년 "당정치노선결정서"를 통해 이미 '유일적 영도의 실현', '대중지도에서 유일성과 통일성 보장', '영도에서 주체를 세우는 것', '혁명적 군중노선의 관철' 등 정치이데올로기를 당의 결정으로 공식화하는데 주도적인 역할을 했다.171)

이러한 작업은 연안파의 이론가로 하여금 김일성의 최대 정적이라 할 수 있는 무정과 박헌영과의 차별성을 부각시켜, 김일성의 이미지를 대중적으로 형상화시켜나가도록 한 것이다. 다른 측면에서는 대중지도와 군중노선이라는 연안파의 정치성향이 관철된 것이라는 점에서 당·국가건설에 대한 연안파의 이론적 틀이 북한국가건설기의 정치이데올로기형성에 절

---

171) 「당의 정치노선 급 당 사업총결과 결정」(『당 문헌집Ⅰ』, 평양: 정로출판사, 1946: 66~8). 이 시기 연안파 책사였던 김창만이 김일성의 권력에 편승하고 있었다고 추론할 수 있다.

표 4-5 제1차 당 대회 파벌 분포 (1946년 8월)

구 분	국내파	만주파	연안파	소련파	기 타
중앙위원(43명)	10명(23%)	4명(9%)	19명(44%)	8명(19%)	2명(1%)
상무위원(13명)	3명(23%)	2명(15%)	6명(46%)	2명(8%)	

※ 출처: 『근로자』 창간호(10월호), 1946, 48쪽(재구성).

대적인 기여를 했음을 확인할 수 있다. 이와 같은 사실은 소련군정의 지원 하에 정권을 주도한 김일성의 만주파가 당·정·군의 방대한 조직을 자체적인 능력으로 일거에 장악하기에는 불가능했다는 점을 보여준다. 1~3차까지 북한초기 당 대회에서 나타나고 있는 계파별 분포도 비교를 통해 그 역할과 비중을 짐작할 수 있다(〈표 4-5·6·7〉 참조).

북조선로동당의 최고기관은 당 대회이며 이 대회는 1년에 한 번 중앙위원회가 소집하도록 당 규약에 규정되어 있다. 그리고 중앙위원회는 3개월에 1회씩 개최하도록 하였는데 그 이유는 당 대회가 원칙적으로 1년에 한 번씩 밖에 열리지 않아 실제 당 사업을 중앙위원회가 전담하기 때문이다. 또한 중앙위원회가 휴회 중일 때는 당을 지도하는 최고기구로 정치위원회와 중앙상무위원회를 두었다. 정치위원회에서는 전체 당을 대표하는 위원장과 부위원장을 뽑고, 중앙상무위원회는 일반적인 당 사업을 지도하며 집행하였다.

1차 당 중앙위원회는 43명으로 구성되었는데 위원장은 연안파 김두봉이 맡았다. 이는 조선신민당과 북조선공산당의 합당에 따른 안배차원의 고려 때문이었을 것이다. 김일성과 주영하는 부위원장에 선출되었다. 그러나 합당과정이 그리 순탄하지는 않았다. 특히 조선신민당의 활동이 활발했던 신의주 지역에서는 그간의 활동과정에서 쌓인 감정의 골이 깊었고, 반면 일부 북조선공산당 또한 자신들의 특권적 지위를 조선신민당에게 이양한다는 사실에 대한 반발이 있었다.

그것은 당대표 비율을 1:1로 선출하는 것에서 뚜렷이 나타났다.[172] 연안파는 김두봉, 최창익, 김창만, 허정숙, 무정, 이춘암, 김여필, 박효삼, 윤공흠, 김민산, 박훈일, 박일우, 김교영, 명희조, 한빈, 임해, 리종익, 김월송, 임도준 등이 중앙위원에 선출되었다. 그리고 정치위원으로는 김두봉과 최창익이 뽑혔고, 상무위원으로는 김두봉, 최창익, 김창만, 박효삼, 박일우, 김교영 등 6명이 선출되었다. 당시 연안파는 조선신민당 시기 포용된 국내 출신들을 포함한 범 연안파를 구성하여 조선공산당과 합당한 상황이었다. 이러한 연안파의 약진은 합당에 대한 배타적 불만을 해소하기 위한 배려된 안배였다 할 수 있다. 이때 조선신민당 창당정신에 입각하여 온건주의 민족노선에 동의하여 참여했던 국내지식인들도 포함이 되었는데 대표적 인물로는 리종익, 김월송, 임도준 등이 이에 속한다(서동만, 2005: 179).

김일성은 조선신민당과 합당한 이후 조선로동당 창립 1주년째이던 1947년 8월 현재 조선로동당이 70만의 당원을 가진 '대중적 정당'임을 선언했다. 이러한 당 조직의 확장은 소련파에 의한 소련식 '당=국가' 모델을 지향하면서도 보다 중요하게는 포괄적 당 확장사업에 치중하였기 때문이다. 이에 따라 연안파는 김두봉이 '건국사상총동원운동'[173]을 주도하고, 최창익이 당 이데올로기를 '계급투쟁노선'에서 '민족투쟁노선'으로 전환시켜나가는 작업을 총괄했다. 그리고 당의 선전부장은 김창만이 계속 맡고, 북조선인민위원회가 발족한 후 선전부장을 허정숙이 담당함으로써 연안파가 당·정의 선전부문을 장악하게 되었다.

---

[172] 북로당 주석단 명단은 김두봉, 김일성, 김용범, 최창익, 허가이, 김책, 박창식, 김창만, 김교영, 박일우, 리동화, 박정애, 무정, 명희조, 임해, 김월송, 태성수, 한설야, 장순명, 김재욱, 오기섭, 주영하, 정두현, 홍성익, 오경천, 최정환, 김열, 김찬, 박훈일, 윤공흠, 김영태 등 31명(김광운, 2003: 367~8).

[173] 건국사상총동원운동은 김두봉의 상징성과 김창만의 이론적 토대, 허정숙의 선전활동의 극대화, 최창익의 검열을 통한 지원 등이 총괄적으로 집중되어 전개되었다고 볼 수 있다.

더욱이 건국사상총동원운동과 관련하여 일제시기 국가재산의 횡령, 탐오, 낭비현상 등을 적발하는 인민 검열국에 최창익이 취임하였는데, 이는 당·정 양면에 걸쳐 국가건설 전면에 배치된 연안파의 실질적인 참여가 확대되는 기폭제가 되었다. 특히 당-정 선전분과는 건국사상총동원운동이 인민의 사상교양사업을 중심으로 전개되어야 한다고 강조하면서 구체적으로는 문맹퇴치, 곡식헌납, 생산돌격운동 등을 중심으로 진행되었다. 이러한 정치구도의 진행은 신민주주의론에 입각한 마오쩌둥의 대중노선을 변용적으로 수용한 연안파들이 조선독립동맹의 정치적 강령과 그들의 경험을 한반도에 민주국가건설과정에서 구체적으로 투영할 수 있는 기회를 제공했다. 특히 연안파가 국정운영의 전면에 나설 수 있었던 또 다른 이유는 국공내전 시기 중국공산당 동북국이 조선북부지역을 그들의 후방기지로 제공토록 요청했을 때, 연안파들이 북·중의 정치적 가교역할을 수행함으로써 중국이 연안파가 북한정치의 전면에 부상하도록 했기 때문이기도 하다(서동만, 2005: 200~1)[174].

토지개혁을 실시한 이후 개최된 제2차 당 대회는 창립당시보다 190% 신장된 75만 명의 당원을 보유한 가운데 개최되었다. 이 대회의 특징은 중앙위원의 구성에서 당의 권력구조변화가 시작되었다는 점이다. 1차 당 대회 이후 연안파와 소련파의 주관 하에 실시된 당 조직 강화와 확대사업에서 전당적으로 당원을 심사하고 당증수여 작업을 시행했다. 그 결과 국내파의 대표적 인사였던 오기섭, 최용달은 종파행위문제로, 이순근, 장시우, 장순명 등은 사업지도상의 문제로 비판을 받았다. 이들에 대한 비판의 초점은 혁명투쟁의 연고지역이 국내였기 때문에 지방주의, 가족주의 등에 의한 세력화 가능성이 해외파보다 높았다는 사실에서 비롯되었다. 그리고

---

[174] 중국공산당 동북국은 조선북구에 부상병 철퇴와 치료, 물자교류 및 인원수송, 조선으로부터의 물자지원과 재조화교공작의 원조 등을 위한 '동북국 주조선변사처'를 설치하였다.

표 4-6 제2차 당 대회 파별 분포 (1948년 3월 27~30일)

구 분	국내파	만주파	연안파	소련파	기 타
중앙위원(67명)	13명(19%)	8명(12%)	18명(27%)	16명(24%)	12명(18%)
상무위원(15명)	4명(26%)	3명(20%)	4명(27%)	4명(27%)	

※ 출처: 「조선중앙연감」 1950년판 조선중앙통신사, 238쪽(재인용).

무엇보다도 이들은 1920년대 조선공산당 출신이었다.175)

그런데 주목할 사실은 이 당 대회에서 계파별 견제와 비판이 시작되었고, 연안파의 분열이 감지되기 시작했다는 점이다. 이와 맞물려 김일성을 중심으로 한 권력집중이 진행되었다. 소련파는 히가이를 중심으로 국내파에 대한 종파문제를 집중적으로 성토했으며, 국내파 내에서도 주영하는 오기섭과 리순근을 향해 직업동맹문제와 농림국 사업방식이 관료주의적이라는 비판을 가했다. 그런데 가장 특징적인 사실은 연안파의 박훈일 황해도 당위원장이 연안파의 거목이자 황해도의 우상이었던 무정이 토지개혁 실무자로서 우경적 오류를 범했다고 비판한 점이다(서동만, 2005: 208~16).

중앙위원회 정위원이 24명, 후보위원 20명이 추가로 늘어난 2차 당 대회는 김두봉이 위원장을 연임하였으며 김일성, 주영하가 여전히 부위원장을 맡았다. 그리고 정치위원은 김두봉, 김일성, 김책, 최창익, 박일우, 주영하

---

175) 1920년대 초부터 진보적인 조선인 유학생들이 일본유학기간동안 사회주의를 접하면서 점차 수면으로 나오기 시작하였으며, 조선공산당은 러시아 10월 혁명에 영향을 받은 몰락한 양반과 인텔리겐챠, 민족주의계열 등이 중심이 되어 1925년 4월 17일 서울에서 조직되었다. 하지만 엠엘파, 화요파, 서울파 등 파벌들의 난립으로 코민테른에서 서로 자기들이 조선공산당이라고 주장할 정도로 심각한 진통을 겪었다. 북한은 1925년 조선공산당의 실패를 논하며 이러한 파벌들의 각축전이 "형식적, 행세식 공산주의자들"이 뿌린 "종파주의의 해독" 때문에 조선공산당이 실패할 수밖에 없었다고 강력히 비판하였으며, 조선공산당의 실패는 이후 김일성이 "종파주의 척결"을 내세우며 조선로동당 내에서 분파들을 숙청하는 구실이 되었다. 이종석은 이에 대해 남북로동당 합당에 따른 사전정지작업의 하나로 풀이한다. 그것은 합당 후 남로당 박헌영이 국내 공산주의 세력을 규합할 가능성에 대한 사전제어작업이었다는 것이다(이종석, 2003: 200~2).

등 7명이, 상임위원회는 이들을 포함하여 박정애, 박창옥, 김일, 김재욱, 진반수, 기석복, 정준택, 정일용 등 8명이 선임되었다. 이에 따라 정치위원은 만주파 2명, 연안파 3명, 국내파와 소련파가 각 1명씩으로 분포되었으며, 상임위원은 만주파가 김일성, 김책, 김일 등 3명, 연안파가 김두봉, 최창익, 박일우, 진반수 등 4명, 국내파는 주영하, 박정애, 정준택, 정일용 등 4명, 소련파가 허가이, 박창옥, 김재욱, 기석복 등 4명으로 구성되었다.

특히 1948년 8월은 남북로동당이 합당된 뒤 당 구조의 계파 연합적 성격이 보다 강화된 시기로 각 부서별로는 계파별 영향력이 상당히 강했다. 관심의 초점은 만주파의 김책이 수장으로 있던 산업성과 최용건의 민족보위성과 더불어 박일우가 보안국·내무국·내무성을 장악하면서 연안파의 새로운 실력자로 부상되었다는 점이다. 내무성은 당시 민청-보안국이라는 긴밀한 관계로 연결되었는데, 특히 민청은 조선인민군 구축 및 징집과 연계된 전국 모든 군(郡)에 지부를 둔 방대한 조직이었다(암스트롱, 2006: 326)는 점에서 그의 위상이 크게 신장되었음을 짐작하게 한다. 또한 중앙위원 67명 중 연안파가 18명[176], 소련파 16명, 국내파 13명 그리고 만주파(갑산계 포함)가 8명으로 분포되었다. 여전히 조선로동당의 권력구조가 정치 연합적 성격을 띠고 있으며, 연안파가 안정된 권력기반을 구축하고 있음을 확인할 수 있다. 이때 연안파는 1차 당 대회 때와 같은 수준을 유지하면서 인물들만 교체가 되었다. 1차 대회 시 당 중앙위원이었던 김창만, 이춘암, 김여필, 윤공흠, 명희조, 한빈 등이 탈락하고, 범연안파 인물들이 새롭게 등장했다. 그리고 이 시기부터 연안파 내에 각 계파 중 일부세력들이 김일성을 지지하는 동요가 감지되기 시작했다(이종석, 2003: 203)[177].

---

[176] 중앙위원 서열 10위권 안에 연안파는 (1) 김두봉, (6) 최창익, (7) 박일우, (9) 김교영 등 4명이었다.
[177] 대회직전 당 선전부장 김창만, 평북당위원장 등이 반소적 입장을 표명했다는 이유로 탈락했다. 실례로 연안파가 장악했던 선동선전부장직이 연안파의 김창만에서 소련파인 박창옥으로 넘어갔다(서동만, 2005: 218-9). 그러나 김창만은 곧바로 연안파를

2차 당 대회의 특징은 소련파의 부상과 함께 국내파의 견제가 이루어졌다는 점이다. 이에 반해 연안파는 몇 사람이 좌천을 당하기는 했지만, 전체로서의 당 세력분포는 안정적이었다. 따라서 이 대회를 통해 비록 소수이기는 하지만 주요보직을 확보한 만주파가 연안파, 소련파와 함께 세력균형을 유지하게 되었다. 이후 1949년 6월 30일 남북로동당은 분단 상황으로 인해 상층 주요지도부를 중심으로 조선로동당으로 통합되었다. 이는 북한로동당과 내각에 만주파, 연안파, 소련파, 국내파와 함께 남로당파가 추가됨으로써 계파별 집단지도적 성격이 더욱 강화되는 결과를 가져왔다. 그러한 가운데 통합정당 위원장에 김일성, 부위원장에 남로당의 박헌영, 소련파의 허가이가 선출되었다. 당 정치위원으로는 김일성, 박헌영, 김책, 박일우, 허가이, 리승엽, 김삼룡, 김두봉, 허헌 등 9명이 결정되었다. 1차 당대회시 연안파에 대한 보직배려와 같은 맥락으로 남로당파의 당·정 분야에의 안배가 두드러지게 나타난 결과라 할 수 있다.

　이러한 당 내 계파 간 힘의 안배는 북한이 군사적 기반을 준비하는 과정에서도 나타난다. 만주파의 주도 하에 정규군형 군대의 실무적 지휘는 소련파가, 인민전쟁형 군대의 지휘는 연안파가, 그리고 유격전형의 병력 및 대중봉기형의 지하조직은 남로당파가 담당하게 된다. 이러한 기능적 배분은 외형적으로는 통일적 제도 하에 결합된 군부조직의 형태로 보였다(서동만, 2005: 401~2). 그러나 한국전쟁을 통해 나타난 군사적 조직의 맹점은 대중봉기의 오판, 유격전에서의 고립, 전시지휘체계 및 후퇴작전의 무질서 등의 문제점을 낳았다. 그 결과는 전쟁책임의 문제를 당 대회에서 계파 간 숙청으로 해소하는 비극적 빌미를 제공하였다.

　다시 말해 이 시기 북한은 강력한 정치적 중심이 형성되지 않은 상태에서 각 계파 간 통일되지 않은 허상의 무력기반을 내세우며 견제 속의 협력

배반하고 김일성 지지자로 변절하여 유일체제구축에 문화예술 및 이론적 기초를 형성하는데 기여했다.

표 4-7 제3차 당 대회 파벌 분포 (1956년 4월 23~29일)

구 분	국내파	만주파	연안파	소련파	기 타
중앙위원(71명)	21명(30%)	19명(27%)	15명(21%)	13명(18%)	3명(4%)
상무위원(11명)	2명(18%)	5명(55%)	2명(18%)	1명(9%)	

※ 출처: 조선로동당 제3차대회, 1956: 541~3.

을 지속하고 있었던 것이다. 따라서 한국전쟁의 실패는 그 책임론과 맞물리면서 불안정한 연대적 관계가 깨지고, 정치적 사활을 건 숙청의 소용돌이에 빠지게 되는 단초가 되었다고 할 수 있다. 우선적으로 박헌영과 남로당파에 대한 전쟁책임론은 소련과 중국을 배경으로 하는 소련파와 연안파의 제거보다 쉬웠을 것(서동만, 2005: 438)이다. 남로당의 숙청은 중앙위 제5차 전원회의를 통해 남로당파가 맡고 있던 대남사업 전반업무를 박금철에게 이양함으로써 본격화되었고, 내무상이던 소련파의 방학세와 당 비서가 된 박창옥, 그리고 선전선동부장으로 승진한 최철환을 내세워 남로당파에 대한 대대적인 숙청을 감행하였다. 그리고 1955년 12월 박헌영에 대한 최종재판을 통해 대부분의 남로당 세력이 숙청되었다. 이와 함께 소련파 허가이가 자살하였고, 재정상으로 승진한 연안파 윤공흠이 같은 계파 박일우에 대해 "그가 박헌영을 비호하는 반당적이고 반혁명적인 입장을 취했다"고 비판(윤공흠, 1956: 85; 서동만, 2005: 441)하였으며, 김두봉과 최창익은 이에 침묵함으로써 연안파는 자체 분열을 시작하였다. 이는 당연히 김일성 유일체제로의 순항을 예고하는 것이었다.

한국전쟁 이후 전후복구기간에 개최된 조선로동당 제3차 당 대회는 연안파가 당·정·군 모든 분야에서 몰락이 예고된 대회였다. 또 이 대회는 2차 당 대회 이후 8년 만에 개최되었는데, 당위원장은 남북로동당 합당 시 이미 김일성으로 바뀐 상태였고, 당시 부위원장이었던 남로당 박헌영과 소련파 허가이는 김일성 친정체제의 인물로 교체되었다.

조선로동당3차대회 대표들과 담화
하고 있는 김일성, 김두봉

국내외 정세와 당 조직과 관련된 연설에서 김일성은 국내부문에서는 전후복구에 따른 경제건설을 위한 제1차 5개년계획을 발표했다. 그런데 정치·이념적으로 이 당 대회를 통해 나타난 중요한 전환은 북한이 초기 민주주의 민족통일전선에 입각한 연합성 부르주아혁명에 의한 국가건설방침에서 '인민민주주의 독재' 기능으로 변경할 것을 선포하였다는 점이다. 한마디로 연안파의 공식적 정치노선이자 국가건설 실천이데올로기로서 연안파의 주도로 진행되었던 연합성 신민주주의론이 전격적으로 폐기되는 순간이었다. 김일성의 인민민주주의 독재로의 전환선포는 당·정 장악과정 11년 만에 주도된 국가이데올로기의 새로운 방침전환이라 할 수 있다. 그런데 이의 배경에는 국제적으로 소련의 국제정치 노선변경과 마오쩌둥의 인민민주전공(人民民主專政)체제[178]로의 노선전환, 그리고 그에

---

[178] 인민민주전공(人民民主專政): 혁명이론의 실천문제를 해결하는 기본노선이다. 마르크스가 제기한 프롤레타리아 독재는 레닌과 스탈린을 거쳐 1949년 중국 인민공화국수립 이후 마오쩌둥이 신민주주의체제를 파기하고 프롤레타리아 독재체제로 전환하였다. 마오쩌둥은 무산계급 통치를 실시한다는 마르크스의 주장을 중국에 응용하기 위해 건국 이후 무산자 계급전공(프롤레타리아 독재)를 수립하는 혁명이론으로 폭력을 강조하였다. 이에 따라 중국공산당은 1949년 3월 제7기 2차 전체회의를 소집하여 당 사업 중점을 전환하기로 하고, 그해 6월 31일 마오쩌둥은 "인민민주주의 독재에 대하여"를 발표하여 인민공화국 정권의 성격과 대내, 대외 기본정책을 규정했다. 즉, 인민민주전공이란 바로 인민민주독재의 구체적인 표현이라 할 수 있다(마오쩌둥, 2008).

따른 중·소 분쟁과 관련이 있었다.

　1956년 2월 25일 제20차 소련 공산당 대회에서 흐루시초프의 스탈린격하 비밀연설은 소련공산당 중앙위원회는 물론 공산주의체제 국가에 일대 타격을 가한 사건이었다. 이에 따라 김일성은 수정주의노선을 주창하는 소련을 비판하면서 친중 노선에 서게 된다. 이 시기 마오쩌둥 또한 중화인민공화국이 성립된 이후 신민주주의론에 입각한 혁명단계가 끝났음을 선언하고 마르크스가 제기한 프롤레타리아독재를 변용적으로 수용·채택하여 인민민주전공체제로 노선을 수정하였다.

　1949년 중국대륙을 해방하고 중화인민공화국을 수립하기까지 중국공산당의 이론적 실천은 신민주주의혁명으로 구체화되었었다. 신민주주의론은 국민당에 비해 세력의 열세에 처해있던 마오쩌둥의 중국공산당이 이를 극복하기 위해 노동자, 농민, 소시민 그리고 민족 자본가까지도 일치단결을 주장하여 소위 민족통일전선의 명분을 세우기 위한 노선이었다. 그 후 1949년 초까지만 해도 마오쩌둥은 중국공산당이 지도하는 신민주주의체제 아래 모든 '반제, 반봉건세력'을 규합하는 민족통일전선의 형성과 그것을 바탕으로 하는 연합정부의 수립을 주장하였다. 사실 그의 통일전선구축과 연합정부론은 일본제국주의가 몰락한 뒤 이어진 국공내전이 몇 년간 지속될 것으로 예측한데 따른 판단이었다. 그러나 예상 밖으로 국민당정부가 손쉽게 붕괴되자 마오쩌둥은 중국공산당의 방침을 크게 수정하게 되었던 것이다.

　이에 따라 마오쩌둥은 1949년 3월 개최된 당 제7기 중앙위원회 제2차 전체회의에서 중점정책을 농촌으로부터 도시로 옮긴다고 결정하고, 아울러 신민주주의노선에서 탈바꿈할 뜻을 명백히 하였다. 그것은 중국공산당이 대륙을 지배하여 새로운 공산정권을 수립할 수 있는 전망이 현실화되자 '무장한 혁명적인 농촌으로 도시를 포위 한다'는 이전의 농촌중심의 혁명전략을 '도시로부터 농촌을 지도 한다'는 새로운 단계의 전략으로 수정하는 것이었으며, 신민주주의의 탈을 벗어 던지고 인민민주독재로 전환할 방침을 천명한 것이었다.

중국혁명의 성공으로 마오쩌둥은 중국의 공산화에 장애가 되는 일체의 '반혁명요소'를 제거하고 청산할 뿐만 아니라 소시민, 민족자본가 그리고 지식층에 대해서도 각종의 개혁사업을 전개할 수 있는 명분과 중앙집권화된 강력한 독재체제의 확립을 서둘렀다. 이것이 바로 마오쩌둥이 1949년 7월 인민민주독재를 천명한 배경이었다. 인민민주독재에 대해 마오쩌둥은 이렇게 규정했다. "인민이란 무엇인가, 중국의 현 계급에서는 노동자, 농민, 소시민, 민족 자본가들이 인민이다. 인민의 내부에는 민주제도를 실시하여 언론, 집회, 결사 등 각종의 자유로운 권리를 인정한다. 선거권은 인민에게만 주고 반동파에게는 주지 않는다. 이 두 가지 측면인 인민내부에 있어서의 민주주의와 반동파에 대한 독재주의를 결부시킨 것이 인민민주독재이다"(마이스너, 1987: 137~68). 다시 말해 인민민주독재란 인민에게만 동지적 민주주의를 베풀고 인민이 아닌 자에 대해서는 적대적인 독재를 강행해야한다는 주장이다. 마오쩌둥은 인민민주전공론에서 민주주의를 실시할 자격이 될 수 있는 인민은 노동자, 농민, 소시민, 민족자본가 등 신민주주의혁명에 가담할 수 있는 모든 반제, 반봉건의 진보세력이라고 규정하였다. 반면 독재의 대상이 되는 비인민은 제국주의주구, 봉건지주, 관료자본가 그리고 그들을 대변하는 신민주주의혁명의 타도대상이 되는 모든 반동세력을 일컬었다. 지난날 민심을 장악하고 국민당을 고립시키는데 역점을 두었던 시기에 주장했던 연합성 신민주주의론의 어조와는 현격한 차이를 가지는 위협적 선언이었다. 이러한 마오쩌둥의 인민민주독재론은 신생중화인민공화국의 기본정책으로 구체화 되었다.

따라서 김일성정권의 인민민주주의 독재 천명은 친중 노선의 흐름을 탄 정치적 영향을 나름대로 수용한 것이다. 다시 말해 연안파의 이론적 토대 없이도 모방 가능한 정치적 학습을 바탕으로 내린 결정이었다. 이러한 상황은 한국전쟁의 종결과 함께 신민주주의론의 전도사로 자임했던 연안파에게는 충격적인 정치적 적신호였다. 그러나 당 대회를 통해 연안파에 대한 당장의 숙청의지가 표면화되지는 않았다. 당 대회에서는 중앙위원 71명과 45명의 후보위원이 선출되었고 11명의 상무위원과 7명의 조직위원이 선출되었다.179) 이 대회를 통해 당의 실권은 김일성 지지세력 중심으로 전환되었음을 확인할 수 있다. 위원장은 김두봉에서 김일성으로 바뀌었으며 부위원장은 최용건, 박정애, 박금철, 정일용, 김창만으로 전면 개편되었다. 중앙위원의 계파별 분포는 만주파 11명, 연안파 18명, 소련파 9명, 기타 국내파들로 구성되었다. 이 시기부터 김일성은 당의 통일과 종파주의 청산을 부르짖으면서 파벌을 청산하려는 자들을 선택적으로 포섭하였다. 그에 따라 국내파는 거의 잔영만 남았고, 소련파는 상당히 위축되었다.

반면 연안파는 중앙위원 서열 10위 안에 김두봉, 최창익과 그 외 하앙천, 박훈일, 서휘, 김창만이 여전히 포함되어 있었고, 김창만은 상무위원 후보로도 선임됨으로써 큰 변화 없이 일정세력을 유지하였다. 그 이유는 중국이 한국전쟁 파병과 전후복구지원 기간 동안 북한에 정치적 개입을 하면서 연안파의 후견인 역할을 하였기 때문으로 보인다.

3. 연합정권의 참여와 주요보직 장악

1946년 2월 8일 발족한 북조선임시인민위원회는 1945년 10월에 세워진 5도 행정국을 대체하는 단독정권의 성격을 가졌다. 위원장에 김일성, 부위원장에는 김두봉, 서기장에는 강량욱이 선출되었다. 그리고 보안국장을

---

179) 상무위원 : 김일성, 김두봉, 최용건, 박정애, 김일, 박금철, 임 해, 최창익, 정일용, 김광협, 남일
    조직위원 : 김일성, 최용건, 박정애, 박금철, 정일용, 김창만, 한상두

표 4-8 북조선 임시인민위원회 계파별 분포

국내파	만주파	연안파	소련파	기타
7명	2명	1명	3명	3명
이문환	김일성	김두봉	조영렬	강량욱(목사)
한희진	최용건		정진태	한동찬(치과의사)
오기섭			장종식	윤기녕(의사)
이주연				
이봉주				
최용달				

비롯한 총 14개 국장자리는 국내파를 중심으로 계파별로 안배되면서 연립 내각이 구성되있다. 1946년 8월 2일 "공민증교부에 관한 결정서" 제57호를 채택하여 18세 이상의 주민에게 공민증을 교부하였다. 공민증교부는 국가권력이 인민에게 공적증서를 부여한다는 정치적 의미와 함께 친일파 및 민족반역자를 색출해내려는 목적도 있었다. 또한 선거권을 부여하여 각급 인민위원회 및 북조선인민위원회를 출범시키는 준비작업의 일환이기도 했다.

이후 1947년 2월 17일 소집된 각 도·시·군 인민대회는 전년도 11월 3일 선거에서 선출된 인민위원 1/3과 북조선로동당, 민주당, 청우당, 직맹, 민청, 여맹대표 각 5명을 포함한 1,186명을 참석시켜 개최하였다. 이 대회를 통해 참가자들 5명당 1명 비율로 237명의 대의원을 선출하여 북조선인민회의를 구성하였다. 동년 2월 21일 평양에서 제1차 회의를 소집하여 상임위원장에 연안파의 김두봉을 선출하고 부위원장에 최용건, 김달현, 서기장에 강량욱을 선출하였다. 이 대회에서는 또한 종전의 '임시'를 삭제한 북조선인민위원회를 공식적으로 출범시키며 북한단독정권의 내각구성을 발표했다. 이는 대내외적인 국가기구로서 실질적인 정권기능의 역할을 수행할 것임을 선언하는 의미를 갖는다.

계파별로는 국내 공산주의자를 중심으로 하여 해외 공산주의자들이 안배되었다. 이러한 현상은 당시 해외파들이 정권을 장악해가는 초기과정에서 나타난 일시적인 것으로 국내파의 두각은 1948년 9월 8일 조선민주주의인민공화국의 초대내각 때까지 유지되었다(〈표 4-9〉 참조). 연안파는 박일우가 내무국장, 최창익이 인민검열국장, 그리고 허정숙이 선전부장 등 핵심보직에 임명되었다. 이를 통해 초기 북한정권에서 치안과 검열을 담당하여 친일파 및 반제국주의적 인자들을 소탕하고 선전선동을 통한 민족적인 응집력을 담당하는 국가의 주요기능이 연안파의 주도로 진행되었음을 확인할 수 있다.

민주주의민족통일전선이 추천한 자들로 선출된 572명의 대의원[180]으로 구성된 최고인민회의에서 헌법을 채택한 북한은 1948년 9월 9일 조선민주주의인민공화국을 출범시켰다. 최고인민회의 의장은 남로당 위원장인 허헌, 최고인민회의 상임위원장에는 연안파 김두봉이 각각 선출되었다. 주요 요직인선에서 북한출신 국내파의 거세와 남한출신 국내파에 대한 배려가 눈에 띄게 나타나는데 주목할 사실은 최고인민회의 부의장에 남한의 근로인민당 출신 이용, 최고인민회의 상임위원회 부위원장에 남로당 출신 홍남표를 각각 세우는 등, 반(反)박헌영 인사들을 포진시켰다는 점이다. 이는 남로당의 영향력을 분산시키려는 북로당의 전략적 고려로 보인다.[181]

그리고 22명의 초대내각에는 소련파가 일제하에서 투쟁경력의 취약성으로 인해 배제되었지만 당 조직과 군사부문에서 주요보직을 안배 받았다. 남과 북이 10:12비율로 배분된 내각구성은 외형적으로는 남북 및 계파

---

[180] 북한지역에서 선출된 대의원 212명, 해주에서 열린 남조선인민대표자대회에서 선출된 1,080명을 대상으로 인구5만 명당 1명 비율로 360명의 대의원을 선출하여 최고인민회의를 구성하였다. 자세한 내용은 『조선민주주의 인민공화국 최고인민회의의 제1차 회의 회의록』 참조.
[181] 남로당 출신의 박문규(농림상)와 허성택(노동상)은 이미 박헌영의 통제권을 벗어나 있었다.

표 4-9 북조선인민위원회 1차 내각 계파별 분포

국내파	만주파	연안파	소련파	기타(민·청)
한병옥(사무장) 정준택(기획국장) 리강국(외무국장) 리봉수(재정국장) 리순근(교통국장) 장시우(상업국장) 한설야(교육국장) 최용달(사법국장) 송봉욱(양정부장) 장종식(간부부장)	김일성(위원장) 김 책(부위원장)	박일우(내무국장) 최창익(검열국장) 허정숙(선전부장)	(없음)	홍기주(부위원장)(민) 주황섭(체신국장)(청) 리동영(보건국장)(민) 김정주(총무부장)(청) 허남희(교통국장)(무) 리문환(기획국장)(무)

* (민): 민주당 (청): 청우당 (무): 무소속
※ 출처: 『로동신문』, 1947.2.23

간 연합정권의 성격을 띤 안배였다. 그러나 김일성을 수상으로 국가계획위원장에 정준택, 민족보위상에 최용건, 내무상에 박일우, 산업상에 김책, 재정상에 최창익 등 주요 보직은 북한 로동당 인사들로 구성되었다. 그 중 연안파는 최고인민회의 상임위원장 김두봉을 비롯하여 내무상 박일우, 재정상 최창익, 문화선전상 허정숙 등과 월북인사 중 연안파와 관련이 깊은 김원봉이 국가검열상, 조선신민당의 이론가였던 백남운이 교육상 등 주요직을 맡음으로써 그 지분을 인정받았다고 할 수 있다.

이 중 연안파 박일우가 맡은 내무성을 살펴보면 상 1인, 부상 4인으로 조직되었는데, 제1~3부상은 각각 정치보위국, 보위국, 경비국을 제4부상은 후방국과 문화국을 담당하였다. 이 부서는 혼란정국의 초창기에 일제의 잔존세력을 숙청하고 사회치안을 유지하는 것을 주된 임무로 하여 반당, 반체제 주민들과 사상 이반자들을 색출, 감시하는 사회통제기구였으며 이 외에도 방첩, 간첩색출, 국경경비, 대외정보수집, 종파분자관리 등을 관장했다.[182] 경비국은 38선, 해안, 철도, 국가중요기관, 공장, 산업시설 등을 관장했는데 내무성에 대해서는 당적통제도 뒤늦게 조직되는 등 특수한 권한이 부여되어 있었다. 한마디로 박일우가 장악한 내무성은 북한 국가건설에 필요한 사회기강과 안보, 치안 및 정보획득, 그리고 군 창설 및 지원에 이르기까지 총체적인 내치를 관장했던 막강한 권한을 행사했음을 알 수 있다. 이에 반해 한때 연안파의 상징이었던 무정이 내무성 예하의 차관급에 해당되는 민족보위부상을 맡은 사실은 김일성파의 견제와 더불어 연안파 내 핵심인물에서 상대적으로 소외되어 있었음을 보여준다.

이러한 북한정권출범의 성격에 대해 김원봉은 "모든 친일파와 민족반역자들을 일소하고 노동자, 농민, 사무원, 지식인 및 프티부르주아를 포함하는 애국인민들의 대표들이 설립한 범민족적 통일정부"였다고 주장하였다(김원봉, 1948: 15). 여기서 김원봉은 "인민"이라는 마오쩌둥식 대중주의적 조직 강령을 간접적으로 시사하면서 "전체 조선인민의 의지표현과 완전히 통일된 독립국가 건설"을 추구하고 있기에 "진정한 인민정권"이라고 표현했다(암스트롱, 2006: 345~6). 이는 북한의 초기 국가이데올로기에 민족주의와 대중주의가 강력히 자리 잡고 있었음을 시사한다. 즉, 북한의 초기 국가형성과정에서 소련의 이론적 혁명보다 식민시기 중국에서의 혁명투쟁과 학습경험이 실질적인 영향을 미쳤던 것이다.

요컨대 연안파가 주도한 중국식 대중주의노선은 김일성의 정치적 사고와 공감대를 형성하며 조선특유의 변용적 민족주의로 내재화되어간 것이다. 또한 이 공감대는 김일성과 연안파 박일우와의 관계로 밀착되면서 박헌영파에 대한 견제라는 공동이해관계로 나타났다.[183] 여하튼 남북로동당이 전 조선을 대표하여 연립으로 출범한 초대내각을 표방했지만, 내각의

---

[182] 이후 국가안전부위부가 독립적으로 분리해 나와 오늘날에는 그 역할을 대신하고 있으며 특히 김정일 총비서의 특명에 의해 당 간부나 국가기관에 대한 특별사찰도 실시하고 있다.

[183] 박헌영은 월북한 뒤에도 거의 3년 동안 남로당을 북로당과 별개의 정당으로 유지시키고 있었다(전원근, 2000: 123).

업무는 북로당의 통제 하에서 진행되었다고 해도 과언이 아니다. 급기야 정치 환경적 조건은 1949년 6월 30일 분단 상황으로 인해 남북로동당이 상층지도부를 중심으로 조선로동당으로 통합되는 수순을 밟았다.

1950년 6월 26일 최고인민회의 상임위원회는 정령 '군사위원회 조직에 관하여'를 채택하고 김일성을 위원장으로 군사위원으로 박헌영(부수상 겸 외무상), 홍명희(부수상), 김책(전선사령관), 최용건(민족보위상), 박일우(내무상), 정준택(국가계획위원장) 등 6인을 선출하였다. 전시동원 체제에 돌입한 북한은 군사위원회에 일체의 주권을 집중시켜 당·정·군을 배속시키고 국가전반의 지시와 결정에 절대복종토록 했다. 이른바 '전시내각체제'를 가동한 것이다. 전쟁 중에도 당중앙위원회 전원회의는 전쟁수행상황을 총괄하는 공간으로 활용되었는데 당 정치위원 겸 군사위원회 4인에 김일성, 박헌영, 김책과 함께 연안파의 박일우를 선임했다.[184]

북한은 전시 중이던 1950년 12월 21~23일까지 자강도 강계시에서 당중앙위원회 제3차 전원회의를 소집했다. 이 회의는 전쟁과정을 총괄하는 것이었는데, 그것은 전시체제에서 당 중앙위원회가 국가를 대표하는 공식기능 역할을 했기 때문이었다. 이 회의는 전쟁관련 책임을 물어 만주파의 림춘추를 제명하고, 김일[185], 최광을 해임시켰으며, 연안파인 2군단장 무정과 사단장 김한중을 면직시켰다. 과거 연안파인 박훈일이 황해도 토지개혁 당시 책임자였던 무정을 이미 비판한 경험이 있었으나, 연안파의 상징적 인물인 무정의 숙청은 김일성에게는 정적을 제거하는 쾌거를 안겨주었고, 연안파는 이번 숙청과정에서도 무정을 변호하지 않음으로써 계파의 약한 연대성이라는 약점을 타 계파에 노출하였다. 이는 향후 연안파가 쉽

---

[184] 전쟁직전인 1949년 당의 최고의사결정기구인 정치위원은 김일성, 박헌영, 김책, 박일우, 허가이, 리승엽, 김두봉, 허헌과 조직위원으로 최창익, 김열이 포함되어 연안파 3명이 최고의사결정자로 참석하고 있다.
[185] 김일은 1950년 12월 제3차 전원회의에서 평남도당위원장에 선임되면서 복권하였다.

제Ⅳ부 북한국가건설에 미친 연안파의 영향   231

표 4-10 1차, 2차 내각 명단

1차 내각 (1948.9~1957.9)	2차 내각 (1957.9.20~1962.10.22)
수상 : 김일성 부수상 : 박헌영(1948.9~1953.3) 　　　　홍명희(1948.9~1957.9) 　　　　김책(1948.9~1951.1) 국가계획위원장 : 정준택 민족보위상: 최용건 국가검열상: 김원봉 (민족혁명당) 내무상: 박일우 (연) 외무상: 박헌영 산업상: 김책 농림상: 박문규 상업상: 장시우 교통상: 주녕하 재정상: 최창익 (연) 교육상: 백남운 (남조선 조선신민당) 체신상: 김정주 사법상: 리승엽 문화선전상: 허정숙 (연) 로동상: 허성택 보건상: 리병남 도시경영상: 리용 무임소상: 리극노	수상 : 김일성 부수상 : 김일, 홍명희, 정일룡, 남일, 　　　　박의완, 정준택 민족보위상: 김광협 내무상: 방학세 외무상: 남일 사법상: 허정숙 (연) 국가검열상: 박문규 국가계획위원장: 리종옥 국가건설위원장: 박의완 금속공업상: 강영창, 기계공업상: 정일룡 석탄공업상: 허성택, 화학공업상: 리천호 농업상: 한전종, 전기상: 김두삼 경공업상: 문만옥, 수산상: 주황섭 교통상: 김회일, 건설건재공업상: 최재하 재정상: 리주연, 대내외상업상: 진반수(연) 체신상: 고준택, 교육문화상: 한설야 보건상: 리병남, 로동상: 김응기 지방경리상: 정성언, 무임소상: 김달현 무임소상: 홍기황

※ 연안파(연), 조선신민당, 민족혁명당은 같은 성향의 노선을 공유했던 인연을 가지고 있음. 2차 내각은 1956년 종파사건 이후 내각구성인데, 김일성 지지파로 전향한 허정숙과 진반수 등 생존한 연안파의 입각을 확인할 수 있음.

게 와해될 수 있다는 징후적 사건이었다.

전시동원내각체제는 당·정·군이 일체가 되어 가동되었다. 그 중 연안파는 내무상 박일우가 조·중연합사 부사령, 당간부부장이었던 이상조가 좌천 이후 인민군 부총참모장 겸 정찰국장, 황해도 당위원장이던 박훈일이 내무성경비국장, 평북도당위원장에서 좌천되었던 윤공흠이 인민군총정치국 선전부장, 당선전부장에서 좌천되었던 김창만이 인민군총사령부 동원국장, 당 연락부장이던 임해가 제2군단 문화부군단장, 당 부부장이던 서휘가 후방사령부 문화국장, 그리고 김강이 제12사단 문화부사단장이 되었다. 이때 군사부문에서는 조선의용군 출신들의 80%가 이미 연대급 이상의 군(軍)지휘부를 장악하고 있었다.

한국전쟁기간은 연안파가 군 요직 및 정치 간부직에서 대거 전면에 나선 최고전성기였다. 1950년 10월 8일 중공군의 참전결정은 한국군과 유엔군이 10월 2일 38선을 넘은 데 따른 것이었다. 한반도 전쟁개입을 위한 군 통수권과 작전지휘권 협의문제에 있어 중국 측은 박일우를 통해 김일성에게 논의를 요청했고, 조·중 연합사령부를 설치키로 합의했다. 사령원 겸 정치위원은 중국 측 팽떠화이(彭德懷)가 맡았고, 중국 측 부사령원은 등화(鄧華)가, 북한 측은 연안파 김웅이 선임되었으며 박일우는 부정치위원이 되었다. 또 연합명령은 팽떠화이와 김웅, 박일우 3인의 서명으로 집행할 수 있게 했다. 이때 작전 및 전선활동은 연합사령부 관할로 하고, 후방동원, 훈련 및 군사행정, 경비 등은 북한이 관할하는 것으로 하였다.

전시 군사지휘권은 주권의 가장 핵심이라는 점에서 김일성정권으로서는 매우 굴욕적이었다. 더욱이 북한 측 군사책임 및 정치책임자가 연안파라는 사실은 당·정·군을 통할하는 전시행정체제에서 정치군사적 역학관계상 김일성 정권이 받아들이기 어려운 것이었다. 그러나 전쟁후퇴에 따른 중국인민해방군에 대한 지원요청은 김일성의 어쩔 수 없는 선택이었다. 이러한 와중에 중국지도부의 요청에 따른 연안파의 급부상은 건국초기부터 연립내각이라는 계파간의 합종연횡으로 정권기반을 구축해가던 김일성의 상징적 이미지를 실추시킬 수 있는 최대의 위기로 작용했다. 특히 박일우의 위상은 로동당 정치위원이자 내무상으로서 최고의사결정기구인 군사위원회위원이었다. 또한 조·중 연합사령부 내에서 조선인 최고 정치책임자였다(서동만, 2005: 411~5). 이는 식민시기 연안에서 중국공산당 중앙간부들과 연안파가 맺은 인연으로 인해 연안파의 입지가 극대화되는 기회였다 할 수 있다. 그러나 한국전쟁과정에서 연안파는 세력 확장의 기회를 살리지 못하고, 결과적으로 내부결속의 와해와 김일성의 만주파에게 전쟁책임추궁의 빌미를 제공함으로써 몰락이 가속화되는 계기가 되었다.

한국전쟁 이후 중국의 대북한 관계는 국방장관인 팽떠화이가 전담했다. 팽떠화이와 연안파와의 관계는 연안시절부터 긴밀한 유대를 형성해왔다. 특히 박일우에 대한 애정은 남달라 중국이 그를 북한의 최고실력자로 세우려고까지 했다는 후문이 있을 정도였다. 더욱이 팽떠화이의 연안파에 대한 비호는 북·중 관계의 냉각 원인이 되기까지 했다(시모토마이 노부오, 2006: 143). 그러나 중국공산당 중앙이 휴전교섭을 김일성정권을 중심으로 진행시킨다는 방침을 공식적으로 표명하면서 김일성은 박일우를 1953년 2월 조·중 연합사령부 부정치위원에서 소환하여 체신상으로 좌천시켰으며, 아울러 당 간부부장이던 진반수를 무역상으로 보직 전환함으로써 연안파의 간부부장시대는 종말을 고하게 된다.[186]

4. 북한 군사화의 토대형성과 정치적 숙청

인민군의 창설은 1945년 8월 해방직후부터 '건당·건군·건국'이라는 3대과제의 하나로 추진되었다. 소 군정은 1945년 10월 12일에 "북한 지역 내에 있는 모든 무장대를 해산하고 모든 무기·탄약·군용물자들을 군 경무사령관에 바치며 그러나 사회질서를 유지하기 위하여 림시 도위원회들은 필요한 인원수로 충당하는 보안대를 조직함을 허가한다"는 내용의 성명서를 발표하였다.[187] 이에 따라 치안을 목적으로 조직되었던 민족진영의 자

---

[186] 역대 간부부장은 무정→ 박일우→ 허정숙→ 리상조→ 진반수로 연안파가 장악을 했다.
[187] http://nk.chosun.com/original/original.html?Act=year&year=1940

위대, 국내파 공산계열의 치안대 등 이미 조직된 무장대를 해산시키고 북한각지에 보안대를 조직하였는데 이것이 바로 인민군의 모체이다. 북한은 군내 정치장교와 군사간부양성을 위해 1945년 11월 '평양학원'을 세우고 1946년 6월에는 '보안간부학교' 등 군사교육기관도 설립하였다.[188] 보안대는 1946년 8월 15일 각 지역에 조직된 보안대를 통합하여 평양에 보안간부훈련대대부를 창설하였다. 이 부대는 처음 보안간부훈련소로 명명되어 신의주에 1조(1사단), 라남에 2조(2사단)가 위치해 있었고, 1조에 1, 2, 3분소(연대), 2조에 4, 5, 6분소가 편제되었다. 그리고 1947년 5월에 인민집단군 총사령부로 개칭된 이후 정권수립 7개월 전인 1948년 2월 8일에 인민집단군을 조선인민군으로 개칭하고 정규군 창설을 신포하였다.[189]

당시 군사편제는 3개 사단(1사, 2사, 3사, 평양에 1개 여단)으로 출발했다. 조선인민군 창건행사에서 김일성은 "자신의 군대를 갖지 못한 국가는 완전한 독립국이 될 수 없으며 또한 진정한 평화와 자유는 우리가 강하고 절대적인 군사적 우위에 있을 때만 보장된다"(북조선로동당 선전부, 1948: 3~7)면서 조선인민군은 국가의 토대이며 성벽이라고 축사했다. 이어 문화선전상 연안파 허정숙은 "북한은 두 갈래의 투쟁을 전개해야 한다. 첫째는 북한에서 민족건설투쟁이고, 둘째는 남한에서 민족구원을 위한 무장저항 투쟁인데 양자 모두 '강고하고 상설적인 인민군과 자위대'를 필요로 한다" (허정숙, 1950: 1.16; 암스트롱, 2006: 366에서 재인용)고 주장했다.

북한의 군사화는 일제의 전시동원 체제를 토대로 만들어졌으며, 이는

---

[188] 만경대에는 조선인민군 정치학원이 있었는데 이곳 정치 간부양성학교를 졸업하면 중위계급을 달았다.
[189] 북한은 조선인민군을 창설한 2월 8일을 조선인민군절로 기념해왔으나 1978년 김정일의 지시로 김일성이 '항일인민유격대'를 창설했다는 1932년 4월 25일로 소급하여 4월 25일을 군 창건일로 기념해오고 있다. 북한 최초의 무장부대는 1945년 10월 12일 진남포에서 조직된 대대단위의 보안대였다. 조선의용군 출신인 장한철은 인터뷰에서 조선인민군 창설일은 1948년 6월 8일로 정했다가 다시 2월 8일로 변경되었다고 증언한다.

북한체제를 하나의 단일체로 만드는데 중요한 역할을 했다. 그리고 소련의 자문아래 만주와 중국에서 유격활동을 한 항일연군과 조선의용군 출신들이 주도적으로 수행하였는데(암스트롱, 2006: 340), 소련군이 철수한 뒤에 중국혁명과정에서 전투경험을 쌓은 조선의용군 출신들이 입북하여 5사, 6사, 12사로 재편되어 기존 3개 사단과 함께 총 7개 사단으로 군사체계를 다졌다. 이 때 1사단장은 만주파 최광, 2사단장은 소련군 출신의 이청송, 3사단장은 만주파의 이영호, 4사단장은 이권무, 5사단장은 김창덕, 6사단장은 방호산, 이후 중국인민해방전쟁에 참여한 뒤 합류한 12사단장은 중국 인민해방전쟁 이후 합류한 전우 등이 맡았다. 4, 5, 6, 12사단을 모두 조선의용군 출신간부들이 장악을 한 것이다. 그리고 전쟁후퇴 시 신의주에서 퇴각부대병사들을 중심으로 재편성하여 47사단을 구성하고 사단장에 임해를 임명하였다. 또한 북한군에 '군단'이 형성된 것은 전쟁초기 1950년 10월에 후퇴하면서인데, 군단장 역시 연안파인 이권무가 임명되었다.[190]

그런데 처음 소련식 북한군 편제는 연안파 군 간부들의 불만을 낳게 된다. 그 이유는 중국군 편제 하에서는 정치간부가 군사간부와 같은 지위였고, 실제권력과 영향력은 정치 간부가 더 강했는데, 소련식 북한군편제에서는 오히려 정치간부가 한 급 낮게 책정되었기 때문이었다. 그럼에도 불구하고 만주에 집결한 조선의용군 1,100여 명 중 북한으로 입국하여 조선인민군에 참여한 자는 600여 명으로 한국전쟁시점에서 이들 대부분은 부연대장급 이상의 보직에 임명되었다(김중생, 2001: 236).

다음은 북한인민군 주요사단에 편제된 조선의용군 출신 간부명단이다. 이를 통해 인민군에서 연안파가 차지하는 비중을 가늠할 수 있겠다.

---

[190] 북한 보안대 장교의 80% 정도, 그리고 조선인민군 고급장교와 정치간부(정치위원)의 2/3가 조선의용군 출신이었다.

* 166사단에서 북한인민군 제6사단으로 재편된 조선의용군 주요간부 명단
  사단장: 방호산   참모장: 노철룡   문화부사단장: 홍림
  포병부사단장: 심청   후방부사단장: 박민   13연대장: 한일해
  14연대장: 황석   15연대장: 조관

* 164사단에서 북한 인민군 제5사단으로 재편된 조선의용군 주요간부 명단
  사단장: 김창덕   문화부사단장: 장복   포병부사단장: 박송파
  후방사단장: 관건(후임: 김립)
  10연대장: 박정덕   11연대장: 김봉문   12연대장: 왕휘

* 독립 15사단에서 북한인민군 12사단으로 재편된 조선의용군 주요간부 명단
  사단장: 전우   참모장: 지병학(항일연군 출신)
  제1단장: 최학훈   제2단장: 이원성   제3단장: 김동규(항일연군 출신)

* 47군 조선족 독립단에서 인민군 제18연대로 재편된 조선의용군 주요간부 명단
  연대장: 장교덕   참모장: 송덕만

* 중국철도병단 조선독립단에서 북한인민군 584부대로 재편된 간부 명단
  단장: 김기원   부단장: 김학룡

이상을 토대로 조선인민군의 구성을 분석해보면 한국전쟁 당시 전선에 배치된 인민군 7개 사단, 21개 보병 연대 중 47%인 10개 연대의 지휘관이 조선의용군 출신이었다. 특히 7개 사단 중 4사단장 이권무, 5사단장 김창덕, 6사단장 방호산, 12사단장 전우와 7개 사단 참모장 중 2사단 현파, 3사단 장평산, 5사단 조관, 6사단 노철룡 등 주요 고급 군 간부들 역시 조선의용군 출신이 다수였다. 또 예하 연대장 및 참모는 80%가 조선의용군 출신으로 배치되었다. 이러한 전투력은 한국전쟁 시 조선인민군의 1/2 이상이

중국 국공내전 참가경력을 가진 자들로 구성되었음을 확인시켜준다. 이렇듯 사단급 이상 주요지휘관 및 조선인민군 문화(정치)간부의 2/3가 조선의용군 출신이라는 점을 감안한다면, 북한인민군에서 연안파가 차지하는 비중과 중요성을 충분히 이해하고도 남음이 있다(암스트롱, 2006: 368).

휴전 후 김일성은 병력증강과 군대 내 당 사업의 강화에 초점을 맞추었다. 이는 '군'을 '당의 군대'로 만들기 위한 구체적인 첫 조치라 할 수 있다. 먼저 전쟁 이후 군 지휘부에 초점을 맞추어 군내 반당음모를 거론하면서 1956년 정치적 종파사건과 연관시켜 당의 군 통제를 강화시켰다. 이미 전쟁 중 정치적 정적이었던 무정을 면직시켰고, 북한전시체제를 이끌었던 박일우를 좌천시켰으며 그리고 2중 영웅칭호를 받았던 방호산의 직위를 박탈함으로써 연안파는 구심력을 상실한 상태였다. 이는 전쟁 중 인민군 고위간부를 연안파가 장악한 것에 대한 김일성의 정치·군사적 위기의식 팽배에 따른 조치의 일환이었다.

특히 종파사건으로 인해 미진했던 군사적 숙청은 1958년 3월 당중앙위원회 전원회의에서 당 중앙의 결정과 지시가 잘 전달되지 않을 뿐만 아니라, 당 정책이 제대로 수행되지 않는다고 지적하면서 민족보위상 김웅, 총참모장 리권무 등 연안파 군 수뇌부와 소련파 총정치국장 최종학을 숙청함으로써(정성임, 2007: 488~9), 정·군에 걸친 연안파의 숙청이 대대적으로 이루어졌다(〈표 4-11〉 참조). 군편제상 50%가 넘는 조선의용군 출신이 인민군 주요간부직을 장악한 상태에서 김일성의 단일 및 유일체제의 안정된 구축이 어려웠을 것이기 때문에 8월 종파사건의 후속조치로 군부 내 연안파는 대부분 숙청되었다. 이 숙청과 함께 김일성은 조선의용군의 항일투쟁의 역사까지도 금지시키고 만 것이다.

표 4-11 조선의용군 출신 북한인민군 간부현황

성명	주요 보직	기타
관 건	철도 사단장	미확인
김 강	5군단 정치부장	미확인
김기원	철도병으로 입북 후 철도사단장. 정전 후 민족보위성 건설군단 사령관	1959년 정치적 실종
김봉문	한국전쟁 시 11연대장. 총참모부 간부부국장	미확인
김성춘	한국전쟁 시 15연대 후방 연대장. 6사단 후방 사단장	미군 공습 때 사망
김수만	한국전쟁 시 총참모부 훈련부 부부장(대좌)	행적 미확인
김 신	보안부대 창설에 참여. 한국전쟁 시 여단장	행적 미확인
김 연	한국전쟁 시 15사단 참모장	영천 전투에서 전사
김오진	입북 후 직위 미확인. 한국전쟁 시 5군단 정치부부장	행적 미확인
김 웅	1사단장. 1군단장. 한국전쟁 시 전선 사령관	1978년 공직 해임
김윤식	5군단 후방사령관	미확인
김종원	입북 후 정치문화 부연대장	행적 미확인
김창덕	한국전쟁 시 5사단장. 8군단장. 총정치국 간부국장. 연안파 숙청 시 찬성으로 김일성 신임 얻음	숙청모면. 이후 병사
김창만	한국전쟁 시 부총참모장 겸 군사동원국장	1966년 사고로 사망
김철원	탱크사단 참모장	정전 후 행적 미확인
김한중	한국전쟁 시 예비사단장. 전쟁 후 공군 부사단장	행적 미확인
김후진	6사단 교도대대장. 한국전쟁 시 1연대장. 6사단 참모장. 정전 후 건설여단장. 인민군 간호학교장	1959년 정치적 실종
김 흠	예비사단장	미확인
김 홍	한국전쟁 시 인천방어 여단장. 9사단장. 1957년 15사단장	1959년 정치적 실종
노철용	한국전쟁 시 6사단 참모장. 정전 후 1집단군 참모장. 부사령관	1958년 쿠데타 혐의로 실종
무 정	민족보위성 부상. 포병사령관. 한국전쟁 시 2군단장 평양방위사령	1951년 사망
박 민	6사단 후방부 사단장. 5군단 후방 사령관. 공군사령부 후방부사령관	1959년 정치적 실종
박송파	입북 후 5사단 작전과장. 한국전쟁 시 포병부 사단장. 정전 후 3군단참모장	1958년 직위 해제. 실종
박일우	한국전쟁 시 조·중 연합사 부정치위원. 정치위원	1955년 해임 및 실종
박정덕	한국전쟁 시 10연대장. 영웅칭호. 5사단장	교통사고 사망
박정화	한국전쟁시 대대부관. 참전후 참모장. 연대장	정전 후 행방 미확인
박효삼	중앙정치간부학교 교장. 한국전쟁 시 서울 위수사령 9사단 부총참모장	1959년 정치적 실종
박훈일	한국전쟁 시 남한 점령지구사령관, 내무성 경비사령관	1958년 정치적 실종
방호산	6사단장. 5군단장. 육군대학 총장. 이중영웅	1954년 당 내 종파 활동 죄목으로 단천 광산 지배인으로 좌천. 실종

제IV부 북한국가건설에 미친 연안파의 영향   239

성명	주요 보직	기타
서 휘	3군단 정치위원	종파사건 시 중국으로 망명
손 달	보안간부학교 정치교무부장. 한국전쟁 시 **2군단 정치부장**	1958년 정치적 실종
송덕만	한국전쟁 시 18연대 참모장. **4사단장**	정전 후 행방 미확인
신학균	한국전쟁 시 15연대 문화부 연대장	폭격으로 사망
심 청	한국전쟁 시 6사단 포병부 사단장. 5군단 참모장. 서해집단군 참모장	1959년 정치적 실종
안창국	모스코바 무관	미확인
양 계	한국전쟁 시 **3군단 정치부장**	1958년 정치적 실종
왕 련	평양 항공과장. 민족보위성 공군 **사령관**	1958년 정치적 실종
왕자인	인민군 부참모장. 한국전쟁 시 2군단 참모장. **12사단장. 통화후방사령부 총참모장. 6군단장.** 전선사령부 부참모장	1958년 정치적 실종
왕 휘	한국전쟁 시 12연대장. 전쟁 후기 부사단장	이후 행방 미확인
유 신	보안간부훈련 대대본부 작전처장. 한국전쟁 시 1군단 참모장	폭격으로 사망
유원천	소련 군사학교 유학. 탱크 여단장. 파직	행적 미확인
윤공흠	**5군단 군사위원**	중국 망명
윤명환	12연대 참모장. 영덕 전투에서 사망	사망
윤지평	서해수상방어사령관	국외로 이주
이가홍	사단 문화부 대대장. 전쟁 후 12사단 정치 부사단장. 5군단 정치부 부부장	1958년 실종
이권무	인민군 1사단 연대장. **한국전쟁 시 4사단장 및 1군단장.** 정전 후 **제2집단군 사령관. 인민군 총참모장**	1959년 정치적 실종
이근산	한국전쟁 시 철도경비여단 참모장	정전 후 행적 미확인
이동호	입북 후 직위 미확인. 한국전쟁 시 **예비사단장**	정전 후 행적 미확인
이 림	인민군 집단사령부. 민족 보위성 간부국장. 정전 후 1군단 군사위원	1958년 정치적 실종
이명선	입북 후 직위 미확인. 한국전쟁 시 인천해안방어 여단 연대장	정전 후 행적 미확인
이방남	한국전쟁 시 15연대장. **10사단장. 6사단장.** 정전 후 1군단장	숙청설과 재기설. 행방 미확인
이 빈	한국전쟁 시 15연대 포병부 연대장	전쟁 중 행불
이상조	한국전쟁 시 **부총참모장 겸 정찰국장.** 정전 회담 시 수석대표	1957년 소련망명
이영준	13연대 부관. 13연대 참모장. 연대장. 정전 후 6사단 참모장	1959년 정치적 실종
이원성	한국전쟁 시 31연대장. 9사단 부사단장. 제대	이후 행방 미확인
이원영	한국전쟁 시 여단 정치부 여단장	행적 미확인
이익성	나남보안훈련소 참모장. 2사단 참모장. 한국전쟁 시 **7사단장. 총참모부 대열보충국장.** 낙동강 전투에서 부상	1958년 정치적 실종
이지강	서해방어사령	항해 중 익사

성명	주요 보직	기타
이철중	한국전쟁 시 포로. 정전 후 복송	행적 미확인
이청원	한국전쟁 시 15연대 참모장	1951년 2월 전사
장교덕	한국전쟁 시 18연대장. 사단장 발령	평택에서 전사
장 복	4군단 군사위원	
장중광	한국전쟁 시 철도경비 사단장	행적 미확인
장중진	한국전쟁 시 항공학교 부교장	망명기도 체포설
장지복	동해안 방어사령관.	행적 미확인
장평산	신의주 경찰서장. 평양경비사 참모장. 한국전쟁 시 3사단 참모장. 정전 후 4군단장. 정전 대표	1957년 정치적 실종
장 훈	13연대 참모장. 부상으로 후송 중 전사	미확인
전 우	한국전쟁 시 12사단장. 후방사령부 참모장. 37사단장. 6군단 부군단장. 5군단장. 부총참모장	1959년 4월 30일 실종
조 관	15연대장. 한국전쟁 시 5사단 참모장. 27사단장. 6사단장. 육군대학 입교	1959년 정치적 실종
조렬광	한국전쟁 시 15사단장	1958년 정치적 실종
조병룡	6사단 간부과장. 5군단 간부부장. 총참모부 간부부 부국장	행적 미확인
조세걸	13연대 포병부 연대장. 사단포 연대장. 5군단 포병사령관. 정전 후 4군단 포병사령관	1959년 실종
주 연	보안간부훈련대대본부. 철도경비부대 창설참여. 한국전쟁 시 3군단 15사단장. 정전회담 연락장교	정전 후 행적 미확인
주춘길	나남보안간부훈련소 정치소장. 한국전쟁 시 2군단 군사위원. 37사단장	1961년 정치적 실종
진국화	동해 수산보안대장	행적 미확인
최경수	한국전쟁 시 4연대장	미확인
최계원	입북 후 직위 미확인. 한국전쟁 시 부사단장	통화에서 총격 사망
차균섭	한국전쟁 시 5사단 포병 연대장	총살
최 명	한국전쟁 시 8군단 참모장	전사
최봉록	인민군 10사단장. 정전 후 후방총국 참모장	행적 미확인
최봉준	12사단 참모장. 6사단장. 12사단장. 육군대학 부총장	1959년 정치적 실종
최아립	한국전쟁 시 포병부 사단장. 12사단장. 공군참모장. 소련군사학원 유학	정치적 망명설, 실종설 미확인
최인덕	한국전쟁 시 16연대장	미확인
최진작	13연대 문화부 연대장. 마산전투에서 사망	미확인
최학훈	한국전쟁 시 30연대장. 정전 후 25기포여단장. 장군 승진. 1959년 군사재판 15년 구형	이후 행방 미확인
표구서	6사단작전과장. 5군단작전부장. 총참모부 작전부국장	1959년 행방 미확인
풍중천	한국전쟁 시 대좌계급	행적 미확인
하진동	한국전쟁 시 37사단장. 포병군관학교 교장	행적 미확인
한 경	한국전쟁 시 군단 참모장, 4군단 군사위원	1958년 정치적 실종
한일해	한국전쟁 시 13연대장. 6사 참모장	1950년 행방 미확인
호철룡	2군단 참모장	미확인

성명	주요 보직	기타
홍 림	6사단장	미확인
홍천파	한국전쟁 시 15연대장. 군단 항공참모. 일본군 장교출신으로 군사지식과 지휘능력을 인정받았으나 활용 후 처형	총살
황 석	한국전쟁 시 14연대장. **13사단장** 부임 시 사망	폭격에 의한 사망

※ 출처: 김중생(2001: 120~215) ; 강만길·성대경(1996) ; 『북한인물록』(1979)을 재구성.
굵은 글씨체는 전시체제의 북한인민군 장군급 보직임

5. 지방정권기관: 지방인민위원회

1) 중앙·지방관계의 기본적 틀

사회주의 국가기관의 특성으로 인해 지방정권도 국가중앙기관과 마찬가지로 민주주의 중앙집중제에 의해 중앙에 대한 지방의 복종, 당에 의한 국가기관 지도원칙이 적용된다(박영자, 2007: 408). 즉, 사회주의국가기관의 운영원리 및 위상인 민주주의 중앙집중제와 프롤레타리아독재, 그리고 당적 지도 등이 지방정권에도 똑같이 적용되었다. 이때 지방정권기관이란 지방각급 인민대표회의와 각급 인민정부, 특별행정기관 및 법원과 검찰소 등이 포괄되는 개념이다. "권력집중에는 중앙과 지방관계에서 중앙에로의 권력집중형태인 '수직적 권력집중'과 동급수위의 여러 기관 중에서 하나의 기관에 권력이 집중화되는 '수평적 권력집중'이 있다. 이와 관련하여 소련의 경우 중앙에 대한 지방의 자율성이 상대적으로 크다. 이는 권력이 각 부문계선별로 나뉘어 수직적으로 중앙 집중이 되어있다는 뜻이다. 그러나 각급 행정기관 사이는 병렬적 존재로 당 국가체제에서 수평적 권력집중은 나타나지 않았다. 반면 중국의 경우는 지방에 대한 중앙의 통제가 개혁개방 이전까지 집중적이었다. 이러한 점은 북한지방정권기관의 주요특징으로도 반영되어 나타났다. 따라서 중국과 북한은 각급 레벨에서 수평권력을 집중한 당위원회의 수직위계구조를 가진 '다층 집권체제'의 특징을 가지고 있다.

이는 각급 당위원회 및 당 중앙에 대한 수평적 권력집중 때문에 당정, 당군, 당사회의 일체화 현상으로 나타난다"(박영자, 2007: 409~10).

1948년 9월에 채택된 인민공화국헌법에서는 지방주권기관이 각급 인민위원회 휴회기간에 업무수행을 위한 상임위원회를 설치하도록 하였다. 그리고 이 시기에 수립된 지방정권기관은 한국전쟁직전까지 주권기능과 행정기관기능을 동시에 수행하는 '통합형 구조'를 유지하였다(이계만, 2000: 80). 더욱이 1950년대 초 전시군사위원회는 국가와 군대의 최고기관으로서 당의 권한을 각급 지방정권기관에서도 강화시켰다.[191]

사실 중앙과 지방의 관계에 대한 논의에서는 중앙정부가 지방정부에 어떤 권한을 배분하는가의 문제가 중심적인 고찰대상이 된다. 이러한 관계는 양자 간의 권력관계에 따라 결정되며, 그것은 '중앙집권'과 '지방분권'의 정도를 어느 선에서 조화시킬 것인가 하는 문제로 귀결된다 하겠다. 그러나 이의 적절한 균형을 이론적 또는 실제상의 정형화된 객관적 기준으로 정하기는 어렵다. 비록 집권화의 불가피성과 분권화의 당위성을 주장할지라도 집권과 분권의 어느 한 부분을 강조하는데 불과하기 마련이다. 중앙과 지방이 완전히 독립된 정부가 아니라 공적문제를 해결하는 수직적 분업의 한 형식이라고 생각한다면 양자 간의 바람직한 관계유형은 수평적 상호협력관계라 할 수 있다(정병일 2008b: 144).

초기북한의 지방행정체제의 출범은 '민주주의 중앙집권제'[192]라는 통치

---

[191] 산하에 내각의 각 성과 국, 중앙국가기관과 함께 각 도·시에 지방군정부를 두었다. 이때 주권과 일체 권력을 집중시키고 군사위원회 지시에 복종하게 하였다(허정호, 1983: 124~5).

[192] 1) 조선로동당규약 제2장; 당의 조직원칙과 조직구조 11조: "당은 민주주의 중앙집권제 원칙에 의하여 조직된다"(1980.10.13) 2) 사회주의 헌법 제 1장; 정치 제 5조: "조선인민민주주의인민공화국에서 모든 국가기관들은 민주주의중앙집권제원칙에 의하여 조직되며 운영된다"(1998.9.5 최고인민회의 제10기 1차 회의) 3) 조선민주주의인민공화국 지방주권기관구성법 제1장 지방주권기관구성법의 기본 제 5조: "지방주권기관은 모든 활동에서 민주주의중앙집권제원칙을 구현한다"(1999.1.28).

방식과 조직 활동원칙에 따라 작동되었다. 이는 소련식 보다는 중국식의 수직적 행정통제 관계유형에 속한다. 중국식제도를 수용한 북조선로동당은 당의 영도원칙 아래 국가기관을 포함한 사회 내 모든 조직들을 영도하는 지도체제를 구축해나가기 시작했다. 국가권력구조가 당 중심으로 조직됨으로써 행정기관 역시 당에 의해 결정된 정책을 집행하는 기관으로서의 역할만 수행하게 되었다. 그리고 당에 의한 통제는 당 관료가 행정 관료를 겸하는 겸직장치와 행정기관 및 부서에 상응하는 당 기관을 설치하는 등의 방법을 통해 이루어졌으며 또한 민주적 중앙집권제가 국가기관의 조직과 활동에 있어 지도원칙임을 헌법으로 명시하였다.

이를 보다 구체적으로 설명하면 민주주의중앙집권제는 민주주의와 중앙집권제라는 두 가지 성격을 동시에 가지고 있다. 먼저 '당 안에서 민주주의'는 당원대중의 직접적인 참가 밑에 당 조직을 비롯한 모든 기관 등을 운영하며 당원대중의 의사에 의거하여 문제를 토의결정하고, 당원들의 창발성을 동원하여 모든 것을 풀어나가는 것을 말한다. 반면 '당의 중앙집권제'는 당원은 당 조직에, 소수는 다수에, 하급 당 조직은 상급 당 조직에 복종하며 전 당은 수령과 당 중앙에 절대 복종하는 구조(틀)와 기능(역할)을 내용으로 하고 있다(사회과학출판사, 1971: 132). 결과적으로 아래로부터의 의사결정 자율성과 위로부터의 통일적 지도가 민주적 중앙집권제의 요체인 것이다. 그리고 이러한 기본적 틀을 바탕으로 북한은 1954년 10월 30일 「지방주권기관구성법」을 채택함으로써 기존 인민위원회로부터 지방주권기관인 지방인민회의와 지방행정기관인 지방인민위원회로 분리되었다.

2) 지방인민위원회

한반도의 갑작스런 해방에 따라 남북한에 걸쳐 거대한 정치공간이 형성되었다. 식민통치의 억압기제가 사라진 해방공간에는 다양한 세력들이 각축하는 정치적 공간이 형성된 것이다. 이러한 환경조건은 또한 총체적인 사회개조차원에서 새로운 질서를 창조하거나 혹은 강제하려는 광범위한 시도가 행해지는 것을 가능하게 했다. 특히 북한의 정치적 질서창출과정은 엄밀히 말해 소련에 의해 부과된 것이 아니라 소련 점령당국과 중앙과 지방 양쪽에서 각각 그들 자신이 주도한 '인민위원회'라는 정치조직을 만들면서(암스트롱, 2006: 87) 출발하였다고 할 수 있다.

우선적으로 각 지방은 자체적으로 행정권을 장악하고 일반치안과 경제적 통제력을 확보하며 공공기관, 교통운송 등을 운영하면서 주권기관으로서 지방인민위원회를 조직하였는데 도·시·군·면 단위에 1945년 11월 말 이전에 지방인민위원회가 조직 완료되었다. 특히 함경남도의 경우 1945년 9월 1일에 도 인민위원회가 수립되었으며 함흥과 원산을 포함한 3시 16군 129개 면의 인민위원회가 8월 31일 이전에 이미 수립되었다. 이들의 우선적인 활동은 친일파를 비롯한 반동분자들을 숙청하고 교통, 운송, 통신기관, 교육문화기관 등 정치·사회·문화기관의 활동을 재건하는 것이었다.

이후 1945년 10월 8일 평양에서 평안남도 31명, 평안북도 15명, 황해도 11명, 함경남도 11명, 함경북도 7명 등 5도 인민위원회 연합회의를 개최하였다. 이 회의에서는 (1) 산업생산과 식량문제, (2) 군수공장을 민수공장으로 개편할 데 대한 문제, (3) 금융재정문제, (4) 지방기구의 정비통일에 관한 문제 등을 토의·결정함으로써 각 지방주권기관의 유기적 연락과 통일적 관계를 확립하였다. 자치기관의 자발적 활동으로 소련군정은 이들의 권위를 인정하고 보다 친소적으로 만들기 위해 온건하게 유도하는 정책을 채택하였다. 이러한 사실은 북한국가의 형성과정에 소련의 정책이 위로부터 전일적으로 부과되었다는 기존 연구의 틀을 수정할 필요성을 제기한다.[193]

그리고 중앙정권은 1946년 2월 북조선임시인민위원회, 그리고 1947년 2월

---

[193] 소련은 북조선 영토 내에 소비에트 및 그 밖의 소비에트정권의 기관을 수립하지 않고, 전 조선인민의 이익과 열망에 부응하는 부르주아 민주주의정권을 창설할 것을 지시하였다.

표 4-12 북한 지방행정기구의 변천

기 간	기 구		비 고
	의결기관	집행기관	
1945. 8	지방인민위원회	5도 행정국	위원회형
1945.11			위원회형
1946. 2	북조선임시인민위원회		위원회형
1947. 2	북조선인민위원회		위원회형
1948. 9 ~ 1954.10	인민위원회	인민위원회·상무위원회	위원회형
1954.10 ~ 1972.12	인민회의	인민위원회	의회형

※ 자료: 최진욱(2002: 107).

에는 북조선인민위원회로 개명하였다. 따라서 북한에서 인민정권은 해방 후 자연발생적으로 조직된 지방인민위원회를 모체로 수립되었던 것이다(〈표 4-12〉 참조; 김남식: 21).[194] 이렇듯 지방의 자율성은 남쪽보다 북쪽에서 더욱 뚜렷하게 나타났고, 특히 변방지역은 더욱 그러했다. 다시 말해 초기북한국가건설의 모체였던 인민위원회라는 정권형태는 중앙으로부터 하향식으로 조직된 것이 아니라, 밑으로부터 상향식으로 조직되었다고 볼 수 있는 것이다(김남식, 2006: 22).

북한지방행정기관의 시초는 1945년 8월에 조직된 도인민위원회이다. 그해 11월에 5도 행정국이 수립되어 인민위원회의 행정업무를 통일적으로 수행하게 된 북한은 1946년 2월 8일 북한중앙정권의 출발점이 된 북조선임시인민위원회를 결성하기 위해 도 인민위원회의를 소집하기로 하고 제 정당 및 사회단체, 5도 행정국과 북조선 각 도 인민위원회 대표를 참석시켰다. 이때 조선독립동맹 대표로 김두봉과 최창익이 참석하였다.

김두봉은 본 회의에서 개회선언을 함으로써 일단의 정치적 입지를 확보

---

[194] 당시 한반도 전체 인민위원회 2,602개 중 북한에 673개가 있었다. 그 이유는 인구가 적었기 때문이다. 특히 해방초기 북쪽지역의 지방인민위원회는 함경남도를 예외로 하고 대개 보수적인 민족주의자들에 의해 장악되었다. 이러한 상황은 당시 공산주의자와 민족주의 좌파들이 오히려 소수였다는 사실을 말해준다.

하였다. 이는 연안파의 정치적 참여가 북조선공산당과 조선신민당으로 분산되어 시작되었음을 의미하는 것이기도 했다. 그것은 회의 둘째 날에 선출된 북조선임시인민위원회 위원 23명 중 정당대표로 조선공산당에서는 김일성과 무정, 조선신민당에서는 김두봉과 방우용이 인선된 것에서 잘 나타나 있다. 그리고 도 인민위원회 대표명단에 연안파인 윤공흠이 평안남도 인민위원으로, 장지민이 평안북도 보안부장 자격으로 참석하였다. 이후 1946년 6월을 기준으로 최영이 평안북도 인민위 위원장, 진세성이 황해도 인민위 건설부장, 이주석이 함경북도 길주인민위원, 김교영이 함경남도 인민위 부위원장, 그리고 이학이 강원도 인민위 부위원장 등을 맡아 국내세력 중심의 도 인민위원회 구성 속에서도 미약한 분포지만 연안파의 진출은 눈에 띄게 확장되었다(〈표 4-13〉 참조).[195] 한편 북조선민주주의민족통일전선과 조선로동당이 창립되고 난 뒤 착수한 첫 사업은 1946년 11월 3일 군, 시도의 인민회의 대의원 선출작업이었다.

표 4-13 평북, 강원도 황해도, 함북, 함남 조선신민당(연안파) 출신 간부 현황

도 당	성 명	직 책
평안북도	윤공흠	당 위원장
	최 영	인민위 위원장
	장지민	도 보안부장
	양 계	당 선전부장
	송학헌	당 농민부장
강원도	이종익	당 부위원장
	이 학	인민위 부위원장
황해도	박훈일	당 위원장
	정율병	당 선전부장
	이유민	당 위원
	진세성	인민위 건설부장
함경북도	이주석	길주인민위원
함경남도	김교영	인민위 부위원장

[195] "조선신민당 중앙 집행위원 명단"(『북한관계사료집 26』, 1997, 51~3쪽).

표 4-14 선거참가자 및 찬성자

	유권자 총 수(명)	투표자(%)	후보찬성(%)
도	4,516,120	99.6	97.0
시	411,847	99.4	95.4
군	3,930,062	99.6	96.9
면	3,766,995	99.9	96.2
리	3,859,319	99.8	86.6

※ 출처 : 『북조선도·시·군 인민위원회 위원선거에 관한 총결 1946』(중앙선거위원회, 188쪽), 『북조선 면 및 리(동)인민위원회 위원선거에 관한 총결 1947』(중앙선거위원회, 191~7쪽) ; 김광운(2003: 413) 참조.

이 선거의 의미는 조선인민들이 처음으로 자유·직접·평등·비밀투표의 방법으로 자신의 의지를 나타낼 수 있었다는 점과 민주주의민족통일전선에 참가한 정당과 사회단체로 북조선로동당, 북조선민주당, 천도교청우당, 농민동맹, 민주여성총동맹, 민주청년동맹을 비롯하여 기타 사회단체선거법령에 의한 각 정당과 사회단체가 자신의 입후보자를 출마시켰다는 점이다.

이에 따라 친일분자와 수형을 선고받은 자 및 정신질환자 등을 제외하고 선거권을 가진 사람은 도합 451만 6,120명이었다(〈표 4-14〉참조).

첫 선출된 북조선 최고인민회의 대의원으로는 노동자, 농민, 사무원, 지식인, 상공업자, 수공업자, 종교인 등 국내 각계각층, 각 사회단체 대표들이 선출되었다. 237명의 대의원들은 89명의 노동당원, 29명의 민주당원, 29명의 천도교청우당원, 90명의 무소속인원으로 구성되었다(기토비차·볼소프, 2006: 218~33). 로동당원 소속 중 만주파 3명(김일성, 김책, 최용건), 연안파 9명(김두봉, 최창익, 박일우, 허정숙, 조영, 무정, 김창만, 윤공흠, 박훈일)과 소련파 6명(김재욱, 박창식, 김렬, 김영수, 박영성, 한일무)을 제외한 대부분이 국내파들로 선출되었다(서동만, 2005: 188~9).

국내파와 무소속 인원 및 다양한 단체들이 선출되는 양상은 해방 초기 지방인민위원회가 지역별 국내토착세력 중심으로 자발적인 자체기관을 형성한 만큼 그 명칭 또한 서로 다르게 불렸기 때문이다. 여기에서 북조선 민주주의 민족통일전선 결성과 조선공산당과 조선신민당의 합당의미를 통찰해 볼 수 있다. 그 의미는 중앙의 통일전선조직의 틀 안에서 군(郡)과 지방 지부를 아우르는 정치세력의 통합을 위한 것이었고 그로 인해 지방 인민위원회를 연계한 각 정당 및 사회단체의 유기적 협의체 성격이 강화되었다. 이에 따른 구체적인 실행조치로 1946년 4월 10일 북조선공산당 확대집행위원회와 동년 11월 25일 임시인민위원회 제3차 확대회의에서 인민위원회 기구와 행정구역 개편을 결정하였다. 이에 평안남도 인민정치위원회를 평안남도 인민위원회로 개칭한 것을 시발로 도·시·군 등의 명칭 뒤에 인민위원회를 붙이는 것으로 명칭을 통일시켰다.

인민위원회의 기구와 행정구역 개편작업에는 민주주의 민족통일전선을 주도한 조선신민당의 정치적 의도가 개입되어 있다. 이러한 사실추적은 연안파가 통일전선의 조직 틀 안에서 중앙과 지방인민위원회를 연계하여 정치세력통합에 영향을 미친 사실을 확보할 수 있는 단초를 제공한다. 식민지와 반식민지를 경험한 조선과 중국의 항일투쟁방향은 한마디로 좌우를 망라한 통일전선구축이었다. 그리고 그 통일전선의 경험을 한반도 통일국가건설에 적용시키려했던 전도사는 연안파였고, 이들은 조선신민당의 정치 강령을 통해 이를 현실화시키고자 했다. 그것은 연안시절부터 독립동맹이 "반일 민족통일전선 밑에 조국독립을 위하여 투쟁하는 각 계층, 각 당파, 각 개인의 모든 역량을 집결할 것"(최창익, 1949: 404, 조선독립동맹 강령 2조1항)을 주창한데서부터 비롯된다. 당시 조선공산당과 조선신민당의 이념적 토대는 달랐다. 전자는 무산계급의 토대위에 건립된 계급적 정당으로서 노동자계급의 전위정당을 지향하고 있었고, 후자는 현 단계의 한반도 상황을 자산계급성 민주주의혁명의 시기로 규정하고 각 계급, 각 계층을 불문하고 진보적 지식인과 양심적 자산가들까지 포섭하였다. 그러나 조선신민당의 이러한 이념적 노선은 북조선공산당이 주도하는 정치과정에 참여하여 관철될 수밖에 없었다. 즉, 조선신민당은 북조선공산당과 공동으로 정권을 운영하여 자산계급성 혁명을 완료해 나가는 방향을 선택함으로써 합당에 이르게 되었다고 볼 수 있다(심지연, 1988: 143~5).

이러한 조선신민당의 의도는 최창익이 1946년 6월 22일자 『독립신보』에 게재한 "민족적 민족통일전선의 역사성에 대하여④"에서 "이 순간의 역사적 단계에서 민주주의적 민족통일전선은 계급적으로 무산계급과 진보적 자산계급층 등의 합작을 말하는 것이며, 정당적으로는 진보적 자산 계급적 성질을 가진 정당과 공산당의 합작을 의미한 것"으로 표현한데서 파악할 수 있다. 양당의 계급적 기초와 국가건설이념의 차이에도 불구하고 합당은 외부적 정세요인이 합당의 필요조건을 충족시켰다는 점에서도 촉진되었다. 조선신민당으로서는 남북을 아우르는 통일전선구축작업이 미군정 때문에 북한에 한정될 수밖에 없었고, 북조선공산당은 자산계급성 신민주주의 도입에 따라 다양한 계층의 참여와 수용을 유인하여 계급정당이라는 편협성에서 민족정당이라는 포용성을 갖출 수 있었던 것이었다. 이러한 민주주의 민족통일전선의 성립과 양당의 합당을 통해 진행된 지방인민위원회의 역할은 전술한바와 같이 민주주의 중앙집중제를 근간으로 한 중앙의 통일전선조직의 틀 안에서 군(郡)과 지방지부에 이르는 정치세력의 통합을 위한 것이었고, 이로써 지방인민위원회를 연계한 각 정당 및 사회단체의 유기적인 협의체의 성격을 갖추게 되었다.

그럼에도 불구하고 주권기관과 함께 행정기능을 동시에 수행하는 통합형 구조인 지방인민위원회는 1956년 전후까지는 집단지도 체제의 성격을 가진 중앙권력의 특징으로 인해 당과 중앙으로부터 '상대적 자율성'을 가질 수 있었다. 이후 1948년 9월 공포된 인민민주주의헌법에서 도·시·군·면·리에 의결 및 집행기능을 지닌 인민위원회를 두도록 하였으며, 1954년 10월 지방주권기관구성법에 따라 주권기관인 인민회의와 집행기관인 인민위원회로 분리되었다(〈표 4-12〉 참조).

제4절 북·중 관계에 미친 연안파의 정치·군사적 위상

1. 북·중 관계의 정치·군사적 매개 역할

한반도와 중국의 관계는 지정학적인 조건과 역사적 배경을 근간으로 한다. 특히 북·중 관계는 식민지·반식민지 항일무장투쟁과정에서 형성된 사회주의 혁명이념에 입각한 국제주의적 연대에 의해 그 토대가 형성되었다고 볼 수 있다. 그런데 해방 이후 양국의 정치·군사적 관계형성은 중국공산당지도부의 전략적 목적에 의해 진행되었다. 그 대표적인 예가 중국공산당의 만주선점전략이었다. 이 시기 마오쩌둥식 중국혁명이 성공하자 중국은 북한을 비롯한 제3세계의 민족해방은 자국의 실제상황에 기초하여 현실에 맞는 정책을 통해 자력으로 목표를 실현해야한다는 입장을 취했다. 그러면서도 이들 국가에 대한 중국의 지지와 지원은 마오쩌둥 시대를 통해 일관되게 행해졌다. 그러나 이러한 중국의 입장은 공산주의 이데올로기 확장과 사회주의진영의 확대를 염두에 둔 패권적 의지의 결과는 아니었다. 다만 마르크스·레닌주의라는 이데올로기 신앙과 혁명가적 이상주의에 따라 자신들과 함께 투쟁했던 아시아 국가들에 대한 국제주의적 지원이 의무라고 생각했기 때문이었다(주안지룽, 2005: 35~72).

그런데 중국은 이러한 국제주의적 입장을 가지면서도 한반도와 대만이 제국주의에 대한 자국방어라인의 최전선이었기 때문에 보다 적극적인 전략적 개입을 하게 된다. 특히 2차 대전 이후 새롭게 부상한 미국이 남한지역에서 군정을 실시하고 있는 상황은 중국과 한반도 북쪽을 향한 또 다른 제국주의의 침략가능성을 예고하고 있었다. 이에 중국으로서는 북한사회주의 국가형성과정을 관망할 수만은 없었다. 더욱이 인민해방전쟁에서 승리한 후[196] 국가를 건립하고 신민주주의 경제건설을 완수하고자 한 중국공산당은 5백여만 명의 인민해방군 잉여병력의 처리와 전쟁 이후 피폐해진 인민경제재건문제 등의 당면한 과제들을 처리해야 했다.

그 중 인민해방군의 잉여문제처리는 북한인민군의 증강이라는 요청과 맞물리면서 급물살을 탔다. 그것은 중국공산당이 인민해방전쟁에서 승리한 시점에서 5만여 명으로 추산되는 조선의용군 출신들을 귀환시켜달라는 공식적인 요청에서 비롯되었다.[197] 조선의용군 출신들 역시 귀국을 희망하였고, 경제회생을 위한 군사비 절감을 원했던 중국 측 입장은 시기적으로 절묘하게 맞아 떨어졌다.[198] 동시에 중국의 북한에 대한 정치·군사적 영향력 개입의지가 내재해 있었던 것도 사실이다. 그것은 마오쩌둥이 조선 문제에 대해 신중한 태도를 보이면서도 미군이 38도선을 넘으면 추가적인 군대파병을 할 것이라는 발언을 통해 한반도 북쪽이 자국의 전략요충지로서 정치·군사적 개입을 할 것임을 주장한데서 나타난다(Whitting, 1960: 45).[199]

사실 중국의 미국에 대한 우려는 1946년 4~5월에 미국이 장제스 국민당

---

[196] 1949년 10월 1일 중화인민공화국이 건립되었으나 해방전쟁이 완전히 끝난 것은 1950년 5월 30일 해남도에 붉은 기를 올리고 난 뒤였다.
[197] 이미 정권수립을 한 북한은 1949년 4월 28일부터 2주간의 기한으로 북한 인민군 총 정치부 주임 겸 민족 보위성 부상인 김일을 중국에 파견하여 동북책임자 고강과 심양에서 회담한 뒤 베이징을 방문하여 마오쩌둥과 저우언라이와의 회담을 통해 조선의용군 출신들의 귀환을 공식적으로 요청하였다(주지안롱, 2005: 40).
[198] 1950년 4월 21일 마오쩌둥은 '군대장병의 제대문제에 대한 지시'를 통해 중남군구에 대해 4월부터 8월까지 60만여 명을 제대시킬 것을 지시했는데, 제대병사의 전체목표인원은 140만 명이었다. 이 중 조선의용군 출신병력은 3만 5천 명 정도에 해당한다.
[199] 만약을 대비하여 중국이 1950년 한국전쟁이 일어나기 전까지 동북지역에 배치한 총 병력은 22만 8천 명이었다(주지안롱, 2005: 77).

군대를 지원하여 동북의 전략요충지였던 사평까지 공격한데 따른 경계심에서 나온 것이다. 대부분의 중국전쟁사 연구가들은 사평전투를 계기로 마오쩌둥의 대미감정이 전환되었다고 보고 있다(주안지룽, 88). 따라서 중국의 북한에 대한 관심과 지원의지는 신생제국주의로 등장한 미국을 한반도에서 차단하려는 전략적 의도가 내재되어 있었다고 볼 수 있다. 이러한 사실은 한국전쟁 발발 이틀 후 트루먼이 한반도에 군사개입명령을 내리자, 소집된 중국 중앙인민정부위원회 제8차 회의에서 마오쩌둥이 조선과 대만에 미국이 군사력을 집중시킨 것은 미제국주의의 아세아에 대한 간섭의 시작이라고 본 것에서 확인할 수 있다. 또한 펑떠화이는 "미국은 조선을 점령하여 압록강을 사이에 둔 채 동북을 위협하고, 또 대만을 통제하여 상해와 화동지구를 위협하고 있다. … 그러므로 제국주의침략을 반대하는 식민지·반식민지 인민들의 민족민주혁명을 고무하기 위해서라도, 사회주의의 위력을 과시하기 위해서라도 출병을 해야 한다"(홍학지, 1998: 27)고 보다 분명하게 중국의 한반도개입의지를 표명하였다.

　여하튼 조선의용군 출신의 귀환문제는 이러한 북·중간의 이해관계 속에서 진행되었다. 이 문제의 처리는 1949년 4월 28일부터 심양에서 만주파인 김일(민족 보위성 부상 겸 인민군 총정치부 주임)과 중국의 동북책임자 가오강(高崗)의 회담이라는 양 국가 간의 공식적인 채널을 통해 가동되었다. 그리고 중화인민공화국이 건국된 이후 1950년 1월에 또 한 차례 조선인 병력귀환협상이 이루어졌다. 이와 관련하여 주목되는 것은 시기적으로 미묘하지만 1949년 9월 중국 해방전쟁이 종결된 시점에서는 북한 측의 요청으로 동북군구관할 제164사단(사단장 이덕산) 10,821명과 제166사단(사단장 방호산) 10,320명이 입북을 하였고, 그리고 1950년 초에는 중국 측의 제기로 독립 제15사단(사단장 전우) 12,000여 명의 귀환이 이루어졌다는 점이다.

　조선의용군 출신 무장병력의 귀환과 북한인민군으로의 재편성은 항일시기 군정일체로 존재했던 독립동맹과 조선의용군이 재결합한다는 상징적 의미를 갖는다. 이러한 사실은 내무상으로서 권력기반을 구축하고 있었던 연안파 박일우의 영향권 아래에서 인민군 제6사단장으로 방호산이, 제12사단장으로 전우가 임명되어 군부 내 연안파 라인이 강화된 데서 확인할 수 있다. 특히 군정에 걸쳐 상당한 권력후원자로서 기반을 구축하고 있었던 연안파의 위상은 한국전쟁기 중국인민해방군이 참전하면서 절정으로 치달았다. 그것은 연안파가 북·중관계의 매개자 위치에 있었기 때문에 가능한 일이었다.

1950년 9월 15일 연합군의 인천상륙작전이 성공하면서 김일성은 형세의 긴박함을 직시하고 북한의 당과 정부를 대표하여 박일우를 중국 동북국 주둔지인 단동으로 파견하였다. 이에 마오쩌둥은 10월 8일자로 펑떠화이 등 중국인민해방군 각급 지휘관들에게 보낸 전보에서 6개항에 이르는 북한지원에 관한 명령을 내렸다(홍학지, 1998: 22~3). 여기에서 펑떠화이는 중국인민해방군 사령원 겸 정치위원으로 임명되었다.

펑떠화이와 박일우는 연안시절부터 절친한 유대를 형성하며 항일투쟁을 해온 막역한 관계이다. 어떻게 보면 이 두 사람의 관계는 북·중 관계의 대표성을 가질 만큼 양 국가 간 핫라인을 형성하고 있었다 할 수 있다. 북한으로서는 중국의 신속한 지원을 받기 위해서는 중국공산당 중앙과 친밀한 관계를 유지하고 있던 박일우의 역할과 위상에 기댈 수밖에 없었다. 그리고 한국전쟁 내내 북·중 간의 가교역할은 박일우에 의해 진행되었다. 실례로 10월 19일 압록강 도하를 결정하도록 중국인민해방군 사령원 펑떠화이를 재차 설득시킨 인물도 박일우였다. 따라서 21일 대동에서 김일성과 회동한 펑떠화이는 지원군 사령부를 대유동에 설치하고, 북·중 간 작전협상의 북측 대표로 박일우를 지명하였으며 그 직위를 부사령원 겸 부정치위원, 그리고 중국인민해방군 당위원회 부서기로 임명하였다(홍학지, 1998: 53~69). 이러한 직책이 부여된 이유는 박일우가 중국공산당원의 자격을 유지하고 있었기 때문일 것이다.[200] 그런 가운데 북·중 군대의 효율적인 합동작전을 위해 12월 4일 연합사령부를 구성하고 전시 작전권을 비롯한 일체의 군 통솔권을 연합사령부 소관 하에 두었다.

주목해야 할 또 하나의 사실은 북한이 퇴각하던 1950년 10월부터 1951년 3월까지 중국 길림성 통화시에 일명 "동간변사처"라는 인민군 후방사령부를 운영한 점이다. 이에 대해 김중생은 당시 활동했던 사람들의 증언을 토대로 그의 책에서 다음과 같이 기술하고 있다. "유엔군이 인천상륙작전 이후 38선 북쪽으로 진격하자 북한 지도부는 중국과 소련에 지원요청을 하게 된다. 중국이 군사지원결정을 하기 직전의 상황에서 우선적으로 통화시에 인민군 후방사령부를 세울 것을 승인하였다. … 이곳은 만주로 후퇴하는 인민군 부대 및 경찰, 당 조직 및 정부기관, 각종학교, 군병원, 군인가족, 전쟁고아 등 철수 인원을 관리하는 목적을 띠었다. 특히 인민군 후방사령부(동간변사처)의 임무는 퇴각해온 주력사단 중 분산된 부대를 예비부대로 재편성하는 하는 것으로 전우가 7군단, 김창덕(이덕산)이 8군단을 맡기로 했다. 또한 만주로 철수한 군 학교 및 교육기관의 관리로 제1, 제2군관학교, 공군학교(錦州), 공군참모강습소(연길), 내무성간부학교(통화)에 재배치되었다.… 통화사령부가 철수인원을 가장 많이 관할할 때가 17만 명에 이르렀고 이후 1951년 봄 전세가 호전되면서 북한으로 철수하였다"(김중생, 2001: 225~8에서 재인용). 이것이 사실이라면 통화사령부를 운영한 핵심간부들 대부분이 연안파들이었다는 점을 알 수 있다. 대표적인 인물로 참모장은 이상조와 왕자인이 맡았고, 서휘는 총정치국장 대리로 김일성과 통화사령부 간 연락책임자 역할을 담당하였다. 이와 같이 전시 체제 하 북·중 라인의 주요요직에서 연안파들은 전반적으로 두각을 나타내고 있었다.

---

[200] 1956년까지 중국공산당과 북한로동당 간에는 당적이동이 가능했다(최기석 외, 2006: 346).

전시 군사지휘권이 주권의 가장 핵심적 내용이라 할 때 북한 측 군사지휘권을 연안파가 장악하고 있었다는 사실은 당·정·군이 통합된 전시행정체제에서 연안파의 정치·군사적 역할이 얼마나 컸는지를 알 수 있게 해준다.

정전협정은 중국의 영향력 하에서 진행되었다. 그리고 중국은 전후 복구기간부터 1958년 북한에서 철수할 때까지 북한의 농업실태 및 지방당기관 등을 조사하면서 준행정권을 발동하거나 내정간섭을 통해 정치, 경제, 사회 등 전반에 걸쳐 영향력을 행사하게 된다. 그 대표적인 사례가 1956년 8월 종파사건이 발발했을 때, 연안파를 보호하기 위해 직접 개입하여 8월 전원회의의 결정사항을 번복시킨 사건이다. 중국의 이러한 개입은 김일성 정권으로서는 상당한 정치적 굴욕이었음에 분명하다. 이 외에도 중국의 암묵적 영향력을 무시할 수 없었던 초기 북한정권은 국가의 주요보직에 연안파를 안배하였다. 예를 들어, 북조선 공산당 분국시절부터 1958년 연안파가 숙청되는 종파사건까지 로동당 간부부장 직을 무정→박일우→허정숙→이상조→진반수 등으로 이어지는 연안파의 몫으로 배당하였고, 당·정 선전부장 역시 김창만과 허정숙 등이 장악하였다. 이 역시 중국공산당이 연안파를 통해 북한정권에 직·간접적인 영향력을 행사한 결과이다(서동만, 2005: 257).

그러나 이전의 무정과 마찬가지로 박일우의 영웅주의적인 행동은 연안파의 중심축을 흔들리게 만드는 단초가 되었다. 그는 1952년 10월까지 내무상에 재직하면서 자파세력들을 확대 배치시켰고, 주요 군 요직에도 방호산 등 자신이 연안시절부터 관리하고 있던 인물을 배치하였다. 그러나 이러한 세력 확장은 그해 10월에 개최된 전원회의에서 '반당분자'라는 비판에 접하게 되고, 경고조치를 받으면서 체신상으로 전보되었다. 이러한 경고 처벌은 박일우에 대한 숙청의 전초전에 불과했으며, 연안파에 대한 비밀감시가 시작되는 계기가 되었다. 연이어 계속된 연안파 거물을 숙청하기 위한 조작은 박일우가 체신상으로 재직시 공금횡령을 했다는 명목으로 또 다시 시작되었는데, 이 사건은 공금을 김일성 일파를 제거하기 위한 공작금으로 사용했다는 죄명을 뒤집어씌운 정치적 조작이었다. 그러나 중국 측 펑떠화이의 즉각적인 개입으로 숙청되지는 않았다. 비록 연안파가 중국의 비호아래 명맥을 유지하고 북한정권에서 영향력을 유지할 수 있었으나, 이러한 중국의 연안파에 대한 비호는 김일성세력이 보다 강력한 단일지도체제로의 전환을 모색하는 동기를 제공함으로써 결과적으로는 연안파가 북한정치사에서 영구 제거되는 하나의 요인이 되었다.

2. 조선의용군과 항일연군의 중국공산당과의 관계 비교

우리의 항일투쟁사는 투쟁의 장기적인 지속성과 함께 투쟁지역의 광범위함을 그 특징으로 한다. 그 중 만주지역은 중국 관내와 한반도 사회주의 운동이 긴밀하게 연계된 지역이었다는 점에서 중요한 역사적 의의가 있다. 이 지역은 민족해방이라는 목표실현을 위한 교두보로서 항일무장투쟁 세력이 끊임없이 북상을 시도한 장소이기도 하다. 다시 말해 이 지역으로의 이동은 조선의용군이 한반도에 민족해방과 민주정권을 창출하기 위한 중국관내-화북-동북-조선으로 연계되는 투쟁의 '동선적 의미'를 지닌다. 1930년대 이 지역에서 동북항일연군을 중심으로 한 활발한 사회주의적 무장투쟁은 일제의 대토벌에 의해 소멸되었고, 이들은 소련과 중국관내로 흩어졌다. 그러나 1940년대 들어 중국 관내지역에서 조선의용군으로 대표되는 지식인 무장부대가 결성됨으로써 조선민족해방을 향한 투쟁은 그 지속성이 계승되었다. 특히 화북전이 후 조선독립동맹과 조선의용군의 기반형성은 중국국민당에 비해 상대적으로 제반조건이 열악했던 중국공산당의 적극적인 지원에 따른 새로운 환경조건이 조성되었다. 그것은 중국공산당이 일제와 국민당을 상대로 한 투쟁에서 국제적인 연대세력을 확보할 필요가 있었고, 그 중 조선인 사회주의운동과 비교적 굳건한 연대가 형성되었기 때문이다.

연안을 중심으로 활동한 조선의용군과 동북지역에서 활동한 항일연군은 중국에서 활동했다는 점, 그리고 사회주의 혁명을 위한 무장투쟁을 조선독립의 수단으로 삼았다는 점에서 유사한 경험을 공유한다. 또한 이들은 공히 중국공산당 노선의 영향을 받을 수밖에 없었다. 이후 북한에서는 김일성을 중심으로 한 항일연군 출신들이 헤게모니를 장악했고, 중국에서는 마오쩌둥 노선이 최종적 승리를 거두었다.

그런데 이 부분에서 새로운 시각으로 접근해야 할 문제는 북·중 간 우호적인 관계 형성이 항일투쟁시기 동북항일연군과 중국공산당의 친밀한 관계에 토대를 두고 있는가에 대한 것이다. 이에 대해 필자는 일반적 상식과 달리 양국관계에 대해 새로운 접근을 시도하고자 한다. 비록 동북항일연군과 중국공산당이 식민지·반식민지 하에서 항일무장투쟁을 전개했다는 유사한 투쟁경험을 공유할지라도, 김일성의 동북항일연군은 중국공산당의 투쟁노선이나 투쟁지역과 관련하여 일정부분 소외되었다. 달리 말해서 김일성의 동북항일연군과 중국공산당은 이데올로기적 친화성은 있었지만, 연안파와 중국공산당의 관계처럼 인적유대, 일상적 투쟁경험 공유와 같은 보다 친밀한 관계는 아니었다. 따라서 동북항일연군과 조선의용군의 중국공산당과의 관계를 비교함으로써 역사적으로 형성된 혈맹적 북·중 관계가 연안파를 매개로 한 것이었음을 밝히고자 한다.

1) 동북항일연군(만주파)과 중국공산당과의 관계

동북항일연군이 만주지역에서 무장투쟁을 하던 1930년대 중국공산당은 내부적으로 마오쩌둥 노선이 힘을 잃고, 리리싼과 왕밍 노선이 순차적으로 당권을 장악하면서 심각한 시행착오를 경험하고 있었다. 특히 왕밍은 소련 유학파로서 1931년 코민테른의 중국대표로 모스크바에 주둔하면서 중국공산당의 당권을 장악하고 중국공산당 중앙을 조정하고 있었다. 그의 영향력은 특히 동북지역의 '만주성위'에서는 절대적이었다. 실례로 1935년 7월 25일부터 8월 20일까지 모스크바에서 개최된 코민테른 제7차 회의는 김일성의 반(反)민생단 투쟁 종식 및 식민지·반식민지 문제에 있어 민족해방투쟁을 지지하였다. 이와 함께 소수민족 인민들의 해방을 결의했으며 반제인민전선 즉, 소수민족과 연합한 통일전선정책을 채택하여 "조선인민과 중국인민의 항일통일전선을 실현하고 이를 통해 간도에 조선민족자치구를 세울 것, 그리고 조선독립을 위해 일제와 싸울 항일연합군과 항일민족혁명당의 건설이 필요하다는 제안을 했다"(日本國際問題硏究所 中國部會 編, 1971: 115~6). 이와 같이 왕밍은 중국공산당 정책의 전환을 통해 동북지역에서 조선인 항일혁명군이 중국인과 대등한 지위에서 연합군 편성을 모색하도록 함으로써 중국공산당의 동북정책을 변화시키는 영향력을 행사했다. 이때 김일성은 그가 연루되었던 반(反)민생투쟁에 대해 코민테른 회의를 통해 귀사 회생하도록 도와준 왕밍(王明)의 결정을 잊을 수 없었을 것이다.

또한 중국공산당이 동북지역에서 항일민족혁명당의 결성을 승인한 것은 당시 중국 관내에서 김원봉을 중심으로 형성 중이던 조선민족혁명당과 함께 조선인반일통일전선당의 결성을 공식적으로 지원하겠다는 의지가 담긴 신정책의 일환이었다고 볼 수 있다. 그럼에도 이러한 상황적 시기는 모스크바에 주재하고 있던 왕밍을 대표로 하는 코민테른과 중국관내 중국공산당, 그리고 동북 만주성위 등 사회주의 무장투쟁지역 간의 지형적 장애물과 노선갈등에 따른 상·하급기관 간 소통부재의 문제를 안고 있었다. 그것은 중국 관내와 코민테른의 지시가 자신들의 이해관계를 대변하고 있었기 때문에 나타난 문제이기도 했다. 이로 인해 상하 간 소통문제와 현지 상황에 따른 이해관계의 격차가 극에 달했는데, 특히 동북 현지의 특수성을 정확하게 진단하지 못함으로써 내려진 잘못된 지시에 따른 희생은 막대한 것이었다(정병일, 2008a: 599~600).

이러한 왕밍 노선은 1935년 1월 중국공산당 준의회의를 기점으로 마오쩌둥에게 당권이 넘어간 이후에도 1936년 말 '동만특위'의 존재가 거의 유명무실해질 때까지 동북지역 항일투쟁에 지속적인 영향을 미쳤다. 반(反)민생단 투쟁이라는 대숙청을 거치고 난 동북항일연군 역시 일제의 만주대토벌작전에 대한 저항의 한계를 느끼면서 군사 및 정치 간부의 공백상태에 처하게 된다. 더욱이 코민테른의 영향력이 쇠퇴하고, 1937년 노구교 사건을 계기로 일제가 중국의 내륙을 침략하여 중국관내와 동북지역을 단절시킴으로써 항일무장투쟁에도 큰 시련이 찾아오게 된다. 따라서 김일성의 항일연군은 준의회의를 통해 중국공산당의 당권을 장악한 마오쩌둥의 노선에 영향을 받을 기회를 얻지 못한 채 소련으로 퇴각을 할 수밖에 없었다.

2) 조선의용군(연안파)과 중국공산당과의 관계

조선의용군은 코민테른 해산 2개월 전인 1943년 3월 중국공산당에서 마오쩌둥이 당권을 장악하고 그의 노선의 영향력이 확장되어 가는 시기에 이르러 화북연안에서 중국공산당과 함께 활동을 시작하였다. 이들은 마오쩌둥의 정강산 토지개혁법의 현장을 경험하고, 투쟁전술에 참여하면서 정풍학습 및 통일전선과 연합성 신민주주의의 이념과 사상 등을 모범적으로 전수받았다. 특히 조선의용군이 독자적으로 투쟁한 호가장 전투와 팔로군 전방사령부 보위부대 자격으로 참전한 5월의 반소탕 전투는 중국공산당과의 형제적 동지애를 공고화하는 계기가 되었다. 연안파에 대한 중국공산당의 특별한 우대 및 지원은 마오쩌둥과 주더의 공식적인 연설 등에서도 확인된다. 마오쩌둥은 중국공산당 제7차 대표대회에서 한 〈연합정부론을 론함〉에서 "중국인민은 조선인민이 해방을 받도록 지원하여야 한다"고 연설하였다. 또한 주더 총사령 역시 〈해방구 전장을 론함〉이라는 주제를 통해 "우리는 조선독립동맹에 감사드린다. 숭고한 국제주의적 정신으로 사업한 그들은 우리에게 아주 거대하고 값있는 방조를 주었다"면서 조선독립동맹과 조선의용군의 항일사업을 높이 평가한 바 있다.

이에 대해 박일우는 "조선독립동맹의 임무는 간부양성과 조선인민의 항일무장대오를 조직하는 것"이라면서 중국공산당의 승리가 조선인민의 승리라는 입장을 표명하였다(양소전, 1987: 1439). 더욱이 투쟁과정 속에 형성된 독립동맹과 중국공산당과의 돈독한 유대관계는 비록 중국공산당과 팔로군 예하에 배속되어 그들의 작전과 전투에 참여한 것이기는 하지만 주더가 밝혔듯이 조·중 혁명 사업은 어느 일방의 원조가 아니라 국제주의적인 상호간 협력체제였음을 분명히 확인할 수 있다. 이러한 혁명적 우의는 중국인민해방전쟁과 한국전쟁을 통해 더욱 더 굳건한 혈맹적인 관계로 발전하였다고 볼 수 있다. 이러한 관계 유지는 박일우가 대표회의에 조선인 대표로 참여하여 한반도 독립 후 건설할 국가의 이념으로 마오쩌둥의 신민주주의를 채택할 것을 주장함으로써 중국공산당과의 신뢰 관계는 절정에 이르게 된다.

중국관내에서 국민당에 상대적 열세를 보인 중국공산당은 일본의 패망 시점에서 만주 동북지역을 통해 전열을 재정비할 수 있는 기회를 갖게 되었다. 동북지역은 소련 사회주의 혁명의 영향을 가장 크게 받은 지역이었고, 조선인 농민중심의 혁명열기가 고조되어 있는 지역이었다. 해방 시기 소련군과 동북항일연군에게는 익숙한 곳이지만 중국공산당과 조선의용군에게는 생소하였다. 따라서 중국공산당은 만주선점전략을 통해 소련과의 소통을 비롯하여 조선인과의 통일전선을 구축하여 전열을 재정비할 필요가 있었다. 이러한 점에서 조선의용군을 만주진출의 최첨병으로 차출하도록 한 팔로군 총사령 주더의 명령 제6호는 조선의용군과 독립동맹이 조선독립의 발판으로 삼기 위해 끊임없이 추진하였던 동북전이 노선에 부응하는 명령이었다.

동북진출 후 조선의용군은 전술한 바대로 조선독립동맹을 중심으로 입북을 하거나, 조선의용군을 중심으로 만주에 잔류하여 확군 운동을 벌이는 역할과 임무를 수행하였다. 이 역시 중국의 사회주의 혁명완수가 조선의 완전한 해방과 직결된다는 국제주의적 입장을 조선의용군이 수용함으로써 가능했는데, 조선의용군은 국공내전에 참여하여 사회주의혁명을 지원함으로써 중국공산당과의 긴밀한 관계를 지속시킬 수 있었다.

당시 동북지역은 중국 중공업의 6할과 광업의 8할이 집결된 전략적 요충지로서, 중국공산당은 이 지역을 장악함으로써 국공내전 승리의 발판으로 삼고자 했다. 이에 따라 사회주의 이데올로기의 급속한 확장에 영향을 받은 동북지역의 조선인들은 조선의용군의 확군 운동에 자발적으로 동참하였다. 이후 중국 인민해방전쟁 후 북한으로부터 제기된 조선의용군에 대한 귀환요청은 중국공산당으로서는 잉여병력의 효율적 해소라는 실리와 북한의 사회주의혁명 지원이라는 명분을 동시에 확보할 수 있었고, 북한은 국토완정계획에 필요한 군사력 확보라는 소득을 얻게 되었다. 그리고 한국전쟁에 이르러 중국의 영향력에 따라 연안파의 활동은 최전성기에 달하였다. 이상에서 확인할 수 있듯이, 중국과 북한의 관계는 조선독립동맹과 조선의용군, 즉 연안파와 중국공산당의 긴밀한 동지애적인 관계로 인해 굳건한 토대를 형성하게 되었다고 볼 수 있다.

3. 소 결

일제의 패망 후 중국공산당은 펑전(彭眞), 천윈(陳雲) 등을 심양(瀋陽)으로 파견하여 펑전을 서기로 하는 중국공산당 동북국을 창설하였다. 동북국은 북만, 동만과 남만 등 조선인 지구에 많은 한족 간부들과 조선인 간부들을 파견하였다. 동북지역에 2개월 먼저 소련군과 함께 진주했던 88독립여단의 단장 저우바오중은 동북항일연군 출신의 최용건을 심양으로 파견하여 동북지역현황을 보고하게 하였다. 1945년 9월 18일 최용건은 독립동맹 간부 중 가장 먼서 심양에 도착한 중앙 집행위원 이유민과 대면하였다. 그것은 조선독립동맹과 동북항일연군 간부의 공식적인 첫 만남이었다. 이유민은 최용건으로부터 88교도련 간부들이 만주 각지에 파견된 상황을 알게 되었고, 이후 양 계파는 중국공산당 동북국의 통일적 지휘 아래 만주지역에서의 활동을 정비해나갔다. 그러나 항일연군 출신 대다수는 북한국가건설을 위해 귀국한 반면 무장입북을 거절당한 조선의용군은 중국공산당의 지휘 하에서 향후 계획을 세우면서 중국인민해방전쟁에 우선 투입되었다. 이러한 환경적 조건에 따라 연안파는 조선인이면서도 중국공산당원이라는 지위를 유지할 수 있었고, 혈맹적 동지애는 더욱 굳건해지게 된다.

오늘날 북한과 중국은 과거 동북지역에서의 공식적 역사를 양 국가의 통치 집단의 이해관계에 의거하여 정리하고 있다. 중국은 중국동북부 대신 연안을 혁명의 근거지로 신화화시키면서 중국공산당사를 정리하고 있고, 북한은 중국동북부에서 투쟁했던 항일연군 중심으로 항일무장투쟁사를 정리하고 있다. 그러나 앞서 살펴본 바와 같이 1930년대 중국공산당의 투쟁노선이 시행착오를 거치면서 항일연군과는 긴밀한 관계를 형성하지 못한 반면, 1940년대 마오쩌둥 노선으로의 이행기에 동일한 지역에서 공동으로 투쟁했던 조선의용군과 중국공산당의 관계는 매우 친밀하게 형성되었던 것이다. 그러나 연안파는 중국공산당과 긴밀한 유대 관계를 형성하던 이 시기까지만 해도 장래 자신들이 북한과 중국 양국으로부터 '토사구팽' 될 것이라는 예측을 전혀 할 수 없었다.

북조선 체제성립과 연안파 역할

제Ⅴ부 연안파의 정치사적 재조명

제Ⅴ부 연안파의 정치사적 재조명   265

제1절 파벌간의 정치투쟁

1. 연안파의 군중노선과 만주파의 대중주의 연합

　김일성의 대중주의 노선은 마오쩌둥의 농민대중주의를 모델로 한 것이지만 중요한 차이가 있다. 김일성의 대중주의 노선은 대중을 통해 정치적 변화가 일어나지만 어디까지나 간부가 대중을 지도함으로써 가능하다고 보았다. 이는 위로부터의 하향식 지도를 강조한 것으로, 제도적으로는 정권 초창기에서부터 고도의 중앙집중제에 의한 하달방식으로 나타났다. 오늘날까지 그 맥을 이어오고 있는 '현지지도'는 대중주의 노선에 입각한 북한식 통치방법으로 볼 수 있다. 김일성이 대중주의 노선으로 궤도를 수정한 계기는 '신의주 사건'이었다. 여기에는 연안파의 중국식 군중노선 및 통일전선의 이론을 묵시적으로 수용한 내용이 포함되어 있었다.
　1945년 11월 23일 발생한 신의주 사건은 당과 정권에게는 전환적 계기가 되는 사건이었다. 김일성은 이 사건으로 인해 사회적으로는 포괄적이면서도, 정치적으로는 규율이 잡힌 대중정당의 필요성을 인식하게 되었다. 핵심내용은 북한청년들의 잠재적 에너지를 발산시키고자 하는 것으로, 이들 대중들을 이끌기 위해서는 대중으로부터 배워야 한다는 것이다. 이러한 사고전환은 김일성이 항일혁명 시기 중국으로부터 경험한 민족주의 통일전선전술의 필요성을 재삼 인식하게 되는 계기가 되었다. 그리고 마오쩌둥의 군중노선을 직접 학습했던 최창익, 김창만, 허정숙 등 연안파 핵심 이론가들이 북조선공산당과 조선신민당의 정책브레인으로 참여하면서 이러한 인식에 확고한 토대를 제공하게 된다.

최창익의 경우 일본식민지의 경제적 영향을 분석하면서 일제의 침략자본 세력의 총체적 파괴가 조선민중을 프롤레타리아트로 만들었다고 보았다. 그는 식민주의에 대한 저항을 통해 민족의식과 계급투쟁의식이 깨어났다고 주장하면서, 조선민족해방 사업은 반일적 각 계급, 각 계층, 각 정당의 공동임무이며 공동투쟁역량으로 해결되어야 한다고 보았다. 이에 따라 노동자, 농민, 소시민, 지식분자, 청년학생, 기타 진보적 민중 모두가 반일민족통일전선의 이익에 복종해야 한다면서 계급투쟁의 언어가 반식민주의 민족투쟁의 언어라고 주창했다. 이러한 최창익의 논리는 계급투쟁을 민족투쟁으로 흡수시키면서 오늘날까지 북한이데올로기의 이정표가 되고 있다(최창익, 1946: 23; 심지연, 1988: 324~53; 암스트롱, 2006: 112). 독립동맹 주석 김두봉 역시 "현 단계에서 새로운 조선건설은 하나의 계급이나 하나의 당에 의한 것이 아니라 전체민족의 과업이다"라고 선언하였는데, 연안파 간부들이 제시한 군중노선에 입각한 연합전선은 김일성의 대중주의 노선에 영향을 미쳤다. 이와 같이 연안파와 김일성의 만주파는 중국식 군중노선을 변용적으로 수용함으로써 조선로동당으로 손쉽게 합당할 수 있었고, 궁극적으로는 오늘날 민족주의를 내장한 북한 사회주의 이데올로기의 토대가 되었다고 볼 수 있다.

이와 관련 김광운은『로동신문』에 실린 김정일의 "혁명선대를 존대하는 것은 혁명가들의 숭고한 도덕의리이다"를 인용하면서 김일성으로 대표되는 북한공산주의자들은 모순의 대립갈등에 근거한 폭력적 계급투쟁을 선호하지 않았으며, 이데올로기적 원칙과 입장을 견지하면서도 실용주의적 과제와 실천을 배합하고자 노력하였고, 또한 조선로동당은 '대립배제'보다는 '혁명적 단결의 전통'을 쌓아갔으며, 자신들의 역사를 하나의 중심과 사상, 동지애에 기초하여 형성되는 '통일단결의 역사'로 만들고자 하였다고 주장한다(김광운, 2003: 337).

이러한 논리는 김일성 중심의 지배역사의 연장선상에 있는 오늘날의 시

점에서 결과적으로 과거의 행위를 정당화하고 합리화시키는 논리로서 연안파의 정강정책을 재조명할 경우에는 수정되어야 하는 시각이다. 그 이유는 연안파의 경우 식민지를 경험한 조선의 경우 '사회해방'과 '민족해방'을 함께 해결하기 위해서는 유산계급과 무산계급이 연합해야하며, 이를 위해서는 자주독립이 완전히 실현되는 순간까지는 양심적인 일부 유산계급이 민족해방을 위해 무산계급과 연합하는 과도기적인 형태를 취해야 한다는 연합성 신민주주의를 주장하고 있었다는 점에서 그러하다. 이러한 연안파의 정치노선은 북조선공산당보다 상대적으로 온건하다는 이유로 북한 내 지식인층에게 많은 호소력을 가졌으며, 주로 무장군인 출신으로 구성된 만주파보다 상대적으로 다양한 계파별 인텔리지식인들로 구성된 연안파가 민족주의성향을 가진 사회주의투쟁가로서 이미지를 더욱 많이 가졌다는 점에서 확인된다. 이러한 연안파의 정치노선에 따라 유산자 출신의 지식인들이 과학기술을 발전시키는 일에 헌신할 수 있었던 것이다. 따라서 김광운의 주장은 김일성을 비롯한 북한공산주의자들의 초기 정치적 리더십보다는 당시 연안파의 노선에 보다 부합하는 입장으로 보아야 한다.

2. 연안파와 만주파 간의 협력과 갈등

일반적으로 파벌이란 공적이익이 아니라 분파적 이익을 추구하는 집단을 지칭할 때 사용하는 개념이다. 이러한 파벌에 대한 정의는 정당조직 내의 소규모적이고 비공식적인 집단으로 보는 견해(Min Jun-Kee, 1983: 131~33; Nyomarkay, 1965: 22~4)와 정당 발전과정의 초기단계에서 볼 수 있는 정치세력의 연합형태(political coalition) 즉, 정당의 예비적 집단으로 보는 견해가 있다. 또한 벨로니와 벨러(Frank P. Belloni & Dennis C. Beller)는 파벌을 정당과 구별하여 그 특성이 규정된다고 보기도 한다. 정당은 공식적 조직으로서 가시적이고, 규칙적이며, 안정적으로 구조화된 관계와 절차를 가진 유기체인데 반해 파벌은 분명성, 질서, 안정적 절차가 결핍되어 있는 집단이라는 것이다. 따라서 파벌을 향후 정당으로 성장할 집단이라고 규정한다(Belloni & Beller, 1976: 535~6). 파벌에 대한 이상의 몇 가지 정의는 특정한 목적을 추구하기 위해 협력하는 사람들의 다양한 집단형성의 자유를 전제로 한다.

그런데 사회주의 국가에서의 파벌형성과 투쟁은 일반적인 파벌의 그것과는 상당히 다르다. 사회주의 국가의 경우 통상 일당체제를 유지하고 있기 때문에 양당체제 혹은 다당체제를 기반으로 하는 서구 민주주의 국가에서와 같이 권력변동이 정당 간 합법적인 경쟁을 통해 이루어지는 것이 아니라 권력 장악을 위한 당내세력 간 권력투쟁이 불가피하게 발생한다. 즉, 사회주의 국가에서는 경쟁적 정당체계가 허용되지 않기 때문에 권력투쟁이 개인지도자를 중심으로 이루어질 수밖에 없으며, 이때 개인지도자들이 일정수의 추종자들과 결합하여 파벌을 형성하게 되는 것이다(Nathan, 1973: 37~9). 따라서 사회주의 국가에서 권력투쟁은 정당 간 경쟁체제가 아니라 파벌 간 권력투쟁의 역사라 할 수 있다(전원근, 2000: 10).

북한 국가건설기에 나타난 파벌은 제도화된 정당 내 조직이나 집단이 아니라 정당조직 이전에 이미 형성되었으며 공통적 이데올로기의 실현을 목표로 한 이념적 성향의 파벌이라는 특성을 갖고 있다. 이러한 사실은 '김일성이 초기 북한의 권력체계를 주도해나간 것은 아니다'라는 가설을 뒷받침한다. 당시 로동당과 국가기관의 지도부는 공히 사회주의 이데올로기를 공유하면서 북한사회의 소비에트화를 추진했으나, 지위와 역할을 파벌 간에 분담하는 일종의 연합체제가 형성되었다. 그 이유는 조선신민당과 북조선공산당이 합당한 북조선로동당이 성립함으로써 연안파가 상당한 영향력을 행사하였고, 이후 남로당이 북로당으로 흡수통합되기는 했으나 남로당의 입지가 비교적 강했으며, 소련을 배경으로 하는 소련파의 영향력 역시 만만치 않았기 때문이다. 즉, 김일성의 만주파를 비롯하여 연안파, 국내파, 그리고 소련파 등의 계파별 원심작용으로 인해 김일성 중심의 단일 권력이 형성되지 못했다 할 수 있다. 결국 북한의 초기 정권형성과정은 단순한 소련의 외재적 압력 이외에도 여러 파벌 간 상호 세력관계가 큰 영향을 미쳤음을 알 수 있다.

이러한 파벌 간 역학관계는 북한과 비슷한 시기에 수립되었던 동구 사회주의 국가의 경우에도 유사하게 나타났다. "동구국가들의 사회주의정권 수립배경을 보면 2차 대전 중 독일에 대항하는 방법과 수단으로 사회주의를 선택하였다. 이때 소련은 각 공산주의자들을 지원하였다. 대표적인 국가로는 불가리아, 체코슬로바키아, 헝가리, 폴란드, 루마니아, 동독 등이 있다. 소련의 지원 없이 자체적인 힘으로 정권을 수립한 국가는 유고슬라비아와 알바니아 밖에 없었다. 소련의 지원을 받은 국가들은 전쟁 중 민족단합과 반파시즘에 기초한 민족해방투쟁 전술을 전개하였으나 전후에는 인민민주주의 전선을 표방하면서 연립정권을 형성하였다. 이후 이들은 단계적으로 반대세력을 제거해 나갔다"(전원근, 2000: 2; 전인영, 1984: 102~18). 이와 같이 동구사회주의 국가의 정권형성과정 역시 소련지배 하의 외적 압력을 통해 일률적이고 통일적으로 이루어진 것이 아니라 자체적으로 형성된 파벌 간 연립과 갈등을 통해 이루어진 것이다.

북한 역시 이와 같은 일반적 패턴에서 예외는 아니었던 셈이다. 즉, 북한정권 수립과정 또한 단순한 소련의 개입이나 압력에 의해 수동적으로 위성정권이 성립된 것이 아니라 주요파벌 간 연합(coalition) 또는 통일(united)을 통해 형성된 것이라 할 수 있다. 실제로 초기북한정권 건설기에 주요역할을 담당했던 파벌들은 계파 간 권력배분을 둘러싸고 정치적 투쟁이 상당히 심화되어 있었다. 이로 인해 김일성이 권력을 독점하기까지 상당기간 동안 복잡한 권력투쟁 양상이 전개되었다(Merrian, 1934: 45~58). 전원근은 그의 논문에서 북한 국가건설기에 나타난 파벌은 제도화된 정당

내 조직인 집단이 아니라 정당이 공식적으로 조직되기 이전에 이미 형성되었으며 공통적 이데올로기의 실현을 목표로 한 이념적 성향의 파벌이라는 특성을 갖고 있었다면서 다음과 같이 정리하고 있다.

1) 파벌형성이 식민지 항일투쟁 전개과정에서 이미 형성되어졌다.
2) 이데올로기적으로 사회주의 노선을 투쟁수단으로 선택한 그들은 독립운동과 밀접한 관계를 가졌다.
3) 각기 상이한 지역에서 조직되었으며 이러한 지리적 특수성은 파벌들의 성격에 많은 영향을 미쳤다.
4) 조직의 성격상 특정한 지도자와 이를 추종하는 사람들로 구성되어 조직 활동이 개인적 리더십에 전적으로 의존하였다.
5) 집단의 최우선 목표는 해방과 독립이었으며, 사회주의 이념을 투쟁수단으로 받아들인 이들은 북한국가형성과정에 어떤 형태로든 참여했으며 또한 정도의 차이는 있지만 정권 내에서 권력을 분배받은 지배적 정치세력이 되었다(전원근, 2000: 15).

위의 특성에서 4)항의 경우 연안파와 소련파 등에 적용하기는 다소 무리가 따르나, 나머지 항들의 내용은 북한 내 파벌들의 공통적 특징들을 잘 함축하고 있다. 파벌에 대한 이상의 검토 내용을 토대로 이하에서는 연안파와 만주파 간 밀월과 갈등관계를 분석해 보도록 하겠다.

북한 초기정권에서 파벌 간 실력행사는 매우 긴박하게 이루어졌다. 그 중 연안파와 만주파는 투쟁지역과 활동시기에서 차이가 있었으나, 식민지시기 중국에서 국제주의적 입장으로 중국공산당과 연대하여 항일투쟁을 전개한 공통의 이데올로기적 토대와 학습 경험을 공유하고 있었다. 연안파의 대다수는 마오쩌둥 노선이 확립된 시기 중국공산당 중앙과 관내를 중심으로 생사고락을 함께 한 지식인들이 중심이었던 반면 만주파는 리리싼과 코민테른 중국공산당 대표였던 왕밍 노선의 영향을 받으면서 동북지역을 중심으로 활동하였다.

　거시적 측면에서 볼 때 해방 후 이들의 연대는 중국식 무장투쟁의 경험을 공유했다는 점에서 긍정적 상호작용의 가능성이 높았다. 그러나 미시적으로 이들 양 파벌은 조선독립을 위한 항일투쟁과정에서 주도권 경쟁을 하는 민감한 관계이기도 했다. 만주파는 조선인들이 월경하여 농작지를 경작하던 농민들이 정착한 한반도에 인접한 동북지역을 배경으로 농민들과 연대하여 항일투쟁을 전개하였기 때문에 지정학적으로 유리한 투쟁전통을 갖고 있었다. 이에 반해 연안파는 비록 중국공산당 중앙과 밀접한 관계를 유지했으나, 한반도 내에서 그들의 인지도는 만주파보다 약할 수밖에 없었다. 연안파 내에서 최창익이 동북전이를 끊임없이 추진하려 했던 이유도 이왕이면 조선독립이라는 목적을 달성하기 위해 한반도 언저리를 중심으로 투쟁하는 것이 명분과 실제에서 타당하다고 보았기 때문이다.

　그러나 한구를 시작으로 연안과 동북을 잇는 조선독립투쟁의 여정은 연안파가 만주파에 비해 정치·군사적 주도권을 행사하기에는 너무나 긴 여정이었음을 부인하기 어렵다. 양 계파의 첫 만남은 주더의 명령 제6호에 의한 동북선점 시기 심양에서 이루어졌다. 중국공산당 팔로군과 함께 입성한 조선독립동맹의 이유민은 중국공산당에게 동북지역을 인계하러 온 동북항일연군 출신 최용건과 공식적인 첫 대면을 하게 된다. 최용건은 항일투쟁의 대부분 시기를 동북지역에서 보낸 인물이지만, 1924년 운남강무학교를 졸업하고 이듬해 황포군관학교 교관이 되었으며, 1926년 중국공산당에 입당한 후 광주봉기에 참여했던 인물로 이후 중국공산당 중앙의 지시에 따라 만주로 이동한 인물이었다. 이러한 과거 경력으로 인해 동북에 진출한 팔로군을 영접하는 인물로 최용건[201]이 발탁되었을 것이다.

---

[201] 최용건은 1926년 중국공산당에 입당하였으며 1928년 중공중앙의 지시에 따라 만주로 이동하여 1930년대 항일무장투쟁의 대부분을 북만주 요하지방에서 지휘관 및 참모역할을 수행하면서 보냈다.

만주파와 연안파의 공식적 회동은 이후 동만과 북만지역 확군 사업에서 협력관계를 긴밀히 유지하는 데 일조했다. 또한 입북 후 정치활동에 있어서도 이미 중국에서 형성된 사상 및 투쟁성향의 동질감이 양 계파의 긍정적 상호작용에 영향을 미쳤다고 볼 수 있다. 또한 전술한 바와 같이 연안파에 비해 지식인 출신 인자들이 부족했던 만주파로서는 초기국가건설기에 절대적으로 필요했던 정책입안과 집행에 필요한 인적자원을 연안파에게 의존할 수밖에 없었다. 이러한 양 계파의 밀월관계는 1953년 정전을 전후한 시기까지 외형적으로 유지되었다. 그러나 중국공산당이 중화인민공화국을 예상보다 빨리 건국함으로써 제기된 마오쩌둥 노선의 수정으로 인해 이러한 밀월관계는 분열의 씨앗이 감지되기 시작했다. 즉, 마오쩌둥이 주창한 '신민주주의론'의 전도사로 자임하던 연안파는 중국공산당이 인민해방전쟁에 승리한 이후 '인민민주독재'로 노선을 수정함에 따라 그 동안 중국에 편승하여 북한에서 영향력을 행사해오던 기득권이 약화될 수밖에 없었던 것이다.

1949년 중화인민공화국을 수립하기 전까지 중국공산당 혁명의 구체적 실천목표는 신민주주의 혁명을 달성하는 것이었다. 마오쩌둥은 중국의 혁명운동에 대해 "신민주주의 혁명단계에서 사회주의 혁명단계로 전환하는 것이어야 한다"고 선언하면서도 신민주주의 혁명이 결코 단시일 내에 성취할 수 없는 것임을 명백히 하였다. 그는 중국혁명의 제1단계는 신민주주의 단계이며, 제2단계는 사회주의인데, 제1단계의 달성조차도 그 기간이 상당히 길 것이며 절대로 일석일조에 달성될 수 없다고 보면서, "우리는 공상가가 아니며 우리들의 당면한 실제조건에서 유리될 수 없다"[202]고 설파하였다. 이러한 마오쩌둥의 선언은 통일전선구축과 연합정부론 또한 일본제국주의가 몰락한 뒤 이어진 국공내전이 장기화될 수 있다는 예측에

---

[202] 마오쩌둥, 「신민주의론」(마오쩌둥, 1992b).

따른 것이었다. 그러나 예상 밖으로 빠르게 완수된 중국혁명의 성공은 당의 방침을 크게 수정하는 계기가 되었다. 급기야 1949년 3월 개최되었던 당 제7기 중앙위원회 제2차 전체회의에서는 신민주주의 노선에서 탈바꿈할 뜻을 명백히 하게 된다. 즉, 이전의 농촌중심 혁명 전략을 '도시로부터 농촌을 지도한다'는 새로운 단계의 전략으로 수정하는 것과 때를 같이하여 '신민주주의'의 탈을 벗어던지고 '인민민주독재'로 전환할 방침을 천명하였던 것이다.

이러한 신생중국의 새로운 국가통치모델의 영향으로 김일성은 정권수행의 자신감을 갖게 되었고, 독자적인 노선을 구축할 수 있는 계기가 되었다고 할 수 있다. 그 이유는 시기적으로 주변 환경의 변화가 신민주주의론의 전도사임을 자임하던 연안파와 중국공산당의 연결고리를 끊어낼 수 있는 명분으로 작용했기 때문이었다.

김일성의 만주파는 정권초기 국가경영철학의 취약성으로 인해 연안파와 소련파 등과 함께 연립정권을 구성할 수밖에 없었다. 김일성 입장에서는 한국전쟁을 비롯한 국내외적인 정치적 경험을 통해 마오쩌둥의 인민민주독재론의 변용적 수용이야말로 자신들의 독자적 노선을 구축할 수 있는 기회였을 뿐만 아니라, 이는 그 동안 신민주주의론으로 일관하면서 중국공산당에 편승해 온 연안파의 기득권을 약화시키는 기회이기도 했을 것이다. 더욱이 김일성은 북한에 상당한 영향력을 행사해온 소련의 국내적 혼란이 야기된 틈새를 이용해 권력 장악에 유리한 배경적 조건을 형성해 나갔다 할 수 있다.

파벌에 대한 최초의 견제는 김일성의 최대정적이라 할 수 있는 연안파 무정과의 갈등관계에서 가시화되었다. 실례로 1947년 임시인민위원회 성립 당시 무정은 함경도 회령·나진 국경 경비지역을 순찰하던 중 김일성의 초상화가 붙어 있는 것을 발견하고는 당장 떼어내라고 호통을 쳤다고 한다.[203] 당시 무정은 중국은 물론 한반도에서 항일투쟁의 영웅으로 추앙

받고 있었고, 중국공산당과 비교적 친밀한 관계를 맺고 있었음은 물론 김일성보다 항일투쟁의 선배라는 점을 비롯한 다양한 이유로 김일성의 부상을 못마땅하게 생각했을 법하다. 또한 연안파와 소련파 내 핵심 수뇌급 인사들은 김일성보다 먼저 항일투쟁을 시작한 사람들인데, 북한사회주의의 정통성을 이루는 항일무장투쟁의 기원을 김일성으로 귀착시키려는 움직임은 쉽게 용납할 수 있는 사안이 아니었다. 특히, 최창익, 박일우, 무정 등과 같은 연안파 핵심간부들은 연령으로나 항일투쟁경력으로나 김일성에 비해 훨씬 선배였으므로 항일투쟁의 정통성을 김일성으로 단일화 하려는 시도는 인정할 수 없는 굴욕이었다. 그러나 김일성은 무정을 민족보위성 산하 포병사령관에 묶어 두었고, 역시 중국의 절대적 신망을 받고 있었던 박일우를 한국전쟁 정전직전 체신상이라는 한직으로 내몰면서 연안파 수뇌부에 대한 정지작업을 단행하였다.204)

이러한 상황은 또한 주요보직 임명에서도 나타났다. 만주파 강신태와 연안파 이익성은 항일투쟁의 동반자로서 해방직후 동북에서 확군된 무장병력을 인솔하고 입북했던 자들이다. 그런데 이후 보직배정에 있어 강신태는 사단장으로 승승장구했던 반면, 이익성은 늘 그의 참모역할을 해야 했다. 이러한 만주파의 자파에 대한 편중된 인사정책은 타 계파의 인사 불만으로 확산되어 파벌 간 갈등은 보다 첨예화되었다. 이러한 와중에 평양시 위수사령관을 맡고 있었던 연안파 장평산은 정변을 계획하기에 이른다. 그런데 이러한 정황은 오히려 김일성의 권력단일화 명분을 더욱 구체적으로 확보해나가는 빌미를 제공할 뿐이었다. 이러한 측면에서 연안파 수뇌부들에 대한 사전 정지작업은 1956년 8월 종파사건으로 몰고 가기 위한 예정된 수순이었다고 볼 수 있다.

---

203) 장한철, 「북한정권에 대한 구술인터뷰」(정현수 외, 2006: 261).
204) 박일우가 한국전쟁 당시 전시 군사 작전권을 행사한데 대해 김일성은 굴욕감과 위기의식을 느꼈고, 이에 대한 조치로 박일우를 한직으로 보직 변경한 것으로 보인다.

제V부 연안파의 정치사적 재조명   275

제2절 연안파의 조직성향 분석과 종파사건

1. 연안파의 조직성향 분석

　　연안파 내 계파형성은 매우 복잡한 인연으로 이루어졌다고 볼 수 있다. 이들은 식민지 항일시기 이념적 투쟁수단과 투쟁지역의 연고를 바탕으로 정치·군사 교육을 받은 각종 학교의 명맥과 깊은 관계를 맺고 있다. 복잡한 인맥형성과정은 내부계파 간 갈등을 야기시켜 연안파 내 연대성을 비교적 취약하게 만들었다.

　　첫 번째 부류는 중국공산당의 해방구가 존재했던 화북연안에서 활동하던 공산주의자들이다. 이들의 특징은 조선민족해방운동에 참여한 경험을 가지고 있고, 중국혁명에도 참여했으며, 중국공산당 당원이기도 하다는 점이다. 연안홍군학교 출신인 무정, 서휘, 연안중앙당교 출신인 박일우, 진광화, 정률성 등이 이에 속한다. 두 번째 그룹은 중국공산당 지구에서 민족주의자와 행동을 같이했던 조선공산당 출신들과 그들을 추종한 급진적 청년들이다. 이 그룹의 중심적 지도자는 최창익과 한빈이며, 이외에 김학무, 김창만, 허정숙, 이유민 등이 여기에 속한다. 세 번째 그룹은 민족주의 좌파성향의 성원들로 구성된 민족혁명당 출신들이다. 이들 대부분은 중국혁명당 내부에 설치된 조선혁명간부학교, 또는 중국중앙군관학교 성자(星子)분교 출신들이었는데, 이 그룹의 중심적 인물로는 김두봉, 박효삼, 양민산, 리춘암, 김세광 등이 있다. 그리고 네 번째 그룹은 항일연군과 소련동방대학 출신인 주춘길, 주덕해, 방호산, 김창덕, 이권무, 리득산, 전우, 박훈일, 장복, 왕전, 이림, 유경룡, 진반수 등과 국내와 화북 등지에서 항일투쟁에 가담했던 심청과 양계 등을 포함한 집단이다.

먼저 모스크바 동방노동자대학은 식민지·반식민지 국가의 공산당 간부를 교육하기 위한 목적으로 1920년대 레닌의 발의로 세워졌다. 1935년경 국제공산당 집행국은 조선공산당 재건을 염두에 두고 만주항일연군 출신들 중 우수한 청년들을 선발하여 동방노동자대학에 보낼 것을 모스크바 주재 중국공산당 대표단에게 통보했다. 선발된 자들 대부분은 김일성, 김책, 최용건 등 만주파 계열에 속한 사람들이었는데, 모스크바 유학이 끝난 다음 연안으로 가서 조선의용군 지휘관으로 활동한 후 입북한 경력 때문에 연안파로 분류되었다(김중생, 2001: 228~30). 그리고 1930년대 조선민족혁명당의 김원봉이 세운 군사정치 간부혁명학교와 중앙군관학교는 조선의용대 내 민족주의 좌파성향의 성원들로 김두봉, 박효삼을 중심으로 계파를 형성했고, 연안항일군정학교 출신의 조선의용군은 이미 중국공산당에 가입한 상태였거나 입학 후 전원이 공산당에 입당했다. 대표적으로 홍염, 김웅, 허금산, 한경, 홍림, 송운산, 리근산, 리철중, 김란영, 장경령, 한청, 이상조, 노민 등이 여기에 속한다. 그리고 1941년 이후 태행산과 기타 항일근거지에 세운 조선의용군 간부학교에서는 학도병으로 중국전선에 파견되었거나 넘어 온 청년들과 독립동맹 지하거점을 통해 포섭된 청년들을 중심으로 인적자원을 배출하였다. 마지막으로 동북군정대학 길림분교를 들 수 있는데, 이들은 해방 후 조선의용군이 동북으로 진출한 후 각 지대별로 건립한 교도대대 및 육군중학으로 중국인민해방전쟁에 참군한 뒤 입북하여 인민군 중하위 장교층의 기본골격을 이루게 된다. 이렇듯 연안파는 해방 전 태행산을 중심으로 형성된 4개 그룹과 해방 이후 확군 과정에서 양성된 학연중심의 인자들이 이합집산 과정을 통해 결집되어 조선독립이라는 혁명목표를 지향하는 인물들로 구성되었다.

그런데 연안파 내의 분파투쟁은 이미 1943년 독립동맹 내부에서 사상통일과 단결을 위한 정풍운동을 기점으로 표면화되었다고 할 수 있다. 정풍운동은 1942년 2월 마오쩌둥에 의해 촉발되어 당원, 군대, 정부 및 일반군중에까지 확대되어 전개된 운동이다. 이 운동은 중일전쟁 이후 연안으로 집결한 부농, 부르주아, 지식분자, 룸펜 프롤레타리아 출신들에 대한 비판을 통한 재교육 차원에서 시작되었다. 그것은 내부의 프티부르주아적 요소를 척결함으로써 출신과 사상이 이질적인 사람들을 하나로 단결시키기 위한 것이었다. 이는 또한 중국이 처한 현실을 고려하지 않고 마르크스-레닌주의의 경험을 기계적으로 적용하면서 좌·우경적 오류를 범한 왕밍에 대한 비판과 척결이기도 했다. 이러한 운동의 여파는 동고동락하던 조선독립동맹과 조선의용군 내부에도 영향을 미쳤다. 여기에서 조선독립동맹과 조선의용군의 위상은 중국공산당과 연합한 국제군의 성격을 지닌 협력단체였음에도 왜 중국공산당의 정풍운동을 내부적으로 적용했는가라는 의문이 생긴다. 그것은 정풍운동을 통해 중국공산당 간부들의 사상의식이 고조되었으며, 마오쩌둥 노선이 마르크스-레닌주의를 중국혁명의 실천과 결부시킨 확고부동한 사상으로 받아들여지면서 그의 위상이 절대화되었기 때문으로 볼 수 있다.

사람은 경험의 폭만큼 배운다는 점을 인정할 때, 중국공산당의 팔로군과 생사를 함께했던 조선의용군 수뇌부가 중국공산당의 정풍운동을 변용하여 조선혁명의 실천과 연결시키고자 했을 것이라는 추론이 가능하다. 즉, 항일투쟁에 보다 집중하기 위한 내부적 사상 통일과 단결강화의 필요성은 중국공산당과 대동소이했을 것이다. 연안파 내 정풍운동은 무정과 박일우가 주도했다. 그 이유는 이들이 중국혁명의 중심부에서 중국공산당 수뇌부와 밀접한 관계를 형성하고 있었기 때문이었다. 이는 조선독립동맹과 조선의용군 내에 중국공산당의 영향력이 상당히 컸다는 점을 보여주는 것이기도 하다.

연안파 내부 정풍운동의 구체적인 전개방식은 첫째, 내부적 단결 강화의 일환으로 교본역할을 한 중국공산당의 22개 정풍문헌학습을 통해 여러 분파로 나뉘어져 있었던 갈등을 사상적으로 봉합하려 했다. 그 이유는 각 계파의 구심력 작용을 하던 간부급들이 대부분 지식인 출신들로서 다양한 편차를 지닌 민족주의자 내지 사회주의자였기 때문이다. 둘째, 기존 투쟁과정에서의 잘잘못에 대한 자아 및 상호비판을 통해 앞으로 진행될 조선독립투쟁에의 효율성을 기하자는 의미를 가지고 있었다. 이와 관련 주목할 사실은 연안파 내 정풍운동이 잔존해 있는 국민당의 영향을 소멸시키기 위한 것이었다는 점이다. 조선의용군과 조선독립동맹의 성원들 대부분은 국민당 지역에서 이전해온 인물들이었다. 이들 중 일부 인물들은 중국공산당을 탄압하는데 앞장섰던 국민당 특무기관인 '남의사'와 관련되어 있었다. 요컨대 무정과 박일우를 앞세운 중국공산당은 정풍운동을 통해 조선독립동맹과 의용군 내에 잔존해 있는 국민당의 영향력을 소멸시키고, 중국공산당의 사상적 노선에 충실한 무장대오로 만들려 했던 것이다. 중국공산당은 조선인 무장단체의 활약을 익히 인정하고 있었으나, 동시에 항일투쟁시기 중국 관내지방에서 조선인 민족 운동가들의 분파투쟁이 민족운동의 역량을 약화시키는 원인이 되어 왔다는 사실을 우려 속에서 지켜봐온 터였다. 이에 따라 중국공산당으로서는 비록 조선의용군과 조선독립동맹이 국제적 성격의 군대이기는 하지만, 조선인 무장 대오를 유용하게 활용하기 위해서는 사상통일을 통한 내부적 단결을 기할 필요가 있었다. 이를 통해 파벌 간 분파투쟁으로 인한 조선의용군의 자멸을 막고자 한 것이다. 중국공산당은 이러한 인식에 따라 무정과 박일우를 통해 조선독립동맹과 의용군의 정풍운동을 주도하게 한 것으로 볼 수 있다.

그러나 이 운동은 중국공산당의 대세에 호응하여 전개되었음에도 중국공산당의 기대와 달리 과거 혁명운동에 대한 평가, 독립동맹과 의용군의 위상 및 정체성과 같은 구체적인 사안과 관련하여 다양한 이견이 표출됨으로써 반발에 부딪치게 된다. 즉, 사상적 단결을 도모하고자 시도된 정풍운동은 오히려 무정세력과 최창익 등을 중심으로 한 반발세력 간의 분파투쟁으로 표면화됨으로써 오히려 내부적 갈등의 골이 깊어지는 계기가 되었다.205) 무정은 최창익 등과 같이 조선공산당에서 활동했던 사람들을 기회주의자로 몰아 세웠고, 그와 함께 북상파들이 북상 전에 국민당 지구에서 국민당의 원조 하에 활동해온 점을 문제 삼았다. 이에 반발하여 최창익은 무정에 대해 중국공산당에 소속되어 과거 국내외 조선혁명운동에 직접적으로 참가하지 않은 자라면서 맞대응을 하였다. 최창익은 비록 자신들이 국민당 지역에서 국민당의 지원 하에 있었지만, 조선인 좌파운동을 활발하게 전개하였다는 점을 민족통일전선정책의 정당성에 기초하여 문제 제기한 것이다. 다시 말해 조선독립동맹 강령에 나타난 조선민족의 반일통일전선적 정치노선을 기준으로 한 사상적 통일이 과거 역사의 공과를 평가하는 기준이 되어야 한다는 점을 주장했던 것이다. 그러나 중국공산당 중앙의 의지를 반영한 무정 중심의 정풍운동은 결과적으로 조선공산당의 오류와 국민당 지구에서의 활동을 주로 비판하면서 최창익을 중심으로 한 북상파의 입지를 축소시켰다.

사실 이러한 무정과 최창익의 알력은 조선의용대의 북상전이 후 화북조선청년연합회 건립부터 예견되었던 사항이라 할 수 있다. 김창만, 이익성, 왕자인, 김학무 등 조선독립동맹 및 조선의용군의 주요간부들은 남경과 무한에서 최창익이 주도한 전위동맹 출신들이었다. 무정이 이 연합회의 회장이 된 것은 그가 중국공산당에서 활약했기 때문이기도 하지만, 국민당 지역에서 북상하여 전이해온 세력들이 중국공산당의 신임을 획득하기 위해 무정을 활용했다는 점을 부정할 수 없다. 따라서 정풍운동은 무정 개

---

205) 무정의 정풍운동은 조선공산당을 비판하면서 북상파의 최창익을 불편하게 하였는데 그것은 국내 조선공산당 운동경력이 최창익의 정치적 자산으로 작용하는데 대한 반발이었다. 최창익은 1956년 북한의 8월 종파사건 시에도 "해방 전 조선노동운동에 끼친 분파의 해독성을 은폐한 자"로 비판을 받았다.

인의 입장에서 봤을 때는 최창익 세력에의 의존성을 탈피하여 독자적인 권력기반을 획득하려 했던 기회로 인식되었을 가능성도 있다. 여하튼 무정은 중국공산당의 권위를 바탕으로 정풍운동을 통해 조선독립동맹 중앙집행위원회를 무력화시켰다.206) 이는 당시 조선독립동맹 중앙집행위원회나 중앙상무위원회가 존재하기는 했으나 실질적인 활동을 하지 않은 점에서 확인된다.

급기야 정풍운동의 파장으로 인해 북상파와 국민당 지역에서 활동하던 민족주의 좌파운동가들과의 연계활동이 단절되고 말았다. 무엇보다도 무정과 최창익의 분파투쟁은 조선의용군의 정체성 문제와 관련되어 있었다. 그것은 조선인 무장대오의 귀속 문제에 대한 것으로 무정은 조선의용군이 더 이상 중경의 조선의용군 본부의 하위단체로 남거나 조선독립동맹과 군정일체의 관계를 유지하지 않고 중국공산당의 지휘를 받는 무장부대로 거듭날 것을 주장했다. 반면, 최창익과 북상파들은 조선의용군이 중경의 조선인 민족단체들과의 관계를 지속적으로 유지하고, 조선독립동맹과의 군정일체 관계도 지속할 것을 주장하였다. 그러나 정풍운동의 결과는 무정의 의도대로 중국공산당의 영향권 아래에서 조선독립동맹과 의용군이 활동하는 것으로 귀결되었다. 그것은 구체적으로 1945년 팔로군 총사령이던 주더에 의해 조선의용군 사령관에 무정, 부사령관에 박일우와 박효삼이 임명되는 것으로 나타났다. 그럼에도 연안파 내부적으로 조선독립을 위한 자주성을 가진 군·정 민족 무장대오라는 정체성은 결코 사라지지 않았다.

이상에서 살펴본 바와 같이 연안파 내부의 앙금은 해방 후 입북하여 북한 국가건설 초기과정에 참여하면서 다시 재연되기 시작하였다. 조선독립동맹은 1946년 2월 16일 평양에서 전체대회를 개최하고 조선신민당으로

---

206) 조선독립동맹 중앙위원회 위원은 김두봉, 무정, 최창익, 박효삼, 김학무, 채국번, 김창만, 한무, 이유민, 진한중, 이춘암 등 11명이다. 이 중 김두봉, 최창익, 박효삼, 김학무, 채국번, 김창만, 이유민, 이춘암 등 무정을 제외한 대부분이 북상파들이었다.

개편하였다. 이때 선언문 발표와 함께 중앙 집행위원을 선출하였는데, 김두봉, 최창익, 한빈, 방우용, 박효삼, 장지민, 이유민, 김호, 이춘암, 최영, 윤공흠, 진반수, 양민산, 백남운, 명희조, 김여필, 김장훈(이상 17명)이었다. 이 중 백남운, 명희조, 김여필, 김장훈 등은 해방 후 국내에서 가담한 자들이다. 나머지 중국으로부터 들어온 13명 중 김두봉, 최창익, 한빈, 박효삼, 이유민, 김호(채국번), 이춘암 등 7명은 1942년 7월 조선독립동맹 당시 중앙 집행위원이었던 인물들이다. 주목할 사실은 이들을 비롯한 연안파의 다수는 조선신민당 창당에 참여하였고, 무정이나 무정파에 참여했던 김창만 등은 북조선공산당에 입당했다는 점이다. 이후 조선신민당과 조선공산당이 합당하여 북조선로동당이 창당된 이후 범 연안파를 아우르려는 외형적 계파규합의 노력이 행해졌지만 연안파 내의 갈등은 자멸을 예고하는 수준으로 심화되어 갔다. 우선 토지개혁을 실시하고 난 뒤 제2차 당대회시 중앙위원의 구성에서 당의 권력구조 변화가 감지되었다.

  1차 당 대회 이후 연안파와 소련파의 주관 하에 실시된 당 조직 강화와 확대사업에서 전당에 걸쳐 당원을 심사하고 당증을 수여하는 작업이 시행되었다. 이때 국내파들 중 오기섭 등이 종파행위 문제로, 장시우 등은 사업지도상의 문제로 비판을 받았다. 그런데 이 당 대회에서 이루어진 계파별 견제와 비판은 연안파 내부의 분열로도 나타났다. 그것은 김일성 중심으로 권력이 집중되는 과정과 결합되어 나타난 것이다. 소련파는 허가이를 중심으로 국내파에 대한 종파문제를 집중적으로 성토했으며, 국내파 내에서도 주녕하가 오기섭 등을 향해 직업동맹 문제와 농립국 사업방식이 관료주의적이라는 비판을 가했다.

  특히 연안파 박훈일의 무정에 대한 난타는 이후 연안파 내부의 와해로 표면화되기 시작했고, 급기야 한국전쟁 임무수행 시 무질서와 횡포를 일삼았다는 구실로 무정을 숙청하기에까지 이르게 된다. 연안파의 상징적 인물이었던 무정의 숙청은 김일성 일파에게는 최대의 정적을 제거하는 쾌

거였다. 이렇듯 무정의 숙청에 대해 연안파 내 누구도 그를 변호해주지 않음으로써 연안파 내 계파 간 약한 연대의 고리는 그대로 타 계파에 노출되었고, 와해의 적신호가 감지되었다. 이렇듯 연안파 내의 약한 연대성은 이후에도 김일성이 박일우, 최창익 등 연안파의 핵심 수뇌부들을 단계적으로 각개 격파해 나가는 과정에서 나타난 소수파인 만주파의 일사불란한 행동과 비교할 때 매우 대조적인 것이었다. 이 과정에서 연안파는 자파 간 분열과 전향 등으로 서서히 몰락해 갔고, 1956년 8월 종파사건으로 계파로서의 영향력을 완전히 상실하게 된다. 한국전쟁 중 무정의 숙청은 1956년 8월 종파사건에 대한 사전 암시였던 셈이다.

2. 종파사건

김일성 단일체제로 가기 위한 정치적 수순은 한국전쟁을 통해 상대적으로 세력이 강해진 연안파 및 소련파를 견제하기 위한 구실을 찾는 데서부터 시작하였다. 1953년 이후 김일성은 유일사상체계를 만들기 위한 준비작업의 일환으로 동북지역에 사람을 파견하여 그의 항일투쟁 역사를 중심으로 조사하게 했다. 김일성은 이에 대한 사전 정지작업으로 "과거에 마르크스주의를 몰랐을 때 민족주의자들에 대해, 공산주의에 헌신한 이후에도 무조건 파쟁주의자로 간주하는 것은 반대한다"는 입장을 표명한 바 있다.[207] 이는 그가 '반민생단 투쟁' 당시 요주의 인물대상으로 위기에 봉착했을 때 과거 국민부시절 자신이 민족주의를 내장한 공산주의 입문자였지만 조선공산당 만주총국의 어느 계파에도 소속되지 않았음을 밝힘으로서

---

[207] 김일성은 민족주의계열의 양세봉 휘하의 조선혁명군에서 항일운동을 시작했다. 그러나 당시 동북지역은 사회주의 혁명성공의 기류를 타고 이를 항일투쟁의 수단으로 실천하였다. 이 시기 김일성 역시 이에 편승하여 민족주의를 내장한 공산주의자화 되어갔다고 볼 수 있다.

자기변호의 수단으로 피력한 것이다. 그러나 과거 조선 공산주의자 상층 간부들에 대해서는 동만 특위 중국인 간부와 같이 파쟁주의자로 인정함으로써 소위 최창익 등과 같은 조선공산당 출신자들을 항일투쟁의 역사에서 지워버리려 했다. 이러한 김일성의 행보는 북한정권수립에 미친 항일무장투쟁의 정통성 확립을 위해 1956년 8월 종파사건을 계기로 동북 및 중국 내에서의 모든 조선인 항일역사를 김일성 중심의 항일역사로 바꾸는 역사왜곡의 시발점이 된다(정병일, 2008a: 598).

중국공산당 세력을 배경으로 북한에 들어온 연안파는 김일성과 만주파에게 적지 않은 불안감을 안겨 주었다. 독립동맹 주석인 김두봉, 조선공산당 초창기 핵심간부 출신이었던 최창익, 모스크바국립대학을 졸업하고 1920년에 소련공산당에 가입했던 한빈, 1925년 중국공산당에 가입하여 팔로군 포병사령관이라는 중책을 맡았던 무정, 그리고 박일우, 김창만, 허정숙, 이상조 등 유명한 공산주의 선배들의 등장은 김일성의 존재가치를 절하시키는 위기상황을 초래할 수 있었기 때문이다. 그럼에도 김일성의 만주파는 국내파에 비해 국내적 기반이 취약한 약점을 극복하기 위해 중국에서 유사한 투쟁 경험을 갖고 있었던 연안파와 연합세력을 구축함으로써 국내파들의 전횡을 우선 차단하고자 했다. 이에 따라 소련의 비호 아래 결성된 김일성 정권에 참여한 연안파는 자파 내의 지식인들이 중심이 되어 북한국가건설의 이론적 기틀과 실무에 대한 주도권을 행사하면서 당·군·정에 두루 포진하였으며, 온건한 민족주의적 포용정책으로 많은 지지 세력을 확보해 나갔다.

더욱이 한국전쟁에 중공군이 개입하면서 연안파의 세력은 일시에 극대화되었다. 이는 그 동안 상대적인 협력관계를 형성했던 김일성의 만주파가 연안파에 대한 경계심을 보다 극대화시키는 계기가 되었고, 이후 연안파를 붕괴시키기 위한 김일성파의 작업이 서서히 진행되었다. 그 첫 단계로 북한의 군중노선을 주도했던 연안파 이론가인 김창만, 허정숙과 진반수 등 선전선동 업무를 담당했던 간부부장 출신들을 전향시켜 포섭하는데 성공하였다. 연안파 몰락의 또 다른 동기는 중국혁명의 중심적 인물이었던 팽떠화이의 흥망과도 일정부분 관련된다. 팽떠화이는 연안시절 조선의용군과 동고동락을 같이 했던 인물로서 한국전쟁에 조·중 연합사령부 총사령관의 직책으로 참여하였으며, 전후 중국의 국방장관으로서 대북업무를 전담하였다. 그는 1956년 8월 종파사건 시 직접 북한을 방문하여 윤공흠, 서휘 등 연안파에 대한 숙청을 의결했던 전원회의 결정을 번복시키는 막강한 대북 영향력을 행사했다. 그러나 팽떠화이는 마오쩌둥의 대약진 운동을 비판함으로써 실각하고 만다. 이를 계기로 이후 마오쩌둥 정권은 소련의 수정주의 선언으로 친중 노선을 선언한 북한과의 양국 관계개선의 일환으로 김일성 정권의 정통성을 인정하는 방향으로 북·중 간 국가적 우호협력관계를 형성해 나가게 된다.

만주파의 연안파에 대한 본격적인 숙청은 한국전쟁 기간이던 1950년~52년 사이 연안파의 핵심수뇌이면서 군사적 영향권을 행사하고 있었던 거물인 무정과 박일우를 제거하면서부터 시작되었다. 그리고 1953년 종전 후 군사력 재건 및 군당사업의 강화가 숙청을 매개로 하여 1962년까지 종파사건의 연장선상에서 진행되었다. 이는 결과적으로 당의 군에 대한 통제 강화로 이어졌다. 실례로 1958년 3월 당 중앙위원회 전원회의에서는 군대 내 '반당음모'와 관련하여 집중적인 검열과 사상검토가 이루어짐으로써 연안파인 민족보위부상 김웅과 총참모장 이권무를 숙청시켰다. 이는 군을 당의 군대로 만들기 위한 구체적 조치로서 군대 내 파벌제거라는 명분으로 진행되어 실질적으로는 정적을 제거하는 효과를 낳았다(정성임, 2007: 488~9).[208]

김일성파가 주도한 고도의 숙청전략은 군부 내 중하위급 간부들에 대해

---

[208] 한국전쟁 당시 북한 측 부사령은 연안파의 김웅이 맡았고, 부정치위원 역시 같은 계파인 박일우가 추천되었다. 김웅은 동부전선에서 지휘부를 조직하고 그 지역 3개 인민군단(2·5·3군단)을 지휘했다. 이는 소련 중심으로부터 권력을 행사해오던 김일성에게는 위기의 순간이기도 하였다.

서는 숙청 대신에 전향을 유도함으로써 결실을 맺었다(정현수 외, 2006: 109). 이러한 회유전략이 가능했던 이유는 동북지역에서의 확군 운동을 통해 조선의용군에 가담했던 젊은 병사들이 중국 관내에서 활동했던 마오쩌둥과 무정은 잘 몰라도 동북지역에서 활동했던 김일성의 명성은 어릴 적부터 잘 알고 있었기 때문이다. 이후 이들은 북한인민군의 중하위급 간부 및 병사들이 되어 한국전쟁에 참전하였다. 따라서 1956년부터 진행된 종파사건 시 김일성파가 연안파를 숙청하되 그것을 상급 지도층에 한정하고 대다수 조선의용군 출신 중하위급 군인들에 대해서는 전향을 유도했을 때 이러한 점이 유리하게 작용하였다(정현수 외, 2006: 165).

또한 종파사건을 언급하기 위해서는 국내 전후복구문제와 당시 소련을 중심으로 한 사회주의권의 동향이 미친 영향을 살펴볼 필요가 있다. 특히 소련 당 대회의 영향은 북한의 정책결정과 집행에 당연히 영향을 미칠 수밖에 없었다. 1956년 2월 소련공산당 제20차 당 대회에서는 흐루시초프가 제시한 ①스탈린 격하, ②개인숭배사상 배제에 따른 집단적 지도체제의 실현, ③평화공존노선 등이 제시되었다. 이러한 소련의 정세는 김일성의 정치적 고민을 쌓이게 만들었다. 북한 역시 2개월 후인 4월에 조선로동당 제3차 당 대회를 개최하였다. 그러나 김일성은 이 대회 석상에서 민감한 사안인 소련 당 대회 문제에 대해서는 언급하지 않았다. 오히려 자파를 중용하고 항일혁명전통을 강화하는 등 단일체제로 가기 위한 수순을 밟아 나갔다. 반면 각 계파 간에는 반(反)김일성 움직임이 태동하였는데, 그 중 이미 주요 핵심간부를 잃은 연안파의 항명은 보다 노골적으로 표명되었다.

더욱이 당시 동구지역에서는 동독의 노동자 반란과 유고슬라비아의 수정주의 노선 등 반소투쟁이 일어나고 있었다. 동시에 국내적으로는 전쟁 후 전후복구 3년 계획이 종결되는 1956년도에 인민생활 경제의 회복 없이 곧바로 인민경제 5개년 계획이 수립되었다. 경제사정의 악화는 곧 반(反)김일성 사조를 강화시키는 기능을 했다. 이러한 상황에서 외자 확보를 위

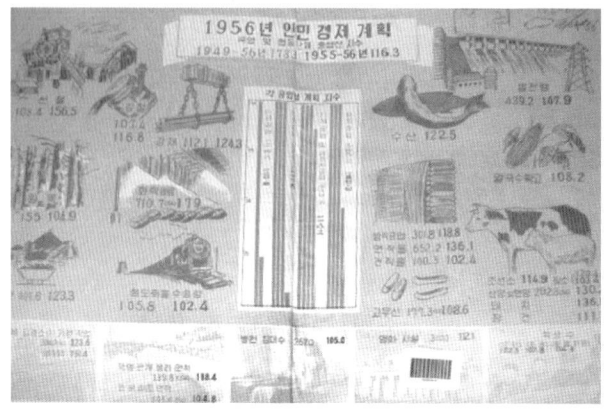

1956년 북한의 인민경제 계획 현황

해 소련 및 동구 순방길에 올랐다 돌아온 김일성은 인민경제 5개년계획의 허구성을 비판받고, 곧바로 8월 전원회의를 소집하였다.

이 회의에서 김일성은 3차 당 대회 이후 당의 당면한 과업과 인민보건 사업의 개선 강화 등과 같이 소련 및 동구순방의 성과에 대한 결과 보고와는 다른 의제를 내어 놓았다. 이에 최창익을 비롯한 연안파와 박창옥이 중심이 된 소련파가 연합하여 반(反)김일성 정서를 고양시켰다. 연안파 윤공흠이 발언권을 얻어 민주당 출신의 만주파 최용건을 조선로동당 부위원장에 중용한 점과 일제에 아부했던 이종옥 등을 등용하는 등 당 간부 기용에 있어 불공평성을 비판했다. 이어서 인민경제 5개년계획의 허구성을 비판하고, 당의 경제정책이 인민들을 위협하고 있다고 강력히 주장함으로써 김일성의 정책 노선에 대해 정면 반박했다.

혼란의 와중에 윤공흠이 최용건에 의해 발언이 저지당하고 휴회에 들어가자 윤공흠, 서휘, 이필규 등은 보복이 뒤따를 것임을 예견하고 중국의 지원을 얻어야겠다는 결론을 내린 뒤 신의주를 통해 중국 단동으로 도피하여 망명허가를 받았다. 이에 김일성은 연안파의 당 이론가이자 당·정의 선전선동 분야 전문가였던 김창만과 허정숙을 매수한 뒤 연안파 최창익과 소련파 박창옥까지 출당 및 철직시켰다. 윤공흠 일행이 중국으로 간지

1956년 7월 9일
크래믈린에서
흐루시쵸프와
김일성 회담

얼마 되지 않아 중국공산당 제8차 대회가 북경에서 개최되었다. 이 회의에는 소련 대표로 미코얀이 참석하였다. 여기에서 윤공흠 일행은 중국공산당 수뇌부와 미코얀에게 북한의 8월 전원회의 사태를 설명하였다. 사태의 심각함을 느낀 중국공산당 중앙은 팽떠화이와 미코얀을 동반으로 북한에 파견하여 사실을 조사·규명하고 조정하도록 지시하였다. 이에 따라 김일성의 만주파와 최창익과 박창옥 등은 사절단에게 보고할 자료를 각각 준비하여 제출하였다. 그러나 서로의 의견이 다르게 나타나자 상무위원회를 소집하도록 하였고, ①윤공흠 사건은 정책상의 견해 차이에서 온 것이지 반당 또는 반란죄가 아니니, 출당 및 철직은 고려하고 관대히 조치할 것, ②숙청주의는 당의 발전에 해가 됨으로 삼가해야 한다는 결론을 내렸다. 이에 북한은 윤공흠 등을 중국공산당 수뇌부를 통해 소환하는 형식을 갖추어 복당 및 복직을 시키는 9월 전원회의를 소집하였다.

결국 소련 및 중공 사절에 의해 윤공흠 사건이 '헤게모니 대립'이 아닌 '정책 대립'이라는 결론이 내려지면서 8월 전원회의의 결정이 번복되고 만다. 이로써 김일성은 중국의 내정간섭이라는 치욕적인 수모를 또 한 번 경험하게 되었다. 따라서 이후 김일성은 종파사건을 '헤게모니 대립', 즉 '정권전복 음모'로 조작하게 된다. 먼저 김일성종합대학에 대한 집중지도를 벌여 종파와 관련된 류성훈 총장, 김정도 역사학부장과 다수의 교원들을 숙청하는 것을 시작으로 1957년 4월에서 그해 말까지 당·정 기관에 대한 집중지도를 벌여 80여 명의 간부급 종파분자를 축출하였다. 그와 더불어 각 지방 하부기관에서도 종파분자를 몰아내고, 그 자리를 자파 당원들로 대체하였다. 뿐만 아니라 군부 내 연안파를 거세하기 위해 민족보위상 부상인 김웅, 4군단장 장평산, 민족보위성 총정치국장 최종학, 육군대학 총장 김을규, 제1집단군 참모장 노철갑, 민족보위성 군사과학국장 최원 등을 종파분자로 몰아 숙청하였다. 이러한 숙청작업과 동시에 연안파인 김창만과 허정숙, 그리고 윤공흠의 전처 조영과 내각 사무국장을 역임했던 양계 등에 대해서는 포섭작업을 벌여 성공하였다.

김일성이 조작한 8월 종파사건의 범죄행위 죄목은 다음과 같다. 최창익(부수상), 윤공흠(상업상), 이필규(건설성 건재공업국장), 서휘(직총위원장), 고봉기(황해도당 위원장), 양계(내각 사무국장: 이후 김일성이 포섭) 등이 각각 포섭대상을 맡아 공작사업을 착수하기로 했다. 그리고 쿠데타 방법에 있어서는 ①윤공흠의 무력과 군중을 동원한 실력적인 쿠데타론 ②소련파 박창옥의 당 회의를 통한 비판식 퇴진론, ③최창익의 어느 시기까지는 회의를 통하되 부득이한 경우 행동론을 하자는 3가지 방향을 계획하였다. 그리고 실제 활동은 윤공흠, 이필규, 서휘가 중앙위원회에서 김일성의 실정을 폭로하도록 하고, 최창익, 박창옥, 김승화는 중국 수뇌부에게 김일성의 실정 및 개인우상화의 진상을 분석보고하기로 했으며, 연안파의 이상조(소련주재 북한대사)는 소련 유학생에게 김일성의 실정폭로 및 우상화 반대사상의 주입, 그리고 최창익, 박창옥, 고봉기는 지하조직을 확충하는 한편 장평산 4군단장으로 하여금 작전상에 필요한 인사배치를 시켰다는 점을 나열하였다(공산권문제연구소, 1968: 175~80).

1957년 11월 김일성은 소련 10월 혁명 경축 및 당 대회에 참석하여 흐루시초프와 마오쩌둥에게 8월 종파사건을 설득시키고 돌아왔다. 특히 이 시

제V부 연안파의 정치사적 재조명 289

그림 5-1 연안파 중심의 8월 종파계보

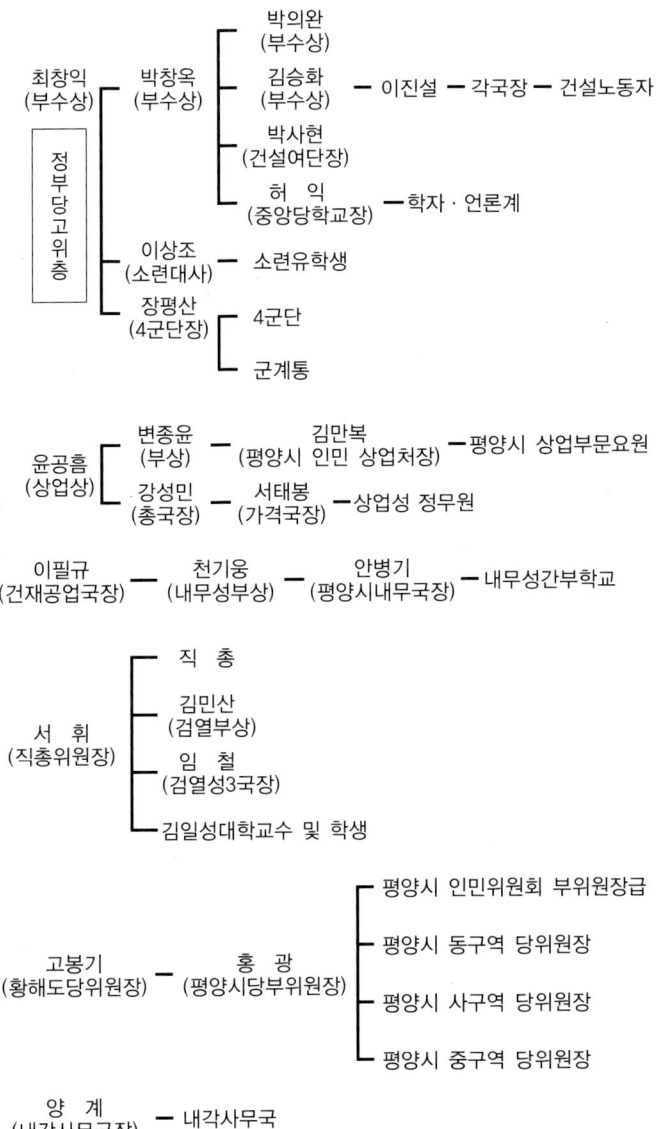

※ 출처: 공산당문제연구소(1968: 178).

기 중국은 대북한과의 관계개선을 새롭게 모색하였는데, 이러한 결과는 한국전쟁 전후를 통해 북한에 지대한 영향력을 행사했던 펑떠화이의 실각과 함께 그동안 중국공산당과 연안파를 통한 북·중 협력 관계가 이후 국가적인 우호관계로 전환되는 계기를 마련하게 되었다고 볼 수 있다. 여기에는 흐루시초프의 수정주의에 대응하기 위한 마오쩌둥의 대 북한 포섭의 필요성이라는 정치적 의미가 함축되어 있었다.

  1958년 3월 1차 대표자대회를 소집한 김일성은 대회를 통해 8월 종파사건을 쿠데타 사건으로 공식적인 최종 결론을 내린다. 이때 연안파에 대한 숙청총화보고를 하면서 그때까지 구금되지 않고 있던 김두봉을 종파의 우두머리로 몰아세워 노동을 통해 사상개조를 해야 한다는 결론을 내리고 순안 농목장 농업노동자로 추방시켰다. 김두봉에 대한 숙청은 연안파 중심인물의 마지막 숙청이었다.

제3절 연안파에 대한 재평가

　조선독립동맹 및 조선의용군이 연안파로 불리게 된 것은 조선독립동맹과 조선의용군이 화북에서 재조직되었고, 연안에 본부를 둔 중국공산당 팔로군의 영향 아래 있었기 때문이다. 그러나 연안파의 정치적·군사적 기원은 엄밀하게는 김원봉의 의열단에서부터 유래한다고 보는 것이 타당하다. 그 이유는 조선독립동맹과 조선의용군의 대부분이 의열단을 근거로 하는 조선민족혁명당 출신을 중심으로 결성되었기 때문이다. 그리고 조선독립동맹과 조선신민당을 거쳐 북조선로동당으로 이어지게 되는 주요정강정책은 연안파 내 식민지 지식인들의 정치적 이념을 통해 일관되게 이어져 내려왔다. 따라서 본 절에서는 연안파의 기원이 되는 의열단에서부터 북한국가건설과 종파사건에 이르는 전반에 걸쳐 연안파에 대한 정치·군사적 재평가를 하고자 한다.

1. 정치·군사적 평가

　1925년~1940년은 중국지역에서 전개된 조선인 민족운동의 주도권이 민족주의 운동에서 사회주의 운동으로 전환되는 시기였다. 다시 말해 식민지 전 기간 동안 좌·우익민족투쟁은 우리민족 해방운동전선 내부의 필요에 의해 이루어진 것이다. 이러한 측면에서 초기 조선민족전선연맹과 조선의용대의 사회주의 성향으로의 노선 변화는 조선독립혁명을 상위목표로 하는 행보로서 여타 민족운동단체에게 항일투쟁의 방향타를 제공하는

데 기여했다. 이 단체는 의열단의 총 20개조에 이르는 정강정책을 토대로 정치적으로는 국민의 기초적 자유가 보장되고, 남녀평등에 의한 지방자치가 갖추어진 의회주의 민주국가 건설을 지향하고 있었다는 점, 그리고 사회경제적으로는 소수인이 다수를 착취하는 경제제도의 소멸을 원칙으로 대지주의 토지를 몰수하고 이를 농민에게 분급하며, 대규모 생산기관 및 독점적 기업 국가경영, 누진적 소득세율 적용, 노동운동의 자유보장, 의무교육, 사회보장제도 실시 등 최초로 사회주의 성격이 높은 정당적 성격의 정강을 발표하였다.

이상의 정강정책은 조선독립동맹과 조선신민당으로 계승되면서 북한 국가정책수립 시에도 연안파 이론가들에 의해 대부분 적용되었다는 점을 주지할 필요가 있다. 요컨대 당시 식민지 민중의 최우선적 욕구사항을 반영한 기본강령으로 제시된 정강정책은 이후 이들에 의해 사회주의 국가를 지향했던 북한 국가건설에도 그대로 투영되는 토대가 되었다고 볼 수 있다. 이상의 내용을 근거로 연안파에 대한 재평가는 다음과 같은 몇 가지 측면으로 구분하여 살펴볼 수 있다.

첫째, 민족해방운동사에 영향을 미친 정치·이념적 차원에서의 평가이다. 조선민족전선연맹 및 조선의용대는 좌·우 통일전선을 구축하여 반일항전을 시도하고자 했으나, 좌절을 맛보고 좌파민족주의와 사회주의 세력의 연합을 통해 결성된 정치·군사 조직이다. 그런데 이 단체는 활동 초기에 중국국민당의 지원을 받았다. 전반적으로 좌파적 성향이 강했던 조선민족전선연맹 및 조선의용대가 국민당의 지원을 받게 된 것은 국공합작과 통일전선이라는 좌·우 간 이념적 결합에 따른 틈새를 이용한 전략적 선택이었다고 볼 수 있다. 그러나 무엇보다도 이들의 활동이 활성화되고 돋보였던 시기는 화북전이 후 활동을 통해서이다. 화북으로 이동을 하게 된 이유는 동북에서 항일의 총성이 멎어 있었고, 관내에서 국민당 군이 변절함에 따라 중국공산당과의 협력관계를 통해 조선독립을 모색할 수밖에 없었기 때문이다. 이들 연안파의 성공적인 항일활동을 뒷받침한 것은 한·중·일 3개 국어를 능숙하게 사용하여 적 후방에서 조선인과 중국인들을 대상으로 항일참전을 호소하는 선전능력에 있었다.

그런데 보다 근본적으로 이들의 활동이 활성화된 이유는 국민당 군대와 공동으로 활동하던 시기와 달리 항일 선전활동과 더불어 독자적인 무장력을 확보하여 '호가장'과 '5월 반 소탕'과 같은 항일전투를 벌였다는 점에 있다. 연안파의 이러한 활동은 중국공산당의 협력부대로서 국제주의적 투쟁을 벌였다는 의미와 더불어 조선독립과 민주국가를 건설하기 위해 독자적인 무장력을 확보했다는 정치·군사적 의미를 갖는 것이었다. 이와 관련 중국공산당의 만주선점전략은 조선의용대 결성시기부터 주창해오던 동북전이의 실천적 목적을 현실화하는 계기였다. 이를 통해 연안파의 동북노선은 한반도 독립과 해방, 그리고 민족주의를 내장한 사회주의 국가건설을 위한 무장투쟁 수단을 확보하게 된 것이다. 즉, 조선독립과 민주국가건설이라는 연안파의 정치적 지향은 지형적인 동선이동을 통해 사회주의적 무장투쟁의 경험을 쌓아나가도록 했고, 결과적으로 북한 국가건설의 정치·이념적 토대형성으로 이어졌다고 볼 수 있다.

둘째, 북한 국가건설과정에서 당·정·군에 걸친 토대 형성에 기여했다는 점에서의 평가이다. 동북항일연군이 무장투쟁 활동을 벌이던 1930년대 중후반은 동북지역을 향한 일제의 침략과 중국공산당 노선의 시행착오가 조선인을 양면적으로 위협했던 시기였다. 따라서 조선인 항일연군의 투쟁은 일제의 토벌과 반(反)민생투쟁의 과정에서 생존전략에 치중할 수밖에 없는 위기의 연속이었다. 반면 조선독립동맹과 조선의용군 결성을 통한 관내 활동은 국공합작과 마오쩌둥 노선의 실천적 경험이 활성화된 환경 속에서 이루어졌다.

그리고 중국에서는 중국공산당이 국공내전에서 승리한 이후 마오쩌둥을 중심으로 한 사회주의 국가통치이념이 빠른 속도로 안정되었고, 반면 해방 이후 2차 대전의 승전국인 소련과 함께 진주한 동북항일연군 출신이 주도하는 북한정권은 다양한 계파 간 원심력이 작용하면서 연합정권이 출범하였다. 문제는 김일성과 만주파의 동북지역을 중심으로 한 사회주의 학습경험은 중국공산당의 리리싼·왕밍 노선의 시행착오 속에서 형성된 것으로서 그 한계를 안고 있었다는 점이다. 따라서 김일성으로서는 북한에 잔재한 식민지 관습을 탈피하기 위해서는 마르크스-레닌주의의 토착화로 중국혁명을 성공시킨 마오쩌둥 노선의 이입이 필요했고, 그 전도사를 자임했던 연안파의 협력을 요청할 수밖에 없었다. 이러한 정치 환경적 조건으로 연안파는 당·정·군에 걸쳐 정책을 주도하는 기회를 잡을 수 있었고, 연합성 신민주주의론과 통일전선 구축, 그리고 사회주의적 토지개혁의 이론적 틀을 정립하면서 정국을 주도해 나갔다. 당시 연안파가 대중주의적 군중노선을 변용적으로 수용한 것은 오늘날 북한에서 현지지도의 아이디어로 계승되었다고 볼 수 있으며, 또한 계급투쟁의 이념을 민족투쟁의 관점으로 전환시킨 이론정립은 북한에서 민족주의를 내장한 사회주의 국가의 이정표로 귀착되었다고 하겠다. 이러한 국가이념은 김정일 정권에 들어서 있는 지금에도 변함없이 확장되어가는 민족주의적 입장의 정치노선과 무관하지 않다고 보여 진다. 아울러 당시 조선의용군의 대거 입북은 조선인민군의 군사력을 비약적으로 상승시켰고, 이에 따라 김일성은 '국토완정'이라는 한반도의 사회주의 국가로의 통일을 모색할 수 있는 자신감을 얻게 되었다 할 수 있다.

셋째, 위에서 언급한대로 조선의용군 중심의 확군 운동과 중국인민전쟁에의 참여를 통한 전투력 배양은 한국전쟁을 일으키게 만든 동기를 부여했다고 볼 수 있다. 연안파는 만주파와 함께 항일전쟁의 경험을 공유하고 있다. 더욱이 만주파의 입북 이후 연안파 중심으로 이루어진 동북지역에서의 확군 운동은 중국 인민해방전쟁 참여로 이어지면서 전투력을 극대화시켰고, 이에 따라 김일성 정권은 국토완정이라는 목표를 보다 구체적으로 계획할 수 있었다. 이는 당시 소련의 스탈린이 유럽지역의 공산주의 확산에 관심을 경주하고 있었고, 중국의 마오쩌둥은 전쟁승리 이후 국내 민생과 경제복구에 치중해야 하는 상황이었으므로, 소련과 중국이 적극적으로 개입하여 한반도에서의 전쟁을 부추긴 것은 아니라는 판단 근거에 따른 것이다. 미군정 주둔 하에서 이승만이 공공연하게 북진통일론을 주장하는 상황에서 제국주의에 대한 피해의식을 강하게 갖고 있던 김일성은 국토완정이라는 대응책으로 맞서게 되는데, 실전 전투경험을 갖춘 조선의용군의 대대적인 입북은 김일성에게 무력통일의 시나리오를 구체화시킬 수 있는 자신감을 부여했다고 볼 수 있다. 결과적으로 조선의용군의 확군운동과 전투력 배양은 한반도에서의 전쟁과 분단의 고착화에 직·간접적인 영향을 미쳤다고 볼 수 있다.

넷째, 연안파가 북·중 간 혈맹형성의 동인(動因)이었다는 점이다. 일반적으로 인정되듯이 북·중 간 동맹은 사회주의라는 동일이념에 기초한 정권이자, 인민해방전쟁과 한국전쟁이라는 공동 군사투쟁이라는 협력적 경험에 의해 형성되었다는 거시적 분석에 이견은 없다. 그러나 미시적으로 볼 때 북·중 관계의 시원은 연안파에 대한 재평가를 통해 가능하다고 본다. 조선인 사회주의 항일투쟁에 대한 중국공산당의 관심은 조선인들의 항일투쟁 의식을 그 이전부터 주시해온 전략적 관심의 결과였다 할 수 있다. 왜냐하면 중국공산주의 운동의 초기 활동가들은 중국공산당 성립 이전부터 조선민족혁명의 발전상황을 주목하고 있었고, 또한 황포군관학교에서 정치부 주임을 맡았던 저우언라이의 지지와 구체적인 지도를 통해 1938년 7월 4일 진보적 조선청년들을 중심으로 '조선청년복지복무단'이 설립되기도 했다. 더욱이 국민당은 반공노선을 강화함으로써, 조선인 투쟁가들은 동북노선의 본질적인 투쟁목표 실현이라는 의지를 더욱 구체화시키면서 팔로군 항일근거지로 전이하는 길을 선택하게 된다.

1945년 박일우는 중국공산당 제7차 대표회의에 참석하여, 화북전이 후 조선독립동맹 연안총부와 태행산 동맹 내에는 조선인 당원이 60명, 공산주의 동정소조성원이 30명이라고 발표한 바 있다. 이는 조선인 당원 총수를 말하는 것으로 이들이 중국공산당 조직에 속해있음을 의미하는 것이다. 따라서 1945년 11월 조선독립동맹 간부들은 귀국 전에 거의 전부가 중국공산당에 가입한 상태였다고 볼 수 있다. 이러한 사실을 기초로 할 때 이들이 입북 후 북한과 중국의 관계에서 어떤 식으로든 매개역할을 했을 것이라는 상식적 판단이 가능하다.

또한 중국공산당은 연안파에 대한 우대정책의 일환으로 조례를 제정하여 선포할 만큼 극진했다. 이렇듯 중국공산당 내에서 연안파에 대한 관심은 그 전례가 없을 정도로 특별한 것이었다. 특히 마오쩌둥이 중국공산당 제7차 대표대회에서 "중국인민은 조선인민이 해방되도록 지원해야 한다"고 연설하고, 주더 총사령이 "우리는 조선독립동맹에 감사드린다. 숭고한 국제주의적 정신으로 사업한 그들은 우리에게 아주 거대하고 값있는 방조를 주었다"면서 조선독립동맹과 조선의용군의 항일사업을 높이 평가해준 사실은 연안파를 조선혁명을 대표하는 세력으로 인정했기 때문이다. 이에 대해 박일우는 "우리의 임무는 간부양성과 조선인민의 항일무장대오를 조직하는 것"이라면서, 중국공산당의 승리가 조선인민의 승리라는 입장을 표명하며 화답하였다. 이는 투쟁과정 속에 형성된 연안파와 중국공산당 간의 돈독한 유대관계를 확인할 수 있는 대목이다. 또한 비록 연안파가 중국공산당과 팔로군 예하에 배속되어 참전하였으나, 주더가 "조·중 혁명 사업은 어느 일방의 원조가 아니라 국제주의적인 상호 간 협력체제"였음을 밝힌 데서 알 수 있듯이 중국공산당이 연안파를 장차 조선을 대표하는 세력으로 인정하고 지원할 것임을 암시하고 있다 하겠다. 이러한 혁명적 우의를 바탕으로 북·중 관계는 조선의용군이 참전한 중국인민해방전쟁과 연안파가 중심이 되어 조·중 관계의 매개 역할을 한 한국전쟁을 통해 더욱 더 견고한 혈맹관계로 발전했다고 볼 수 있다.

2. 실패한 혁명집단으로서의 역사적 평가

  조선독립과 해방이라는 궁극적인 목적을 위해 결성된 통일전선은 엄밀히 말하면 각 집단의 정치적 이해관계를 일시적으로 봉합하여 형성된 것이라 할 수 있다. 그런 면에서 연안파는 내부적으로 계파 간 결집력이 약한 상태에서 북한의 연합정권에 참여하게 되었고, 단독으로 집권하지 못함으로써 중국과 불확실한 관계(〈그림 5-2〉 참조)를 유지하는 위치에 있었다고 할 수 있다. 개별적으로 우수한 인자들이 결집한 집단일수록 조직적 통일성이 저하되고, 계파 간 분리된 원심력이 작용할 가능성이 높다고 볼 수 있는데, 초기북한정권 내에서 연안파는 그 대표적 모델이라 할 수 있다.

  조선독립이라는 상위목표를 중심으로 다양한 계파를 결집한 연안파의 응집력은 애당초 약할 수밖에 없었다. 즉, 연안파는 단일한 정치이념이나 동일한 행동 통일을 통해 결집된 소수집단이 아니라 상이한 사회적 기반과 서로 다른 정책노선을 가진 세력들이 조선독립이라는 최종 목적을 위해 내부적으로 경쟁하고 협력하면서 형성된 계파별 연합체였다. 연안파 내부에서 최초의 분파행위는 화북전이 이후에도 중경에 잔류해 있던 김원봉의 총대본부와 화북조선청년연합회 소속 북상파와의 연계를 무정이 단절시켰을 때, 북상파와 무정파 간의 앙금에서 시작되었다. 이는 정풍운동을 통해 갈등과 반목의 골이 더욱 깊어졌으나, 중국공산당의 관리와 통제로 전면적으로 표출되지는 않았다.

  연안파의 두 번째 내부적 분열 조짐은 조선독립동맹 간부들이 입북하면서 무정계와 일부 북상파가 북조선공산당에 입당한 반면, 김두봉, 최창익 중심의 북상파 대부분은 조선신민당을 창당하면서 감지되었다. 물론 긍정적으로 해석하면 연안파가 북조선 공산당과 조선신민당에 공동으로 관여하면서 입지를 더욱 확장시키는 계기를 마련했다고 볼 수도 있다. 그러나 미세한 분열조짐은 현실로 나타났다. 구체적인 한 예로 토지개혁 당시 황해도 위원장이었던 연안파 박훈일이 무정의 우경적 오류를 공개적으로 비판했던 것이다. 김일성은 이러한 연안파의 내부적 분열을 잘 이용했던 것으로 보인다. 김일성은 종파사건 이전인 한국전쟁 당시 이미 연안파의 군·정 장악에 위기의식을 느끼고 무정은 전쟁책임을 이유로, 박일우는 국가전복 음모에 연루시켜 철직시켰다. 그리고 김창만, 허정숙, 진반수 등 선전선동을 담당했던 간부부장 출신들과 내각 사무국장 양계, 군부의 김창덕 등 연안파의 주요 이론가 및 간부들을 전향시켜 이들로 하여금 자파를 공격하도록 했다. 더욱이 최창익이 종파사건에 연루되어 박창옥 등 일부 소련파와 함께 숙청을 당할 때에도 최창익의 전처 허정숙과 윤공흠의 전처 조영 등을 이용하기도 했다.

계파의 수뇌를 잃어버린 연안파는 최대계파를 자랑하는 수적인 우위와 정책능력 등의 질적 우월성에도 불구하고 자파가 속수무책으로 공격당하는 상황에서 침묵 내지 전향으로 일관했다. 연안파는 김일성 중심의 만주파처럼 확고한 정치적 리더가 부재했기 때문에 이러한 상황에 처하게 되었다. 이는 군부 내에서 한국전쟁 당시 이중영웅 칭호를 부여받았던 방호산을 비롯한 장성급 간부들의 숙청이 조선인민군 내 조선의용군 출신 중하위급 간부진의 조직적 반대를 추동하기는커녕 오히려 전향을 추동하는 요인이 되었다는 점에서도 확인된다. 물론 중하위급 간부진을 구성한 조선의용군 출신들 대부분이 동북지역에서의 확군 운동을 통해 입대한 인자들로써 동북지역에서 김일성의 높은 명성을 듣고 자란 세대들이었다는 요인이 작용한 것은 사실이다. 따라서 김일성은 군부 내 상급 장성층과 중하위급 간부진을 분리시켜, 전자에 대해서는 숙청이라는 채찍을, 후자에게는 전향이라는 당근을 제공하여 자신의 목적을 달성하는 기민함을 보였다 할 것이다.

제 V 부 연안파의 정치사적 재조명   299

그림 5-2 연합정권 파벌구성 및 북·중 정치 소통도

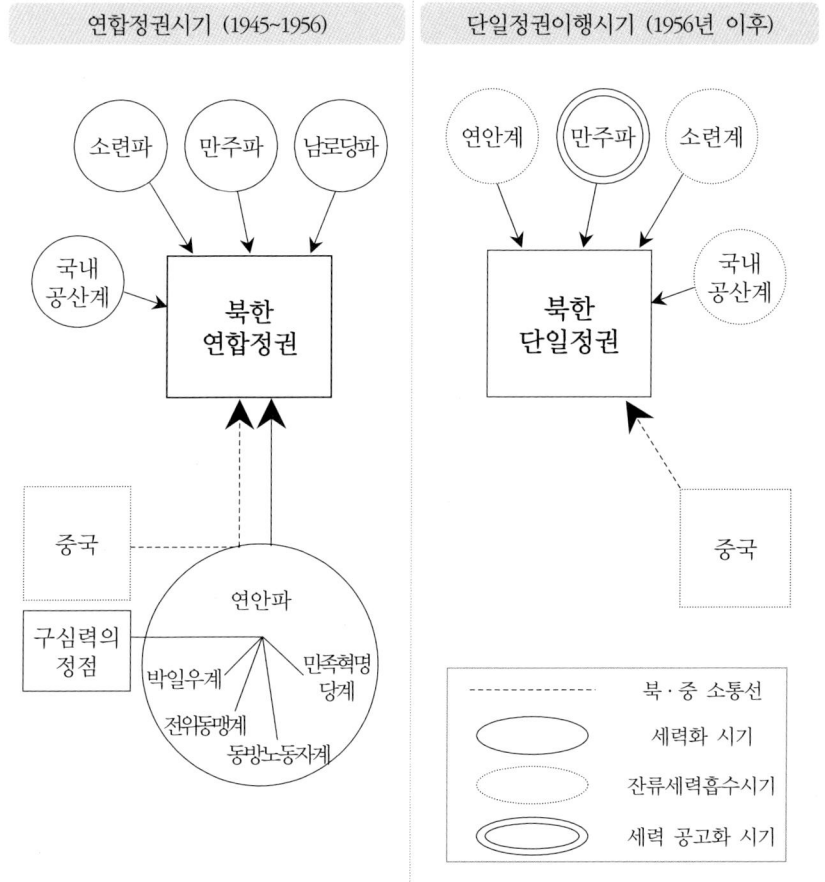

한편 중국과의 관계에서 연안파의 지위는 무척 모호한 입장에 처하게 되었다. 함께 항일투쟁 및 인민해방전쟁을 수행했지만, 중국공산당은 안정적으로 정권을 획득한 반면에 연안파는 그러지 못했다. 만약 중국의 지원 하에 연안파가 북한정권에서 주도권을 확보했다면 한반도의 역사는 달라졌을지도 모른다. 그러나 소련의 지원을 받은 만주파 정권의 성립으로 북한정권 내에서 연안파의 지위는 일시적으로 북·중 관계를 매개하는 수

준을 뛰어넘을 수 없었다. 먼저 항일혁명 시기 마오쩌둥 노선은 '신민주주의 혁명론'이었다. 그러나 예상외로 빠르게 달성된 인민해방전쟁으로 마오쩌둥은 '신민주주의 혁명론'을 폐기하고, '인민민주독재'로 노선을 수정하게 된다. 이러한 대륙정세의 변화는 북한에서 신민주주의의 전도사를 자임했던 연안파에게는 충격으로 다가왔으며, 김일성 정권으로서는 독자적인 정치이념을 정립할 수 있는 기회로 작용하였다. 이러한 사실은 북한이 김일성 단일체제의 형성과정을 통해 민주주의 중앙집중제에 의한 인민민주독재체제를 추구한데서 확인할 수 있다.

또한 초기 중국의 대북한 라인은 국방장관이었던 펑떠화이와 연안파 간의 라인이었다고 해도 과언이 아니다. 중국공산당 중앙은 인민해방전쟁 이후 내치에 관심을 가지면서 동북 및 북한에 대한 정책결정의 전권을 펑떠화이에게 위임한 상태였다. 그러나 그가 마오쩌둥의 대약진 운동을 반대함으로써 권력의 일선에서 퇴진한 뒤 북한과 중국의 관계에서 연안파의 입지가 축소되었고, 공식적인 지배권력 집단 간의 관계로 변화되었다. 그것은 중·소 분쟁과 북한의 친중 정책이라는 일련의 상황변화와 맞물리면서 진행되었다. 이로써 연안파의 입지는 급락했고, 변화된 북·중·소 간 국제정치적 관계 속에서 연안파는 실패한 정치세력으로 전락하고 말았다.

이렇듯 무장력을 수반하면서 북한에 존재한 어떠한 계파보다도 양적으로나 질적으로나 최대계파를 자랑했던 연안파가 '정치투쟁의 패배자'로 전락하게 된 이유는, 무엇보다도 그들이 지속적으로 주창했던 통일전선론이 가진 취약한 연대성에 의한 내부분열에서 비롯되었다 할 수 있다. 한국전쟁의 책임론에 따른 연안파 수뇌부에 대한 숙청은 그나마 약하게 유지되어 온 연안파의 연대성을 더욱 취약하게 만들었고, 이를 감지한 김일성의 주도면밀한 숙청전략의 결과로 만들어진 종파사건은 연안파가 최종적으로 파멸되는 결과를 낳았다.

연안파에 대한 재평가에 덧붙여, 만약 이들이 만주파처럼 절대 보스를 중심으로 응집된 모습을 보여주었다면 어떠했을지 다음과 같은 몇 가지 가설로 추론해 볼 수 있을 것이다. 첫째, 연안파가 주창한 정치 강령의 주된 목표는 민족통일국가였다. 연안파는 남북을 아우르는 좌파민족주의 정당을 형성하기 위해 서울에 경성특별위원회를 세운 후 남조선신민당을 만들기도 했다. 만약 연안파의 결집된 영향력이 지속되었다면 당시 남북한의 정치지형에서 좌파민족주의 연대를 형성하여 어떤 형태로든 상당한 영향력을 행사했을 수도 있었다. 그러나 미·소군정의 규정력이라는 구조적 한계는 뛰어넘지 못했을 것이다. 둘째, 만주파의 친소 노선보다는 친중 노선의 전도사를 자임한 이들 세력은 만주파보다 중국적 요소의 변용적 수용을 보다 적극적으로 추진했을 것이다. 이러한 결과는 친소 노선과 친중 노선이라는 양 계파 간 갈등을 더욱 첨예화시킴으로써 한반도에서 소련과 중국이라는 외적 변수가 보다 복잡하게 만들었을 것이다. 셋째, 북한내부의 김일성 유일체제 형성이 좌절되었거나 종파사건과 같은 내홍의 시기를 겪더라도 새로운 차원의 권력구도가 형성되었을 가능성이 있다. 만주파의 지배권력 쟁취가 가능했던 결정적 변수는 군부 내의 70%가 넘는 연안파 세력이 거의 대부분 한국전쟁과 관련하여 정치적 실종을 당하거나 이로 인해 전향했기 때문이다. 넷째, 한반도의 전쟁은 국제적 냉전의 압도적인 규정력에서 진행된 것임으로 연안파의 단결이 전쟁억지의 변수로 작용하기는 어려웠을 것이다. 그 이유는 전시동원체제하에서 연안파의 박일우가 최고작전권을 행사를 했음에도 불구하고 외적 규정력에 대한 영향력은 미치지 못했던 점에서 확인할 수 있다. 다만 북한의 정치주도세력이 연안파 내 조선독립동맹의 엘리트지식인들이었다면 만주파보다 온건했던 이들의 정치적 성향으로 볼 때 전쟁의 전면전보다는 협상과 타협도 가능하지 않았겠느냐는 조심스러운 추론은 할 수 있다.

북조선 체제성립과 연안파 역할

제VI부 종 장

1930년대 말부터 해방시기까지 소련 코민테른의 영향력이 소멸한 결과 한반도와 만주에서 조선인 사회주의 투쟁은 중국공산당의 역량 하에 집결되었다. 이 시기 연안파의 무장력이었던 조선의용군은 한국광복군, 동북항일연군과 함께 민족해방투쟁사에서 한 축을 이루는 무장세력을 대표한다. 연안파는 해방 전·후사에 걸쳐 북한 국가건설에 참여하면서 북·중간의 매개세력으로 상당한 영향력을 행사했지만 종국에는 양국으로부터 토사구팽당하며 정치사의 최대피해세력이 되었다. 이 책에서는 연안파의 정치·군사적 궤적을 통해 그 위상과 몰락과정을 추적함으로써 초기북한국가건설에 미친 영향력을 재조명하고자 했다. 이에 따라 앞의 본문을 통해 연구의 초점을 다음 몇 가지로 설정하여 진행하였다.

 첫째, 기존의 분절적인 연구를 지양하고 연안파의 태동에서부터 몰락까지 전 과정에 걸쳐 연안파의 정치·군사적 활동을 재구성하였다. 그 결과 연안파는 김원봉의 의열단을 모태로 시작되어 의열단이 채택한 20개조에 이르는 정강정책은 민족혁명당 → 조선민족전선연맹과 조선의용대 → 조선독립동맹과 조선의용군 → 조선신민당으로 이어지면서 초기북한국가건설에도 일정부분 발전적으로 계승되었음이 밝혀졌다. 그리고 초기 북한의 연합정권에 참여하면서 이들이 지향했던 민주통일국가성립을 목표로 한 정책노선은 1950년대 말 몰락하면서 수정될 수밖에 없었지만, 연안파의 군중노선, 토지개혁, 그리고 계급투쟁에서 민족투쟁으로의 국가이데올로기의 변화 정립 등 초기 북한의 국가정책과 이념에 이론적 틀을 제공하였고 실질적인 영향을 미친 것으로 확인되었다. 또한 군사적으로 연안의 소수 무장세력이 동북전이 후 확군 과정을 통해 60,000여 명으로 확장되었다.

이들은 중국인민해방전쟁에 직접 참여하면서 정규전 경험을 배양한 뒤 조선인민군으로 재편되어 북한의 무장력을 형성하는데 지대한 영향을 미쳤다. 그리고 이는 한국전쟁을 유발시키는 실질적 동력으로 작용하였다.

둘째, 조선독립동맹 및 조선의용군의 창설과 시기별 활동을 만주선점시기까지 살펴보았다. 이 시기에 대한 연구는 아직도 논란의 여지가 많은 분야이다. 기존 연구는 조선독립동맹 및 조선의용군 세력이 '동북전이'의 차선책으로 택한 '화북전이'를 둘러싸고 김원봉의 민족혁명당계와 최창익의 청년전위동맹계 간 노선과 이념적 차이를 유발하였다는 입장으로 정리되었다. 그러나 본 연구를 통해 화북전이 역시 김원봉과 총대본부 간부들의 전략적 방책으로 진행된 것이며, 이를 둘러싼 외형적 갈등은 노선과 이념의 차이라기보다는 시기와 방법론의 차이에 연유하는 것임을 밝힐 수 있었다. 이러한 사실은 김원봉의 총대본부가 국민당군과 함께 중경에 잔류하여 화북전이를 보장하는 정치적 담보의 역할을 하였으며, 또한 화북으로 전이한 북상파들이 팔로군 출신 무정이 주도한 정풍운동 이전까지는 김원봉과 지속적인 연계를 하고 있었다는 점에서 확인되었다.

그리고 연안파 내 정풍운동의 성격과 결과를 예측하는 분석을 시도하였다. 그 결과 정풍운동은 중국공산당 출신 무정이 북상파를 대상으로 이들의 국민당 및 김원봉의 총대본부와의 연계를 단절시키기 위한 것이었음을 확인하였다. 애당초 정풍운동은 동맹에 내재된 종파현상을 자체비판하고 단결을 도모하여 조선독립 이후 한반도 민주국가 설립을 용이하게 한다는 취지에서 행해졌다. 그러나 무정파와 반(反)무정파간의 극단적 대결양상은 외형적으로 문제를 해결한 것처럼 보였지만, 사실상 두 파벌의 감정적 골을 더 깊이 조성하는 결과를 낳았다. 결국 무정이 행사한 또 다른 종파운동이라고까지 비판당했던 정풍운동은 외형적·형식적으로만 봉합되었을 뿐이다. 이러한 앙금은 이후 해방정국과 북한입북 및 국가건설 기까지 연안파의 약한 연대성에 영향을 미친 요인이 되었다. 결국 연안파 내부의 약한 연대는 한국전쟁 책임론과 연관되면서 1956년 종파사건까지 지속되었고, 이를 감지한 김일성과 만주파의 주도면밀한 사건조작에 의해 맥없이 무너지는 현실로 귀결되었다. 이러한 내용에 대한 사실 규명은 그동안 연안파가 8월 종파사건으로 속절없이 무너졌다고 단편적으로 정리한 기존 연구의 내용을 보다 구체적이고 풍부화 시켰다고 평가할 수 있다.

셋째, 해방시기 동북지역에서 조선의용군과 항일연군 간 결합이 갖는 성격을 중국공산당과의 관계를 통해 비교분석하였다. 조선의용군과 항일연군은 중국이라는 지역에서 활동했다는 점, 그리고 사회주의 무장투쟁 방식을 조선독립의 수단으로 삼았다는 점에서 동일한 이데올로기 경험을 하였다고 볼 수 있다. 이는 조선의용군이든 항일연군이든 공히 중국공산당 노선의 영향을 받았음을 의미한다. 이후 북한은 김일성을 중심으로 한 항일연군 출신이 헤게모니를 장악했고, 중국은 마오쩌둥 노선이 최후의 승리를 쟁취하였다. 그런데 이 부분에서 본 책에 제시한 새로운 문제의식은 북·중관계의 형성이 과연 동북항일연군과 중국공산당 간의 원초적 친밀성에 바탕을 둔 것인가 하는 점이었다. 동북항일연군과 중국공산당의 관계에 대한 의문은 다른 시각을 통해 양국 관계를 접근할 필요성을 제기한다. 역사적 사실관계를 통해 볼 때, 비록 동북항일연군이 동북지역에서 무장투쟁 활동을 벌이기는 하였으나 중국공산당의 혁명투쟁과정이나 주요 활동지역에서는 소외되어 있었다. 따라서 본 연구는 이러한 사실에 착안하여 조선의용군과 항일연군의 활동을 중국공산당중앙의 혁명투쟁노선 과정과 연관시켜 분석하였다. 그 결과 오늘날까지도 동지적 혈맹관계를 유지하고 있는 북·중 관계의 초기형성은 동북항일연군이라기 보다는 연안파의 활동을 매개로 하여 토대가 굳건해진 것임을 확인하였다.

연구 결과에 따르면, 동북항일연군이 만주지역에서 무장 투쟁을 수행하던 1930년대 중국공산당은 내부적으로 마오쩌둥 노선이 아니라 리리싼·왕밍 노선이 순차적으로 당권을 장악하면서 심각한 시행착오를 경험하던 시기이다. 특히 왕밍은 1931년 코민테른의 중국대표로 모스크바에 주둔하면서 중국공산당의 당권을 장악하고 중국공산당 중앙을 배후에서 조정하고 있었다. 그의 영향력은 특히 김일성이 항일무장투쟁을 전개했던 동북지역의 '만주성위'에 절대적으로 미쳤다. 이후 1935년 1월 중국공산당 준의회의를 기점으로 마오쩌둥에게 중국공산당의 당권이 넘어가기는 했으나, 1936년 말 '동만특위'의 존재가 거의 유명무실해질 때까지 왕밍 노선은 동북지역 항일투쟁 현장에 지속적인 영향을 미쳤다.

  반면 조선의용군의 활동은 마오쩌둥이 당권을 장악하고 그의 독자적 노선이 당의 공식적 정책으로 현실화되는 시기에 화북 연안지역을 중심으로 중국공산당 팔로군과 함께 시작되었다. 이들은 마오쩌둥의 정강산 토지개혁법의 현장 경험, 투쟁전술 참여, 정풍학습 및 통일전선과 연합성 신민주주의 이념과 사상 등을 모범적으로 전수받았다. 특히 조선의용군이 독자적으로 투쟁한 호가장 전투와 5월 반소탕 전투는 중국공산당과의 형제적 동지애를 확실하게 한 계기가 되었다. 이러한 관계는 박일우가 중국공산당 제7차 대표회의에 조선인대표로 참석하여 한반도 독립 후 세울 국가건설이념으로 마오쩌둥의 신민주주의를 적용하겠다면서 신민주주의론의 전도사 역할을 자임하면서 최고조에 이르게 된다. 더욱이 조선인이 상주한 동북지역은 소련사회주의 혁명의 영향을 가장 급속히 받은 지역이었고 조선인 농민중심의 혁명열기가 고조되어 있는 지역이었다. 이에 따라 중국공산당은 만주선점전략을 통해 소련과의 소통을 비롯하여 조선인과 통일전선을 구축하기 위해 조선의용군을 만주진출의 최첨병으로 차출하였고 조선의용군과 독립동맹은 이에 부응하여 동북진출 후 확군 사업에 매진하였다. 이는 중국혁명완수가 조선해방과 직결된다는 국제주의적 입장에 따른 판단이었다. 확군된 조선의용군은 국공내전에 참전하여 중국혁명을 지원함으로써 긴밀한 관계의 지속성을 유지시켜 나갔다. 인민해방전쟁 후 북한으로부터 제기된 조선의용군 귀환요청은 중국공산당으로서는 잉여병력의 효율적 해소와 함께 북한에 대한 중국의 국제주의에 입각한 지원이라는 명분을 획득하는 계기였고, 북한으로서는 국토완정계획에 따른 시급한 군사력확장이라는 실리를 획득하는 계기가 되었다. 이어진 한국전쟁은 중국의 지원을 배경으로 한 연안파 활동의 최전성기라 해도 과언이 아니었다. 본문에서 상세하게 규명한 이상의 내용을 근거로 판단할 때, 1930년대 중국공산당이 시행착오를 거치던 시기 지역적으로 멀리 떨어져 활동했던 항일연군보다는 1940년대 마오쩌둥 노선으로의 이행기에 동일지역에서 생사고락을 함께했던 조선의용군이 중국공산당과 보다 친밀한 관계를 형성했음을 알 수 있었다.

넷째, 연안파가 북한국가건설에 미친 영향을 재조명하였다. 이에 대해서는 조선독립동맹이 조선신민당을 창당하여 정치세력화를 모색하는 과정과 현실정치에의 참여 실적을 주요인물을 중심으로 분석하였다. 연안파 간부들이 조선신민당을 창당하고 북조선공산당에 입당하여 민족통일전선 구축, 사회개혁 및 토지개혁, 군중노선, 연합성 신민주주의론 등과 같이 그들이 성립하던 시기부터 주장해온 정치이념과 정책을 현실적으로 어떻게 구현했는지를 당·정·지방에 걸쳐 주요 인물들의 활동을 통해 확인하였다. 또한 조선인민군의 무장력 강화에 절대적 영향을 미친 조선의용군의 규모와 간부들의 활동을 통해 북한의 무장력 강화에 미친 영향력 정도를 규명하고자 했다.

연안파가 항일투쟁을 통해 지향했던 궁극적 목표는 해방 후 한반도를 아우르는 완전한 통일독립국가의 건설이었다. 그러나 한반도를 반분한 미소군정의 통치로 인해 북한지역에서만 사회주의 국가건설의 토대가 형성되었다. 연안파는 북한지역의 국가건설 과정에 참여하면서 사회주의 체제

성립을 위한 최우선적 과제라 할 있는 토지개혁 적용의 이론적 틀과 해석권을 독점하여 토지개혁을 사실상 주도한 것으로 확인되었다. 그리고 김일성의 대중주의 노선이 중국공산당의 군중노선을 변용적으로 수용한 김창만에 의해 기획된 것임을 확인하였다. 이는 오늘날까지 북한통치를 특징짓는 '현지지도'의 원형이었음을 추론할 수 있었다.

또한 당·정에 미친 연안파의 영향력 행사에 대한 분석 결과에 따르면, 연안파는 북한정권 참여 후 한국전쟁 시기 최고 전성기를 구가했고, 1956년 3차 4월 당 대회까지 그 위상에 큰 변동이 없었음을 확인할 수 있었다. 물론 중국의 비호와 정치적 간섭에 의해 가능했다는 사실을 부인할 수는 없지만, 기본적으로는 선전선동, 간부부, 내무성, 검열국 등 초기 국가형성기 주요 부서를 장악할 수 있었던 연안파의 지적 인프라와 한국전쟁 전후 50%에 이르는 군부조직에서의 영향력으로 인한 실질적 능력에 의한 것이었음을 강조하였다. 김일성이 종파사건 이전 연안파의 중심인물이었던 무정과 박일우, 그리고 방호산 등을 사전에 숙청한 것은 이들의 영향력 확대에 따른 위기의식의 발로 때문이었다고 할 수 있다.

한국전쟁과 관련하여 김일성이 국토완정계획을 현실화할 수 있는 계기를 연안파의 입북에서 찾아보았다. 중국인민해방전쟁을 통해 실전 전투의 경험을 쌓은 6만여 명에 이르는 조선의용군이 조선인민군으로 편입되면서 남북한의 군사력은 일거에 역전되었고, 김일성은 양적·질적으로 강화된 무장력에 자신감을 얻고 그들이 믿었던 바의 조국통일전쟁을 수행하게 된 것이다. 따라서 조선의용군의 입북은 어떻게 보면 한반도의 분단을 고착화시키는 원인을 제공했다고 볼 수 있다.

끝으로 이 책이 갖는 학문적 의의와 한계를 간단히 지적하면 다음과 같다.

연구의의로는 첫째, 실존했던 중요 행위자로서 연안파를 '역사의 미아'

에서 '역사의 존재자'로 복원하고자 했다. 둘째, 연안파가 중국혁명 활동에서 습득한 경험이 북한 초기국가건설 과정에서 큰 영향을 미쳤음을 규명하고자 했다. 이는 향후 북한의 초기국가건설에 미친 소련의 영향력을 과대평가하는 기존의 연구시각을 변화시킬 필요성을 제기한다. 셋째, 이상의 연구를 통해 여전히 반공·반북이데올로기로 특징지어지는 '분단이데올로기 구조'를 내장한 채 진행되고 있는 연구학문의 풍토에서 주변부에 위치해온 좌·우 민족해방운동을 정당하게 복원하는 인식의 전환을 유도하고자 했다. 이러한 점에서 식민지시기 사회주의 항일운동의 두 축 중에서 잃어버린 역사의 미아가 되어 버린 연안파에 대한 정치사적 재조명의 연구는 한국근현대정치사 연구의 편향성을 시정할 수 있는 의미 있는 시도가 될 수 있다.

　마지막으로 이 연구가 갖는 한계는 아직까지 희소한 자료에 근거하고 있다는 점이다. 이는 분단이데올로기 하에서 제약된 자료의 취약성과 여전히 계속되고 있는 북한과 중국의 정치 이념적 연구에 대한 통제 때문이다. 특히, 본 연구를 작성하던 시점에서 러시아(구 소련)의 자료가 완전히 공개되지 않아 관련국가 간의 비교분석이 원활하게 진행되지 못한 것 또한 연구자의 지적능력의 확장을 제한하였다. 그러나 향후 지속될 분절된 자료에 대한 확대 수집과 러시아 문서의 공개를 바탕으로 이 분야에 대한 연구가 보다 활성화될 것으로 기대한다.

참고문헌

1. 국내 문헌
가. 국내 단행본

강만길, 『증보, 조선민족혁명당과 통일전선』, 역사비평사, 2003.
_____,『고쳐 쓴 한국현대사』, 창작과 비평, 2006.
강만길·성대경 편, 『한국사회주의인명사전』, 창작과 비평사, 1996.
강만길·심지연, 『항일독립투쟁과 좌우합작』, 한울 아카데미, 2000.
고영일 외, 『中國抗日戰爭과 朝鮮民族』, 도서출판 백암, 2002.
공산권문제연구소 편, 『북한총감 : 45~68』, 공산권문제연구소, 1968.
구갑우, 「북한연구와 비교사회주의 방법론」, 경남대학교 북한대학원 편, 『북한연구방법론』, 한울아카데미, 2003.
국가보훈처, 『해외(海外)의 한국독립운동사료(韓國獨立運動史料) 5: 중국편』, 국가보훈처, 1992.
국방부 군사편찬연구소 편, 『한국전쟁사의 새로운 연구』, 국방부군사편찬연구소, 2001.
국사편찬위원회 편, 「김일성 동지의 '토지개혁사업의 총결과 금후 과업'의 보고에 대한 결정서」, 『북한관계사료집 1』, 1982.
郭沫若, 박정일·정재진 역, 『홍파곡』, 일원서각, 1994.
기토비차·볼소프, 최학송 역, 『1946년 북조선의 가을』, 글누림, 2006.
김경일, 『중국의 한국전쟁 참전기원』, 논형, 2005.
김광운, 『북한정치사연구Ⅰ』, 선인, 2003.
김광웅, 『비교행정론』, 박영사, 2004.
김광식, 「8·15 직후의 사회적 성격」, 『산업사회의 연구 2』, 한울, 1987.
김남식, 「해방 전후의 북한 현대사의 재인식」, 『해방 전후사의 인식 5: 북한편』, 한길사, 2006.
김남식 편, 『남로당연구 2』, 돌베개, 1988.

참고문헌

김 산·님 웨일즈, 『아리랑』, 동녘, 1984.
김영범, 「조선의용대연구」, 『한국독립운동사연구 2』, 독립기념관한국독립운동연구소, 1988.
김용복, 「해방직후 북한인민위원회의 조직과 활동」, 『해방 전후사의 인식 5』, 한길사, 1989.
김준엽·김창순, 『한국공산주의 운동사5』, 고려대학교 아세아문제연구소, 1976.
김중생, 『조선의용군의 밀입북과 6.25전쟁』, 명지출판사, 2001.
김창순, 『북한 15년사』, 지문각, 1961.
_____, 『북한의 역사』, 북한연구소, 1998.
독립운동사편찬위원회 편, 『독립운동사 자료집 제7권』, 국사편찬위원회, 1988.
돌베개 편집부 편, 『북한"조선로동당"대회 주요문헌집』, 돌베개, 1988.
디미트로프, G. M., 김대건 역, 『통일전선연구』, 거름, 1987.
레베데프, N. G., 「수행해야할 의무를 자각하며」, 『조선의 해방』, 국토통일원 조사연구실, 1987.
마오쩌둥, 「인민민주주의 독재에 대하여; 1949.6.30」, 『모택동 선집 4』, 범우사, 2008.
마이스너, M., 김광린·이원웅 편, 『모택동 사상과 마르크스주의』, 남명문화사, 1987.
森川展昭, 「조선독립동맹의 성립과 활동에 관하여」, 이정식·한홍구 편, 『항전별곡』, 거름, 1986.
민정구 편, 『통일전선론』, 백산서당, 1987.
박길룡, 『조선로동당 형성1945~1950』, 소련과학 아카데미 아세아인민연구소, 1967.
박영자, 「북한의 지방정권기관: 지방주권과 행정의 특성 및 운영」, 세종연구북한센터 편, 『북한의 당·국가기구·군대』, 한울아카데미, 2007.
박태원, 『약산과 의열단』, 깊은 샘, 2000.
백남운, 『조선민족의 진로』, 신건사, 1946.
북한연구학회 편, 『분단반세기 북한연구사』, 한울 아카데미, 1999.
사회과학원 역사연구소 편, 『조선근대혁명운동사』, 한마당, 1988.
서동만, 『북조선사회주의체제성립사』, 선인, 2005.
서중석, 『한국현대민족연구』, 역사비평사, 1991.
서진영 편, 『현대 중국과 북한 40년』, 서울: 고려대학교 아세아 문제연구소, 1989.

鐸木昌之,「잊혀진 공산주의자들: 화북조선독립동맹을 중심으로」, 이정식 · 한홍구 편,『항전별곡』, 거름, 1986.
시모토마이 노부오, 이혁재 역,『북한정권탄생의 진실』, 도서출판 가파랑, 2006.
심지연,「북한국가에 대한 역사적 접근」, 경남대학교 북한대학원 편,『북한연구방법론』, 서울: 한울아카데미, 2003.
＿＿＿＿,『조선신민당 연구』, 동녘, 1988.
양성철,『북한정치론』, 박영사, 1991.
양소전 · 이보온,『조선의용군항일전사』, 고구려, 1995.
역사학연구소 편,『강좌 한국근현대사』, 풀빛, 1995.
＿＿＿＿＿＿＿＿,『한국공산주의 운동사: 현황과 전망』, 아세아 문화사, 1997.
염인호,『조선의용군의 독립운동』, 나남, 2001.
和田春樹, 이종석 역,『김일성과 만주항일전쟁』, 창작과 비평사, 1992.
Watkins, F. M., 조순승 역,『서양의 정치전통』, 을유문화사, 1988.
윤세주 · 이원대 열사 기념사업회 편,『의열단의 조직과 활동』, 독립증진연구소, 2003.
이기춘,『대하실록 조선로동당 I』, 도서출판 백두산, 1992.
이재화,『한국근현대민족해방운동사: 항일무쟁사 편』, 백산서당, 1988.
이정식 · 스칼라피노, 한홍구 역,『한국공산주의운동사 I』, 돌베개, 1986.
＿＿＿＿＿＿＿＿＿＿, 한홍구 역,『한국공산주의운동사 II』, 돌베개, 1986.
＿＿＿＿＿＿＿＿＿＿, 한홍구 역,『한국공산주의운동사 III』, 돌베개, 1987.
이종석,『북한-중국관계 ; 1945~2000』, 도서출판 중심, 2001.
＿＿＿＿,『조선로동당 연구』, 역사비평사, 2003.
임계순,『우리에게 다가온 조선족은 누구인가』, 현암사, 2003.
＿＿＿＿,『北韓金日成王朝秘史』, 도서출판 한국양서, 1982.
＿＿＿＿,『김일성정전』, 옥촌문화사, 1989.
장준익,『북한인민군사』, 서문당, 1991.
전인영,『소련 및 동구 공산주의』, 서울대학교, 1984.
정성임,「조선인민군: 위상 · 편제 · 역할」, 세종연구소 북한연구센터,『북한의 당 · 국가기구 · 군대』, 한울아카데미, 2007.

정현수 외, 『중국조선족 증언으로 본 한국전쟁』, 선인, 2006.
조선로동당중앙위원회, 『조선로동당략사1』, 돌베개, 1989.
주안지룽, 서각수 역, 『모택동은 왜 한국전쟁에 개입했을까』, 역사넷, 2005.
주영복, 『내가 겪은 조선전쟁』, 고려원, 1990.
중앙일보특별취재반, 『비록: 조선민주주의인민공화국』, 중앙일보, 1992.
찰스 암스트롱, 김연철 편, 『북조선탄생』, 서해문집, 2006.
肖效欽·李良志, 최윤수 역, 『중국혁명사 2』, 거름, 1990.
최기석 외, 「한국전쟁 담론」, 정현수 외, 『중국 조선족 증언으로 본 한국전쟁』, 선인, 2006.
최봉룡, 「朝鮮革命軍의 韓·中聯合抗日作戰: 양세봉 사령의 활동을 중심으로」, 『만주지역 민족운동과 한국』, 국학자료원, 2002.
추헌수 편, 『資料韓國獨立運動2』, 연세출판부, 1971.
칼리딘 외, 새물결 편집부 역, 『선전선동론』, 물결, 1989.
커밍스, B., 김동노·이교선·이진준·한기욱 역, 『브루스 커밍스의 한국현대사』, 창작과 비평사, 2001.
한국민족운동사학회 편, 『한국저항민족운동과 중국』, 국학자료원, 2001.
한림대학교 아세아문화연구소, 「평양시당부 제1차 공작 총결보고 초안」, 『조선공산당 문건자료집』, 한림대학교 출판부, 1993.
한상도, 『한국독립운동과 중국군관학교』, 문학과 지성사, 1994.
_____, 『한국독립운동과 국제환경』, 한울, 2000.
한재덕, 『김일성을 고발한다』, 일문각, 1966.
해방3년사 연구회, 『해방정국과 조선혁명론』, 대야출판사, 1988.
화강·시양, 「한국독립운동과 국공양당과의 관계에 대한 약론」, 상해대한민국임시정부 옛 청사관리처 편, 『중국항일전쟁과 한국독립운동』, 시대의 창, 2005.

나. 국내 논문

고재홍, 『한국전쟁의 원인 연구; 남북 군사력 구조의 불균형을 중심으로』, 경희대학교 대학원 박사학위논문, 1996.
기광서, 「해방 후 김일성의 정치적 부상과 집권과정」, 『역사와 현실』 제48호, 2003년 6월.

김성보,「북한의 토지개혁(1946)과 농촌계층구성변화 : 결정과정과 지역사례」,『동방학지』 Vol. 87, 1995.

김영수,『북한의 정치문화: 주체문화와 전통정치문화』, 서강대학교 대학원 박사학위논문, 1991.

김용현,『북한 인민군대의 형성과정에 관한 연구: 만주사변~한국전쟁 이전을 중심으로』, 동국대학교 대학원 석사학위논문, 1993.

류길재,『북한의 국가건설과 인민위원회의 역할, 1945~1947』, 고려대학교 대학원 박사학위논문, 1995.

리가와 덴쇼오,「조선독립동맹의 성립과 활동에 관하여」,『조선민족운동사』, 제1권, 1984.

Min Jun-Kee,「Political Parties and Factionalism in Korea, 1945~1972」,『경희대학교 논문집 제12집, 인문·사회과학 편』Vol. 12, 경희대학교, 1983, pp. 131~133.

박동삼,『북한의 토지개혁정책에 관한 연구』, 국민대학교 대학원 박사학위논문, 1991.

박명림,『한국전쟁발발과 기원』, 고려대학교 대학원 박사학위논문, 1994.

박명희,「중국농업정책의 발전과정」, 단국대학교 중국연구소 편,『중국농업정책의 집단화와 비집단화에 관한 효과성비교연구』, 서울: 단국대학교 중국연구, 1999.

스즈키 마사유키,「잊혀진 공산주의자들」,『법학연구』, 제57권 4호, 慶應義塾大學 法學硏究所, 1984.

염인호,『조선의용군 연구: 민족운동을 중심으로』, 국민대학교 대학원 박사학위논문, 1992.

이계만,「남북한 지방의결기관의 비교연구」,『지역발전연구』, 조선대학교, 2000.

이정식, "The Korean Communists and Yenan", *The China Quarterly*, January~March, London, 1962.

이주철,「토지개혁 이후 북한농촌사회의 변화: 1946~48년을 중심으로」,『역사와 현실』 Vol. 16, 1995.

_____,「북한토지개혁의 추진주체 : 소련주도설에 대한 비판」,『한국사학보』Vol. 1, 1996.

이진영,「중국 공산당의 조선족 정책의 기원에 대하여(1927~1949)」,『재외한인연구』 제9집, 재외한인학회, 2000.

장세윤,『재만 조선혁명당의 민족해방운동연구』, 성균관대학교 대학원 박사학위논문, 1997.

장준익,『한국전쟁전 중공군삼개사단의 북한인민군편입에 관한 연구: 조선의용군과 인민군 제5.6.12사단을 중심으로』, 한양대학교 행정대학원 석사학위논문, 1990.

전원근, 『북한공산주의체제에 있어서 파벌의 형성과 소멸에 관한 연구』, 경희대학교 대학원 박사학위논문, 2000.

전현수, 「해방직후 북한사 연구의 몇가지 문제에 대하여 : 러시아 대외정책문서보관소 소장 북한관계자료의 검토」, 『역사와 현실』 Vol. 10, 1993.

정병일, 「반민생단투쟁의 정치사적의의: 김일성부상과 조국광복회 성립의 동인」, 『사회과학연구』 제16호, 서강대학교 사회과학연구소, 2008a.

_____, 「남북한 지방행정체제의 통합방안 모색」, 『한국지방자치연구』, 제10권 제1호, 대한지방자치학회, 2008b.

정창현, 「항일무장투쟁사 연구」, 정용욱 외, 『남북한 역사인식비교 강의』, 일송정, 1989.

추헌수 편, 「金若山과 延安과의 관계」, 『자료 한국독립운동 제2권』, 연세대학교 출판부, 1971.

_____, 「韓國黨派之調查與分析」, 『資料 韓國獨立運動 제2권』, 서울: 연세대학교 출판부, 1971.

한홍구, 『화북조선독립동맹의 조직과 활동』, 서울대학교 대학원 석사학위논문, 1988.

다. 신문 및 기타

1) 신문

「민족운동과 사회혁명」, 『독립신문』, 1925년 11월 1일자 4면.

백남운, 「오인의 주장과 사명(상)」, 『독립신보』, 1946년 5월 1일.

『조선인민일보』, 1946년 1월 14일.

최창익, 「민주적 민족통일전선의 역사성애 대하야」, 『독립신보』, 1946년 6월 19~23일.

_____, 「민주적 민족통일전선의 역사성에 대하여」, 『독립신보』, 1946년 8월 15일.

2) 기타(자료집)

「민주주의민족전선」, 『조선해방년보』, 문우인서관, 1946.

『북한인물록』, 국회도서관, 1979.

슈티코프, 「북조선정치상황에 대하여」, 국방성문서관, 문서군 172, 목록 614631, 문서철 38.

육군본부, 『전략정보 자료집』, 2006.

「조선신민당(전조선독립동맹)강령」, 『북한관계 사료집』 제26권, 국사편찬위원회.

「조선신민당 중앙 집행위원 명단」, 『북한관계사료집 26』, 51~53쪽.
「中國九一八事變後朝鮮革命黨在東北工作經過狀況」, 『震光』 第6號(1934년 9월), 독립기념관 한국독립운동사연구소 영인, 1988.
「토지개혁」, 브리타니카 백과사전.

2. 북한 문헌

가. 단행본 및 논문

김일성, 「당의 정치노선 및 당 사업 총결과 결정」, 『당문헌집(1)』, 정로출판사, 1946a.
_____, 「근로대중의 통일적 당의 창건을 위하여」, 『북조선로동당 창립대회, 제재료』, 북조선로동당 출판부, 1946b.
_____, 「조선정치형세에 대한보고」, 선전선동부, 『자주독립국가건설을 위하여』, 로동출판사, 1947a.
_____, 『창립1주년을 맞이하는 북조선로동당』, 로동당 출판사, 1947b.
_____, 「창립 1주년을 맞이하는 북조선 로동당」, 『근로자』, 1947.8.
_____, 「중국인민의 투쟁을 도와주는 것은 우리의 국제주의적 임무다.」, 『김일성 전집8』, 1948.
_____, 『김일성동지의 혁명활동약력』, 조선로동당출판사, 1969.
_____, 「해방된 조국에서의 당, 국가 및 무력건설에 대하여」(1945.8.20), 『김일성저작집』 1권, 1971.
_____, 「중국인민들의 혁명투쟁을 적극 지원하자.」(1945.9.15) 『김일성 전집2』, 1992.
_____, 『세기와 더불어(Ⅰ)』, 조선로동당출판사, 1992.
_____, 『세기와 더불어(Ⅱ)』, 조선로동당출판사, 1992.
_____, 『세기와 더불어(Ⅲ)』, 조선로동당출판사, 1992.
_____, 『세기와 더불어(Ⅳ)』, 조선로동당출판사, 1993.
_____, 『세기와 더불어(Ⅴ)』, 조선로동당출판사, 1994.
_____, 『세기와 더불어(Ⅵ)』, 조선로동당출판사, 1995.
_____, 『세기와 더불어(Ⅶ)』, 조선로동당출판사, 1996.
_____, 『세기와 더불어(계승본)』(8), 조선로동당출판사, 1998.

「金日成 將軍略歷」,『우리의 태양』, 북조선예술총연맹, 1946.

김일성종합대학 편,『조선민족해방투쟁사』, 동방서사출판사, 1951.

김창만,「북조선민주개혁의 력사적 근거와 그 사회적 경제적 의의」,『인민』11월호, 1949.

김한길,「조국광복회 강령전문」,『현대조선력사』, 사회과학출판사, 1983.

북조선로동당 선전부,『조선인민군』, 선전선동부, 1948.

사회과학출판사 편,『법학사전』, 사회과학출판사, 1971.

선전선동부편,『자주독립국가건설을 위하여』, 조선로동당출판사, 1947.

손전후,『우리나라 토지개혁사』, 과학백과사전출판사, 1983.

윤공흠,『당의 공고화를 위한 투쟁』, 조선로동당 출판사, 1956.

전성근,『사회주의적 애국주의』, 조선로동당출판사, 1959.

최창익,『8・15 이전 조선민주운동의 사적 고찰』, 혁명출판사, 1946.

_____,「조선독립동맹과 조선의용군」,『조선민족해방투쟁사』, 김일성종합대학출판부, 1949.

한임혁,『김일성동지에 의한 조선공산당 창건』, 조선로동당 출판사, 1961.

허정숙,「북조선 토지개혁법령에 대한 해역(解繹)」, 조선공산당 북조선분국 선전부 편, 『北朝鮮 土地改革事業에 대한 解繹』, 북조선분국 선전부, 1946.

_____,『조국보위를 위하여』, 3권 1호, 1950.

허정호,『조선인민의 정의의 조국해방사 1』, 사회과학출판사, 1983.

나. 신문 및 기타

김원봉,「조선민주주의인민공화국의 정치 강령은 조선인민의 투쟁 강령이다」,『인민』3・5호, 1948년 10월.

『로동신문』, 1947년 2월 23일.

3. 중국 문헌

가. 한글 문헌

김동화・김철수・리창역・오기송,『연변당사사건과 인물』, 연변인민출판사, 1988.

김명시, 「해외투쟁의 혈극사」, 『해방일보』, 1945년 12월 28일자.
김영만·박충국·리송영·로주철, 『회고와 전망』, 료녕민족출판사, 1997.
김학철, 『항전별곡』, 흑룡강조선민족출판사, 1983.
_____, 『동북조선족각종통계표』, 1950.
로 민, 「청춘시절의 추억」, 조선의용군발자취 집필, 『중국의 광활한 대지위에서』, 연변인민출판사, 1987.
마오쩌둥, 『모택동선집 Ⅰ』, 민족출판사, 1992a.
_____, 『모택동선집 Ⅱ』, 민족출판사, 1992b.
_____, 『모택동선집 Ⅲ』, 민족출판사, 1992c.
_____, 『중국혁명과 중국공산당』, 연변교육출판사, 1954.
_____, 『중국혁명전쟁의 전략문제』, 민족출판사, 1960.
_____, 「항일유격전쟁의 전략문제」, 『모택동선집』 제2권(제2판), 민족출판사, 1992년 5월, 1992.
『매주평론』, 1919년 3월 16·23일.
박창욱 편, 『조선족혁명렬사전Ⅰ』, 료녕인민출판사, 1983.
_____ 편, 『조선족혁명렬사전Ⅲ』, 료녕인민출판사, 1992.
_____, 「동북항일무장투쟁여조선혁명군」, 『중국조선족역사연구』, 연변대학출판사, 1995.
사극동, 『당의 민주주의적 중앙집권제』, 연변교육출판사, 1956.
서명훈, 『할빈시 조선민족 백년사화』, 민족출판사, 2007.
석원화, 『한국독립운동과 중국』, 상해인민출판사, 1995.
송임궁, 『주덕해의 일생』, 연변인민출판사, 1986.
156사실전록편집위원회 편, 『156사실전록』, 연변교육출판사, 2002.
주덕해, 『주덕해 일생』, 연변인민출판사, 1986.
중공연변당사학회 편, 『연변40년 기사; 1949~1989』, 연변인민출판사, 1989.
중공연변주위 당사업위원회 편, 『연변인민의 항일투쟁』, 연변인민출판사, 1989.
중공연변주위당사연구소 편, 『중공연변당조직활동연대기』, 연변인민출판사, 1989.
중국조선민족발자취총서 편집위원회, 『개척Ⅰ』, 민족출판사, 1989.

중국조선민족발자취총서 편집위원회, 『봉화Ⅲ』, 민족출판사, 1989.
중국조선민족발자취총서 편찬위원회, 『결전Ⅳ』, 민족출판사, 1991.
중국조선민족발자취총서 편찬위원회, 『승리Ⅴ』, 민족출판사, 1992.
중국조선민족발자취총서 편찬위원회, 『창업Ⅵ』, 민족출판사, 1994.
曾克林, 「回憶少奇同志爭取東北的戰略結果」, 『人民日報』, 1980년 5월 28일.
최 강, 『조선의용군사』, 연변인민출판사, 2006.
최성춘, 『연변인민항일투쟁사』, 민족출판사, 1999.
『해방일보』 1941년 10월 7일(국가보훈처 소장).
『해방일보』, 1942년 2월 10일·5월 12일(국가보훈처 소장).
『해방일보』 1942년 9월 24·28일.
『해방일보』 1946년 2월 1일·3월 12·13·23일.
현룡순 외, 『조선족백년사화 2』, 료녕인민출판사, 1984.
황용국, 「關于朝鮮革命軍反日根據地問題硏究」, 『中國朝鮮族史硏究』, 연변대학출판사, 1994.
홍학지, 『항미원조전쟁을 회억하여』, 동북조선민족교육출판사, 1998.

나. 중문 문헌

『晉察冀日報』, 1942년 8월 25일.
崔彩, 「走向光輝燦爛的太行山根據地」, 『吉林日報』, 朝文版, 1987년 7월 18일.
中國第2歷史檔案館 檔案, 第772卷 13號, 1940.
朴孝三, 「擴大幹部會議的 收穫」, 『朝鮮義勇隊通訊』, 第39期 第5~6頁, 1940.
「朝鮮義勇隊通訊」 第30期 第7頁, 1940.
「鮮義勇隊通訊」 37期, 1940년 9월 13일.
『朝鮮族歷史硏究論叢』4, 延吉: 延邊大學校出版社, 1995.
葉劍英, 「悼朝鮮義勇軍陣亡同志」, 『해방일보』, 1942월 9월 20일.
聶榮臻, 『聶榮臻 회고록』, 해방군출판사, 1986.
沈志華, 『毛澤東, 斯大林與韓戰: 中蘇最高機密檔案』, 천지도서, 1998.
_____ 編, 『朝鮮戰爭: 俄國檔安館的解密文件』(상), 타이완: 中央硏究院近代史硏究所史

料叢刊 48, 2003.

楊昭全 外 編,「國民政府軍事委員會政治部長陳誠呈將介石原案」,『關內地區朝鮮人反 獨立運動資料彙集.下』, 遼寧民族出版社, 1987.

_____ 編,「王巍同志在中共七大大會上的發言」,『關內地區朝鮮人反 獨立運動資料彙集』, 中國: 遼寧民族出版社, 1987.

李貞浩,「朝鮮義勇隊之成立由來」,「朝鮮義勇隊通訊」 第40期, 1941년 10월, 1983.

『中共黨史人物傳』, 第10·11卷, 陝西人民出版社, 1983.

崔彩,「走向光輝燦爛的太行山根據地」,『吉林日報』, 朝文版, 1987년 7월 18일.

中共中央黨舍研究室 編,『中國共産黨歷史:上卷』, 人民出版社, 漢文版, 第1版, 1991.

黃龍國,「關于朝鮮革命軍根據地問題硏究」,『中國朝鮮族歷史硏究』, 延邊大版, 1994.

4. 일본 문헌

가. 한글 문헌

김정명,『조선독립운동』, 원서방, 1967.

임 은,『북조선왕조성립비사』, 자유사, 1981.

나. 일문 문헌

「朝鮮義勇軍の動靜」,『特高月報』, 1940년 6월號.

「間島韓人共産黨事件豫審終結書」,『朝鮮統治史料』, 第6卷, 韓國史料硏究書, 1970.

朴慶植 編,『朝鮮硏究資料集7: 1930年代 朝鮮革命運動論』, 三一書房, 1982.

國會圖書館,『吉林地方朝鮮人事情ニ關スル件』, 昭和5年, 日本外務部省文書 製册本 第2299券, 1930.

朝鮮總督府 警務局,『中國 側の 在滿 民族主義團體行動援助 方訓令』, 林家史料. 昭和 6年 6月 6日 朝保秘 第464號, 1931.

「朝鮮總督府 高等法院 檢事局, 思想部」,『思想彙報』, 第5券 9號, 1935.

林哲,「解放直後の 北朝鮮における 民主基地論」,『朝鮮史硏究會論文集』, 第31號, 1993.

森川展昭,「延邊朝鮮族自治州の成立過程について」,『論集 朝鮮近現代史: 姜在彥先生古稀記念論文集』, 明石書店, 1996.

和田春樹, 『朝鮮戰爭戰史』, 岩波書店, 2002.
_____, 「解放前後史硏究の 視覺と 課題」, 『朝鮮史硏究會論文集』, 제24호, 3월호, 1987.
社會問題資料硏究會 編, 「北支に於ける 中國共産黨·軍の最近活動狀況」, 『思想硏究資料特輯』, 第68號, 東洋文化社, 1975.
日本國際問題硏究所 中國部會編, 『中國共産黨史資料集』 8, 勁草書, 1971.

5. 서양 문헌(영문)

Belloni, F. P. & Beller, Dennis. C., "The Study of Party Factions as Competitive Political Organization," *The Western Political Quarterly*, Vol 29, No. 1 March, 1976, pp. 535~536.

Djilas, M., "Conversation with Stalin", John Lewis Gaddis ed., *We Now Know : Rethinking Cold War History*, Oxford : Clarendon, 1997.

Kwon, H. B., "The Politics of Transition to Socialism in Cuba and North Korea", ph D. Thesis, Massachusetts University, 1990.

Merrian, C. E., *political power,* 'Its composition and Incidence', New York: McGraw-Hill Book, 1934, pp. 45~58.

Nathan, A. J., "A Factionalism Model For CCP Politics", *The China Quaryerly* (Jun-March), 1973, pp. 37~39.

Nyomarkay, J. L., "Factionalism In The National Socialist German Workers Party, 1925~26: The Myth And Realty of The "Northern Faction", *Political Science Quarterly*, Vol. 30, No. 1, March, 1965. pp. 22~24.

Scott, J. P., "Critical Periods of Social Development," Russel C. Smart and Mollie S. Smart(eds.), *Reading in Child Development and Relationships*, New York : MacMillan Co, 1972.

6. 기타분류

김약산, 「건립동방각민족우선적신기초」, 『조선의용군통신』 31기(1940.1.1.) 『總決』, 1942년 5월.

김학무(추정), 『전맹내부의 의견분기(前盟內部의 意見分岐)』, 7~8쪽.

『사상정세시찰보고집』, 2.
奎光, 「爲什麼要建立全民族的統一戰線」, 『朝鮮民族戰線』, 창간호.
李貞浩, 「朝鮮義勇隊之成立由來」, 『朝鮮義勇隊 通訊』, 제40기.
『북한인물록』, 국회도서관, 1979.
최창익, 『조맹보고초안(朝盟報告草案)』, 1943년 12월.

인터뷰

김○○, 2005년 1월 21일, 광화문에서.
박○○, 2006년 8월 17일, 연변대학교 도서관.
이○○, 2007년 7월 10일, 7월 24일, 2008년 8월 21일, 연길에서(3회).

인터넷

http://kr.dictionary.search.yahoo.com/search/dic, 2009년 5월 20일.
http://kr.dictionary.search.yahoo.com, 2009년 5월 23일.
http://nk.chosun.com/Main/Main.html, 2009년 6월 10일.

부 록

표 부록-1 연안파(조선독립동맹과 조선의용군 인명 편)

성 명	출생년월일	약 력	특기사항
고봉기 (高峰起)	1916 ~ ?	함남출신, 1938년 5월 중앙육군군관학교. 성자강릉분교 졸업. 1939년 조선청년전위동맹 제2구 대원으로 활동. 1945년 11월 북조선로동당 제2차 대회에서 중앙위원회 후보로 선출. 외무성부상, 로동당 평양시 위원회 위원장, 황해남도위원회 위원장 역임. 김일성 비서실장	1958년 4월 종파사건 시 숙청
고상철 (高相哲)	? ~ 1946	1936년 12월 장학량 부대에서 군 생활 시작. 조선의용대 화북지대 제2구 대원으로 활동. 조선의용대 제5지대로 연길에 진출하여 15연대 정치주임이 됨. 1946년 전사	호가장 전투 참가
고생호 (高生鎬)	1915 ~ 1945	해방 후 조선의용군 제5지대 16연대 부연대장으로 활동. 1946년 장춘전투에서 사망	
고찬보 (高贊輔)	? ~ 1951	메이지대학 졸업. 화북조선독립동맹 북경공작원. 1946년 2월 독립동맹 경성특별위원회 결성하여 선전부장이 됨. 민주주의민족전선 결성대회 독립동맹대표일원으로 참가	한국전쟁 중 사망
공명우 (孔明宇)	미상	경기도 개성출신. 1938년 10월 조선청년전위동맹 제2구 대원으로 활동. 화북조선독립동맹 진찰기분맹 책임자로 활동. 해방 후 조선의용군 신입대원 40여 명을 이끌고 연안으로 들어감	
구재수 (具在洙) *김강일 *김인철	미상	경남 출신. 조선청년전위동맹 간부. 조선독립동맹원의 화북전이 시 중경에 잔류. 해방 후 북한으로 귀국하여 조선독립동맹 경성특별위원회 참여. 조선신민당 비서처장. 1953년 조선로동당 중앙위원과 최고인민회의 상임위원직에서 해임	
김 강 (金 剛)	1920 ~ ?	1937년 남경 중앙육군군관학교 졸. 1942년 조선의용대 화북지대 제2구 대원으로 선전활동. 해방 후 조선의용군 압록강 지대 정치부 주임. 1946년 입북 중앙보안간부학교 부교장 겸 정치부장 역임. 1955년 4월 문화선전성 부상을 역임. 1956년 8월 종파 사건시 숙청	1956년 8월 종파 사건 시 중국 망명
김두봉 (金枓奉)	1889 ~ 1961	경남 동래. 1935년 조선민족혁명당 조직부장. 1942년 7월 화북조선독립동맹 주석 취임. 1945년 11월 말 입북. 1946년 2월 북조선임시인민위원회 부위원장. 3월 조선신민당 위원장. 8월 북조선로동당 위원장. 김일성대학 총장. 최고인민위원회 상임위원장. 조국전선의장	1958년 3월 종파분자로 축출

성 명	출생년 월일	약 력	특기사항
김명시(여) (金命時)	1907~?	경남 마산. 1927년 동방노동자 공산대학 졸. 1939년 화북조선독립동맹 화북책임자. 1945년 2월 민주주의민족전선 중앙위원	
김 무 (金 武)	1912~?	강원도 인제. 1938년 5월 중앙육군군관학교 성자분교 졸. 1941년 조선의용대 1·3혼성지대로 화북 전이. 일본 적후방공작 담당. 입북후 조선인민군 대좌	
김민산 (金民山)	1917~?	경북 선산. 1933년 조선혁명간부학교 1기 졸. 1936년 3월 조선민족혁명당 중앙위원. 1939년 조선의용대 정치위원. 1945년 조선독립동맹 중앙위원. 해방 후 조선신민당 선전부장. 1946년 8월 북조선로동당 중앙위원. 조국통일민주주의전선 중앙위원회 사회부장. 건설부상 역임	1959년 7월 종파분자로 해임
김산륜 (金山崙)	1917~ 1942	1939년 조선의용대 가입. 팔로군 진서북군구에서 전투중 사망	
김성범 (金成範)	1924~ 1947	일제 패망 후 조선의용군 제5지대 편입. 1947년 길림해방 전투에서 사망. 1949년 중화인민공화국 열사 칭호 받음	
김세광 (金世光)	1910~?	평북 용천. 1933년 4월 조선혁명간부학교 1기 졸. 1939년 말 조선의용대 제3지대장. 1941년 여름 조선의용대 화북지대 제2지대장. 호가장 전투 참전 독립동맹 진서북분맹 책임. 해방 후 입북. 내무성국장. 정전 후 적십자 회장	박일우 실각 후 정치적 실종
김영숙(여) (金英淑)	미상	무정의 처. 연안 항일군정대학 수학. 화북조선청년연합회 위원. 1945년 11월 말 입북	
김용섭 (金容燮)	1915~?	함경도. 1936년 조선혁명당 가입. 1938년 중앙육군군관학교 성자강릉분교 졸. 1941년 화북조선청년연합회 선전부장. '조선의용군 추도가' 작곡. 1946년 8월 보안간부훈련대부 작전과장. 조선인민군 사단 참모장	한국전쟁 시 사망
김 웅 (金 雄)	1912~?	경북 김천. 1934년 2월 낙양관학교. 1937년 중앙육군군관학교 졸. 1939년 항일군정대학 졸. 1944년 3월 조선의용대 화북지대 제1대장. 1945년 11월 조선의용군 제1지대장. 1946년 입북 후 보안간부학교 부교장. 1948년 북조선로동당 중앙위원. 1950년 조선인민군 제1군단 사령관으로 한국전쟁 참전. 9월 전선 사령부 참모장. 1951년 민족보위상. 1958년 인민군 대장. 1978년 11월 남예멘 대사직을 끝으로 공직에서 물러남	종파사건에 연루 되었으나 1968년 재부상
김원봉 (金元鳳)	1898~ 1958	경남 밀양. 의열단 단장. 1926년 황포군관학교 4기 졸업. 1929년 북경에서 안광천과 레닌주의정치학교 운영. 1932년 11월 한국대일전선통일동맹 결성. 1935년 조선혁명간부학교 개설. 조선민족전선연맹 이사장. 1938년 10월 조선의용대 결성하여 대장취임. 1940년 10월 조선의용대 간부회의에서 화북전이 결정. 1942년 12월 광복군 부사령. 월북 후 1948년 9월 국가검열상	1950년대 말 숙청

성 명	출생년 월일	약 력	특기사항
김 위(여) (金 煒)	1918~?	김창만의 처. 중국 만주. 1939년 가을 조선의용대 부녀복무단에 가담. 조선의용대 유동선전대 간사로 항일선전활동	
김윤덕 (金潤德)	미상	1943년 8월 화북조선독립동맹 화중 분맹원. 1944년 1월 신사군 지역에서 조선의용군 화중지대 조직위원으로 활동. 해방 후 장춘시 공안국 책임자 역임	
김정희 (金正熙)	1909~?	평북 정주. 1933년 9월 의열단 산하 조선혁명간부학교에 입학. 조선청년전위동맹 제2구 대 참여 전투 중 사망	
김창덕 (金昌德) *이덕산	1903~ 1988	1930년대 동북인민혁명군 제4군 간부로 활동. 소련에서 훈련을 받은 후 1938년 연안으로 가서 연안항일군정대학 졸. 모택동 경호단 근무. 1945년 11월 조선의용군 제3지대 부지대장. 1946년 봄 조선의용군 제3지대장에 취임 중국내전 참전. 1949년 8월 중국인민해방군 제164사단장으로 부대를 이끌고 입북. 조선인민군 제5사단으로 개편 사단장 취임. 1956년 민족보위성 부상. 1967년 중앙검열위원회 부위원장. 최고회의 상임위원. 황해남도 인민위원회부위원장	애국열사릉
김철원 (金鐵遠) *김두성	1916~?	서울. 1938년 5월 중앙육군군관학교 성자강릉분교 졸. 조선청년전위동맹 제2구 대원으로 활동. 1950년 조선인민군 기갑부대 지휘관으로 서울전투 참전. 탱크사단 참모장 역임	정전 후 행적 미확인
김창만 (金昌滿) *김창제 *장춘산	1912~?	함남영흥. 1938년 7월 중앙육군군관학교 성자 강릉분교 졸. 조선의용대에서 연극대본을 쓰며 항일선전활동. 조선의용대 유동선전대장. 1939년 중국공산당 입당. 1942년 7월 화북조선독립동맹 중앙집행위원 및 경제위원. 정치위원. 1944년 초 적구공작반 선전책임자. 입북 후 1946년 북조선 선전선동부장. 1953년 조선로동당 황해도당 위원장. 1956년 교육상. 1962년 3차 내각 부수상	1966년 숙청 임업작업소에서 사고사
김 탁 (金 鐸)	1912~?	함북. 의열단 조선혁명간부학교 졸. 1938년 5월 중앙육군군관학교 성자강릉분교 졸. 조선의용대 1구대 정치위원. 조선의용군 화북전이시 중경에 남음. 해방후 중국으로 들어가 이홍광지대 교관을 하다 입북. 1956년 노동출판사 부장	
김학룡 (金學龍)	미상	1939년 조선의용대 가입. 해방 후 조선의용군 제3지대 3대대장 역임. 동북민주연군 철도호로군 제1단 부단장	
김학무 (金學武) *김준길	1911~ 1943	함북온성. 1934년 2월 낙양군관학교. 1938년 5월 중앙육군군관학교 성자강릉분교 졸. 민족혁명당 이탈 조선청년전위동맹 결성. 1941년 조선의용대 화북지대 정치위원. 1942년 화북조선독립동맹 중앙집행위원 겸 선전부장. 영어, 일어, 중국어 능통하여 적구선전활동. 전사	

성 명	출생년월일	약 력	특기사항
김학철 (金學鐵) *홍성걸	1915~ 2001	강원도 원산. 1935년 의열단 가입. 1938년 5월 중앙육군군관학교 성자강릉분교 졸. 조선의용대 제 1구대. 화북조선의용대 제2지대. 호가장 전투에서 포로가 됨. 해방 후 조선독립동맹 경성특별위원회 가담. 중국으로 돌아감	
김한중 (金漢中) *진한중	1913~?	1938년 5월 중앙육군군관학교 성자강릉분교 졸. 조선의용대 화북지대 제1지대 정치위원. 1942년 7월 화북조선독립동맹 결성 후 중앙집행위원. 입북후 조선공산당 평남도당 조직부장. 1948년 3월 북조선로동당 중앙위원. 한국전쟁 시 조선인민군예비사단장. 항공사령부 정치부장 역임	1958년 종파분자로 숙청
김 화 (金 華) *김일강	1910~?	함남. 1938년 5월 중앙육군군관학교 성자강릉분교 졸. 조선의용대 제1구 대원. 해방 후 조선의용군 제5지대로 활동하다 1946년 입북. 평남도당 조직부장. 한국전쟁 시 예비사단장. 공군부사단장 역임	정전 후 행적 미확인
김 휘 (金 輝)	미 상	1938년 5월 중앙육군군관학교 성자강릉분교 졸. 해방 후 조선로동당 평북도당 위원장 역임	
김 흠 (金 鑫)	1917~?	장학량부대에 배속되었다 조선민족혁명당에 입당. 1938년 5월 중앙육군군관학교 성자강릉분교 졸. 해방 후 조선의용군 제5지대 제17연대장, 훈춘 보안대장. 1946년 8월 귀국하여 조선인민군 사단장 역임	
노 민 (魯 民) *장해운	1917~?	평남남포. 1937년 남경에서 조선민족혁명당에 가입. 조선청년전위동맹이 가담. 1938년 5월 중앙육군관학교 성자강릉분교 졸. 산동 독립동맹교동분맹 책임자. 입북 후 조선로동당 남포시당 위원장 역임 후 다시 중국으로 돌아감	
노철용 (盧喆龍) *최성장	1914~?	충남홍성. 1933년 조선혁명간부학교 1기 졸업. 1938년 5월 중앙육군군관학교 성자강릉분교 졸. 조선의용대 제1구 대원. 신사군 제4사단 적군공작과장 근무. 해방 후 조선의용군 100여 명을 인솔하여 1946년 조선의용군 제1지대 참모장 역임. 1949년 7월 말 중국인민해방군 제164사단 참모장으로 입북. 조선인민군 사단 참모장 역임	종파사건으로 숙청
마덕산 (馬德山) *마덕삼 *이원대 *공문덕	1907~ 1943	경북영천. 1934년 조선혁명간부학교 제2기 졸. 중앙육군관학교 성자강릉분교 졸. 1943년 6월 17일 일본군에 체포 후 총살당함	
마일신 (馬一新)	1913~?	1938년 5월 중앙육군군관학교 성자강릉분교 졸. 1941년 조선의용대 제3지대원으로 화북지대에서 활동	

성 명	출생년월일	약 력	특기사항
마춘식 (馬春植)	1909 ~ ?	서울. 1938년 5월 중앙육군군관학교 성자강릉분교 졸. 조선의용대 청년전위동맹 제2구 대원. 1945년 연안 조선혁명군정학교 교관. 해방 후 조선의용군 제1지대원으로 조선독립동맹 사업지도. 입북 후 조선인민군 여단장	
무정(武亭) *김무정 *김병희	1904 ~ 1951	함북 경성. 팔로군 작전과장. 1924년 국민당 보정군관학교 포병과. 1925년 중국공산당 입당. 1934년 중공 대장정에 참여. 팔로군 총사령부 작전과장. 1938년 팔로군 포병 연대장. 1941년 1월 화북조선청년연합회 창설. 연안정풍운동 주도. 해방 당시 조선의용군 사령관 및 독립동맹 집행위원. 입북 후 1946년 2월 북조선임시인민위원회 중앙위원. 1950년 한국전쟁 시 제2군단장, 9월 평양방위사령관 동년 12월 로동당 중앙위원회 3차 회의 시 불법살인, 명령불복종으로 숙청. 중국에서 요양 중 사망	애국열사릉
박무(朴茂) *박영호	1913 ~ ?	황해도 해주. 1938년 5월 중앙육군군관학교 성자강릉분교 졸. 조선청년전위동맹 제2구대원. 조선의용대 화북지대 제3대 정치지도원으로 무장 선전활동. 적구공장반 선전부 재료과장. 1948년 3월 조선로동당 중앙위원. 10월 중앙위원회 선전선동부부장. 1956년 7월 조선중앙통신사사장. 1957년 8월 최고인민회의 대의원역임	
박일우 (朴一禹)	1904 ~ ?	평남. 용정학교 교사. 중공당 입당 후 진찰기변구 현장 역임. 1940년 사단급 간부양성기관인 중공중앙당학교 졸. 1945년 연안조선혁명군정학교 부교장. 중공제7차 대표회의에 화북조선독립동맹 대표로 연설. 해방 후 조선의용군 부사령관. 조선의용군 제5지대 정치위원. 1946년 6월 입북 후 북조선로동당 중앙위원회 상무위원. 1948년 9월 초대 내무상. 1949년 6월 조국통일민주주의전선 중앙위원. 한국전쟁 시 조·중연합사령부 부사령관. 1953년 체신상	1955년 4월 로동당 중앙위원회 전원회의에서 비판받고 실각
박효삼 (朴孝三)	1903 ~ ?	함남. 1926년 황포군관학교 제4기 졸. 조선의용대 제1구대장. 1941년 조선의용대 1·3혼성지대장으로 화북전이 인솔. 1942년 화북조선독립동맹 중앙 집행위원 겸 군사부장 및 조선의용군 화북지대장 역임. 조선의용군 간부훈련반 교장. 1945년 연안조선혁명군정학교 대장. 해방 후 조선의용군 부사령 및 참모장. 1946년 봄 입북. 6월 중앙보안간부훈련학교 교장. 1948년 3월 북조선로동당 중앙위원. 조선인민군 제1군단 사령관. 1957년 수매양정부상. 1969년 로동당 함흥시위원회 비서	

성 명	출생년 월일	약 력	특기사항
박훈일 (朴勳一)	1917~?	함남 단천. 신사군 적구공작과 과장. 1935년 중국공산당 입당. 1945년 조선의용군 가입. 조선의용군 제7지대장. 조선혁명군정학교 길림분교교장. 1946년 3월에 입북. 그해 8월 북조선로동당 제1차대회 중앙위원. 한국전쟁 시 내무성 경비국장으로 전선지구 경비사령부 설립하여 서울·인천지구 방어업무 담당. 1956년 4월 조선로동당 제3차대회 중앙위원으로 선출. 북로당 황해도당 위원장. 1958년 내무성부상	종파사건으로 해임
방우용 (方禹鏞)	1890~?	경남 언양. 의사. 연안 백구은 국제평화원 내과 주임. 1943년 화북조선독립동맹 연안지부 간사. 1946년 8월 북조선로동당 검열위원	
방호산 (方虎山) *이천부	1916~?	함북. 동북항일연군 7군 출신. 동방로동자대학 유학. 1939년 9월 연안행. 1940년 항일군정대학 학습 후 팔로군에 파견. 1942년 조선 문제 연구. 1945년 2월 조선혁명군정대학 지도원. 해방 후 조선의용군 제1지대 정치위원. 1949년 중국인민해방군 제166사단장으로 입북. 조선인민군 제6사단장으로 개편 초대사단장역임. 1958년 8월 제5군단장. 육군대학 총장. 2중 영웅칭호 받음	1959년 최창익 사건과 연루되어 숙청
백 정 (白 正)	1914~?	1938년 5월 중앙육군군관학교 성자강릉분교 졸. 조선청년전위동맹 제 2구 대원. 1943년 8월 조선독립동맹 진찰기분맹 맹원. 적후공작담당. 행방 후 입북하여 조선인민군 대좌	
서 휘 (徐 輝) *이 휘	1916~ 1993	함북. 1936년 중국공산당 입당. 장학량군대에서 활동. 1939년 조선의용대 가담. 1943년 8월 화북조선독립동맹 연안지부 맹원. 1945년 11월 입북. 1950년 조선로동당 중앙위 부부장. 1955년 10월 국가검열부상. 1956년 4월 조선로동당 중앙위원. 그해 8월 조선직업총동맹 위원장	1956년 8월 종파사건에 연루 중국으로 망명. 1993년 서안에서 병사
손 달 (孫 達)	미 상	1930년대 말 중국공산당에 입당. 1944년 1월 조선의용군 화중지대선전교육위원. 1945년 3월 항일군정학교 정치경제학 교관	
송은산 (宋銀山) *김성삼	1913~?	경기도 파주. 1935년 4월 조선혁명간부학교 입학. 1941년 1월 화북조선청년연합회 위원. 연안조선혁명군정학교에서 활동. 해방 후 입북	
심성운 (沈星雲) *심상징	1911~?	서울. 1933년 중국무선전신학교 졸. 1938년 5월 중앙육군군관학교 성자강릉분교 졸. 조선의용대 제1구대 소속. 1941년 여름 화북팔로군 지역으로 전이. 1946년 초 조선신민당 조직부장. 1948년 서울에서 지하조직 중 검거. 한국전쟁 당시 조선인민군에 의해 석방 및 월북	

성 명	출생년월일	약 력	특기사항
심 청 (沈 淸)	미 상	일본니혼대학예과 수료. 중국에서 일본인 거류민회 서기. 1941년 화북조선청년연합회 가담. 1942년 팔로군 129사에 배속. 1943년 화북조선독립동맹에 가입. 해방 후 조선의용군 제1지대 중대장으로 확군 운동. 이홍광지대에서 정치부 부주임. 보병 2연대 연대장. 중국인민해방군 제166사 부참모장으로 입북	
안 빈 (安 彬) *안 무	미 상	중국군관학교 출신. 무정이 이끄는 팔로군 포병연대 참모. 1945년 7월 연안 조선혁명군정학교. 해방 후 조선의용군 제1지대 참모장 겸 조선독립동맹 남만공작위원회 위원. 1946년 3월 입북	
양 계 (楊 界)	1916 ~ ?	평북. 신문기자 출신. 1941년 화북조선의용대 가입. 조선독립동맹원으로 적구공작반에서 선전·선동과장. 1945년 11월 입북. 1953년 4월 로동당 중앙위원회 부부장. 1956년 5월 내각 사무국장. 1957년 쿠데타 계획 혐의로 숙청	종파사건으로 숙청
여운길 (呂運吉)	1904 ~ ?	1941년 조선의용대 가입 제3지대원. 1942년 화북조선의용대 유수대 대장으로 활동	
여해암 (呂海岩)	1918 ~ ?	1938년 5월 중앙육군군관학교 성자강릉분교 졸. 조선청년전위동맹 소속. 제2구대. 1939년 중국공산당 가입. 1942년까지 지하공작활동을 함	
오민성 (吳民星)	1916 ~ 1945	1938년 5월 중앙육군군관학교 성자강릉분교 졸. 조선청년전위동맹 소속. 화북조선독립동맹 진찰기 분맹원으로 활동. 1945년 전사	
왕극강 (王克强) *김창규	1912 ~ 1950	1935년 4월 의열단의 조선혁명간부학교 입교. 1938년 5월 중앙육군군관학교 성자강릉분교 졸. 조선청년전위동맹 소속. 1943년 8월 화북조선독립동맹 연안지부 맹원. 해방 후 입북. 1950년 서울서 이승엽에 의해 처형당함	
왕자인 (王子仁) *최 인	1911 ~ ?	평북. 1934년 2월 낙양군관학교 입교. 1935년 8월 남경혁명동지회 가입. 1940년 조선의용군 제1지대장. 조선의용대 화북지대 제3대장.1946년 동북민주연군 리홍광지대장으로 동북내전참전. 1948년 개인자격으로 입북. 제1기 최고인민회의 대의원. 한국전쟁 시 조선인민군 제7사단장. 1951년 6군단장.1954년 민주청년동맹 중앙위원회 체육지도부장. 1960년 내각 정보국장	
왕현순 (王賢淳) *이지열	1917 ~ 1941	평북 벽동. 1933년 3월 의열단 조선혁명간부학교 입교. 1938년 5월 중앙육군군관학교 성자강릉분교졸. 1941년 12월 12일 호가장 전투에서 전사	
유동호 (柳東浩) *유 등	미상	평북 신의주. 일본군 통역으로 활동하가 팔로군 포로가 됨. 팔로군에서 재교육 후 태항산 화북조선청년혁명학교 편입. 해방 후 조선의용군 제3지대 2대장. 조선인보호와 확군활동. 동북내전 후 연변에 잔류	

성 명	출생년 월일	약 력	특기사항
유문화 (柳文華) *정원형	1915~?	1938년 5월 중앙육군군관학교 성자강릉분교 졸. 조선청년전위동맹 소속. 조선의용대 통신 한수판 기자로 활동. 해방 후 입북하여 민주조선 주필을 지냄	
유자명	1891~1985	의열단 단원, 조선무정부주의연맹 대표, 조선의용대 지도위원, 임시의정원 의원. 1978년 조선민주주의인민공화국 3급 국기훈장 받음. 1983년 『나의 회억』 자서전	
윤공흠 (尹公欽) (이 철)	1913~?	평북 박천. 1933년 의열단 가입. 그해 9월 남경 조선혁명간부학교 입학 및 1934년 4월 수석 졸업. 1937년 조선의용군 가입. 1939년 항일군정대학에서 수학. 1941년 1월 화북조선청년연합회 위원. 평남 임시정치위원회 총무국장. 1946년 8월 조선로동당 중앙위원 겸 평북책 임비서. 1952년 11월~1954년 3월 재정상. 1954년 3월 상업상, 1956년 4월 조선로동당 중앙위원. 1956년 8월 종파사건 후 중국 망명	1974년 중국 산서성 방직공장 병원에서 사망
윤세주 (尹世冑) 윤소룡 석 정	1901~1942	경남 밀양. 의열단 단원, 민혁당 중앙집행위원. 조선의용대 훈련주임. 1931년 신간회 해소 뒤 중국으로 망명 의열단 합류. 1932년 조선혁명군사정치간부학교 1기생. 1935년 조선민족혁명당 중앙집행위원. 1938년 10월 조선의용대 훈련 주임. 기관지『조선의용대 통신』주간. 화북조선청년연합회 진기예변구 부지회장. 1942년 5월 반소탕전투에서 중상을 입고 6월 3일 사망. 1982년 대한민국 정부로부터 건국훈장 국민장 추서	
윤치평 (尹治平) 윤서동	1916~?	1937년 12월 중국중앙육군군관학교 성자강릉분교 입학. 1938년 10월 조선의용대 제1구대 가담. 1941년 화북 팔로군지대 및 연안에서 활동. 해방 후 귀국하여 서해수상보안대장. 이후 국외 이주.	
이권무 (李權武)	1915~?	1938년 모스코바 동방노동자 공산대학 조선반 수료. 1940년 연안항일군정대학 동북간부훈련반 학습. 팔로군 제359여단 718연대 작전훈련참모. 해방 후 조선의용군 제5지대 참모장. 1946년 입북 후 1948년 2월 조선인민군 사단장. 조선로동당 중앙위원. 한국전쟁 시 인민군 제4사단장. 1950년 제2군단장. 1956년 제2집단군 사령관. 1957년 8월 제2기 최고인민회의 대의원. 1958년 1월 인민군 창건 10주년 1급 국기훈장. 인민군총참모장을 지내다 1959년 6월 해임	종파사건으로 숙청
이 극 (李 克) 주운룡	1915~?	평북 신의주. 1935년 4월 의열단 조선혁명간부학교 3기 졸. 1938년 5월 중앙육군군관학교 성자강릉분교 졸. 조선의용대 가담. 연안 항일군정학교 수학. 1941년 화북조선청년연합회 위원 선출. 1949년 2월 조선인민군 창설 1주년 3급 국기훈장. 한국전쟁시 인민군 사단참모장. 전사	전사

성 명	출생년월일	약 력	특기사항
이근산 (李根山)	생몰년 미상	조선의용군 제3지대 정치처 주임. 1939년 항일군정대학 수학. 1942년 7월 팔로군 근거지 중국공산당 조선인 지부 조직위원	
이대성 (李大成) 최동룡	1914 ~ 1950	경북 대구. 1938년 5월 중앙육군군관학교 성자강릉분교 졸. 조선의용대 제1구대 소속. 1941년 화북조선독립동맹 가담. 진찰기분맹 배속. 조선인에 대한 선전활동. 해방직후 화북성에서 일본군 무장해제에 가담. 하북성에서 조선인 선견대를 조직. 1946년 3월 100여 명을 인솔하여 조선의용군 제1지대에 인계 후 입북. 조선로동당 남포시 당 위원장. 한국전쟁 중 사망	전사
이덕무 (李德武)	생몰년 미상	1945년 3월 신사군 제1사 정치부 적공과(敵工課) 과장. 그해 8월 조선의용군 화중지대 부지대장. 1946년 2월 100여 명의 대원을 이끌고 북상. 안동(지금의 단동)에서 동북조선의용군 제1지대에 배속	
이동호 (李東浩)	1917 ~ ?	이대성의 조카. 1938년 5월 중앙육군군관학교 성자강릉분교 졸. 조선의용대 제1구대 소속. 1942년 8월 팔로군 제129사단 제1여단에 배속. 해방 후 귀국하여 조선인민군 대좌	
이 명 (李 明)	1913 ~ ?	일본 게이오대학 수학. 1938년 5월 중앙육군군관학교 성자강릉분교 졸. 1939년 화북팔로군 지역으로 들어가 1944년 10월 조선의용군 산동부대 책임자 및 조선혁명군정학교 산동북교 교장. 1946년 조선의용대 압록강지대를 이끌고 확군 및 조선인 보호 사업을 하다 입북하여 조선인민군 사단장역임. '최경덕 변사사건'에 관련되어 숙청	숙청
이명선 (李明善) 문종삼 최 림	1910 ~ ?	전라도. 1935년 4월 낙양군관학교 졸업. 1938년 5월 중앙육군군관학교 성자강릉분교 졸. 조선의용대 제1지개 배속. 1941년 팔로군 근거지 석가장 일대에서 선전 및 비밀활동. 입북	
이상조 (李相朝) 김택명 호일화 이 준	1913 ~ ?	경남 동래. 1938년 5월 중앙육군군관학교 성자강릉분교 졸. 1939년 연안항일군정대학 수학 후 조선의용대에 복귀. 1942년 여름 중국공산당과 화북조선독립동맹의 지시에 따라 동북으로 밀파되어 하얼빈근처 파언현에서 조선독립동맹 제12지부인 조선독립동맹 북만지구 특별위원회 건립. 1945년 9월 하얼빈시 보안총대 산하 조선독립대 창설. 11월에 합류한 19명의 조선의용대원을 흡수 조선의용군 제3지대 설립. 1946년 입북. 1950년 박헌영을 수행 북경방문. 1951년 최고사령부 정찰국장. 1953년 휴전회담 공산측 수석대표. 1955년 소련주재 대사. 1956년 조선로동당 중앙위원 후보위원. 8월 종파사건에 연루되자 소련으로 망명. 김일성의 남침을 폭로. 1989년 한국방문.	소련으로 망명

성 명	출생년 월일	약 력	특기사항
이유민 (李維民) 이영래	1914~?	전남보성. 의열단 조선혁명간부학교. 1935년 8월 혁명 동지회(10월회) 지도. 1938년 5월 중앙육군군관학교 성자강릉분교 졸. 1939년 연안 항일군정학교 수학. 1941년 화북조선청년연합회 조직부장. 1942년 7월 화북조선독립동맹 중앙집행위원. 1945년 말 입북. 1946년 3월 조선신민당 창당에 관여 조직부장. 1946년 7월 황해도 인민위원회 부위원장. 1953년 12월 최고인민회의 부의장. 1956년 4월 조선로동당 제3차 대회 중앙위원 선출. 1958년 연안파 숙청에 연루되어 해임	종파사건으로 숙청
이익성 (李益星) 이의흥	1911~?	함북 경성. 용정 은진 중학 졸. 1934년 남경 중앙육군군관학교. 학명동지회(10월회) 가담. 1936년 조선민족혁명당입당. 1938년 5월 중앙육군군관학교 성자강릉분교 한인반 소대장. 1938년 6월 최창익의 동북노선에 찬성하고 민혁당을 탈당 조선청년전위동맹에 가담. 조선의용대 제2구대장. 1942년 7월 조선의용군 화북지대 부지대장 겸 제2지대(진찰기 부대)장. 해방 후 조선의용군 제5지대장. 1946년 6월 입북 내무성 경비국 참모장. 1950년 조선인민군 사단장으로 참전. 1960년 경 군사쿠데타 음모혐의로 숙청	종파사건으로 숙청
이지강 (李志剛)	1916~?	황해도 봉산. 이춘암의 조카. 1934년 남경 조선혁명간부학교 졸. 1936년 조선민족혁명당 가입. 1938년 5월 중앙육군군관학교 성자강릉분교 졸. 1941년 조선의용대 화북지대 제1대대 분대장. 1943년 조선독립동맹 진기예분맹 맹원. 입북 후 한국전쟁 참전에서 포로로 수용되었다가 북송	
이춘암 (李春岩) 이범섭	1906~ 1970	황해도 봉산. 황포군관학교 졸. 1929년 동만에서 항일운동. 의열단원. 남경조선혁명간부학교 교관. 1935년 조선민족혁명당 중앙위원 및 화북지부 책임자. 국민당 정부군 소속 헌병사령부 중위. 1938년 조선의용대 결성에 참여. 1943년 조선의용대 1·3지대혼성부대 부지대장으로 조선독립동맹 결성에 참여. 독립동맹 중앙 집행위원. 1946년 8월 북조선로동당 중앙위원 서열 13위 선출. 10월 북로당 황해도당 부위원장	
이 휘 (李 輝)	1910~?	1938년 5월 중앙육군군관학교 성자강릉분교 졸. 1949년 조선의용군 제3지대 후신인 제164사단 492연대 부연대장으로 입북	
장 복 (張 福)	생몰년 미상	모스크바 동방노동자공산대학 졸. 연안항일군정대학 수학. 1949년 7월 조선의용군 제3지대 후신인 중국인민해방군 제164사단 정치부 주임으로 귀국. 이후 행적 불투명	
장중광 (張重光)	1916~?	평남 평양. 1934년 3월 낙양군관학교 입학. 조선민족혁명당 가입. 1938년 5월 중앙육군군관학교 성자강릉분	

성 명	출생년 월일	약 력	특기사항
강병학		교 졸. 조선의용대 제1구대 1분대 부분대장. 1940년대 말 조선의용대 제1지대장. 입북 후 조선인민군 사단장 역임	
장중진 (張重鎭)	생몰년 미상	1934년 3월 낙양군관학교 입학. 조선민족혁명당 가입. 1938년 5월 중앙육군군관학교 성자강릉분교 졸. 조선청년전위동맹계열 제2구대 제1분대 부분대장. 1941년 조선의용대 제1지대원으로 활동. 해방 후 귀국하여 항공학교 부교장 역임	
장지민 (張志民) 석성재	1902~?	경상도. 조선공산당 화요파 당원. 1935년 9월 조선혁명간부학교 졸. 조선민족혁명당 입당. 1938년 5월 중앙육군군관학교 성자강릉분교 졸. 조선의용대 참여하여 진찰기 군구에서 활동. 1945년 3월 태행산 화북조선군정학교 교무주임. 해방 후 독립동맹 중앙집행위원. 해방 후 입북하여 평북보안부장. 북조선로동당 총무부장	
장지복 (張之福)	1914~?	1938년 5월 중앙육군군관학교 성자강릉분교 졸. 조선의용대 지1지대 제2유격대 배속. 1941년 초 조선의용대 제3지대원. 1942년 조선의용대 화북지대 유수대원으로 활동. 해방 후 입북하여 수상보안대장 역임	
장진광 (張振光)	1912~?	하와이태생. 황포군관학교 졸. 의열단 자금책활동 중 체포. 일본나가사키 형무소에서 3년 복역. 1938년 5월 중앙육군군관학교 성자강릉분교 졸. 1941년 1월 화북조선청년연합회 결성에 참여 선전부장. 1942년 7월 화북조선독립동맹 중앙집행위원. 1945년 12월 입북하여 조선로동당 중앙선전부 부부장	
장평산 (張平山) 신성봉	1916~?	평북 신의주. 1934년 3월 의열단 조선혁명간부학교 졸. 1935년 낙양군관학교 졸. 1938년 5월 중앙육군군관학교 성자강릉분교 졸. 조선의용대 가입. 화북지대 제3지대원으로 활동. 1943년 화북조선독립동맹 진찰기분맹 맹원 1946년 입북 후 1950년 조선인민군 제2사단장으로 한국전쟁 참여. 1952년 군사정전위 대표. 1956년 6월 인민군 총참모부 차장. 1957년 8월 제2기 최고인민회의 대의원. 9월 제4군단장. 1958년 쿠데타 음모 숙청	숙청
전 우 (全 宇)	생몰년 미상	동북항일연군출신. 1938년 모스코바동방노동자대학 졸. 1940년 연안항일군정대학 학습. 1945년 2월 조선혁명군정학교 제3구대장 및 교관. 해방 후 제5지대 정치처 주임. 동북민주련군 연길군분구 부사령으로 인민해방전쟁 참전. 1950년 중국 장주에서 편성된 조선인 사단의 사단장으로 입북 후 조선인민군 12사단장으로 한국전쟁 참전	

성 명	출생년월일	약 력	특기사항
정성언 (鄭成彦) 정경호 정국광	1913~?	함북. 1934년 김구 추천으로 낙양군관학교 입학. 1935년 2월 김구가 건립한 특무대원으로 활동하면서 공산주의 비밀결사인 혁명동지회 결성에 참여. 1943년 화북조선독립동맹에 가입. 해방시기까지 지하활동 전개. 1945년 8월 독립동맹 북만특위 위원 위촉. 1946년 6월 조선의용군 제3지대 정치처 주임. 1947년 말까지 신민일보에 '신민주주의를 논함', '사회발전사' 등을 조선족 간부훈련대대에서 강의. 1947년 말 입북 후 조선민주당 간부를 지냄	
정율성 (鄭律成) 유대진	1918~1976	전남 광주. 전주신흥중학 졸업. 3·1운동 후 중국으로 망명. 1934년 4월 의열단 조선혁명간부학교 제2기 졸. 조선민족혁명당 가입. 1938년 5월 노신예술학원 음악학부에서 창작활동. 항일군정대학 정치부 선전과에 배속. '연안송가', '중국인민해방군가' 작곡. 1941년 7월 화북청년연합회 섬감녕 분회원. 1943년 11월 태행산 화북조선혁명청년학교 교무주임. 해방 후 입북 황해도당 선전부장. 1947년 조선인민군 구락부장. 인민군협주단 창단단장. '조선해방진군곡', '조선인민군행진곡', '두만강' 등을 작곡. 1951년 4월 중국으로 돌아갈 때까지 전선위문활동	1951년 중국으로 돌아감
조소경 (趙小卿) 이성근	1913~?	서울. 1935년 4월 의열단 조선혁명간부학교 3기. 1938년 중앙육군군관학교 성자 강릉분교 졸. 1941년 조선의용대 제1구대원으로 낙양에서 활동. 해방 후 입북 조선인민군 대좌	
조열광 (趙烈光)	1913~?	경기도. 의열단 조선혁명간부학교 제2기졸. 조선의용대 제1구대 제2분대장. 조선의용군 화북지대 제2대 1분대장. 호가장 전투 참전. 일제 패망 후 조선의용군 제5지대 참모장. 1946년 초 입북	
주동욱 (朱東旭)	1914~?	평북 철산. 1938년 5월 중앙육군군관학교 성자 강릉분교 졸. 조선의용대 참가. 1945년 말 입북. 조선인민군 사단 참모장	
주 연 (朱 然)	1919~?	1938년 5월 중앙육군군관학교 성자 강릉분교 졸. 1941년 조선의용대 제1지대 대원. 1943년 조선의용군 기동부대 정치주임. 해방 후 조선의용대 선견대 편성하여 동북으로 진출. 심양에서 조선의용군 독립지대와 선견종대를 합쳐 선견종대를 건립하여 정치부 주임. 선견종대를 이끌고 신의주로 입북하였으나 10월 말 회군. 1946년 3월 말 입북 후 인민군 대좌	
주춘길 (朱春吉) 임 해	생몰년 미상	함북. 1938년 모스코바동방노동자 공산대학 졸. 1940년 항일군정대학 동북간부훈련반 학습. 화북조선독립동맹 중앙집행위원. 1946년 북한 로동당 대회 중앙위원. 1952~55년까지 소련주재대사. 조선로동당 중앙검열위원장. 무역상, 농업상. 1962년 종파혐의로 추방	소련으로 망명

성 명	출생년월일	약 력	특기사항
주 혁 (朱 革)	1915 ~ 1950	함북 길주. 조선민족혁명당 가입. 1938년 5월 중앙육군군관학교 성자 강릉분교 졸. 조선의용대 참가. 1943년 8월 화북조선독립동맹 산동분맹원. 해방 직전 조선의용군 성분조사 임무. 해방 후 조선의용군 제5지대 정치부 주임. 1945년 말 입북 후 조선인민군 참모장	인천에서 전사
진국화 (陳國華)	1919 ~ ?	평안도. 의열단 조선혁명간부학교 제3기 졸. 1938년 5월 중앙육군군관학교 성자 강릉분교 졸. 1943년 조선의용군 기동부대 선전위원. 입북 후 동해수상보안대장	
진반수 (陳斑秀)	생몰년미상	함북. 모스코바동방노동자 공산대학 졸. 해방직전 연안에서 조선 문제 연구. 해방 후 1946년 노동당 검열위원, 무역상, 간부부장, 로동당 주앙위원, 1958년 9월 상업상. 종파사건 혐의	종파사건으로 숙청
채국번 (茶國藩) 김 호 채야화	1914 ~ ?	1928년 의열단 활동. 1938년 중국중앙육군사관학교 광동분교 졸. 8월 연안 항일군정학교 입학. 1942년 7월 화북조선독립동맹 결성에 참여 중앙집행위원. 독립동맹 진찰기분맹 공작책임자. 해방 후 조선의용군 압록강 지대장으로 활동. 1946년 초 입북. 평안도 인민위원회 보안부장. 조선로동당 연락부부장, 초대 내각정보총국장	1960년대 연안파로 지목 숙청
최계원 (崔啓源)	1912 ~ ?	전북. 중국광동중산대학 졸. 1938년 5월 중앙육군군관학교 성자 강릉분교 졸. 조선의용대 조선청년전위동맹 계열. 해방 후 조선인민군 대좌	한국전쟁 중 전사
최 명 (崔 明) 왕수의	1917 ~ ?	평북 운산. 1933년 9월 조선혁명당 간부학교. 1934년 9월 남경 중앙육군군관학교 졸. 1937년 성자강릉분교 한인반 부구대장 역. 해방 후 조선의용군 제7지대 부지대장. 조선의용군 확군 및 조선인 보호활동. 1946년 말 입북	
최 영 (崔 英) 반치중	1910 ~ ?	강원도 홍천. 1929년 광주학생운동 참가. 1933년 9월 의열단 조선혁명간부학교 제2기 입학.1942년 진서북 제8분구에서 조선의용군 무장선전공작 활동 전개. 해방 후 조선신민당 평북도당 위원장. 1946년 7월 북조선로동당 평북도당 부위원장역임	
최정무	1910 ~ ?	연해주. 1926년 4월 황포군관학교 제4기 입학. 중국공산당 입당. 1932년 중앙소비에트 홍군군정학교 3기 졸. 일제 패망 후 통화에서 제1지대 운수대장, 공급처장, 정치위원 역임. 1950년 10월 중국인민해방군으로 한국전쟁에 참전	1952년 중국으로 돌아감
최창익 (崔昌益) 이건우 최창석 최창순	1896 ~ 1957	함북 온성. 일본 와세다 대학 정치경제학부. 1924년 4월 조선청년총동맹 중앙집행위원. 1925년 만주에서 신민부 내 공산주의자 동맹 조직. 1927년 조선공산당 입당 및 보직. 1928~1935년까지 투옥. 1936년 중국으로 망명 이듬해 허정숙과 결혼. 1938년 김원봉의 민족혁명	종파사건으로 숙청

성 명	출생년월일	약 력	특기사항
최동우		당 탈당하여 전시복무단 결성. 1938년 10월 조선의용대 창설 및 지도위원. 1939년 화북조선청년연합회 참여. 1945년 조선독립동맹 부주석. 1945년 12월 입북. 1947년 2월 북조선인민위원회 검열국장. 9월 재정상, 1949년 조국통일민주주의전선 중앙위원. 1952년 부수상, 국가검열상. 1956년 8월 종파사건으로 실각	종파사건으로 숙청
풍중천 (馮仲天) 이동림	1911 ~ ?	1938년 중앙육군군관학교 성자 강릉분교 졸. 1938년 조선의용대 제1구대 선전대원으로 활약. 1941년 조선의용군 제2지대 정치지도원. 입북 후 조선인민군 대좌	
하앙천 (河仰天)	1907 ~ ?	강원도. 중국공산당 입당. 조선독립동맹 중앙위원. 입북 후 1946년 8월 북조선로동당 중앙위원. 1950년 조선로동당 간부학교 교육부장. 1960년 12월 김일성대학 총장. 1962년 10월 최고인민회의 대의원	
하진동 (河振東) 하봉우 하동진 하동우	1914 ~ ?	평북 벽동. 1934년 4월 조선혁명간부학교 졸. 1938년 5월 중앙육군군관학교 성자강릉분교 졸. 1941년 조선의용대 화북지대 1대 1분대장. 해방 전 중국공산당에 입당. 귀국하여 포병학교 교장 역임	
한 경 (韓 璟) 천경이 조 광	1917 ~ ?	충남부여. 1934년 4월 조선혁명간부학교 2기 졸. 1935년 4월 낙양군관학교 졸. 1941년 조선의용대 화북지대 5월 반소탕전투 참전. 해방 후 동북에서 조선의용군 제1지대 참모장 역. 남만지역 조선독립동맹 사업을 지도하다가 입북	
한 청 (韓 靑) 한진성 신혜룡 장원복	1912 ~ ?	경남 거창. 1932년 상해 애국단 가담. 1935년 4월 낙양군관학교 졸. 같은 해 조선혁명당 간부학교 3기 졸. 1936년 7월 만주로가 서 항일운동. 1938년 5월 중앙육군군관학교 성자강릉분교 졸. 조선청년전위동맹계열 2구대. 중국공산당 항일군정대학 수학. 심양 등 동북지역에서 지하공작활동. 1945년 해방 직후 서탑에서 100여 명을 조직 조선의용군 독립지대 결성 및 관내 선견대와 합쳐 조선의용군 선견종대 결성. 신의주에서 입북거절 당한 뒤 조선의용군 독립대장 임명. 1946년 5월 입북 후 1948년까지 철도경비단 참모장. 한국전쟁 시 조선인민군 제8사단 부사단장 겸 참모장 역임	한국전쟁 종전과 함께 중국으로 귀환
허정숙 (許貞淑) (秀嘉伊)	1908 ~ 1991	함북 명천. 배화여고. 코오베 신학교. 1921년 경 상해에서 사회주의운동 가담. 1935년 미국유학. 1936년 최창익과 중국망명. 조선민족혁명당 가입. 1940년 항일군정대학 정치군사과 졸. 1942년 화북조선독립동맹 집행위원. 1945년 조선혁명군정학교 교육과장 및 독립동맹 집행위원. 1945년 12월 입북 조선공산당 기관지 [정로] 발행 참여. 1947년 2월 북조선인민위원회 선전부장. 1965년 민주여성동맹 부위원장. 1983년 조선로동당 비서. 1991년 6월 사망	애국열사릉

성 명	출생년월일	약 력	특기사항
홍순관 (洪順官) 강진세 최현순	1915~?	평북 정주. 1933년 9월 조선혁명간부학교 제2기 입학. 1935년 중앙육군군관학교 낙양분교 졸. 1938년 5월 중앙육군군관학교 성자 강릉분교 졸. 조선청년전위동맹 계열 제2구대 분대장. 해방직후 무정과 함께 귀국. 조선로동당 평양시 당위원회 제2비서. 로동당 비서실장 역임	
황재연 (黃載然) 관 건 주해민	1912~ 1983	길림성. 1935년 9월 조선혁명간부학교 제3기 졸. 1937년 중앙육군군관학교 성자 강릉분교 중퇴. 1938년 10월 조선의용대 제1구대 가담. 1945년 중국공산당 입당. 조선의용군 제 3지대 공급처장. 중국인민해방군 제164사단 공급부장으로 입북. 평양시 위수경비부장. 조선인민군 독립99연대장. 철도부대 사단장. 내무부 포로관리부장. 1952년 연변으로 귀환	연변자치주 부주장, 정치협상회의 부주석 역임

※ 출처: 『한국사회주의운동인명사전』(강만길·성대경, 서울: 창작과 비평사, 1996), 『조선의용군의 밀입북과 6.25전쟁』(김중생, 서울: 명지출판사, 2001), 『숙청과 사망자』(작자미상, 국회도서관자료), 『로동신문』 1946년 10월 자료(연길: 연변과학기술대학교 소장)에서 발췌하여 정리.

찾아보기

영문·기타

1국1당 원칙 55
10대 정책 107
2중 영웅칭호 237
3대 규율 8항 주의 136
5도 인민위위원회 244
5도 행정국 245
5월반소탕 전투 99, 102
88여단 47
Korean Revolution Association 59
T. F. 스티코프 127

ㄱ

가즈오(青山和夫) 74
간도임시정부 130
간부노선 109
간부양성사업 45, 104
강경파 35
강량욱 225
강만길 35
강신태 127
강신태(강건) 141
강진세 79
개척 40
건국사상총동원운동 194, 206, 216
건당·건국·건군 151

건당·건군·건국 233
검열식 사업방식 208
결전 40
경성특별위원회 124, 175, 301
경자유기전 196
계급입장 132
계급투쟁 6, 22, 188
계급투쟁노선 216
고강 149
고찬보 124, 175
곡선구국(曲線救國) 106
곡식헌납 217
공군참모강습소 254
공동항일전선 38
공민증교부에 관한 결정서 226
공산주의자 55
교조주의 106
구교사건 51
국가이데올로기 6
국가중앙기관 241
국공내전 25, 30, 272
국공합작 38
국공합작 노선 83
국내파 21
국민당 25
국민당전구 98
국유화 195

국유화법령　196
국토완정　294
군사간부양성　234
군정연합체　39
군중노선　6, 202, 204
근현대정치사　9
기독교문화　123
기렬료군구　100
기로예항일근거지　66
길동군정대학　159
길림보안총대　144
길림성공작위원회　129
김강　64
김광협　140
김구　61
김규광　24, 52
김규식　57, 105
김두봉　37, 57
김란영　64
김산　54
김삼룡　220
김성보　44
김세광　64
김연　140
김영범　36
김용현　37
김웅　126, 232
김원봉　24, 27, 35, 52, 54, 94
김일　149, 230
김일성　6, 21
김준엽　35
김중생　42

김창만　22, 79, 181
김창순　35
김책　151
김학무　24, 52, 61, 64, 94
김호(채국번)　158

ㄴ

남·북만 공작위원회　132
남녀평등권법령　196
남로당파　21
남북로동당　219
남북통일　190
남의사　278
남조선신민당　175, 301
내무성　228
내용분석법　32
노구교 사건　24, 259
노동법령　196
노민　64
농민대중주의　265
농민동맹　247

ㄷ

당·국가체제　212
당 정치노선결정서　214
당지구공작위원회　45
대공황　51
대약진 운동　284, 300
대일선전포고　111
대일항전　81
대중노선　202

대중주의 193
대중주의 노선 265
동간변사처 254
동구 사회주의권 201
동독 269
동만특위 259, 308
동방노동자대학 276
동북국 건립 118
동북군정대학 길림분교 276
동북노선 86, 109, 293
동북민주연군 25, 47
동북위원회 117
동북인민민주연맹 133
동북전이 79, 306
동북조선민족 사무처 145
동북조선족지역 37
동북진출 27
동북항일연군 19, 36, 257
동북행정위원회 156
동선의 의미 89
동선적 의미 256
등화(鄧華) 232

리리싼(李立三) 106, 181
리상조 156
리승엽 220
리영 103
리춘암 72
림범(林楓) 113
림춘추 130

ㅁ

마오쩌둥 6
마오쩌둥(毛澤東) 노선 52
만주사변 89
만주선점 7, 26
만주선점전략 27, 42, 45, 111, 250, 293
만주성위 258, 308
만주파 5, 21
매트릭스(Matrix) 분석법 33
모스크바3상회의 176
무산계급 172
무상몰수 201
무상분배 201
무장선전 25
무장선전대 99
무장역량 22
무장투쟁 5
무정 25, 64, 156
무정부주의자 55
무한중공판사처 93
문맹퇴치 217
문정일 79, 96
문화혁명 30

ㄹ

러시아혁명 185
레닌 186
레베데프 197
루마니아 269
룸펜 프롤레타리아 277
류사오치(劉少奇) 112
류자명 24, 52

미·소군정　301
미소공동위원회　176
미제국주의　252
미코얀　287
민생단 사건　153
민족독립　190
민족생존노선　60
민족운동전선　57
민족유일당조직동맹　53
민족입장　132
민족전선연맹　19
민족주의자　55
민족통일전선　26, 28, 55
민족통일전선 결성　178
민족투쟁　6, 22, 188
민족투쟁노선　216
민족해방　173, 187
민족해방투쟁　29
민족혁명당　34, 59
민주여성총동맹　247
민주정권수립　214
민주주의 중앙집권제　53
민주주의 중앙집중제　241
민주주의민족전선　178
민주청년동맹　247
민주통일국가성립　6

ㅂ

박명림　44
박무　66
박일우　22, 25, 141, 156, 232

박정애　211
박창옥　221
박헌영　124
박효삼　64, 94
박훈일　141
반민생단 투쟁　282
반(反)민생투쟁　258
반공·반북이데올로기　9, 311
반공노선　81
반일원화특별회의　62
반일통일전선결성　24
반제민족통일전선　191
반제민족통일전선론　52
반제민족통일전선운동　51
반파쇼민족통일전선구축　68
반파쇼전선　68
방학세　221
방호산　25, 126, 235
백남운　124, 173, 175
벨러　267
벨로니　267
병력귀환협상　252
보안간부학교　234
보안간부훈련소　144
봉화　40
부르주아 민주혁명　185
부르주아계급　78
부르주아민주주의혁명　184
북·중 관계　6, 299
북·중 동맹관계　48
북·중 혈맹관계　41
북만특별위원회　139

북상전이 26, 38
북상파 279
북조선 민주주의 민족전선 191
북조선 민주주의 민족통일전선 194
북조선 임시인민위원회 124
북조선 토지개혁에 관한 법령 199
북조선공산당 22, 124
북조선로동당 247
북조선민주당 247
북진통일론 295
북한 인민군 20
북한국가건설 5, 8, 20
북한국가형성 20
북한체제성립 5
분단이데올로기 구조 9, 311
분맹원 117
분파투쟁 27, 278
불가리아, 269

ㅅ

사상교양사업 217
사상시찰정세보고 32
사상의식 개혁 206
사상휘보 32
사평전투 252
사회개혁 190
사회주의자 6
사회주의체제 5
사회해방 173, 187
사회화과정 179
산동군구 100

산업도시 123
삼균주의(三均主義) 60
삼민주의 82
상해임시정부 52
생산돌격운동 217
생산운동 107
서동만 43
서북5도당 책임자 209
서휘 25
석정 64
선견종대 118
성역화 7
세계평화진선협회 62
소군정 119
소련 홍군 경비사령부 126
소련공산당 제20차 당 대회 285
소련사회주의 7
소련파 21
소자산계급 172
소조 역할 35
손두환 54
손전후 44
송병조 57
송운산 64
수정주의노선 223
수직적 권력집중 241
수평적 권력집중 241
순망치한 148
순민(順民) 51
쉬터리 154
스즈키 마사유키 38
스탈린 186

승리 40
시국강령 123
신간회 52
신민부 53
신민주주의론 171
신민주주의 혁명론 300
신사군 79
신사군군구 100
신생제국주의 252
신의주 사건 265
신익희 57
신화화 7
심양군인대회 119
심양조선족혼성단 163
심운 124, 175
심지연 43
쑨원(孫文) 55

ㅇ

안광천 53
애국주의 60
양정우 지대 138
엘리트 접근법 32
엘리트 지식인 21
역사의 미아 310
역사의 존재자 311
역사의 편견 8
연변경비여단 142
연변대중민주대동맹 142
연변민보 32
연변분견대 126

연변자치주 30
연변전원공서 156
연변정무위원회 129
연변 행정독찰 전원공서 130
연안 100
연안군정대학 137
연안군정학교 총교 120
연안중앙당교 275
연안총교 108
연안파 5, 19, 21
연안홍군학교 275
연합성 신민주의 26, 173
연합성 신민주주의론 28, 43, 172
연합정부론 272
염인호 36
영국의 시민혁명 185
예젠잉 154
오가황조선인소학교 120
오기섭 209, 218
오까노(岡野) 105
오성륜 54
온건파 35
왕극강 64
왕밍(王明) 106, 181
왕밍(王明) 노선 52, 259
왕자인 96
왕해공 105
왕효명 127
외사일보 32
우위장 154
운남강무학교 271
원동북군 111

유격전 102
유산계급 173
유상매수 201
유상분배 201
유월한국혁명동지회 54
유일사상체계 282
유일적 영도의 실현 214
윤공흠 216, 64
윤기섭 57
윤봉길 75
윤세주 54
의열단 34, 54
이권무 141, 235
이근산 140, 64
이덕산 140
이동녕 105
이상조 79, 96
이시영 105
이신작칙(以身作則) 206
이영호 235
이유민 64
이유필 57
이익성 79, 94, 141
이재화 36
이정식 35
이종석 37, 43
이종옥 286
이주철 44
이주하 211
이철중 64
이청송 235
이청천 60, 105

이홍광 지대 138
이홍염 64
인민 229
인민 검열국 194
인민경제 5개년 계획 285
인민군 후방사령부 254
인민민주독재 272, 300
인민민주연군 133
인민민주전공 222
인민민주주의 독재 222
인민민주주의헌법 249
인민위원회 206
인민일보 32
인민입장 132
인민전선전술 191
인민정부수립 214
인민해방전쟁 22, 251
일당지배체제 203
일본사각성동맹 105
일본인반전동맹 105
일본인해방동맹 105
임시정부 36

ㅈ

자국방어라인 250
자본민주주의정권 210
자산계급성 민주주의론 172
자산계급성 신민주주의 179
자유민주주의 173
장경령 64
장궈타오 181

찾아보기

장수전 127
장제스(蔣介石) 63
장준익 37
장중광 94
장진광 64
저우바오중 45
저우바오중(周保中) 117
저우언라이(周恩來) 54
적구공작 102
전선통일동맹결성 25
전시내각체제 230
전우 25, 126, 141, 235
정강산 토지개혁법 177, 259
정강정책 292
정권전복 음모 287
정달헌 209, 211
정로식 175
정의부 53
정준택 230
정치선전공세 102
정치세력화 28
정치이데올로기 생산자 43, 47
정치협의위원회 192
정풍운동 27, 39, 106, 277
제1차 5개년계획 222
제2차 국공합작 73
제3세계 250
제3차 전원회의 230
제7차 전국대표대회 117
제88특별여단 127
조·중연합사 231
조·중연합전선 151

조국광복회 36
조국광복회 10개 조항 213
조국광복회 10대 강령 200
조국광복회강령 177
조만식 122
조맹보고초안 64
조명숙 64
조선공산당 만주총국 282
조선공산당 북조선분국 176
조선군정학교 100
조선독립 6, 7
조선독립동맹 5, 19
조선로동당 220
조선민족전선연맹 24, 25, 52
조선민족해방동맹 24, 52
조선민족혁명당 24, 52, 59
조선민주당 176
조선신민당 22, 28, 122, 124
조선의용군 5, 6, 19,
조선의용대 19, 24
조선의용대 통신 32, 84
조선인 좌파운동 279
조선인민군 234
조선인민보 37
조선전시복무단 92
조선족 역사 30
조선청년복지복무단 295
조선청년전시복무단 86
조선청년전위동맹 24, 52, 61
조선혁명당 57
조선혁명자연맹 24, 52
조소앙 60

조양천 교도대대 159, 161
조직성향 분석 275
종파분자 30
종파사건 26, 6
종파주의 106, 109
좌·우 통일전선 292
좌경화 121
좌경화 노선 78
좌파민족주의 6
좌파민족해방운동 38
좌파민족해방투쟁 19
주더(株德) 111, 154
주덕해 25, 140
주연 103, 157
중·소 분쟁 223
중·소조약 128
중공동북위원회 45
중국공산당 6
중국공산당 동북국 27, 261
중국국민당 7
중국동북민주연군 20
중국식 군중노선 265
중국중앙군관학교 성자 분교 275
중국팔로군 19, 25
중국황포군관학교 54
중립조약 117
중앙집권 242
중하위 장교층 276
중화인민공화국 30
지방분권 242
지방인민위원회 243
지방인민회의 243

지방정권기관 241
지방주권기관구성법 243
지식분자 277
진광화 64
진기로예군구 100
진반수 156, 219
진서북군구 100
진찰기군구지구 66
진찰기일보 32
진한중 72
집단농장화 195

 ㅊ

참의부 53
천도교청우당 247
천두슈(陳獨秀) 106
천싸오위 181
천윈(陳雲) 128, 261
청우당 226
체코슬로바키아 269
총대본부 98
최고인민회의 227
최광 230, 235
최동오 57
최동호 105
최용건 144
최재 40
최창익 22, 35, 37, 64, 181
치스차코프 211
치안 및 확군 135

ㅋ

코민테른 19, 52

ㅌ

태행군구 100
태행산 83, 276
태행산 군사간부학교 137
태행산 분교 100
토사구팽 262
토지 및 사회개혁 28
토지개혁 22, 6
토지개혁법령 196
통일전선구축 51, 272
통일혁명역량 81
통합형 구조 242
통화사령부 254

ㅍ

파벌 267
파쟁주의자 282, 283
팔로군 111
팔로군 근거지 92
팽떠화이 232, 287
펑떠화이(彭德懷) 68
펑전(彭眞) 128, 261
평양학원 234
평화공존노선 285
포츠담선언 111
폴란드 269
프랑스 혁명 185

프롤레타리아계급 78
프롤레타리아독재 173, 184

ㅎ

하향식 지도 265
한경 64
한국광복군 19, 36
한국광복동지회 57
한국국민당 57
한국대일전선통일동맹 57
한국독립당 57
한국민족혁명당 59
한국전쟁 22, 26, 205, 220
한국혁명당 57
한빈 96
한상도 36
한청 64, 93, 157
한홍구 35
항미원조 보가위국 30
항일군정대학 88
항일무장대오 63
항일무장투쟁 5
항일무장투쟁사 20
항일연군 5, 6, 19
항일전사 34
항일투쟁 7, 19
해방일보 32, 37
허가이 218
허금산 64
허정숙 22, 64, 156, 181
허헌 220

헝가리　269
헤게모니 대립　287
혁명동지회　61
현지지도　265
협동적 소유화 정책　205
형식주의　106
호가장 전투　99, 102
호철명　79
홍림　64
홍명희　230
화북　25

화북노선　78
화북전이　7, 19, 38, 48, 306
화북조선독립동맹　99
화북조선독립동맹 강령　70
화북조선청년연합회　37, 64
화정군정학교　159
확군 운동　22, 36
환남사변　82, 94
황동화　143
황룡국　40
훈춘보안단　160